James Salter erzählt von seiner Ausbildung zum Kampfpiloten in West Point, vom Koreakrieg und seiner Zeit als Autor in New York: Er schreibt Drehbücher für Hollywood, in denen er Größen wie Samuel Goldwyn, Irwin Shaw, Roman Polanski oder Robert Redford kennenlernt. Er lebt in Städten wie Rom oder Paris, deren Glanz und Erotik sich in seiner Sprache widerspiegeln, ebenso wie die Leidenschaft für die Frauen. *Verbrannte Tage* ist eines der größten autobiographischen Werke unserer Zeit, »ein eindrucksvolles Stück Literatur« (*Berliner Zeitung*)…

*James Salter*, 1925 in Washington, D.C. geboren und in New York aufgewachsen, wurde mit seinen großen Romanen *Lichtjahre* und *Ein Spiel und ein Zeitvertreib* auch in Deutschland berühmt. Er diente als Kampfflieger zwölf Jahre lang in der US Air Force und nahm 1957 seinen Abschied, als sein Debüt, *Jäger*, erschien. Seitdem lebte Salter als freier Schriftsteller vor allem in New York City und auf Long Island. Am 19. Juni 2015 verstarb James Salter wenige Tage nach seinem 90. Geburtstag in Sag Habour. Er gilt als moderner Klassiker der amerikanischen Literatur.

*Beatrice Howeg*, aufgewachsen in Frankfurt am Main und London, studierte englische Literaturwissenschaften und Kinder- und Jugendliteratur in Frankfurt. Sie lebt in Berlin und überträgt u.a. Anne Michaels und James Salter ins Deutsche.

James Salter im Berlin Verlag:

*Jäger* • *Alles, was ist* • *Jäger* • *In der Wand* • *Dämmerung* • *Lichtjahre* • *Letzte Nacht* • *Cassada* • *Ein Spiel und ein Zeitvertreib*

# JAMES SALTER

## Verbrannte Tage

### Erinnerung

Aus dem amerikanischen Englisch
von Beatrice Howeg

Berlin Verlag Taschenbuch

August 2015
Die Originalausgabe erschien 1997 unter dem Titel
*Burning the days – Recollection*
bei Random House, New York
© 1997 James Salter
Für die deutsche Ausgabe
© 2000 Berlin Verlag in der Piper Verlag GmbH,
München/Berlin

Umschlaggestaltung: ZERO Werbeagentur, München
unter Verwendung eines Details aus
»Renée à Eden Roc, août 1931« von Jacques Henri Lartigue
© Ministérede la Culture – France/AAJHL
Druck & Bindung: Druckerei C. H. Beck, Nördlingen
Printed in Germany
ISBN 978-3-8333-1052-2

www.berlinverlag.de

# INHALT

# VORWORT

Dieses Buch ist mehr oder weniger die Geschichte eines Lebens. Nicht die ganze Geschichte, die fast wie bei jedem anderen nicht zu erzählen wäre – sie wäre zu lang, länger als Proust, ganz abgesehen von den Wiederholungen.

Ich habe über Menschen und Ereignisse geschrieben, die wichtig für mich waren, wahrheitsgemäß, obwohl ich mich an manchen Stellen nur auf die Erinnerung verlassen konnte. *Deine Sprache ist deine Heimat*, sagte Léautaud, aber auch die Erinnerung ist es, die zugleich durch das, was sie bewahrt, ein Maß für den Wert der Dinge ist. Ich nehme an, dass man auch das Gegenteil behaupten kann, dass das, was wir lieber vergessen, ebenso bedeutsam ist, aber das interessiert mich nicht. Irgendwie höre ich die Worte von E. E. Cummings in *Der ungeheure Raum; Oh, doch, Jean*, schrieb er. *Ich erinnere mich an Viel.*

Neben meinen eigenen Erinnerungen habe ich mich auf die anderer gestützt, und auf Briefe, Tagebücher und was ich sonst noch finden konnte.

Stellt man sich das Leben für einen Moment wie ein großes Haus vor, mit Kinderzimmer, Wohn- und Esszimmer, Schlafzimmern, Bibliothek und so weiter, allesamt unvertraut und hell erleuchtet, so wird man in den folgenden Kapiteln in gewisser Weise durch die Fenster dieses Hauses blicken. Bestimmte Bewohner tauchen nur kurz auf. Gäste kommen und gehen. An manchen Fenstern wird man vielleicht länger verweilen wollen, aber ach, es geht nicht. Es ist wie bei jedem Haus, man kann nicht alles im Inneren sehen.

Mein Lektor, Joe Fox, hat mich dazu gebracht, dieses Buch zu schreiben. Er hatte einen persönlichen Essay von mir gelesen, der ursprünglich nicht als Kapitel dieses Buches geplant gewesen war – mit dem Titel »Die Frau des Captains«, 1986 im *Esquire* erschienen –, und drängte mich, mehr zu schreiben. Nach einigem Zögern fing ich an.

Es fiel mir schwer, vielleicht schwerer, als es scheinen mag, über mich selbst zu schreiben. Wie sich im zweiten Kapitel zeigen wird, war ich zu der Überzeugung gelangt, dass die eigene Person nicht das Wichtigste im Leben sei, und hatte eine lange Zeit so gelebt. Zur Vergangenheit zurückzukehren war zumal, als würde ich ständig einen Bergschrund überqueren, eine tiefe Schlucht zwischen dem, was mein Leben war, bevor ich es vollständig änderte, und dem, was es danach wurde.

Infolgedessen ging das Schreiben nur langsam voran. Die Beschäftigung mit mir selbst ermüdet mich, und ich hörte manchmal monatelang auf, bevor ich mich wieder daransetzte. Das Traurige daran ist, dass Fox, der mir die ganze Zeit treu zur Seite gestanden hatte, starb, bevor er die letzten Seiten sehen konnte. Ihm verdankt das Buch seine Existenz.

Ich habe in der Vergangenheit über Götter geschrieben, und manchmal habe ich das auch auf diesen Seiten getan. Es scheint eine Eigenart von mir zu sein. Ich verehre keine Götter, aber ich bin froh zu wissen, dass es sie gibt. Schwäche, so menschlich sie auch sein mag, interessiert mich weniger. Also habe ich nur über bestimmte Dinge geschrieben, über das Wesentliche, wie ich meine, über die Welt, wie sie war, jedenfalls für mich.

Wenn man jung ist, meint man, jeder fühle so wie man selbst. Später wird klar, dass dem nicht so ist. Schließlich stimmt es wieder. Am Ende sind wir alle arm. Die Sätze sind gesprochen. Die Bühne ist kahl und leer.

Davor jedoch ist die Aufführung.

Der Vorhang hebt sich.

# VERBRANNTE TAGE

# PRONAOS

Der wahre Chronist meines Lebens, ein hoch gewachsener, sanft blickender Mann mit wässrigen Augen, kam bei einem Familientreffen auf mich zu und sagte, so als hätte er schon lange auf diesen Moment gewartet, er wüsste alles. Ich hatte ihn noch nie zuvor gesehen.

Ich war Mitte fünfzig. Er war nicht viel älter, wirkte aber wie ein uralter Mann. Er erinnerte sich, mich als Kind in einer Pferdekutsche auf der Hope Avenue in Passaic gesehen zu haben. Er nannte mein Geburtsdatum: »Zehnter Juni 1925, hab ich Recht? Ihr Bild war in der *New York Times*, als Sie Captain in Korea waren und gerade drei Flugzeuge abgeschossen hatten. Sie haben ein Mädchen aus Washington, D. C., geheiratet. Sie haben vier Kinder.«

Er redete immer weiter. Er kannte intime Details, ein paar ein wenig durcheinander gewürfelt, wie bei einem Mann, dessen Taschen von Zetteln überquellen. Sein Name war Quinton; er arbeitete in einem Postamt und wurde, wie ich später erfuhr, höhnisch »der Historiker« genannt, als wäre seine Leidenschaft sinnlos, wenn nicht sogar peinlich. Als unternähme er nur den Versuch, sich Bedeutung zu verschaffen. »Sie waren auf Horace Mann«, sagte er. »Der Footballtrainer hieß Tillinghast.«

Genau genommen war der Trainer ein o-beiniger, grauhaariger Mann namens Tewill. Tillinghast war der Direktor des Internats. Ich fand den Fehler unerheblich.

Es gibt das eigene Leben, wie man es selbst kennt, und dann jenes, wie es andere kennen, vielleicht fehlerhaft, aber man muss dem Bedeutung beimessen. Es fällt schwer, sich klar zu machen, dass man immer von mehreren Seiten betrachtet wird, und dass diese zusammengenommen Gültigkeit besitzen.

Seine Frau bat ihn, mich in Ruhe zu lassen. Ich war erstaunt, was er alles wusste. »Vierundvierzig State Street. Da stand das Haus Ihrer Großmutter, stimmt's? Sie bekamen dort immer Linsensuppe und Steak, wenn Sie mit Ihrem Vater zu Besuch waren – er nahm sich einmal im Monat ein Taxi.«

Das baufällige Holzhaus an der Ecke, die Zementstufen zum Garten hinaus und das immer gleiche Essen, das ich gerne mochte, an dem quadratischen Tisch in der Küche, dann die Stunden, die ich untätig auf der Hintertreppe saß, während mein Vater mit seiner Mutter sprach, ihr von seinen Angelegenheiten erzählte und sie tröstete, wie ich annehme. Der Fahrer wartete schweigend im Auto.

Mein Vater und ich unternahmen diese Ausflüge immer gemeinsam. Meine Mutter kam nie mit. Die West Side von Manhattan, den Fluss hinauf, in Richtung Norden, leere Sonntagmorgen, den Blick zum Fenster hinaus, die endlosen tristen Apartmenthäuser auf der einen Seite und in der Ferne schimmernd die neue George Washington Brücke. Zigarrenrauch, ein schwerer, Übelkeit erregender Duft, zog vor meinem Vater die Scheibe hinauf, während er grübelnd dasaß und manchmal leise vor sich hin summte. Aus dem Radio des Fahrers kam die leidenschaftliche Predigt des glühend antisemitischen Priesters Pater Coughlin, die jeden Sonntag übertragen wurde. Seine zornigen Wiederholungen schlugen auf mich ein. Es waren magere Zeiten. Der Fahrer verdiente fünf Dollar an der Fahrt, eingerechnet zwei Stunden Wartezeit, bevor er uns wieder zurückfuhr. Es war immer ein anderer Fahrer, das Taxi winkte mein Vater auf der Straße herbei.

Wir fuhren am östlichen Ende der Brücke unter dem großen gitterartigen Turm hindurch, der für mich immer eine große Bedeutung hatte, seit mein Vater mir einmal erzählt hatte, man habe ursprünglich ganz oben ein Restaurant einbauen wollen. In dem Stahlgerüst befand sich ein Aufzug, und wir waren einmal hinaufgefahren, aber vielleicht war das auch nur in meiner Fantasie, wie auch der olympische Ausblick.

Der Hudson war der Fluss meiner Kindheit, der Fluss der Sonnenuntergänge und Hochzeitsfahrten, mein ureigener Fluss, obwohl ich nie einen Tropfen seines Wassers auf meiner Hand oder Stirn gespürt habe. Ich war mehr als einmal auf die Brücke gegangen und hatte mich über das Geländer gebeugt, um auf das in unendlicher Ferne liegende dunkle Wasser hinabzusehen, und manchmal, wenn ich Glück hatte, sah ich einen weißen Ausflugsdampfer vorbeipflügen, das sonnige Oberdeck gefüllt mit Stühlen wie ein offener Theatersaal. Einmal im Jahr lag in langer Linie bis zum offenen Meer hinaus die Kriegsflotte hier vor Anker, nach fernen Städten benannte Kreuzer und breite Schlachtschiffe, die später in Pearl Harbour versenkt wurden. Von einer Stelle des Ufers aus konnte man übersetzen, um sie zu besichtigen. Ich war mehrere Male hinübergefahren, die Stahlleitern hinaufgeklettert und hatte unter den gewaltigen Geschützen gestanden. Die Mannschaft in ihren weißen, weit geschnittenen Hosen, die betont männlichen Offiziere, die Holzdecks – es war etwas, auf das man stolz sein konnte, die einzige Wehr der unschuldigen und unbewaffneten Republik, in der ich geboren war.

Auf der anderen Flussseite oberhalb des grünen buschigen Steilufers befand sich ein weiterer Markstein, ein Nachtclub namens Riviera – ein Spielkasino wie ich hörte, Le Corbusier-haft und modern –, das einmal niedergebrannt und wieder aufgebaut worden war. Man brachte es auf Grund seines Besitzers mit einer Reihe früherer, legendärer Nachtlokale in Verbindung, dem Silver Slipper, dem Cotton Club und anderen.

Wir fuhren weiter durch mir damals vertrauten Straßen, durch düstere, sabbat-stille Viertel, bis mein Vater, kurz bevor wir ankamen, dem Fahrer erklärte, wie er weiterfahren und wo er abbiegen sollte, und wir schließlich vor dem vertrauten eingeschössigen Haus hielten. Meine Großmutter kam zur Küchentür, schmalgesichtig und traurig, aber für den Augenblick lächelnd. Sie lebte mit meinem Urgroßvater zusammen, einem Furcht einflößenden alten Mann Mitte achtzig, der aus den *shtetls* in Polen kam, unrasiert und übel riechend – es handelte sich wahrscheinlich um Inkontinenz –, und der meist im oberen Stock blieb. Jacob Galambia war sein Name, wahrscheinlich eine Erfindung des Einwanderungsbeamten. Columbia nannten ihn die Nachbarn. Er war mit meiner Großmutter aus Kanada heruntergekommen, und sie hatte die Abendschule besucht, um Englisch zu lernen, nachdem sie geheiratet und ihre Kinder zur Welt gebracht hatte. Ich glaube nicht, dass man mir je erzählte, womit er sein Geld verdient hatte. Er war zu alt, um wirklich zärtlich zu sein, und sein erbarmungslos kratzender Bart verbrannte mir das Gesicht. Mein Vater zeigte sich ihm gegenüber höflich, beachtete ihn aber kaum.

Ich spreche hier sehr großzügig von einer weiten Zeitspanne. Dieser Urgroßvater wurde ungefähr 1850 geboren. Ich wurde als kleiner Junge, der nichts über ihn wusste, auf Besuch mitgenommen. Ich werde vielleicht irgendwann selbst mit leichter Verwunderung auf einen im Jahr 2000 oder später geborenen Enkel blicken. Einhundertfünfzig Jahre. Welten sind da verschwunden …

Auf dieser Seite der Familie gab es auch einen geschiedenen Ehemann – meinen Großvater – und eine Tante, die Schwester meines Vaters, namens Laura. Es war auf ihrer Beerdigung, Jahre nachdem die monatlichen Besuche bei meiner Großmutter geendet hatten, dass mich dieser Barde, wie ich ihn aus Respekt nennen will, ansprach und mit seinem Vortrag über meine ersten Jahre überraschte. Ich sah zu, wie man ihn wie ein trauriges Kind von mir fortführte.

* * *

Im Alter gingen meine Mutter und ihre Schwester – sie waren beide verwitwet und lebten zusammen – immer wieder ihre Vergangenheit durch, die Mädchenjahre in Washington, D. C., wo sie, wie schon ihre Mutter, geboren waren: das Haus in der Upsher Street, ihr strenger Vater, die Verwandten, die reich geworden waren, die Verehrer; Major Sledge, der vor dem Ersten Weltkrieg in Selma verliebt war, die älteste der Schwestern. Er gehörte zum Stab des Weißen Hauses, ein Major *in Friedenszeiten,* wie sie betonten. Er wollte sie heiraten und nach Chicago mitnehmen. Ihre Eltern erlaubten es nicht. Was war aus Major Sledge geworden? Keine von beiden wusste es.

Von den vier Schwestern war meine Mutter die schönste, sie war auch die jüngste und eigenwilligste. Sie hatte eine aufregende Jugend – die Eintönigkeit kam später –, Bälle in den Country Clubs, den Botschaften, sie ging zu allen; die argentinische Botschaft war die beste.

»Die französische«, korrigierte meine Tante.

»Nein, die argentinische.«

Sie beginnen wieder über die Familie zu reden, Zweigen des Stammbaums nachzugehen. Ihr Vater hatte zwei Brüder und eine Schwester. Einer der Brüder war –

»Fotograf«, sagt meine Tante.

»Nein, Zahnarzt.«

»Ich dachte, er sei Fotograf gewesen.«

Meine Tante, die zweitjüngste, war blond und lachte gern. Sie war zwei Mal verheiratet gewesen, lange Zeit mit einem erfolglosen Rechtsanwalt, der mein Lieblingsonkel war. Sie putzte seine Schuhe und achtete darauf, dass seine Haare in Ordnung waren. Seine Klientel war verarmt. Sie nannten ihn Herr Anwalt. Er setzte Verträge auf, manchmal hatte er einen Scheidungsfall. Zu seinen Arbeiten gehörte es auch, Mieten einzutreiben.

»Wer ist da?« riefen sie durch die Tür.

Wenn er es ihnen sagte, brüllten sie: »Mach, dass du wegkommst, oder es gibt einen Tritt in den Arsch!«

Er war klein, ein wenig stämmig, ein Experte, was Karten- und Zaubertricks anging. Er spielte zudem Klavier und schrieb eigene Lieder. Er hatte schwarzes schütteres Haar. Seine Finger waren kurz und dick, und seine Unterarme mit dichtem, seidig schwarzem Haar bedeckt. Er hatte Zahnmedizin studiert – so hatte er auch meine Tante kennen gelernt, an der Uniklinik, als er ihre Zähne behandelte –, aber schließlich entschloss er sich, den Leuten anders Zähne zu ziehen.

Ich liebte ihn wegen seiner Geduld und seiner verspielten Art. Er und Frances hatten keine Kinder. Ich war ihr Ersatzsohn. Meine Mutter und ich nahmen die Weehawken-Fähre, breit und geräumig, mit geschwungenen Gallerien für Passagiere auf beiden Seiten, der Geruch von Teer und Meerwasser lag in der Luft, das Deck hob und senkte sich rhythmisch. Mein Onkel erwartete uns auf der anderen Seite mit dem Auto, einem gebraucht gekauften Personenwagen. In jenen Jahren säumten Fabriken den Fluss, und weiter oben auf den Anhöhen thronte in der Mitte eines Vergnügungsparks das wuchtige Gerüst einer großen Achterbahn. Wir fuhren da nie hin, sondern in ständig wechselnde Wohnungen in dunklen Backsteinhäusern, die oftmals an abschüssigen Straßen lagen. Ich saß verzaubert auf dem Sofa im Wohnzimmer, während sich Münzen mit bloßem Fingerschnipsen in dünner Luft auflösten und dann wieder hinter meinen Ohren hervorgezogen wurden, und die Asse in einem gut gemischten Kartenspiel immer wie magisch oben erschienen. Die Klavierbank war mit Notenheften zugedeckt, und hinter der *Saturday Evening Post* in der Zeitschriftenablage verbargen sich Nudistenmagazine, wie ich einmal entdeckte.

Dieser wunderbare Onkel kam eines Tages, als ich bereits älter war und studierte, nach Hause und klagte, ihm sei schwindlig, woraufhin er zu Bett gebracht wurde. Er kam ins Krankenhaus – »Ich glaube nicht, dass er operiert wurde«, sagte meine Tante vage –, und ungefähr einen Monat später brannte er mit seiner Sekretärin durch. Meine Mutter, die mir die Nachricht überbrachte, erklärte, er sei krank, habe einen Gehirntumor und sei ins Irrenhaus gebracht worden. In Wirklichkeit war er mit seiner Sekretärin im Haus seiner Mutter an der Küste, obwohl er nicht lange darauf verstarb, vielleicht so ähnlich wie in der erfundenen Geschichte. Ich weiß nicht, wo er begraben liegt.

Familien ohne Bedeutung – so viel ist verloren, ganze Geschichten, es gibt keinen Platz für sie alle. Es gibt nur die Generationen, die wie die Gezeiten vorwärts drängen, die

Jahre sind erfüllt von Lärm und Schaum und werden dann selbst wieder überspült. Das ist das Erbe der Städte.

»Weißt du, was Poppas Vater früher war?« fragt meine Mutter.

»Er hatte eine Leinenweberei«, antwortet meine Tante.

»Er war Brauereimeister.«

Nein, nein. Sie streiten weiter über ihn und den Onkel, den Zahnarzt oder Fotografen, der am Anfang des Jahrhunderts auf Besuch nach Amerika kam, es aber nicht mochte und nach Europa zurückkehrte.

»Nach Frankfurt«, sagt meine Tante.

»Moskau«, berichtigt meine Mutter.

Der Stammbaum ist nur schwach umrissen, der *arbor consanguinitatis*. Ihr Vater lebte als junger Mann bei seiner Großmutter, da seine Eltern geschieden waren, und er wurde nach Amerika geschickt, weil er irgendeine Affäre mit dem Dienstmädchen hatte. Und so entkam er blindlings den Kriegen sowie der Welle unvergleichlicher Zerstörung, die mit ihnen einherging. In Amerika heiratete er eine Frau, deren Mutter, meine Urgroßmutter, mit einem polnischen Prinzen namens Notés verheiratet gewesen war.

»Mit einem Prinzen?«

»Vielleicht war es auch ein General«, gibt meine Mutter zu. »Auf jeden Fall war er ein wichtiger Mann.« Noch mit siebzig war sie attraktiv und hochfahrend, zum Leidwesen manchen sorglosen Kellners oder mancher Verkäuferin. Ein elegantes Porträt, eine Kohlezeichnung, auf der sie um die vierzig war – feine Züge, zarte Ringe unter den Augen, ein langer, graziler Hals –, war ihrer Erscheinung noch sehr ähnlich. Sie las jeden Tag die Zeitung, einschließlich aller Anzeigen. Täglich ging sie zwei Meilen spazieren.

Meine Mutter sah meinen Vater – zumindest ein Foto von

ihm – zum ersten Mal in der Zeitung. Sie war achtzehn. Später wurden sie einander durch Zufall vorgestellt. Ihre Eltern mochten ihn sehr, besonders ihre Mutter. Sie heirateten 1924 in Baltimore. Es war am Morgen. Sie fuhren zurück nach Washington und aßen zu Mittag, und anschließend kehrte der frisch vermählte Bräutigam zum Arbeiten nach New York zurück. Er kam einen Monat später wieder.

Ich war ihr einziges Kind, frühmorgens im Juni an einem unvorstellbar heißen Tag geboren und von einem Arzt entbunden, der, wie ich mir später vorstellte, William Carlos Williams hätte sein können – Zeit und Ort stimmen ungefähr überein –, der aber in Wirklichkeit Carlisle hieß. Der Abend brachte in Form eines ungeheuren Gewitters Linderung von der Hitze. Ich würde gerne glauben, dass ich mich irgendwie daran erinnerte und dass meine Liebe für alle Gewitter von diesem ersten herrührt, aber viel wahrscheinlicher schlief ich, erschöpft von der Entbindung, neben meiner jungen Mutter – sie war einundzwanzig –, die ebenfalls erschöpft, aber sehr glücklich gewesen sein muss. Sie war erleichtert, dass die Geburt überstanden war, und freute sich auf alles, was vor ihr lag. Donner rüttelte am Fenster, der Regen prasselte herab. Es war das Jahr 1925, das Krankenhaus war das Passaic General.

Von meinen anderen Onkeln besaß einer eine Fabrik, die akustische Geräte herstellte. Dieser Onkel, Maurice, war hoch gewachsen und bitter, und er trug einen gezwirbelten Schnurrbart. Eine Zeit lang besaß er ein Sportcabriolet, einen Cord, den ich in unserer Straße in New York schräg zum Bordstein geparkt sehe, es war eine Hauptstraße, die damals wie heute außerordentlich breit war. Er war irgendeine Art Ingenieur. Er und meine Tante Sylvia hatten sich in Atlantic City kennen gelernt, aber die Fabrik, die während der Depression Konkurs machte, befand sich in der Umgebung von Philadelphia, und so lebten sie dort. Sie hatten ein Haus, ein Dienstmädchen, Autos. Sie fuhren jeden Sommer fort. Die Schwestern kamen nie zu Besuch, sie hassten ihn.

»Nach 1932 hat er eigentlich gar nichts mehr gemacht«, sagte meine Tante.

»Er kam aus der Gosse«, kommentierte meine Mutter.

Im Alter, mittlerweile verwitwet, verlor Sylvia den Verstand. Im Haus ihrer Tochter stand sie regelmäßig mitten in der Nacht auf, packte, und irgendwann stieg sie um drei Uhr morgens allein in einen Zug. Sie wurde danach in einem kleinen Apartment untergebracht, aber die Leute beraubten sie dort, beschwerte sie sich. Eine Frau wäre hereingekommen und hätte alles gestohlen, ihr Geld, Scheckbücher, Schlüssel. Sie hatte wieder einmal die Polizei gerufen.

»Wie ist sie hereingekommen?« fragte meine Mutter.

»Einfach so.«

»Aber die Tür war doch verriegelt, und das Schloss war ganz neu.«

»Sie ist durch die Decke gekommen«, erklärte Sylvia ruhig. »Die diebische Hure.«

Das Geld und die Schlüssel fand man unter ein Sofakissen gestopft, zusammen mit Teilen ihrer Unterwäsche. Die Scheckbücher waren hinter den Fuß einer Truhe geklemmt. Sie gingen danach eine Stunde spazieren. Sylvia war ruhig und klar. Sie war von der immensen Geduld des Wahnsinns erfüllt. Ihre Tochter lehnte es ab, sich um sie zu kümmern. Ihre Schwestern übernahmen, mittels langer Busfahrten, die Aufgabe.

\* \* \*

Wir lebten seit meinem zweiten Lebensjahr in New York, zuerst zur Untermiete in einem Zimmer bei einer Frau auf der Achtundneunzigsten Straße, dann ein paar Blocks weiter in einer eigenen Wohnung an der West End Avenue, einer breiten gesichtslosen Straße, in der Mittelklasse-Familien wohnten. Mein Vater hatte in New Jersey ohne viel Gewinn ein paar Häuser gebaut. In New York fand sein Ehrgeiz ein Ziel.

In der Stadt, so wie sie für mich als Erstes Gestalt annahm, gab es große Apartmenthäuser, die sich, so weit das Auge reichte, in beide Richtungen erstreckten. In den Seitenstraßen standen Privathäuser, von denen viele in einzelne Mietzimmer unterteilt waren. Am Riverside Drive gab es noch unberührte Herrenhäuser, gestrandet, als warteten sie auf den Tod gealterter Patriarchen. Manchmal erschienen in den trostlosen Hinterhöfen noch Männer mit Schleifsteinen, schellten mit einer Glocke und riefen zu Hausfrauen oder Küchenmädchen hinauf, um ihre Messer oder Scheren zu schleifen. Natur bedeutete für mich die Bäume und der schmale Park am Fluss und mitunter einer der seltenen Schneestürme, wenn der Verkehr auf den Straßen erstarb und sich die Stille der Welt um einen legte. Zeitungsjungen, die so hießen, obwohl sie Männer waren, kamen oft spät am Tag vorbei, immer das Gleiche rufend, *Extra! Extra!*, die-oder-der ermordet, dies-oder-das eingestürzt oder gesunken. Einen Block weiter um die Ecke formierte sich vor einem braunen Backsteinhaus plötzlich die Polizei und sperrte die Straße ab, sie erwarteten eine Schießerei mit einem berühmten Verbrecher, den sie umstellt hatten, »Two-Gun-Crowley«.

Ich durfte trotzdem alleine zur Schule gehen – es war Anfang der ersten oder zweiten Klasse – und danach draußen spielen. Den Klassen standen unbezwingbare weißhaarige Frauen vor: Miss Quigley – vielleicht hat sie mir das Lesen beigebracht – und Miss McGinley.

Wir saßen entsprechend unseren Leistungen in Reihen, die besten Schüler vorne. Noten wurden monatlich verteilt, für Schularbeit sowie Benehmen. Etwas später mussten wir im Stehen Gedichte aufsagen. So erwarben wir eine Art Anthologie, und durch sie lernten wir die heroische Sprache.

Vieles in der Kindheit bleibt ewig klar in Erinnerung, die erste Telefonnummer, der Name (Tony) des gefürchteten Fahrstuhlführers, der reine Klang – wenn ich gelangweilt und krank im Bett lag – des Schlüssels in der Wohnungstür, der mir sagte, dass meine Mutter endlich mit dem Buch zurückkam – es bestand vor allem aus Bildern –, auf das ich so gewartet hatte.

Zurückblickend ist mir klar, dass ich ein gehorsamer Junge war. Ich war meinen Eltern nahe und hatte Ehrfurcht vor meinen Lehrern. Ich hatte keine derben oder kriminellen Freunde. Die tyrannischen Portiers, ein Ire und ein Italiener, waren zusammen mit den Hausmeistern, Männern in Unterhemden mit fremdem Akzent, meine einzigen Feinde. Es gab keinen Himmel, aber eine Unterwelt mit dunklen Kellerfluren und vollen Ascheimern, in die ich mich nicht hineintraute. Ich war ein Stadtkind, blass, behütet, ahnungslos.

* * *

Ich erinnere mich kaum an diese erste Wohnung, in der wir über Jahre wohnten. Die Straßen draußen sind mir klarer im Gedächtnis, die Kindergruppe, zu der ich ging, die eine junge Frau leitete, an deren angenehme Züge ich mich nicht genau erinnere und die wir Mademoiselle riefen, der Freund, der Junior genannt wurde und, soweit ich verstand, in ärmlichen Verhältnissen in einer Seitenstraße wohnte, aber etwas Undenkbares besaß, einen riesigen deutschen Schäferhund.

Wir hatten weder Hund noch Katze noch Familienfeiern. Mein Vater hatte Freunde, meistens einen oder zwei zur selben Zeit, und ich sehe sie vor mir, den gutmütigen glatzköpfigen Bauunternehmer mit Nickelbrille, den Richter und andere große, joviale Männer mit zu kräftigem Händedruck und selbstsicherem Auftreten. Manche besaßen Autos. Gewöhnlich sah ich sie, wenn sie auf dem Weg zum Golfspielen waren oder von dort zurückkamen.

Meine Mutter hatte ebenfalls Freundinnen, Ann, Harriet, Eileen, Rose. Nachmittagsfreundinnen. Vielleicht gingen sie zusammen zum Lunch. Alle waren verheiratet, aber ihre Männer, mit einer oder zwei Ausnahmen, sah ich selten. Die Frauen waren herzlich und unbeschwert, es war angenehm, in ihrer Nähe zu sein. Sie waren noch in den Zwanzigern, mit seidigen Beinen und strahlendem Lächeln. Vielleicht gingen sie am Abend tanzen. Meine Eltern gingen nie tanzen und nur selten auf Partys.

Ich wusste im Grunde gar nichts vom Leben dieser Frauen. Ich war ein kleiner Junge, eine Art Haustier. Ich wusste in den meisten Fällen nicht einmal, wo sie wohnten. Manchmal wurde ich mit ihren Kindern zusammengebracht, aber Freundschaften entwickelten sich keine.

In New York ließ man sich in jenen Tagen, jenen endlosen Tagen, allmorgendlich beim Barbier rasieren; Anzüge und Schuhe besorgte man sich bei De Pinna und Geliebte unter den Frauen im Büro oder im Textilviertel. Zumindest lebten mein Vater und sein bester, lebenslanger Freund, ein Cousin, auf diese Weise. Er sah gut aus, war allerdings vollkommen kahl. Berry war Junggeselle, während seiner Zeit in der

Navy hatte er geboxt. Er wohnte in einem Hotel an der Ecke des Parks und trug völlig natürlich ein Barett. Als er ausdruckslos und treu bei der Beerdigung meines Vaters da saß, war er plötzlich in Tränen ausgebrochen, als der Sarg herabgelassen wurde, und hatte den Namen meines Vaters ausgerufen. »George«, schluchzte er, »George ...«

Mein Vater stieg auf in der Welt. Er war meistens gut gelaunt und sang Lieder, während er sich ankleidete – »*Otche Chornia*« war eines, das er besonders mochte, »Schwarze Augen«. Er erfand eigene Wörter, da er nur die ersten Zeilen kannte: »*Otche chornia, I prekasnia ...*« Oft war er abends außer Haus, geschäftlich. Es gab Streit. Er war freundlich zu mir, liebevoll, aber nicht im eigentlichen Sinne zärtlich. Mit kindlichen Dingen gab er sich nicht ab, und für Sport hatte er keinen Sinn. Ich habe nie seine Liebe vermisst, aber sein Interesse. Meine Mutter mag das ähnlich empfunden haben. Solange ich mich entsinne, war er in Gedanken verloren. Sogar wenn er die Straße entlangging, dachte er nach, und nur gelegentlich nahm er Dinge von außen wahr. Einer Sache war er sich gewiss: er würde Erfolg haben. Die Dinge entwickelten sich günstig für ihn, er gewann an Ansehen und traf wichtige Männer. Einmal stellte er mich Jack Dempsey vor, dem Champion mit dem dunklen Kinn, der in jenen Tagen die Verkörperung des Boxsports war, groß, schlank. Mein Vater hatte ihm einen günstigen Pachtvertrag verschafft, und sie verstanden sich gut. Dempsey muss Anfang vierzig gewesen sein, als ich ihm begegnete, und zu der Zeit sogar noch beliebter, als er es im Ring gewesen war, wo er, einen Totengesang vor sich hin summend, rhythmisch kraftvolle Schläge verteilte und Riesen zu Fall brachte, Willard und Firpo, in Kämpfen, die Legende wurden. Er war breit, mit Wangenknochen wie ein Indianer. Seine Hände waren

riesig und kraftvoll. Ich war zehn oder elf Jahre alt und erinnere mich, wie er vor mir aufragte. Ich würde größer werden als Dempsey, sagte mein Vater zu mir, als wir gingen.
Ich würde eine Linke haben wie er. Er nannte mich seinen
Freund. Dann trieben seine Gedanken fort zu anderen Dingen, neuen Projekten und Träumen.

Er machte Geschäfte mit einem Mann namens Lignante,
freundlich, von europäischer Art, der die Tochter eines Rich-
ters geheiratet hatte. Lignante baute Hampshire House, ein
strahlendes Gebäude am Central Park South, und mein Vater lieh ihm eine große Summe Geld, 75 000 Dollar, ohne
Sicherheit, aber gegen einen Anteil an dem fertig gestellten
Gebäude. Das war im Jahr 1929. Der Börsenkrach ruinierte
Lignante, der später in Italien starb. Das Geld, zu der Zeit
eine riesige Summe, wurde nie zurückgezahlt. Es folgten
noch andere Katastrophen, aber keine von diesem Ausmaß.
Als mein Vater starb, befand sich unter seinen Papieren
noch immer der Schuldschein, fast von derselben Größe wie
ein Scheck, den Lignante unterschrieben hatte. Er war wie
das Bündel Rubel, das ich einmal in der Betttruhe eines
Mitschülers gesehen hatte, Azamat Guirey, dessen Mutter
eine georgische Prinzessin war und nach der Revolution mit
ihrem Mann aus Russland geflohen war. Trotz allem, was
man weiß, haftet etwas an Papier, das einmal Wert besaß.

\* \* \*

Als Junge wusste ich nichts von diesen Dingen. Im Sommer
fuhren wir an die See nach Atlantic City und wohnten bei
meinen Großeltern mütterlicherseits: meine Mutter, meine
Cousins, Tanten und ich. Wir fuhren über das helle Flach-
land, über Brücken, die Erde neben der Trasse verlor die
Farbe, wir Kinder saßen ganz hinten im offenen Wagen, mit

wehenden Haaren, glücklich winkenden Armen. Die Luft roch nach Meer, die Sonne schien durch die Schlafzimmerfenster. Den Lebensrhythmus bestimmten Erwachsene, aber die sorglosen Freuden gehörten uns.

Wir spielten den ganzen Tag im Sand, unten am Meer, wo er am glattesten war, und die grünen Wellen unsere Füße anzischten. Nicht weit vom Ufer entfernt lag das schwarze Wrack eines kleinen Küstendampfers. Wir konnten nicht hinschwimmen, aber es bleibt fest in der Erinnerung verankert, die Wellen brechen darüber, fließen wieder ab, das Wasser fällt flächig seitlich herab. Ein paar Jahre später, wir waren zu der Zeit nicht dort, brannte am Horizont die *Morro Castle*, ein Kreuzfahrtschiff, viele Menschen starben.

Der Geschmack früher Dinge bleibt. Ich spüre die Frische gesalzener Tomaten in meinem Mund, die Rühreier meiner Großmutter, das unerwartet verschluckte Meerwasser. In meinem Herzen trage ich noch immer die kindliche Liebe zu meinen Cousins, die ich nur selten sah und die später ganz aus meinem Leben verschwanden.

In den darauf folgenden Sommern wurde ich ins Feriencamp geschickt. Wohlwollende Männer, die Betreiber, kamen im Winter mit einem Filmprojektor in unsere Wohnung, zeigten Baseballspiele, schön gelegene Speisesäle und kleine Jungen, die vom Sechsmeterbrett sprangen. Mit lautlosem Umlegen eines Hebels kamen die Jungen wie durch Magie mit den Füßen zuerst aus dem Wasser, segelten hinauf und landeten wieder auf dem Brett. »Das bringen wie ihnen auch bei.«

Die Camps lagen immer an einem See, einem See mit Blutegeln. Das Gras war niedergetrampelt und trocken, die Leiter verteilten Lob oder fatale Spitznamen. An einem Abend in der Woche wurden die flachen Holzbänke in einem Rechteck aufgestellt – der Boxring –, dahinter reihten sich Zuschauerbänke. Ein oder zwei Mal während des Sommers wurde man für einen Kampf bestimmt. In der gegenüberliegenden Ecke, die dünnen Arme endeten in überdimensionalen Handschuhen, saß der verbissene Gegner. Manchmal stand ihm das Ergebnis bereits ins Gesicht geschrieben, Sieg oder sichere Niederlage. Drei Runden unter lautem Gebrüll, aus der Ecke zugerufenen Anweisungen. Die beißenden Schläge, besonders im Gesicht, trieben beschämende Tränen in die Augen.

Am High Lake, im ersten Camp, in das ich fuhr, war der gefürchtetste Boxer ein stämmiger Junge mit nur einem Arm. Der rechte hörte unterhalb des Ellbogens auf. Er stürmte auf einen zu und schwang den abgerundeten Stumpf. Ich habe seinen Namen vergessen, Miller, glaube ich, aber nicht das feste Fleisch, das sich um den Stumpf schloss. Es war, als würde man von einem Knüppel getroffen.

Im zweiten Camp, in New Hampshire, in dem ich drei oder vier Sommer verbrachte, wurde ich gegen meinen besten Freund gestellt, der, wie ich wusste, ein aufbrausendes Temperament hatte. Royal Marcher war sein Name. Er hatte zudem noch eine glänzend aussehende rothaarige Mutter und eine jüngere Schwester, die wir nicht beachteten, die aber ein paar Jahre später auf überraschend sinnliche Weise Einzug in meine Träume hielt. Wendig, selbstsicher, ein paar Pfund leichter als ich, saß er mit kaltem Gesichtsausdruck in der anderen Ecke. Als sich unsere Augen trafen, schien es, als erkenne er mich nicht. Der Gongschlag ertönte.

Wir bewegten uns aufeinander zu, die großen Handschuhe erhoben, setzten leichte Schläge, starrten uns hinter einer rechten, dicht an der Wange gehaltenen Hand an. Die Schläge kamen aus zu großer Entfernung. Sie streiften kaum die Haut. Ab und zu traf einer härter. Ich achtete vor allem auf einen seiner möglichen Wutausbrüche. Ich sah nur ein mageres ausdrucksloses Gesicht.

Zwischen den Runden gab mir der Campleiter, der mein Sekundant war, dicht an meinem Ohr Anweisungen: »Schlag einen linken Haken. Er hält die Deckung tief.« Ich nickte. Es war der Sommer, in dem sich das erste weiche Schamhaar zu zeigen begann, aber die Kindheit noch nicht vorüber war.

Der Gong ertönte zur zweiten Runde. Gewappnet mit fachmännischem Rat, tänzelte ich langsam nach rechts, stieß meine linke Faust ein, zwei Mal vor und holte dann zu einem wilden Schwinger aus. Er landete mit unerwarteter Härte genau auf seinem Kinn. Ich sah ihn taumeln, überrascht. »Nochmal! Nochmal!« konnte ich sie rufen hören. Ich schlug ein paar gerade Linke, dann einen Haken, der ihn wieder voll traf. Er versteckte sich hinter seinen Handschuhen. Blut schoss mir in den Kopf, die Freundschaft hatte ich vergessen. Ich empfand Triumph, aber auch Verrat. Royal blieb bis zum Ende der Runde auf Abstand.

In der dritten Runde, selbst beraten und schlauer als zuvor, hielt er die Rechte höher und schlug ebenfalls ein paar Haken, denen ich nach hinten auswich. Die Ringrichter, die sich über die Bedeutung des Urteils im Klaren waren, gaben ein Unentschieden. Wir hatten beide unseren Stolz bewahrt.

Es gab Geheimbünde – Ehrenbünde wurden sie genannt –, die Auswahlregeln waren nicht bekannt. Die Aufnahme erfolgte nachts, nachdem das Licht gelöscht worden war. Wir lagen im Bett und beobachteten, wie die Kegel der Taschenlampen hektisch über die Betten irrten, bis sie – unser aller Herzen pochten wie wild – bei jemandem anhielten, der angetippt wurde. Es war nicht möglich, sich darauf vorzubereiten; man wurde nach einer gewissen Art von Beliebtheit ausgewählt, die letztlich nicht berechenbar war. Es war die größte Auszeichnung, größer noch als die am Ende des Sommers verliehenen Medaillen und Preise. Bestimmte Jungen waren beliebt. Sie waren die wahren Idole.

Das Sommercamp war der Ort, an dem man kleine rote Wassermolche in der Handfläche hielt, die man in Nestern aus dickem Moos fand, unanständige Lieder lernte – rein aus jungen Kehlen –, merkwürdige Ansichten hörte und die Sterne entdeckte. Das Gefühl von rauen Wolldecken in der kühlen Bergnacht, das Behagen des einfachen, uns einenden Gebets *Nun leg ich mich denn nieder ...*, die Appelle am Morgen, die Wettkämpfe und das Hissen und Niederholen der Flagge am hohen weiß gestrichenen Holzfahnenmast. Wir unternahmen zehn oder zwölf Meilen weite Fußmärsche, die geplantermaßen bei einem bestimmten Geschäft endeten, in dem wir kalte Flaschen mit Moxie, einem bitteren Getränk aus Neuengland, und Süßigkeiten kaufen konnten.

Es gab verlassene Farmhäuser mit gelb verblichenen fünfzig Jahre alten Zeitungen auf dem Boden, Dreitagesfahrten mit dem Kanu auf weiten Seen im Norden und die Chöre mit ergreifenden Liedern, deren Melodien aus Opern wie *Parzival* und *Aïda* gestohlen waren. »Unsere Farbe ist goldrot, gemeinsam trotzen wir Feind und Tod ...«, und abschließend die Lagerfeuer, bei denen große krachende Holzscheite Funken nach oben wirbelten und das ganze Camp vom Jüngsten bis zum Ältesten in zwei Gruppen aufgeteilt wurde, die angestrengt um die Meisterschaft kämpften.

Es gab Grammophone und Schallplatten, Kameras in Form von Schuhschachteln, heilige Holzstöcke, die Rinde entfernt, und das Wochenende, an dem Autos die steinige Straße heraufkamen und Eltern zu Besuch brachten. Der Badeanzug meines Vaters hatte ein gestreiftes Oberteil, und er wirkte recht einsam auf dem hölzernen Steg, als wir zusammen schwimmen gingen. Er fragte nicht nach dem Baseball, bei dem ich, als einer der schlechtesten Spieler ins rechte Außenfeld verbannt, hin und wieder enorme Flugbälle vom fernen Schläger aufsteigen, ihren Zenit erreichen und dann mit zunehmender Neigung und Geschwindigkeit, klein, weiß und tödlich, auf mich zukommen sah, während ich verzweifelt über den lehmigen Boden zurückrannte, um ihn zu fangen. Er und meine Mutter drängten mich, Tennis zu spielen, doch ohne große Überzeugungskraft, da sie selbst nicht spielten. Sie gingen in späteren Jahren manchmal zusammen auf den Golfplatz.

Namen aus der Kindheit – sie stammen aus den Camps und der Grundschule – waren Dickie Davega, George Overholt, Neil Wald, Spruille Braden und Larry Sloan, den ich später auf den Seiten von *Marjorie Morningstar* wiederentdeckte und dessen Schwester Revuegirl war; langbeinig und überlegen, ging sie hochmütig an uns vorbei.

Wir waren umgezogen, in ein großes Gebäude auf der East Side, das Croydon, das, durch zwei Hofschächte geteilt, an der Madison Avenue lag. Hier bezogen wir ein Apartment, später ein anderes und blieben jahrelang dort.

Wir waren aus der einfachen Not umgezogen, eine billigere Wohnung finden zu müssen, und zwischendurch machten wir in Atlantic City Station und dann in einem Hotel am Central Park South, das einem Bekannten meines Vaters gehörte.

Meine neue Schule, eine der angesehensten der Stadt, lag direkt gegenüber auf der anderen Straßenseite, ein alter Bau aus rotem Backstein, der mittlerweile abgerissen, aber in der Form Londoner Bahnhöfe sozusagen noch sichtbar ist. Das Viertel war wohlhabend, man nannte es den »silk-stocking-district«, mit einem ärmlicheren Teil nahe dem Fluss, Yorkville, in dem überwiegend Deutsche und Iren wohnten. Die Direktorin der Schule, weißhaarig und schwammig, hieß Emily Nosworthy, eine Frau von damals verbreitetem Schlage – gebildet, unnachgiebig, sehr wahrscheinlich ledig. Schlägereien auf dem Schulhof oder Rangeleien im Flur gab es bei ihr nicht, und die ihr unterstehenden Frauen waren nicht minder zu fürchten.

Ein Schulfreund und ich machten eines Nachmittags bei ihm in der Wohnung Zeichnungen von dem, was wir uns unter einem nackten Mädchen vorstellten. Keiner von uns hatte je eines gesehen, nicht einmal eine Abbildung. Picassos Radierungen kamen erst viel später, auch Rodins *Iris* – nackter Rumpf, ein abgespreiztes Bein –, und von Courbet hatten wir nie etwas gehört. Die Kunst der Fotografie war erst in ihren Anfängen.

Ich hatte einen zweiten, noch engeren Freund, der einen Block weit entfernt wohnte und dessen Leben weitgehend von der Karriere seiner Mutter bestimmt wurde, einer Mutter, die ich selten sah. Sie war Pianistin und gab Konzerte in der Carnegie Hall. Ihr Sohn Alec hatte blaue Augen und sah leicht verlottert aus, mit nach unten hängendem Stift an seiner Gürtelschnalle. Wir spielten allein in seinem Zimmer. In dieser Familie war jeder unsichtbar: Nadia, seine Mutter, die abgeschieden hinter verhangenen Glastüren übte; sein älterer Bruder, der schon auf dem College war und beim Gehen eine Regel befolgte, um seine Lungen zu stärken – vier Schritte einatmen, vier Schritte ausatmen, dann den nächsten Block fünf und so weiter.

Alecs Zimmer lag im hinteren Teil des Apartments. Spät am Nachmittag rangen wir miteinander auf seinem Bett, die Tür war verschlossen, der Klang des Klaviers unbeachtet und fern. Das Zimmer sah auf einen sieben oder acht Stockwerke tiefen Hof hinaus und auf triste, unbekannte Fenster gegenüber. An einem gewöhnlichen Nachmittag, als es zu dämmern begann, bemerkten wir ein Stockwerk tiefer eine Gestalt in einem Apartment gegenüber, sie war sehr nahe, da das Gebäude hufeisenförmig gebaut war. Es war eine junge Frau, ganz allein. Das Zimmer, in dem sie sich hin- und herbewegte – ein Badezimmer –, war hell erleuchtet und die obere Hälfte des Fensters heruntergeschoben. In unserem Zimmer brannte noch kein Licht, wir wollten uns verstecken und sie beobachten und sanken auf die Knie.

Sie streifte sich den Pullover über den Kopf, verschwand außer Sichtweite und kehrte einen Moment später zurück und hakte ihren Büstenhalter auf. Ich erinnere mich an das unglaubliche Leuchten ihrer Haut, ihre blendende Nacktheit, und die Verzweiflung, wenn sie aus unserem Blickfeld verschwand. Wir sprachen kein Wort. Wir warteten in absoluter Stille. Es war die Zeit des Zwielichts. Das leere erleuchtete Viereck war fesselnder als jede Bühne. Wie aus Gehorsam kehrte sie zurück. Ich konnte mich nicht satt sehen, noch – wie mir vom ersten Augenblick klar war – in Erinnerung behalten, was ich sah.

Kein Jäger bei Morgengrauen, kein Mörder oder Suchender hat je größeres Glück empfunden. Sie bewegte sich vor uns, drehte sich um, band sich das Haar zurück. Sie beugte sich vor, um die letzten Kleidungsstücke abzustreifen, und dann stand sie da, heilig und unvollständig, und schaute auf etwas hinab, wahrscheinlich eine Waage. Ich kann das Gewicht dieser unsterblichen Substanz nicht beschreiben. Es hatte kein Gewicht. Es bestand aus Herrlichkeit. Dann trat sie abrupt zur Seite, zu einer unsichtbaren Dusche oder Wanne. Das heißt, sie verschwand von dieser Erde. Bis dahin war mir das Paradox eines Traums, der bis zur Verzweiflung wirklich scheint und doch verschwinden muss, nie begegnet.

So berauschend es war, war es doch allgemein bekannt. Jeder wusste davon, nur wir erlebten es zum ersten Mal.

* * *

Meine Mutter hatte um das Jahr 1930 von einer Frau, die sie von Tür zu Tür verkaufte, eine sechsbändige Bücherreihe mit dem Titel *Mein Haus der Bücher* erworben. Die Einbände waren dunkelgrün und schildpattartig, mit einem großen, darin eingelegten Bild, einer wunderschönen Frau in einem, wie ich glaube, weißen Kleid, mit langem Haar und einer Krone aus gelben und goldenen Seerosen. Ich hatte andere Kinderbücher, aber keinem widmete ich mich mehr. Die Lektüre war nach Schwierigkeitsgrad von Band eins bis sechs gestuft, und obwohl ich die ersten beiden Bände verunstaltete, behandelte ich sie ab dem dritten Band mit Respekt. Ich kannte viele der Geschichten auswendig. »Von dem Fischer und seiner Frau« der Gebrüder Grimm und »Der ehrliche Holzfäller«, der zuerst eine goldene, dann eine silberne Axt angeboten bekommt, um seine alte zu ersetzen, die er verloren hat, sie aber mit den Worten ablehnt, seine sei nur aus Stahl gewesen, und mit allen dreien belohnt wird.

Da gab es Dickens, Byron, die Bibel, Tolstoi, Märchen aus anderen Ländern und Gedichte. Die Texte mögen leicht modifiziert, geglättet worden sein – ich glaube, ich merkte es schon damals –, aber nur Dinge betreffend, die für junge Leser zu brutal waren. Zum Beispiel wurde das Wort »heraus«

aus einem Satz gestrichen, in dem eine böse Frau einem Spatzen die Zunge herausschnitt, so dass das sensible Kind den Eindruck bekam, dass die Zunge nur angeschnitten wurde. Die Bücher waren reich illustriert. Im vierten oder fünften Band war Kiplings »Ballade vom Osten und Westen«. Sie war vier Seiten lang. Ich kannte jedes Wort und die Illustrationen in all ihren Details. Der Held der Ballade, der schlanke, schneidige Sohn des Colonels, trug einen Tropenhelm, um den ein weißes Tuch gewunden war, und an seiner Pistole befand sich ein Lederriemen. Ich mag ihn in meiner Vorstellung mit dem Prince of Wales verwechselt haben, der zur damaligen Zeit sehr beliebt war.

Die Ballade rankte sich um eine epische Verfolgungsjagd zu Pferd. Ein verwegener Gesetzloser – ich begegnete ihm später in Tolstois *Hadschi Murat* wieder, hinkend, aber nicht zu bändigen – hat mit einem Trupp Männern ein Pferd gestohlen, das einer britischen Garnison an Indiens nordöstlicher Grenze gehörte. Dieses Pferd aber, eine Stute, ist das Lieblingstier des Befehlshabers, eines Colonels. Der Sohn des Colonels, ein junger Offizier in derselben Truppe, macht sich alleine auf, die Stute zurückzuholen. Auf einem Pass in tückischem Gelände entdeckt er schließlich die Stute und auf ihrem Rücken den kühnen Räuber Kamal, und eine erbarmungslose Jagd beginnt. *Er feuerte ein Mal, er feuerte zwei Mal, aber die pfeifende Kugel verfehlte ihr Ziel …*, auch Tolstoi beschrieb später den fröhlichen Klang von Schüssen. Der Tag verblasst. Mit hämmernden Hufen reiten sie durch die Nacht. An einem Wassergraben stürzt der Sohn des Colonels mit seinem entkräfteten Pferd, und Kamal, der dies sieht, kehrt um, schlägt dem gestürzten Reiter die Pistole aus der Hand und zieht ihn auf die Beine. Angesicht zu Angesicht stehen sie da und bekennen sich nach ein paar wilden Drohungen zu dem Bund, der sie jetzt eint: Rivalen, die alles gegeben haben. Ihr Ehrenkodex ist der Gleiche, sie teilen auch die Vorstellung von Männlichkeit, die sie bewundern. Sie schwören einen heiligen Eid der Bruderschaft, und Kamal entsendet seinen einzigen Sohn, um seinem Feind fortan als Leibwache zu dienen. »Und wenn Du ernannt wirst zum Ressaldar«, sagt er voraus, »hängt man mich in Peshawur.«

Ich dachte mir für das Gedicht keine Spiele aus und ahmte auch nicht einen seiner Charaktere vor dem Spiegel nach; ich bewahrte es nur dicht an meinem Herzen. Ich glaube, ich fand das Gedicht letztlich unwahr, das heißt, ich traf nie auf einen Gegner, den ich so tief lieben konnte wie einen Freund, aber ich hielt immer einen Platz für ihn frei.

Von den Kardinaltugenden hielt das Gedicht vor allem die Tapferkeit hoch, vielleicht mit einem Hauch von Barmherzigkeit. Ich erkannte: Tapferkeit war heilig. Mein Leben war zu arm, als dass ich schon wusste, ob ich sie besaß. Ich war hellhäutig, behütet. Auf der Straße rannte ich vor Gruppen Halbstarker davon. Tunney, Dempseys berühmtester Gegner, tauchte seine Fäuste jeden Tag in Lauge, um sie unverletzbar zu machen, wie mein Vater erzählte, um sie zu härten, und so hoffte ich auf irgendeine Art Lauge, in die ich mich selbst tunken konnte.

\* \* \*

Es war mein Vater, der sich um meine Aufklärung kümmerte. Er nahm mich zu unserem Hausarzt mit, der in der Park Avenue eine Praxis mit Blick auf die Avenue und einem beeindruckenden Schreibtisch hatte. Wir saßen zu dritt da, und der Arzt begann, indem er mich fragte – er wollte eine ehrliche Antwort, wie er sagte –, ob ich an mir herumspielte.

Ich verstand nicht. Er holte daraufhin ein wenig aus. »Nein«, sagte ich, was der Wahrheit entsprach. Er schien fast enttäuscht, versuchte aber dennoch, mir zu erklären, wie Leben entstand. Das Ei, erklärte er, könne nicht ganz von allein ein Küken hervorbringen. Da musste noch etwas hinzukommen. Ich saß da und hörte ihm zu, obwohl ich nicht sicher war, wovon er sprach. Er hatte ein zerfurchtes Gesicht und silbrig drahtige Haare. Mein Vater – ich erinnere ihn seit jeher mit einem angenehmen Doppelkinn – hörte ebenfalls pflichtbewusst zu.

Was man außerdem noch benötigte, fuhr der Arzt fort, sei eine Art Auslöser, der diesen Prozess in Gang setzte. Er fragte mich, ob ich wüsste, wer diesen Auslöser hervorbrächte. Er wartete, aber ich wusste keine Antwort. Der Hahn, erklärte er.

Nachdem er mir dieses für mich unverständliche Bild vor Augen geführt hatte, ging er mit großer Zurückhaltung dazu über – es war, als trüge er chirurgische Handschuhe –, mir die Grundprinzipien dieses Auslösers in Bezug auf den Menschen zu erklären. Ich verstand mehr oder weniger, was er sagte, fand es aber nicht sehr interessant.

Ich erinnere mich nicht, was mein Vater sagte, als wir gingen. Er mag mich gefragt haben, ob ich irgendwelche Fragen hätte, die ich in der Praxis nicht stellen wollte. Ich bin sicher, meine Antwort wäre nein gewesen. Damit hätte mein Vater befunden, dass er alles getan hatte, was von ihm verlangt war.

Auf Geburtstagen spielten wir, in einem Kreis sitzend, Flaschendrehen. Ein Junge drehte die Flasche und küsste das Mädchen, auf das sie zeigte, was ihm gewöhnlich peinlich war. Ich beugte mich unbeholfen hinüber zu Regina, der dunkelhaarigen Tochter des griechischen Blumenhändlers, oder der zarten und blonden Gisela. Die Küsse bedeuteten nichts. Die Mädchen waren in einem Alter, in dem sie sich nur durch ihre langen Haare und ihre Instinkte von uns unterschieden.

Im letzten Jahr auf der Grundschule stellte mir ein intelligenter Schulfreund mit gelockten Haaren eines Nachmittags die gleiche Eingangsfrage wie unser Hausarzt. Diesmal log ich.

»Wie oft?« fragte er.

Ach, hab ich nicht gezählt, sagte ich, und nannte die erste Zahl, die mir in den Sinn kam, die mir bescheiden, aber nicht unbedeutend schien: »Zwölf oder dreizehn Mal.« Ich wurde mit einer beeindruckenden Enthüllung belohnt. »Kennst du Faith?« sagte er.

»Ja.«

»Ich hab's mit ihr gemacht.«

»Wirklich?«

»In der Wohnung ihrer Eltern«, sagte er. Er fügte einen unvergessenen Satz hinzu. »Sie hat ihre Beine so hübsch breit gemacht.«

Was für ein unverschämter Mut. Es war unvorstellbar. Er wohnte irgendwo in der Nähe der Third Avenue. Sie wohnte in einem großen vornehmen Gebäude am Madison Square, einer Festung. Bis zum heutigen Tag bleibt das Haus für mich eine Art Markstein. Mit den Jahren füllt sich die Stadt mit ihnen, bestimmte Seitenstraßen, Apartmenthäuser an Straßenecken, Hotels.

Sein Erlebnis mit Faith machte mich nicht neidisch, obwohl ich die Unerhörtheit der Angelegenheit bewunderte. Ich konnte es nicht im eigentlichen Sinne würdigen. Ich verstand das Wagnis an sich, war aber außer Stande, mir den Genuss vorzustellen oder auch nur das Vakuum zu füllen, wie es dazu gekommen war. Wie war er in ihre Wohnung gelangt? In ihr Zimmer? Was hatte er zu ihr gesagt – ich konnte mir nur strikte Ablehnung ausmalen –, um sie dazu zu bringen?

Monate später, als ich eines Mittags in einem Tabakwarenladen Zeitschriften durchblätterte, fielen meine Augen auf ein Heftchen mit blauem Umschlag. Jemand hatte es hinter einer Zeitschrift versteckt; es gehörte nicht zum üblichen Bestand. Den provokanten Titel habe ich vergessen, aber während ich zu lesen begann, vollzog sich in mir eine Wandlung. Darin stand, ganz direkt beschrieben, all das, was der Arzt und mein Freund versäumt hatten klarzustellen, die Methode, die genauen Details, die körperliche Empfindung. Die Tür hatte sich mit einem Mal geöffnet, wenn auch nur einen Spalt, aber der Bann, in den es mich zog, war enorm. Ich hielt das Heftchen so, dass niemand es sehen konnte, las die Seiten immer wieder von neuem, und auf Grund der Entdeckung vor Aufregung zitternd, wie jemand, der einen geheimen Brief gefunden hat, versteckte ich die kostbaren Seiten, wo ich sie gefunden hatte, und verließ das Geschäft. Ich wollte bestimmte Dinge ausprobieren, und mit der Zeit stellte sich alles, was ich gelesen hatte, als wahr heraus.

Lange Zeit später saß ich bei einem Lunch neben einer jungen Frau mit grünen Augen, einer Dichterin, die verächtlich erklärte, man lerne nichts aus Büchern, es sei das Leben, von dem man lerne, durch Leidenschaft, Erfahrung. Der Gastgeber, ein beeindruckender alter Herr in den Siebzigern, hörte das und widersprach. Sein Haar war weiß. Seine Stimme hatte die leichte Schrille des Alters. »Nein, alles, was ich gelernt habe«, sagte er, »stammt aus Büchern. Ohne sie wäre ich im Dunkeln.«

Ich weiß nicht, ob er von Balzac oder Strindberg oder sogar

von John O'Hara sprach, mit dem seine Schwester verheiratet gewesen war und aus dessen Büchern man vieles lernen konnte, das meiste davon beunruhigender Natur, aber ich versuchte, in keiner besonderen Reihenfolge, an Bücher zu denken, die mich etwas gelehrt hatten, und darunter befand sich an nicht unerheblicher Stelle das anonyme Zwanzig-Seiten-Heftchen in blauem Einband, das mir das wahre Spiel der Erwachsenenwelt beschrieben hatte.

\* \* \*

Damals wie heute waren die schönsten Wochen im Jahr zu Weihnachten. In der Wohnzimmerecke stand der dunkle Baum, unter dem früh am Morgen die Geschenke zu finden waren, Dinge, die man nicht erhofft hatte, eine grüne elektrische Eisenbahn, groß und in sich vollkommen, mit Türen zu den langen Personenwagen, die man aufdrücken konnte, und einer wuchtigen Lokomotive, genau wie die auf den Gleisen der Penn Station, neben denen die Menschen wie Zwerge aussahen.

Als ich älter war, dreizehn oder vierzehn, fuhren wir zu Weihnachten nach Washington. Ich erinnere mich an die großen Gewölbe der Union Station mit ihrem eisigen Atem, die Steinsäulen an der langen Fassade, die breiten Avenues und das Kapitol, in Licht getränkt. Mein älterer Cousin, der ein Schachmeister war, und mein Onkel, kräftig, mit groß-flächigem Gesicht und Glatze, holten uns ab. Das Haus, gelegen in einer bescheidenen Gegend, war klein, aber es war ein *Haus* – es gab einen Keller, einen Garten –, was schon aufregend genug war. Es schneite, die Rasenflächen waren weiß, die Stirn und Schultern der Statuen, die Dächer behaglicher Heime. Der Wind trieb den Schnee durch die Luft, der Schnee der Feiertage mit ihren vielen Partys, bei denen ich der Jüngste, aber irgendwie anerkannt war, da ich von außerhalb kam.

Mein Cousin war sechzehn, ein aufregendes Alter: es bedeutete, dass er Auto fahren durfte. Der Familienwagen war ein Plymouth. Nachts fuhren wir los zu aufregenden Adressen in Straßen, die er kannte. Wir kamen aus normalen Familien, aber seine Schulfreunde stammten aus reichen Verhältnissen, einige von ihnen zumindest: Jungen, die große Familienunternehmen übernehmen würden, und hinreißende Mädchen. Ich war in eine Brünette mit einem Samtrock verliebt. Gloria war ihr Name. An diesem ersten Abend lächelte sie mich an. Ich konnte nicht fassen, dass ich mit ihr sprach und dass sie sich ein, zwei Abende später noch daran erinnerte. Schließlich gab ich dem Sticheln meines Cousins nach und rief sie an. Ich sollte sie fragen, ob sie mit mir ausgehen wollte. Sie hatte eine warme Stimme – nein, sie könne nicht, sagte sie, sie sei schon verabredet, ob ich sie wieder anrufen würde? Ich war in Ekstase. Ich hatte das Gefühl, einen Triumph errungen zu haben.

Wir rodelten an einem Hügel in der Nähe des Hauses, wo wir die Tochter eines Marineoffiziers trafen, die in der Nähe wohnte. Bald fuhren wir zusammen auf einem Schlitten. Ich saß hinter ihr, die Arme um ihre Taille, während wir hinunterrasten, um unten in den Schneebänken zu landen, wo meine Hände wie durch Zufall höher rutschten und wir beide eine Minute dalagen, bevor wir aufstanden, um wieder hinaufzulaufen. Rauschhafte Abfahrten, immer und immer wieder.

Glaubst du, sie …? fragte ich meinen Cousin unsicher. Ja, sagte er, aber Verführung erwies sich trotz aller gemeinsam geschmiedeter Pläne als jenseits meiner Fähigkeiten. Stattdessen tranken wir in der Küche heiße Schokolade, und als sie begriff, dass niemand außer uns im Haus war, wurde sie plötzlich vorsichtig und floh.

Das Vergnügen, das man in aller Unschuld hätte haben können. Die kargen, eisigen Schlafzimmer jener Jahre, die Nächte der Qualen im Dunkeln. Hätte es anders sein sollen? Nicht wirklich.

Vielleicht durch jene Weihnachten gefärbt, schienen mir später auch alle anderen aufregend, wie eine glanzvolle Einladung. Romantische Weihnachten, Weihnachten in der Fifth Avenue mit all ihren Geschäften, den strahlenden Gesichtern in der Kälte, Weihnachtsfeiern im Büro mit viel Alkohol, Weihnachten in Paris in einem handtuchschmalen Hotel bei Notre Dame, Weihnachten in Chamonix mit dem hell erleuchteten Kasino, alle waren Nachkommen der überfüllten Partys von 1938 und 1939.

* * *

Ich hatte bis dahin nur Lehrerinnen. Aber in der Schule, die uns aufs College vorbereitete, waren Lehrer, geboren gegen Ende des neunzehnten Jahrhunderts und größtenteils Absolventen von Colleges und Universitäten im Osten. Sie waren Männer mit ausgeprägten Prinzipien und Vorurteilen. Der Lateinlehrer, gefürchtet wie sein Fach, hieß Mr. Nagle, ein anspruchsvoller und sarkastischer Junggeselle mit rötlichem Haar, starren Gewohnheiten und einem grünen Füller, dessen Kappe er feierlich abschraubte, wenn er sich eine Notiz machte. Sein mit Hohn gespickter Humor und sein hoher Standard machten ihn zu einem beliebten Lehrer. Man würde sofort durchfallen, drohte er, wenn man Nagle falsch buchstabierte.

Geschichte war während der ganzen sechs Jahre Pflichtfach, und der Lehrer für amerikanische Geschichte war ein

Mr. Martin, ein weiterer Riese mit weißem Haar, Befehlston und Kreidestaub auf einem gewöhnlich blauen Anzug. Er hatte die Angewohnheit, beim Korrigieren der Klassenarbeiten Radio zu hören. Es wäre nicht einfach zu sagen, was genau man bei ihm lernte. Außer in Geschichte unterwies er uns in einer Art Anthropologie, menschlicher Hygiene, Moral. »Nie runterschlucken«, war einer seiner Leitsätze – er sprach von Hustenschleim, aber die erfahreneren Jungen auf den hinteren Bänken kicherten. Es war ein Thema, das uns, wie er wusste, ständig beschäftigte. »Denkt sowenig wie möglich daran«, war sein dröhnender Rat; »es ist es nicht wert, sich anzustecken. Das Schlimmste sind die Bücher«, warnte er. »Sie sind weitaus schlimmer als die Bilder.« Sein Klassenraum befand sich auf der Seite des Gebäudes, das auf den Sportplatz hinausging, auf dem wir frühmorgens vor dem Unterricht ein Spiel ohne Regeln spielten, bei dem oft die Kleidung Schaden nahm. Es nannte sich »Ripball«, einer gegen alle, ein davonschießender Hase gegen die jagende Meute, bis er erschöpft war und eingefangen wurde. Es war der Sportplatz, auf dem ich Kerouac sah, mit Schulterpolstern und Stollenstiefeln, gedrungen, ein entschlossener Angreifer, in Spielen gegen andere Schulen, Peddie und Blair. In Footballkleidung, kurzbeinig, sah er aus wie ein Schläger. Er ließ sich zurückfallen, um den Kick-off zu fangen, und lief dann wie der Wind.

Die Schule, Horace Mann, lag in Riverdale, einem Vorort im Norden der Stadt. Die Tradition war durchweg angloamerikanisch, eine reine Jungenschule, und die vorherrschende Moral lautete, dass man für sein Schicksal selbst verantwortlich war und seinen Pflichten gegenüber der Gesellschaft nachzukommen hatte. Büchners oder Ibsens Determinismus gab es nicht, die Lehre, dass Handlungen unabdingbar durch Ursachen bestimmt sind. Wir waren nicht, was unbekannte Kräfte uns beschieden, sondern vielmehr, was wir selbst aus uns machten. Morgens in der Aula sangen wir »Männer von Harlech« – »Wollt einen Namen Euch gewinnen?« – und »Brüll, Löwe, brüll«, da die Schule der Columbia University angeschlossen war.

Welche Wirkung dies hatte, kann ich nicht sagen. Ich erinnere mich an eine Jugend mit Freundschaften und ohne Vorahnungen, obwohl weit entfernt in Europa der Krieg bereits begonnen hatte. In Yorkville, nicht weit von unserem Wohnort, zeigten sie deutsche Propagandafilme, *Sieg im Westen* und später *Feldzug in Polen*, und im Vorraum des Kinosaals standen Frauen mit Sammelbüchsen der Deutschen Kriegshilfe. *Der ferne Schlachtenlärm.* Wir sympathisierten natürlich mit den Engländern und lasen in Zeitungen, die es heute nicht mehr gibt, voller Spannung von britischen Kreuzern, die an einer südamerikanischen Flussmündung die deutsche *Graf Spee* eingeschlossen hatten. Dadurch angeregt, erfanden wir unser eigenes Kriegsflottenspiel, genialisch, wie es sich nur Schuljungen ausdenken konnten, mit komplexen Regeln für Bewegungen, Angriffe, Havarien und Nachschub: in endlosen Gefechten schickten wir Flotten von schmalen Modellschiffen über die kahlen Holzfußböden der Wohnungen, oft wurden danach Zeichnungen und Berichte angefertigt, Überlieferungen folgten, und Jahre später baten Leute, die nicht dabei gewesen waren, aber davon gehört hatten, dass man es ihnen erzählte.

Kerouac war nur einer der Schulabgänger, »Wiedergänger« genannt, die jedes Jahr zur Verstärkung in die Schulmannschaft geholt wurden. Sie waren älter, härter, mit Gesichtern, auf denen sich bereits männliche Bartschatten zeigten – die Helden der Schule und gleichzeitig Außenseiter.

Ich habe nie mit einem von ihnen gesprochen; es gab nichts zu sagen. Sie waren ein oder zwei Jahre älter als wir, tranken Bier, trugen ihre Bücher lässig in einer Hand und durften Auto fahren. Kerouac überraschte uns, als er der Literaturzeitung der Schule Geschichten einreichte, für einen »Wiedergänger« ein absolut atypisches Verhalten. Allerdings kam er nie in die Räume der Zeitung. Das wäre ihm denn doch zu weit gegangen.

Die Sportler hatten Freundinnen, meistens zu Hause in den kleinen Städten, aus denen sie kamen. Wir hatten auch Freundinnen, oder besser gesagt, wir kannten Mädchen. Manche gingen auf die Parallelschule, Lincoln, manche waren Freundinnen von diesen – ein loser Klüngel von New Yorker Mädchen, größtenteils aus wohlhabenden Familien, vom Elternhaus streng überwacht. Sie wohnten in den Siebziger, Achtziger oder Neunziger Straßen, manche weiter draußen, eine unter ihnen, eine Schönheit, wohnte in einem Gebäude mit Eisengitterzaun an der Sechzigsten, West. Gewöhnlich erschien ein Teil von ihnen an Samstagabenden auf Schulbällen in der Stadt, und es gab Partys an der Park Avenue, im Esszimmer stand Fruchtsaft, der Teppich war zurückgerollt, und die Eltern hatten sich in ein entferntes Schlafzimmer zurückgezogen oder waren im Kino.

Die Langeweile dieser Partys, der Versuch von Schuljungen, älter und erfahrener zu wirken, als sie waren, und das Tanzen in abgedunkelten Zimmern. Es gab keine leidenschaftlichen Momente oder knallende Türen. Wir hatten in dem Alter noch keine Romanzen. Es gab keine Briefe von Fünfzehnjährigen, in denen stand: *Ich liebe Dich. Ich würde alles für Dich tun.* Wenn es Briefe gab, waren sie neckend oder witzig. Als Jungen träumten wir von der Verordnung *quantum vis*, »so viel du willst«, aber so etwas gab es nicht. Auch gab es

kaum wirkliche Paare. Es war alles zu förmlich und zu vertraut.

Ich werde mich aber immer an diese Mädchen erinnern, die
letzten ihrer Art, an ihre Frische und Lebendigkeit, ihre
Weigerung, sich ködern zu lassen. Ich gehe an den Häusern
vorbei, in denen sie wohnten oder noch wohnen; jene, die
wegzogen, die heirateten, die eine, die es nicht tat, die eine,
die verrückt wurde.

Unter den Mitschülern, die es zu einer gewissen Berühmtheit brachten, war Julian Beck. Dandyhaft und unsportlich,
war er Opfer von heimlichem Spott und sich dessen wahrscheinlich bewusst – er folgte Cocteaus Maxime: was immer
sie an dir kritisieren, intensiviere es. Mit schmalen, kno-
chigen Gelenken schwebte er als langnasiger, zweideutiger
Hamlet durch Schulaufführungen, und fünfzehn Jahre später, nachdem er es kurz mit der Malerei versucht hatte, war
er Direktor eines Untergrundtheaters geworden, zum Visio-
när gewandelt, und brachte ein starkes und verstörendes
Stück, *Konnex*, von Jack Gelber, auf die Bühne. Das Theater
war nur notdürftig untergebracht, man musste eine schmale
Treppe hinauf. Ich war erstaunt, wie kühl das Stück mit dem
Drogenthema umging, ich erkannte nicht, wie weit es seiner
Zeit voraus war, aber es funkelte wie ein Diamant. Ich traf
mich mit Beck daraufhin ein paar Mal, aber es blieb oberflächlich; in Wirklichkeit verweigerte er das Gespräch. Er
war über mich hinaus und nicht mehr bereit, mich zu den
alten Bedingungen zu treffen.

Mit Kerouac war es dasselbe, obwohl ich ihn nie wieder
sah. Ich erkannte ihn auf einem Foto im Schaufenster einer
Buchhandlung, ein sensibles, gesenktes Gesicht auf dem
Umschlag eines dicken Erstlingsromans. Es war *The Town
and the City*. Ich las später Kritiken, sie waren voller Lob. Ich

hatte mittlerweile selbst versucht, einen Roman zu schreiben, und war gescheitert. Sein Buch war lyrisch und repetitiv, und für mich war es niederschmetternd. Ich stand fassungslos vor dem, was er geschafft hatte.

In einem Interview, das ich später las, erkannte ich die Seite an ihm, die so unerwartet schien. Er wurde nach dem Haiku gefragt, und sagte begeistert: Ja! Dann begann er vor aller Augen, wie ein Mann, der einen Apfel in einem ungebrochenen Schalenstreifen schält, eine Begebenheit in drei knappe Verszeilen zu komprimieren – ein Blatt, das einem Sperling während eines Gewitters auf den Rücken fliegt –, er jonglierte mit den Worten, verwarf die einen, fing die anderen auf. Ich erinnerte mich, wie ich im Klassenzimmer saß und einer unserer Lieblingslehrer versuchte, unser Interesse am Haiku und seinen siebzehn Silben zu wecken, aber sein Wesen, große Dinge, die durch kleine evoziert werden, verstanden wir nicht.

Der Name des Lehrers war Richard Wooster. Er war jung und hatte ein breites, ausdauerndes Lächeln auf dem Gesicht. Kerouac kannte ihn nicht, noch kannte Wooster, wie ich glaube, den Maulhelden aus Lowell. Von allen Lehrern fühlte ich mich Mr. Wooster am nächsten. Als er während des Krieges zur Marine ging, schrieb er mir, als wäre ich ein gleichberechtigter Freund. In späteren Jahren, als ich ein Buch veröffentlicht hatte, besuchte ich ihn. Er war mittlerweile verheiratet und hatte vier oder fünf Kinder. Er war ergraut, lächelte aber noch immer. Wir saßen im Wohnzimmer des großen unordentlichen Hauses, von dem er ohne Zweifel geträumt hatte. Ich wollte ihm zeigen, dass sich sein Glaube an mich bestätigt hatte, aber ich bin mir nicht sicher, was er sah – sein Lächeln war das eines Menschen, der sich nicht ganz erinnerte. Seine Kinder hatten mich ersetzt, und sein Leben war voll. Es war, als wären die Schuljahre eine Ranke gewesen, etwas hatte sie abgeschnitten, und sie waren zu Boden gefallen.

* * *

Meine erste Ente aß ich im Esszimmer eines silberhellen Apartments in einer Seitenstraße der Fifth Avenue. Mir gegenüber, sich keiner Besonderheit bewusst, saß mein Freund. Am oberen Tischende war sein Stiefvater, Jonas Reiner, ein kräftiger, humorvoller Mann, der Fabriken für Unterwäsche besaß, und am anderen Ende die blonde Mutter meines Freundes, Ethel.

Unter den Müttern meiner Freunde war sie die aufregendste. Sie besaß die größte Ausstrahlung, die größte Eleganz. Sie war die Tochter eines Arztes, der sie im Oktober 1929 anrief und fragte: »Bist du pleite?« Sie war fünfundzwanzig, mit ihrem ersten Mann verheiratet, hatte zwei Kinder. Sie besaß 5000 Dollar, und ihre Rechnung bei Bergdorf's belief sich auf 4800. »Ja«, sagte sie. »Und du?«

»Ja, aber ich war schon früher mal pleite, und ich hoffe, dies wird nicht das letzte Mal sein«, sagte ihr Vater.

Sie war für mich eine königliche Gestalt, unnahbar, aber immer lächelnd, das aschblonde Haar hoch aufgetürmt, die Seide ihrer Kleider flüsterte. Ich sah sie nie in der Küche – sie hatten eine Köchin – oder mit einem Staubsauger in der Hand oder auch nur, wie sie die Schuhe wechselte, mit übereinander geschlagenen Beinen, den einen abstreifend, den anderen anziehend. Vielleicht gab es Sonntagmorgen, an denen sie in einem Morgenmantel mit Pelzmanschetten Rühreier machte, den Teller auf ein Tablett stellte, um ihn den Flur hinunter ihrem Mann zu bringen.

Ihr Sohn Wink war mein Freund. Als wir noch jünger waren, spielten Gruppen von uns in seinem Zimmer um Geld Karten. Er holte manchmal Goldmünzen von fünf oder zehn Dollar heraus, um zu zeigen, dass er für jede Pechsträhne geradestehen konnte. Ich hatte nie zuvor eine Goldmünze gesehen oder gewusst, dass es welche gab. Sie waren prophetisch. In späteren Jahren wurde er Börsenmakler und arbeitete an der Wall Street. Er machte viel Geld. Er hatte eine schöne, elegante Frau und ein Haus in Westchester. Das war nach dem Krieg. Wir waren enge Freunde, verbunden durch weit zurückreichende Wurzeln. Ich war auf seiner Hochzeit und später Patenonkel seines ersten Kindes. Das Geld, das ich in den fünfziger Jahren verdiente, verdoppelte und verdreifachte er für mich, und ich hatte das Gefühl, mit ihm aufzusteigen, wenn auch in geringerem Maße.

In den Jahren, die folgten, lebten wir das Leben von Männern, trafen uns abends in Bars in der Stadt, vertrauten uns alles an. Er erzählte mir von seiner Frau, seinem Schwager, seinen Geschäftspartnern. Wir gingen zu Footballspielen und fuhren zusammen nach Mexiko. Der Kampf um die Weltergewichtskrone von Mexiko wurde in einer riesigen, heruntergekommenen Arena irgendwo am Stadtrand von Mexico City ausgetragen. Wir saßen in der zweiten Reihe mit einer Frau, die wir kennen gelernt hatten, einer Blondine, die sagte, sie sei die Freundin eines ehemaligen Footballspielers der Chicago Bears. Hatte er ein Bein verloren oder Krebs bekommen? Ich kann mich nicht genau erinnern. Ich sehe aber das weite Meer schwärzester Haare, das uns umgab, alle davon männlich. Es war keine andere Frau dort und die, mit der wir zusammen waren – sie war ein wenig betrunken –, fiel auf wie ein Leuchtturm. Die nackten Waden der Boxer tänzelten direkt vor uns auf Augenhöhe, und Blut spritzte aus Risswunden in den Gesichtern der Kämpfer. Von den

Rängen wurden Bier und brennende Zeitungen heruntergeworfen. Es war Runde fünf oder sechs. Das Chaos steigerte sich.

»Ich muss auf die Toilette«, sagte sie. Wir saßen dicht gedrängt. Der leere Gang nach oben verlief zwischen Reihen von Männern. »Ich muss auf die Toilette«, sagte sie wieder. »Wer kommt mit?«

Keiner von uns rührte sich. Ich sah zu, wie sie allein den Gang hinaufging, auf hochhackigen Schuhen, mit Hüften, die sich deutlich unter ihrem Kleid bewegten. Sie war das Symbol des Ganzen. Reihe um Reihe drehte sich jedes Gesicht nach ihr um. Ich war sicher, wir würden sie nicht wiedersehen.

Wir gingen aber danach durch die dunklen Straßen und suchten mit ihr ein Taxi. Es brannten nur wenige Lichter, ungesehene Hunde bellten.

Bei den Hahnenkämpfen tranken wir Tequila und leckten uns Salz vom Handrücken. Wink hatte es aufgegeben, sich die Hähne anzusehen, während sie stolz herumgetragen wurden. Er las stattdessen die Quoten, die auf Kartonstücke geschrieben von Männern durch die Dunkelheit getragen wurden. Er hielt ihnen Bündel Geld hin, das sie nickend entgegennahmen. Es waren Pesos, es kam nicht darauf an. Die Taxis waren Pesos, das Hotel, der breite, vorbeiziehende Boulevard. Wir atmeten die lateinamerikanische Luft, waren im Höhenrausch. Die Stadt war eine Galaxie. Die Mädchen kamen ins Zimmer und stellten sich lächelnd in einer Reihe auf. Sie hatten meistens schlechte Zähne. Eine von ihnen war Kubanerin. Ich war noch nie in Kuba gewesen. Wir fuhren zu ihr, die Palmen, ihr kahles Zimmer mit den geschlossenen Läden, die bleiche Straße im Morgengrauen. Vielleicht gibt es das alles noch. Ich war nie wieder dort.

Wir fuhren nach Cuernavaca, dann ans Meer. Der Strand lag im Schatten der ersten großen Hotels. Mit weißen Beinen gingen wir am Strand spazieren. Wir trafen auf eine schlanke gebräunte Frau in schwarzem Bikini; sie hätte Mexikanerin sein können, war es aber nicht. Wir setzten uns und unterhielten uns. Sie war eine Freundin des englischen Dramatikers John Osborne und hatte ein goldenes Zigarettenetui mit einer überzeugenden Inschrift, die in seiner Handschrift eingraviert war.

Sie mag auch etwas von seinem Geld gehabt haben oder vielleicht von dem eines anderen. Sie hatte dem mexikanischen Jungen, mit dem sie lebte, ein Motorboot gekauft, damit er eine Wasserski-Schule aufmachen konnte. Wir fuhren mit dem Boot zu entlegenen Buchten und aßen in Strandhütten, in denen es nur drei oder vier Teller gab, aber von irgendwoher eisgekühlte Flaschen Bier auftauchten. Wir trafen uns auch abends. Der mexikanische Junge war immer still.

Ich sah sie danach ein paar Mal zufällig in New York, einmal im Veau d'Or, das Zigarettenetui lag neben ihrem Teller auf dem Tisch. Sie schien sehr urban, teuer gekleidet, weit entfernt vom barfüßigen Leben. Diese Phase war zu Ende. Ich wollte mehr über sie wissen, über Osborne und die Vergangenheit, aber darüber wollte sie nicht reden.

Meine Freundschaft zu Wink schien unzerstörbar, und meine Zuneigung für seine Mutter wuchs. Daraus wurde Liebe, nicht die Liebe, die ich meiner eigenen Mutter gegenüber empfand, sondern etwas Eigenes, Erwachsenes. Es wäre richtiger, wenn ich sagte, ich erwiderte ihre Liebe, die Wärme war zuerst von ihr gekommen.

Während des Krieges lebte sie in New York, wo ich sie oft sah, während meine eigene Familie in Washington war. Später zog sie auf ein Anwesen in Ossining. Ich habe die Zeit ihrer Scheidung vergessen, auch wie ihr Mann erkrankte, aber er magerte ab und starb. In Ossining kam sie mit einer Gartenschaufel in einer Hand und Handschuhen aus der Sonne zurück ins Haus. Es gab einen Pool, ein vertieft angelegtes Wohnzimmer, einen Hund. Ob ich *Tales of the South-pacific* gelesen hätte, fragte sie. Der Krieg war vorbei. Wir waren mit einem neuen Auto nach Ossining hochgefahren, vielleicht gehörte es Wink. Seine Mutter hatte immer versucht, ihn zum Lesen zu bringen, ihn zu kultivieren, aber es war schwierig gewesen, und nun richtete sie ihre Bemühungen auf mich.

Sie hatte auch einen Neffen, Peter, der bewunderte Sohn ihrer Schwester, der mehr oder weniger mit uns aufwuchs, er war dicklich und leichtgläubig. Seine Mutter hoffte, er würde Medizin studieren, aber er hatte andere Pläne. Nach dem College gestand er Ethel, er wolle eine Galerie eröffnen, er träume von der Kunst. Sie nahm ihn zum Dinner im Haus eines berühmten Kunsthändlers mit, den sie kannte. Peter hörte schweigend zu, als der Mann ihm ausführlich die Unmöglichkeit seiner Berufswahl erklärte, die fast absolute Gewissheit seines Scheiterns und die sichere Enttäuschung seiner Mutter. Am Ende nahm er seinen Mut zusammen und erklärte: »Ich bin nicht Dorothys Sohn, ich bin Ethels Sohn. Ich habe ein Recht zu scheitern«, fügte er hinzu.

Es folgte ein Moment der Stille, dann sagte der Händler: »Ich werde Sie unterstützen.«

Ich besaß zwei Drucke, einen gelben Chagall, gezeichnet *hors commerce*, und einen Picasso, die ich von Peter gekauft hatte, als seine Galerie gut ging, rein weiße Wände in einem Stadthaus in einer Seitenstraße der Fifth Avenue. Ich sehnte mich nach einem Matisse, hatte aber nicht das Geld.

* * *

Im Sommer 1941 wurde mein Vater, der mehr als zwanzig
Jahre zuvor als Lieutenant gedient hatte, im Rang eines Majors einberufen. Er war in Atlanta stationiert. Ich habe vergessen, von welchem Flughafen wir abhoben, aber dies war
mein erster Flug. Wir besuchten ihn und flogen mit großen
alten silbernen Maschinen. Wir besichtigten Munitions-
fabriken am Tennessee River bei Huntsville und am Coosa
River in Alabama.

Auf einer schmalen Holzbrücke, irgendwo auf dem Land,
lag ein Maultier auf der Seite – es hatte einen Wagen gezogen, der von einem Armeelaster angefahren worden war,
und hatte sich ein Bein gebrochen. Es lag geduldig da, so
geduldig wie sein Leben gewesen war, ein müdes, graues Tier,
und wartete auf den hageren Mann, der losgegangen war,
um ein Gewehr zu holen.

Das verlockende Bild, das ich mir vom Krieg gemacht hatte,
war größtenteils einem Buch entnommen, das bei uns zu
Hause im Regal stand; der Titel war in ehrwürdigen schwarzen Lettern auf einen grauen Leineneinband gestanzt, und
es hatte eine so bewegende Widmung, dass ich sie auswendig
konnte: Erich Maria Remarques *Im Westen nichts Neues*, das
Testament des Ersten Weltkriegs schlechthin. Ich war nicht
darauf vorbereitet, wirkliche Geschehnisse mitanzusehen,
auch nicht als Teil einer obskuren Ouvertüre.

Der Schuss war ein Geräusch, das etwas ganz Eigenes hatte.
Mir wurde schlecht davon, als hätte mich die Kugel getroffen. Der Maulesel lag da, ohne Leben, ohne Namen. Nach
ein paar Minuten konnten wir weiterfahren.

Obwohl er die Abzeichen eines Majors trug, schien mir mein
Vater nicht echt. Vielleicht weil er in der Verwaltung arbeitete und keine Befehlsgewalt über andere Männer hatte.

Innerhalb weniger Monate wurde er nach Washington versetzt, wo meine Mutter drei Jahre lang lebte, während er schließlich zuerst nach Indien und dann nach England versetzt wurde. In den ersten Jahren wusste niemand, wie der Krieg ausgehen würde, und schriftliche Order, sich dieser oder jener Einheit in Übersee anzuschließen, waren voller Ungewissheit und von größter Bedeutung. Manche konnten Todesurteile sein, wenn auch gewöhnlich nicht für Stabsoffiziere.

Er wurde zum Colonel befördert und begann sich vorzustellen, dass er noch weiter aufsteigen könnte, aber dies sollte, wie er meinte, das glückliche Los minder befähigter Männer sein. Er besaß die Bewunderung, sogar die Liebe seiner Untergebenen, aber es sind die Vorgesetzten, die über eine Karriere entscheiden.

Der Krieg ruinierte ihn. Als er vorbei war, fiel es ihm schwer, sich zurechtzufinden. Alles habe sich so verändert, sagte er. Die Vizepräsidenten der Banken konnten einem nicht länger Grundstücke zur Bebauung überlassen, auch gab es keine alten Witwen mehr, die Hotels besaßen, deren Verkauf er für sie hätte regeln können. Er arbeitete für große Firmen in New York und Chicago, aber es war nie das Richtige. Es war das Grandiose, das ihn anzog. Er liebte den großen Auftritt. Er lebte vom Applaus und dem Ansporn, den dieser ihm gab, und arbeitete am besten, ja, arbeitete nur, wenn er im Rampenlicht stand.

Sein glatzköpfiger Freund, der Bauunternehmer Secoles, drängte meine Mutter, sich scheiden zu lassen und ihn zu heiraten. Mein Vater sei ein netter Kerl, sagte er ihr im Vertrauen, aber er würde es nie zu etwas Großem bringen. Er, Secoles, hingegen schon.

Es war eine Prophezeiung, die mein Vater nie hörte, aber allmählich – es war auch Pech, zwei oder drei wichtige Aufträge, die er nicht bekam; gebrochene Versprechen – verlor er den Glauben an sich selbst. Er neigte zu pathetischen Aussagen. »Mr. Brady, ich glaube an das Schicksal. Ich habe Ihnen gesagt, wir würden hier unten zusammen eine Stadt bauen, und bei Gott, das werden wir.« Wenn so etwas glaubhaft klingen soll, braucht man Selbstvertrauen, und langsam versickerte dieses. Und mit ihm das Geld. Entgegen der Ansicht von Mr. Micawber scheint mir, dass es den Großzügigen im Leben besser geht als jenen, die knausern. Aber es gibt zumindest eine Ausnahme: mein Vater.

Im Herbst 1957 kündigte ihm die Bank einen Kredit, mit dem er Aktien einer Fluggesellschaft gekauft hatte. Sie waren 120 Dollar wert gewesen, als er sie erwarb – jetzt standen sie bei 62. Er hatte 70 000 Dollar verloren. Ihm war nichts geblieben. Er würde die Wohnung aufgeben müssen, sagte er, er konnte die Miete nicht mehr bezahlen. Er hatte einen engen Freund, einen erfolgreichen Anwalt. »Kannst du ihm nicht deine Situation erklären und ihn um Hilfe bitten?«

»Nein.«

»Warum nicht?«

»Er würde nichts mehr mit mir zu tun haben wollen.«

Es sei ein Glück, sagte mein Vater, dass er keine Pistole besaß. Wenn er eine hätte, würde er sich erschießen.

Am Ende schämte er sich zu sehr, um aus dem Haus zu gehen, er lag stundenlang im Bett und brachte nicht einmal mehr die Energie auf, zur Arbeit zu gehen. Seine teuren Schuhe standen alle nebeneinander geputzt im Schrank, seine vielen Anzüge. Der Inhalt seiner Taschen lag neben seinem erschöpften Scheckheft oben auf dem Sekretär, seine goldene Armbanduhr, Geld, ein paar Zigarren. Sein Haar war weiß, die Kontur seines Kinns erschlafft. Er war am Ende.

Herman Melvilles Vater war bankrott, als seine Importfirma einging. *Er gab den Kampf auf, wurde psychisch krank und starb.* Melville war damals dreizehn Jahre alt. Ich war einunddreißig, als mein Vater den gleichen unvergesslichen Akt vollzog. Er war wie ein zu Tode erschöpftes Pferd. Wir versuchten, ihn aufzumuntern. Er wolle sich nur eine halbe Stunde hinlegen, sagte er. Wir saßen niedergeschlagen und hoffnungslos im Wohnzimmer, meine Mutter und ich, während er in der Stadt, in der er triumphieren wollte, im Bett lag, nachmittags, der Verkehr gellte auf der Straße, in den toten Fenstern der hohen Gebäude spiegelte sich das Licht, Möwen saßen auf dem Wasser.

Ich erinnere mich, dass er während jener Tage als traurige Zusammenfassung zwei Dinge sagte: »Sie werden mich nie vergessen« und »Ich bin tot«. Beides stimmte.

Bald darauf kam er ins Krankenhaus. Zwei Tage bevor er starb, kam ein letzter Schlag: der Käufer eines Wohnhauses, dessen Verkauf er vermittelt und betreut hatte, kam um, als sein Flugzeug auf dem Weg zur Vertragsunterzeichnung nach New York abstürzte. Es geschah beim Anflug auf den La Guardia Airport. Es war Januar. Über dem Flugzeug schloss sich das eisige Wasser.

\* \* \*

Jahrzehnte, Zeitalter später wache ich nachts mit einem merkwürdigen Gefühl in der Brust auf – kann es mein Herz sein? Ich kenne das Gefühl, habe es schon zuvor gehabt, ein gewöhnliches Gefühl, wie ein Muskelkrampf, das wahrscheinlich weggehen wird, so wie immer, außer dass es vier Uhr morgens ist und meine Gedanken sich irgendwie meinem Vater zuwenden. Wir konnten ihn nicht ermutigen, wir konnten ihn nicht dazu bringen, weiterzumachen. Es war grausam, es zu versuchen. Er wollte, dass es endete. »In dieser Welt gibt es wenige Menschen, die wissen wollen, was aus einem wird«, sagte er. Viel später sagte meine Mutter einmal, dass die Ehe ein Fehler gewesen sei, sie habe das schon früh erkannt, habe aber nicht den Mut gehabt, etwas zu unternehmen. Sie hielt ihm bis zuletzt die Treue.

Ich denke an die nutzlosen Gänge zu Psychiatern, die Schocktherapien und ziellosen Fahrten aufs Land, nur um irgendwie rauszukommen. Ich denke daran, wie er die Straße entlangging, nachdenklich, die bleiche Spur Zigarrenrauch folgte ihm, die blinden Spaziergänge, während seine Gedanken immer und immer wieder durch Unmöglichkeiten streiften.

\* \* \*

Als Ethel Reiner in den Vierzigern war, beschloss sie, zum Theater zu gehen. Sie machte eine kurze aufregende Lehrzeit bei einem erfahrenen Produzenten namens Saint Subber und ging dann an eigene Produktionen. Nach ein paar Ausflügen in, sagen wir, flachen Gewässern übernahm sie wagemutig das Ruder eines Linienschiffs in Form einer großen Musicalproduktion von *Candide*, mit Leonard Bernstein als Komponisten und einer weiteren formidablen Persönlichkeit, Lilian Hellman, die das Skript schrieb. Mit Hellman geriet sie, wie nicht anders zu erwarten, in Streit.

*Candide* war ein Erfolg und ein Flop – in dieser Reihenfolge. Die Vorauffführungen, bevor die Produktion nach New York kam, waren Triumphe. Ethel nahm noch ein paar kleine Feinabstimmungen vor, und irgendetwas Unidentifizierbares ging verloren. Es war eine Drehung der Schraube zu viel. Die

Premierenparty war bei Sardi's, jemand hielt sich ein Transistorradio ans Ohr, um die Kurzrezension um halb zwölf zu hören. Es war ein Desaster, und die Millionen, die man in das Musical gesteckt hatte, waren verloren.

Abends in ihrem Apartment geriet die entgeisterte Produzentin vollkommen außer sich, und einige Monate später – die Demütigung war zu groß – zog sie sich für eine Weile nach England zurück. Sie wollte dort den richtigen Zeitpunkt für eine Rückkehr abwarten.

Sie hatte ihr Selbstvertrauen verloren und die Reputation, die sie aufgebaut hatte, aber nicht ihren Stil. Zu dem überfüllten Empfang bei der zweiten Hochzeit ihres Sohnes kam sie majestätisch in Schwarz gekleidet und war nicht minder auffällig als das verführerische holländische Mädchen, eine Stewardess, die seine Braut war. »Meine Liebe«, sagte Ethel freundlich, »ich werde dich in diesem Leben wahrscheinlich nicht sehr oft sehen, aber sag mir« – sie hielt eine kleine Samtschachtel in der Hand, die ein Paar Diamantohrringe enthielt, jeder davon ein einzelner Brillant von der Größe eines Zahns –, »sind deine Ohrläppchen durchstochen?« Die Ohrringe waren ihr Geschenk. Die noch unerprobte Schwiegertochter schrieb ihr immerhin am folgenden Tag einen Dankesbrief, der in seiner ganzen Länge wie folgt lautete: *Liebe Ethel, danke für die Ohrringe. Barbara.*

Ich sah sie später öfter in Europa. Sie hatte einen Mann gefunden, einen Engländer, geschieden, der ihre Vorlieben teilte. Er hatte kein Geld, war aber gebildet und ausgeglichen. Er half ihr dabei, wieder auf die Beine zu kommen oder zumindest die Scherben aufzulesen.

Er wirkte stämmig und handfest, als ich die beiden in Eze-sur-Mer traf. Er hatte im Krieg drei Schussverletzungen erlitten, aber man sah sie fast nicht mehr. Ich erinnere mich an den Tag, weil er so ruhig war, der Horizont wie ausradiert. Er watete ein Stück weit ins Meer, dann schwamm er weit hinaus. Sie setzte sich eine weiße Badekappe auf, ihre Finger glitten unter das Gummi, um sie herunterzuziehen, und schwamm ihm nach. Eine lange Zeit spielten sie, die einzig sichtbaren Gestalten, im weichen, ruhig auf und nieder gehenden Wasser. Wir sahen ihnen zu, bis sie langsam, wie aus einer Fotografie, herauskamen.

Sie lebten von ihrem Geld, woran sie ihn öfter erinnerte, aber es lohnte sich. Schließlich heirateten sie. Sie wurde Mrs. Bezencenet. Er war zehn Jahre jünger als sie.

Sie reisten viel – vor allem in der Ägäis mit ihrem reinigenden Licht. Ich sah sie in London und Paris. Die Vorstellung, an etwas zu arbeiten, an einem Stück oder einem Film, blieb in ihren Gedanken.

In Spanien – es war in den späten Sechzigern – begannen ihre Beine anzuschwellen. Dann ihre Knöchel; sie füllten sich mit Flüssigkeit. Schließlich kam sie ins Krankenhaus. Nach einiger Zeit in Behandlung zog die Flüssigkeit ab, aber an ihrer Stelle kam etwas Schrecklicheres. Es war Sklerodermie, eine Verhärtung der Haut und des darunter liegenden Gewebes. Man versteinert nach und nach. Sie gingen zurück nach England, wo es, wie es hieß, die besten Spezialisten gab, aber die Ärzte konnten nur wenig tun und versprachen nichts.

Ich fuhr sie besuchen. Sie hatte ein Haus in Denham gekauft, einem kleinen Ort ungefähr vierzig Minuten von London entfernt. An einem Sonntagmorgen nahm ich den Zug von Marylebone Station, die Abteile waren sonnendurchflutet und leer. Es war Mitte Oktober. Ich ging den langen Pfad, an Wiesen vorbei, vom Bahnhof ins Dorf hinunter und dann die ruhige Straße entlang zu ihrem Haus.

Sie kam ins Zimmer, würdevoll und kaum die Beine hebend. Sie hatte Tränen in den Augen. Wir saßen in der Bibliothek, die auf einen weiten Garten hinausging, und tranken Champagner, aber schon nach einem Schluck sagte sie: »Der ist nicht gut.«

»Liebling, den trinken wir immer«, sagte ihr Mann. Er nahm die Flasche aus dem silbernen Kübel, um ihr das Etikett zu zeigen, Pieper-Heidseck.

»Fühl mal mein Bein«, sagte sie zu mir.

Ich legte meine Hand darauf, und mein Herz setzte einen Moment aus. Es war wie das Bein einer Mumie, der Deckel einer Holztruhe. Sie würde den Rest ihres Lebens darin eingeschlossen sein. Ihr Sarg, makaberer als die meisten, war bereits gezimmert. Er hatte die Form eines Körpers: ihres Körpers. Sie konnte nicht ohne Hilfe aus einem Sessel aufstehen. So weit war es fortgeschritten.

Nach ein paar Monaten besuchte ich sie noch einmal. Wir aßen im Schlafzimmer zu Abend. Ein Freund, ein Pianist, der auf Besuch war, hatte gekocht. Wir aßen an einem Tisch mit einem rosa Tuch und frischen steifen Servietten, schimmernden Gläsern, Wein. Sie lag, im Rücken durch Kissen gestützt, im Bett. Es war, als wären wir in St. Moritz, als hätte sie sich beim Skifahren das Knie verrenkt. Im Laufe einer Stunde schien sie sich auf erschreckende Weise zu verändern. Ihr Gesicht verwandelte sich, es zerschmolz zu einer Maske aus Erschöpfung und Tod. Die Mitternachtsglocken läuteten.

Sie würde nie mehr in guten Restaurants zu Abend essen, manchmal den Kellner um seine Brille bittend, um die Karte zu lesen, oder betrunken im White Elephant am Spieltisch sitzen oder spätabends von London in ihrem Rolls Royce nach Hause gefahren werden.

Etwa um diese Zeit starb ihr Neffe Peter in einem Hotel in München, wohin er gereist war, um Kunst zu kaufen, an einem Herzinfarkt. Es kam vollkommen unerwartet, wenn auch vielleicht nicht für ihn. Er hatte seit Monaten Schmerzen im linken Arm gehabt.

Sie nahm die Nachricht stoisch auf. Nach einer Weile bemerkte sie, dass ihre erste Erinnerung im Leben die an ihre Mutter im Sarg war. Ethel war damals vier gewesen.

Ein Jahr darauf, ein letztes Mal in Barbados, starb sie.

Wir saßen als Jungen am Fenster, das Licht strömte herein, und sie und ihr Mann spielten lebhaft Brettspiele mit uns. Später hatte sie versucht, mich anzuleiten, eine wirkliche Freundin zu sein, vielleicht mehr. Ihre New Yorker Wohnung stand mir jederzeit zur Verfügung, wenn sie nicht in der Stadt war, und einmal, als ich ernsthaft erkrankt in einem französischen Krankenhaus lag, fand mich ein einziges, langes Telegramm. Es war von ihr.

Ich erinnerte mich nicht an diese Dinge, sie waren einfach ein Teil von mir. Ich trieb nicht zu ihnen zurück, sie waren in mir.

Ich fuhr im Herbst noch einmal nach Denham. Dort, neben dem Fußpfad, stand die alte Steinmauer, leicht geneigt, durch Bäume eingedrückt. Die Felder in der Ferne waren von Möwen gesprenkelt. Die Blätter auf dem Grund der Pfützen waren noch grün.

Ich ging am Swan vorbei, wo wir oft gegessen hatten, dem Haus mit Namen Wrango, an schiefen Dächern. Schließlich erreichte ich Hill House. Durch die Jalousien konnte ich im morgendlichen Sonnenlicht einen leeren Tisch sehen.

Das Haus war verkauft worden. Sie lag nebenan auf dem Friedhof, ein Eindringling unter alteingesessenen Familien, den Barretts, Tillards und Wylds, mit Grabsteinen an Kopf-

und Fußende, die in der Erde verwitterten. Neuer als diese und dazu verurteilt, weniger besucht zu werden, war eine Marmortafel in die Friedhofsmauer eingelassen. Dort stand ihr Name, *Liebende Mutter, liebevolle, geliebte Frau.* Darunter, *1904–1971.* Sie war in demselben Jahr geboren worden wie meine Mutter.

\* \* \*

Die unsterbliche Stadt der Jugend – Grant's Tomb, dessen Kuppel damals so fern wirkte, die großen Apartmenthäuser mit ihren blank polierten Lobbys, die Portiers und grünen Markisen, die bis zum Rinnstein reichen. Das Metropolitan Museum, flankiert von abgenutzten Rasenflächen, auf denen wir spielen konnten, und der breite Absatz vor dem ersten Stockwerk, auf dem man weit hinausgehen und mit baumelnden Füßen sitzen konnte, um sich Paraden anzusehen. Die Villen und Stadthäuser, deren Bedeutung wir als Jungen noch nicht kannten.

Uns wurde eine fernere Vergangenheit gezeigt, der ägyptische Flügel mit seinen nachgebauten Grabstätten und Wandgemälden von starr gehenden Figuren mit Mandelaugen und, auf der anderen Seite des Parks, im Museum für Naturgeschichte, die Skelette von Walen und Dinosauriern. Ich wurde nur selten ins Theater mitgenommen und nie zu Konzerten.

Und so wuchs ich auf, in die Stadt hineingeboren und daher frei, sie nicht zu lieben. Ich kannte die Straßen, die Unterführungen, den Dampf, der unten aus den Häusern trat, die Geschäfte und ihre Inhaber, die Kinos, alle Geräusche. Die Vertrautheit betäubte mich. Der unsichtbaren Stadt war ich mir damals noch nicht bewusst – der sexuellen Stadt und ihrer Geographie, die durch Liebesakte für immer im Gedächtnis bleibt, Greenwich Avenue, die Third, die Eleventh Street, das Chelsea, das Beaux-Arts – und so zog es mich fort, zu dem, was, wie ich glaubte, in der Welt draußen wartete.

Im Jahr 1948 verletzte ich mir auf den Marianen als Mitglied einer Crew das Bein an einem Korallenriff, und die Wunde wollte nicht heilen. Blutvergiftung – Sepsis – setzte allmählich ein. Wir waren nach China und Peking weitergeflogen. Mein Oberschenkel war von wunden Stellen übersät, meine Khakihose klebte an einem halben Dutzend Stellen fest. In Peking erbot sich ein europäischer Arzt, ein Italiener, mich für fünfzig Dollar in Gold zu behandeln, womit er U.S.-Dollar meinte. In China herrschte zu der Zeit eine wilde Inflation. Dicke, mit Kordeln zusammengehaltene Bündel Geld reichten gerade für eine Mahlzeit.

Ich hatte die fünfzig Dollar nicht. Wir flogen zurück nach Shanghai. Mittlerweile hatte ich Fieber bekommen, und heimwärts fliegend, im langsam dröhnenden Flugzeug, das hoch über dem Meer hing, lauschte ich der himmlischen Musik des Deliriums.

In Hawaii im Krankenhaus schlief ich manchmal in der Sonne und Stille mit dem aufgeschlagenen Buch im Schoß ein. Die Sprache des Buches war dicht und überladen, obwohl ich es vielleicht damals nicht so wahrnahm; die Seiten waren wie Steintafeln und die Dialoge oft künstlich, aber die letzten Zeilen, als ich sie schließlich erreichte, ließen mir das Blut ins Gesicht steigen. Es war *Es führt kein Weg zurück*, der letzte einer Reihe dicker Romane, in denen der Autor Thomas Wolfe als kaum getarnter Erzähler talentiert und unverstanden durchs Leben stürmte, auf der Suche nach Ruhm, Liebe und Ansehen.

Es war New York, die brodelnde Stadt, in der der unermüdliche Autor, sein brillanter Lektor und seine reiche, verheiratete Geliebte ein Leben von hypnotisch wiederholten Sätzen führten. Ich verlor mich in dem Buch und den Möglichkeiten, von denen es erzählte. Ich ließ seinen Reichtum und seine Kraft widerstandslos in mich eingehen. Dass es im Kern banal und zu ernsthaft war, kümmerte mich nicht. Es war, als verbrächte man drei Nächte mit einem heruntergekommenen Fremden in einem Zug – Wolfe war tatsächlich ein riesiger Mann, eine Art Südstaaten-Pantagruel, der im Stehen schrieb, oben auf dem Kühlschrank, wie man sagte, während ungeordnet Seiten zu Boden fielen –, der nicht aufhört zu reden und es schafft, alles, woran man bislang geglaubt hat, auszulöschen. Foxhall Edwards war der Name des unvergleichlichen Lektors, dessen Gestalt auf Wolfes tatsächlichem Lektor Maxwell Perkins beruhte, und eine Frau namens Aline Bernstein war, wie man wusste, das Vorbild für die Figur der Esther Jack.

Ich war, abgesehen von Kurzbesuchen, mehr als fünf Jahre nicht mehr zu Hause in Manhattan gewesen, und jetzt, ehern und überzeichnet, sah ich sie wieder vor mir, die Skyline der Stadt, aber nicht der meiner Kindheit, sondern einer Stadt, wie sie irgendwann sein könnte. Ich empfand kein besonderes Bedürfnis, zu ihr zurückzukehren, aber ich erkannte ihre Kraft und dass es ein Vorteil war, dort aufgewachsen zu sein, ein Vorteil, von dem ich sogar Gebrauch machen konnte. Wolfe schrieb mit dem Neid und der Aufregung des Außenseiters. Ich war, wenn auch im Moment im Exil, ein Eingeborener.

* * *

Jetzt schneit es – einer dieser gewaltigen Schneestürme, die den Himmel zuerst stumpf machen und dann auslöschen. Der Schnee stürzt herab, lässt die Gebäude wie Hochseedampfer wirken, hüllt alles in Stille. Die Straßen werden weiß, alle Vorsprünge und Bäume, die Ärmel von Mänteln, die Markisen. Bald hat der Schnee die Erde bedeckt, und Stunde um Stunde strömt er weiter herab. Die Autos treiben bei Scheinwerferlicht durch die Weiße, die Busse, vermummte Gestalten kämpfen sich nach Hause. Es schneit die ganze Nacht. Die Stadt war niemals vertrauter, niemals großartiger.

Am Morgen schneit es weiter. Die Alleen sind verschwunden, die Ampeln wechseln bis in weite Ferne bedeutungslos von Grün zu Rot und wieder zu Grün. Es besteht eine einzige atemberaubende Architektur: Weiße Linien.

Das ist die eigentliche Stadt, minus einiger Türme, die mein Vater und Großvater kannten. Ich kenne viele Dinge aus dem Leben meines Vaters – wenn auch nicht das Haus, in dem er als Junge wohnte, oder die Schule, in die er ging –, aber ich weiß fast nichts von meinem Großvater. Er hatte eine Schwester, die eine gute Partie machte, und er war Teilhaber eines Hotels bei Saratoga, sagt meine Mutter, ein Holzhaus im damals modernen Greek Revival-Stil – da es ihrem Schwiegervater gehörte, erinnert sie sich nicht an Einzelheiten. Als Kind verbrachte ich die Sommer dort. Ich sehe verschwommen die breite Veranda vor mir – vielleicht sind die Erinnerungen nicht echt –, Korbstühle, verglaste Türen, Spucknäpfe aus Messing und ein dumpfer, stickiger Geruch.

Es war im Sommer 1928. In der Ferne, obwohl niemand es hörte, konnte man das schwache Geräusch einer großen Wasserscheide vernehmen, darüber aufsteigender Dunst. Unvorhergesehene Ereignisse – der Börsenkrach – scheinen meinem Großvater das Hotel aus den Händen gewunden zu haben. Warum hatte er sich nicht mit mir, als ich fünf oder sechs Jahre alt war, hingesetzt, den Ort mit seinen Händen neu erschaffen und mir die Geschichte erzählt? Ich weiß es nicht. In Wahrheit erinnere ich mich nicht mehr an das Hotel, ich erinnere mich kaum noch an den Großvater. Was immer er hätte erzählen können, was immer sie alle hätten erzählen können, ist verloren. Ein paar Fetzen von dem, was ihr Leben bedeutet hat, mögen mir bekannt sein, aber die wirklichen Dinge, Geist, Charakter, Träume, eheliche Beziehungen, Schwierigkeiten, das Schicksal von Freunden – von alldem habe ich nichts.

Als Zeugen kennen wir aus erster Hand vielleicht fünf Generationen – am klarsten natürlich unsere eigene; in einer Richtung liegen die unserer Eltern und Großeltern, in der anderen die der Kinder und Enkel. In meinem Fall wurde vieles abgeschnitten. Die Vergangenheit bekommt etwas Zufälliges. Ich denke an die Bemerkung des englischen Kabinettsmitglieds, das sich im Alter auf ein aus dem siebzehnten Jahrhundert stammendes Landhaus in Cornwall zurückzog, das seit jeher im Besitz seiner Familie war. Die wahren Armen dieses Jahrhunderts, sagte er, sind die Menschen ohne Wurzeln.

Und zugleich ist da die Euphorie des Wissens, dass die Geschichte mit der eigenen Kindheit beginnt, dass alles, was einen umgibt, die Häuser, der Park, Villen, Museen, eine Art Dekor ist, der Hintergrund für etwas viel Wichtigeres: die eigene Existenz. Diese Existenz, diese Hauptrolle, ist das, woraus sich die Stadt in Wahrheit zusammensetzt – die wahre Stadt, die Stadt der Erinnerungen und Triumphe, beständig, gegen Tränen gefeit. Das heruntergekommene Hotel am Hang, lange geräumt oder abgerissen, der von Unkraut überwucherte Tennisplatz, die gebrochenen Zäune, das alles hat keine Bedeutung. Es sagte nichts voraus und bewegte keinen Halm des eigenen Schicksals.

# DU MUSST

Mein Vater, das Haar in der Mitte gescheitelt, selbstsicher und stolz, war Bester seines Jahrgangs gewesen. Als brillanter Außenseiter mit mathematischer Begabung und einem enormen Gedächtnis schloss er knapp vor einem Rivalen ab, dessen Vater im Jahr 1886 Bester gewesen war.

Das College war West Point, und er war auch als Erster seines Jahrgangs zum Captain ernannt worden, obwohl ich mir das nicht so leicht vorstellen konnte. Auf jeden Fall gehörte sein Ruhm, als ich ein Junge war, bereits der Vergangenheit an. Er hatte die Armee nach ein paar Jahren verlassen, und es gab nicht viel, was an seine Militärzeit erinnerte. Ein Paar Reitstiefel, einige Jahrbücher und im Schrank einen Offizierssäbel, in dessen Klinge Name und Rang eingraviert waren.

Einmal im Jahr lag morgens eine wunderschöne Medaille an einem schwarz-grau-goldenen Band auf der Kommode. Es war ein Namensschild von dem Dinner der Mitglieder seines Jahrgangs in West Point im Waldorf Astoria am Abend zuvor. Er ging gerne dorthin; sie wurden gegen Ende des Winters abgehalten, und er war dort eine anerkannte Person und mehr oder minder bewundert. *George Horowitz, 1919* stand auf der weißen Karte am Kopf des Bandes. Seinen ersten Vornamen, Louis, mochte er nicht.

Als ich älter war, nahm er mich zu Footballspielen mit, die wir während des letzten Viertels verließen. Das Army-Team war eine schwache, aber hart gesottene Mannschaft, die ins Yankee Stadion kam, um gegen Notre Dame zu spielen. Die Tribüne hinter uns war eine einzige graue Masse, heiser vom Brüllen, und ein Getöse erhob sich, als ein Halfback, dünnbeinig und wendig, irgendwie die Verteidigungslinie von Notre Dame durchbrach und quer über das Feld unglaubliche achtzig Yards zurücklegte, bis er schließlich zu Fall gebracht wurde. Wenn er durchgekommen wäre, hätte das Team der Army gewonnen.

Am Ende ging ich wie mein Vater nach West Point. Ich hatte es nie vorgehabt. Er hatte für mich eine Bewerbung als zweiter Ersatzkandidat arrangiert und mich gebeten, ihm zuliebe für die Aufnahmeprüfung zu lernen – es war der Frühling des Jahres 1942. Ich war an der Stanford University angenommen worden und arbeitete während des Sommers auf einer Farm in Connecticut, schlief auf einer bloßen Matratze auf dem brütend heißen Dachboden, träumte vom Leben an der Küste, als mich plötzlich ein Telegramm erreichte. Es war unglaublich, aber sowohl der eigentliche Kandidat als auch der erste Ersatzmann waren durchgefallen, einer bei der körperlichen Untersuchung, der andere bei der schriftlichen Arbeit, und nun teilte man mir mit, dass ich aufgenommen war. Ich wusste, was sich mein Vater mehr als alles andere von mir wünschte. Siebzehn, eitel und durch Gedichte verdorben, bereitete ich mich auf den Eintritt in ein fernes West Point vor. Ich würde, hoffte mein Vater, dort so erfolgreich sein wie er.

* * *

Mitte Juli gingen wir in einer Gruppe vom Bahnhof die steile Straße hinauf. Ich kannte niemanden. Wie die anderen trug ich einen kleinen Koffer, in den die Sachen gepackt waren, die ich jahrelang nicht mehr sehen würde. Wir kamen an großen stillen Gebäuden vorbei und überquerten unter tief hängenden Ästen eine Straße. Ein paar Minuten später, nachdem wir ein Einwilligungspapier unterschrieben hatten, standen wir in der Eingangshalle in einer unordentlichen Reihe und versuchten uns einen Satz einzuprägen, den wir sagen mussten, wenn wir dem First Cadet Sergeant Meldung machten. Er musste laut und exakt ausgesprochen werden. Wenn man es falsch machte, musste man wieder hinaus und sich hinten in der Reihe neu anstellen. Man hörte unentwegt lautes Rufen und hinter der Kasernentür einen bedrohlichen Lärm, der anschwoll, wenn die Tür geöffnet wurde, wie das Grummeln eines Ofens. Der Lärm kam aus dem Innenhof. Upperclassmen, die Studenten der beiden obersten Klassen, stießen immer wieder ihre Befehle hervor, manche bellend, andere flüsternd, andere zischend wie Schlangen, während sie vor den nervösen Neuankömmlingen auf und ab stolzierten. Die waren noch in Zivil, aber es war ihnen bereits untersagt, irgendwo anders hin als geradeaus zu blicken. In Grundstellung standen sie da. Die Luft war aufgeladen. Die Hitze troff herab.

Ich war an einen Ort gekommen wie Joyces Clongowes Wood College, das ihn vor Angst hatte erschauern lassen. Es gab dieselben dunklen Eingänge, die gotischen Fassaden, die runden krenelierten Bastionspfeiler, die gefängnisartigen Fenster. Davor war eine weite freie Fläche, der Exerzierplatz, »die Ebene« genannt.

Es war eine harte Schule, eine Schmiede. An diesem ersten Tag trat man in ein Inferno. Forderungen, viele davon unverständlich, prasselten auf einen herab. Immer in rigider Grundstellung, das Haar frisch gestutzt, mit eingezogenem und zitterndem Kinn, von ungesehenen Stimmen angeschrien, standen oder rannten wir wie Insekten von einem Platz zum nächsten, zwei oder drei Mal zur Kleiderkammer, und kamen mit Türmen von Kleidern und Ausrüstung zurück. Manche hatten den Mut, es sofort hinzuwerfen, andere gaben langsam auf. Einer kehrte vom dritten Gang zur Kammer nicht wieder zurück, er war einfach weitergegangen, eine Meile weit zum Tor und hinaus. An diesem Nachmittag formierten wir uns in neuen Uniformen und marschierten zum Trophy Point, um vereidigt zu werden.

Es sind die Geräusche, an die ich mich erinnere, das eiserne Orchester, die Stiefel auf der Treppe, die klirrenden Glocken, das Brüllen, Rufe, *Jawohl. Nein, ich weiß es nicht, Sir!* Das Krachen von sechzig oder siebzig Gewehrkolben, die fast zur gleichen Zeit auf den Boden schlugen. Das Leben bestand aus ängstlichen Minuten, ständigem Herumrennen, Aufstellen. Zu den Dingen, die ich nicht kannte, gehörten der Drill und die Handhabung von Waffen. Viele der anderen Kadetten, die von den »Zinnschulen«, wie sie sie nannten, kamen oder bei der Nationalgarde gewesen waren, kannten das alles und sogar die Sprüche, die wir auswendig lernen mussten, Antworten auf triviale Fragen, Wendungen, die noch aus der Zeit des mexikanischen Kriegs stammten. Wie viel Gallonen Wasser befanden sich im Staubecken, wie viele Namen stehen auf dem Kriegsdenkmal, was hat Schofield gesagt, was ist die Definition von Leder? Wir mussten sie Wort für Wort herunterrasseln.

Alles war Tradition, die Sprache, der graue Wollstoff, der hohe schwarze Kragen der Ausgehuniform, die gestärkten weißen Hosen, in die man auf einem Stuhl stehend hineinstieg. Das Corps hatte im Sommer immer in Zelten auf der Ebene kampiert, unter Leinendächern, auf den Wegen Laufbretter – das Sommercamp mit seinen brüderlichen Schnappschüssen von älteren Kadetten, die lässig an Zeltstangen lehnten; dies gehörte zu den wenigen Dingen, die es nicht mehr gab. Es gab das Ehrensystem, von dem wir gleich zu Anfang erfuhren, das eher Sache der Kadetten selbst als der Vorgesetzten war und das als schwerste Strafe das »Totschweigen« vorsah. Jemand, der sich eines Verstoßes schuldig gemacht hatte und sich weigerte, das Corps freiwillig zu verlassen, wurde totgeschwiegen, nur noch dienstlich sprachen andere Kadetten mit ihm. Er musste ein Einzelzimmer beziehen und wurde nicht mehr beachtet, außer etwa auf einem Ball – wenn er erschien, verließen alle anderen die Tanzfläche, und man ließ ihn, das Mädchen und das Orchester allein. Selbst bei Vergnügungen stand er unter Quarantäne.

West Point war ein Bollwerk der Tradition, sein Name ein Markenzeichen. Es zog ehrliche, protestantische, oft vom Lande kommende und größtenteils unkomplizierte Männer an – obwohl es dort auch Persönlichkeiten wie Poe, Whistler und sogar Robert E. Lee gegeben hatte, der später sagte, die Militärlaufbahn einzuschlagen sei der größte Fehler seines Lebens gewesen.

Ich erinnere mich an das Schwitzen, die Hitze und den Durst, die Seligkeit, unerlaubterweise in langen Zügen am Wasserspender zu trinken. Bei den Paraden, es waren drei oder vier in der Woche, schwebte die Musik der Kapelle über dem Dröhnen der Stiefel und der Gewehrkolben. Das alles schien Teil einer anderen, entlegenen Welt. Man hatte das Gefühl, sich auf einer hoffnungslosen Reise zu befinden, in einem Exil, das Jahre dauern würde. In der Ferne sah man Frauen in leichten Sommerkleidern mit Offizieren spazieren gehen und das schöne Haus des Superintendenten, weiß strahlend und spielzeughaft klein. In der glühenden Sonne beginnt jemand im nächsten Glied oder direkt neben einem zu schwanken, macht unfreiwillig einen Schritt und fällt wie ein geschlagener Boxer vornüber. Gewehre liegen am Boden. Anschließend geht der diensthabende Offizier zwischen ihnen herum, als wären es Leichen auf einem Schlachtfeld, und notiert die Seriennummern.

Rums! fliegt die Tür auf. Wir springen auf die Beine. Herablassend, mit durchgedrücktem Kreuz und weißen Handschuhen, schlendert ein Cadet Sergeant namens Melton ins Zimmer. Er beäugt uns. »Und die Namen, meine Herren! Reden Sie!« befiehlt er. Er wendet sich den Spinden zu, an denen wir in Erwartung der Inspektion Stunden gearbeitet haben. Alles hat sein Fach, seinen Platz, die Falten sind sauber und scharf, die Unterhemden sehen wie Papierstapel aus, die steifen Leinenmanschetten, die schwarzen Socken.

»Wessen Spind ist das hier?« fragt er verächtlich. Ohne auf eine Antwort zu warten, fegt er den Inhalt eines Fachs zu Boden. »Ein Saustall. Sollen die gefaltet sein? Nochmal das Ganze.« Fach für Fach, ein Spind nach dem anderen, wird alles herausgerissen. »Machen Sie es dieses Mal richtig, verstanden?«

Unstillbarer Hass wallt in uns auf. »Jawohl, Sir!«

\* \* \*

Einer meiner ersten Stubenkameraden war der Sohn eines Kongressabgeordneten. Er war zwanzig. In Chicago habe er mit zwei Prostituierten in einer Wohnung gelebt, eröffnete er uns. Wie zum Beweis rauchte er, lief in Unterwäsche herum und war durch nichts aus der Ruhe zu bringen. Wir waren größtenteils noch unerfahrene Jungen, nicht mal zwanzig, und seine Angeberei war für uns Kennzeichen für etwas Beneidenswertes, mit dem er bereits vertraut war: die Ausschweifung. Wir liefen zusammen die Treppen hinauf und hinunter, aber im Glied standen wir weit voneinander entfernt. Dort stand ich neben einem großen, mageren Jungen, der ein kichernd glucksendes Lachen hatte und von erstaunlicher Respektlosigkeit war. Er war der Sohn eines Colonels und gerade aus Hawaii gekommen, hatte in einem Pullman-Schlafwagen den Kontinent überquert und die Nacht in einem unteren Bett mit einer Frau verbracht, die die ganze Zeit: »Mein Sohn, mein Sohn« gestöhnt hatte. Sein Name war Horner; mit der Zeit machte er mich mit Rum, Poker und als Krönung mit Giftsumach bekannt.

Das Wichtigste war, sich irgendwie einzufügen, unauffällig zu werden, so wie die anderen zu sein. Meinem Vater war das anscheinend gelungen, obwohl ich nicht wusste, wie. Ich erinnerte mich nur daran, dass er immer schlenderte; ich hatte ihn niemals in Eile gesehen, ich konnte ihn mir in dieser anstrengenden Tagesroutine nicht vorstellen.

Aber es war auch schwer, ein Nichts und Niemand zu sein, gesichtslos im Glied. In wiederum einer anderen Schlange, diesmal in der Kleiderkammer, wo man die Maße für die Winteruniformen nahm, fiel einem der Schneider, einem Mr. Walsh, ein zierlicher Mann mit gelbblondem Haar, mein Name auf, und er fragte, ob ich der Sohn des Jahrgangsbesten von 1919 sei. Es war das erste Mal, dass ich das Gefühl hatte, dazuzugehören und eine ehrenvolle Vergangenheit zu haben.

Was man vorher getan hatte, war von Bedeutung – sportliche Leistungen zählten natürlich auch –, aber es reichte nicht immer, um einen durchzubringen. Die wichtigste Eigenschaft war weniger leicht greifbar; ich nehme an, man könnte es Würde nennen; aber das trifft es eigentlich auch nicht. Es war wohl eher Ausdauer.

Unten in der Eingangshalle stand der frühere Ersatz-Quarterback von Boston College. Er besaß eine Armbanduhr, die er für das Endspiel der Sugar Bowl bekommen hatte. Anstatt der Zahlen umliefen Buchstaben das Zifferblatt, S, U, G, A, R usw., und zwischen den Worten waren, soweit ich mich erinnere, kleine Diamanten eingelegt. Nash war nach West Point gekommen, um Football zu spielen. Die Tage der Spieler, die tatsächlich dem Corps entsprangen und meistens unspektakuläre Ergebnisse erzielten, waren vorbei. Durch den Krieg hatte der Sieg eine größere Bedeutung bekommen. Nash hatte ein irisches Gesicht und ein natürliches Wesen. Er hatte von der Welt schon einiges gesehen, und seine Begeisterung für das Kadettendasein hielt sich in Grenzen. Er stand steif da, mit widerwillig eingezogenem Nacken wie eine Schildkröte. Zunehmend stellte er die Kindereien in Frage, und Verdruss zeigte sich auf seinem Gesicht. »Stehen Sie gerade, Mr. Nash, Schultern zurück!«

Eines Tages, als er wieder schikaniert wurde, tat er das Unvorstellbare: er verweigerte einfach den Gehorsam. Die Wirkung war unbeschreiblich – sie schwärmten um ihn herum, tanzten fast vor Wut. In der Mittagsabteilung marschierte er entspannt zum Speisesaal, gelassen gegenüber dem Ganzen, unberührt wie ein zum Tode verurteilter Mann. Er stand jenseits von Bestrafung. Die Jahresendfeier, die das Ende des Frischlingsstatus bedeutete, nannte man die Anerkennung. Ungläubig machte im Flüsterton die Runde: *Nash hat sich selbst anerkannt.*

Das war natürlich unmöglich – er wurde für ungeeignet befunden und verließ bald darauf die Akademie. Meine letzte Erinnerung an ihn ist im oberen Stock der Kaserne, auf dem unsere Zimmer lagen, an einem höllischen Nachmittag. Für

Übertretungen gab es eine besondere Strafe; sie hatte einen harmlosen Namen, man nannte sie Uniformprobe, und sie wurde ein oder zwei Mal in der Woche durchgeführt. Die Liste derer, die daran teilzunehmen hatten, wurde während des Morgenappells laut vorgelesen: zu einer bestimmten Uhrzeit musste der Fourth Classmen So-und-so sich in der »Spüle« der Zehnten Division melden. »Spüle« war der Name für den Keller, in dem sich der Heizraum, die Umkleidekabinen und Duschen befanden. Dort, im fast fensterlosen Dunkel und bei voll aufgedrehten heißen Duschen, damit der Dampf es noch unerträglicher machte, wurde ein straffes Programm sportlicher Übungen abgehalten, das nur durch kurze Ansagen unterbrochen wurde: jeder hatte genau fünf Minuten Zeit, auf sein Zimmer zurückzukehren und in einer anderen Uniform wiederzuerscheinen. Wir liefen die Treppen hinauf, zogen uns wie die Wahnsinnigen um und rannten wieder hinunter, und das Ganze begann von vorne. Es war wie in *Im Westen nichts Neues*, als die Rekruten den Befehl bekommen, »den Zug zu wechseln«, die so genannte Lektion, die man niemals vergisst. Die verschiedenen Uniformen waren Punkt für Punkt im Vorschriftenbuch beschrieben und mussten zusätzlich zu all der Hektik nachgeschlagen werden. »Drill D!« ertönte der verzweifelte Ruf auf den letzten Stufen, dreißig Sekunden waren bereits vergangen.

Nash saß im Flur im Unterhemd auf einem Geländer, beides verboten, und hatte das Blaue Buch mit den Vorschriften in der Hand. Er rauchte eine Zigarre und las ruhig die Einzelheiten vor, wiederholte sie auf Wunsch, während wir wild die Kleider abwarfen und neue anzogen. Viel Glück, rief er, als wir die Treppe hinunterstürzten. Es war seine Abschiedsvorstellung.

Hätte Nash Reue gezeigt und die Konsequenzen seiner Handlungsweise getragen, wäre er vielleicht noch in demselben Jahr oder im nächsten in einem Spiel aufgelaufen und berühmt geworden, aber es gibt Menschen, die dazu bestimmt sind, impulsiv zu handeln und durch eine entscheidende Geste ihren Stolz zu bewahren.

* * *

Man war nie allein. Es war vor allem dieses, was das Leben kennzeichnete. Als Junge hatte ich mein eigenes Zimmer, und obwohl mir überfüllte Flure und Schuljungenspiele durchaus vertraut waren, hatten diese irgendwann ein Ende. Danach hatte ich mein Zuhause mit seiner Ruhe, den Lichtern am Abend, dem warmen Duft des Essens.

Nichts davon gab es in West Point. Wie auf einem Truppenschiff stieß man überall mit den Schultern aneinander und musste anstehen, um sich zu waschen und zu rasieren. Ganz früh am Morgen standen wir im sommerlichen Schwitzkasten des Hudson Valley unendlich lange Phasen in der Grundstellung, gefährliche Upperclassmen streiften mürrisch hinter unserem Rücken entlang, der ganze Tag lag noch vor uns. Immer und immer wieder sagte ich mir innerlich Verse auf, damit die Minuten vergingen, manchmal zum harten Rhythmus von Trommeln, *The time you won your town the race* ... Ich war vergraben und vergessen, aber einen Moment lang allein, eingehüllt in Worte.

Ich war kein viel versprechender Kadett, nicht der schlechteste, aber langsam. Ich war einer der Jüngsten, für mein Alter unterentwickelt, und besaß weder die Ruhe der Jungen vom Lande, die sich mit Tieren und Axiomen des Landlebens auskannten, noch die wirkliche Härte der Stadt. Ich war gezwungen worden, ein neues Vokabular und neue Bedeutungen zu lernen, zum Beispiel, was man unter »geputzt« oder »sauber gefaltet« verstand. Zu Paraden und Inspektionen trugen wir Zubehör aus dem achtzehnten Jahrhundert, weiße Kreuzgürtel und unechte Patronentaschen, Brustharnisch und Gürtelschnalle waren auf Hochglanz poliert. Abends vor dem Zapfenstreich saßen wir im Türrahmen des Zimmers und putzten sie fieberhaft. Radiergummi und Juwelierskreide wurden verwandt, um kleine Unreinheiten peinlich genau zu entfernen, und der Rest wurde mit einem ständig neu gewendeten Poliertuch auf Hochglanz gebracht. Es dauerte Stunden. Das erschreckende Klirren, wenn ein Metallstück auf den Boden schlug – ein Brustharnisch, der jemandem aus der Hand gerutscht war –, war, als hätte man ein Erbstück fallen gelassen.

\* \* \*

Am Ende des Sommers wurden wir in Kompanien eingeteilt. Es gab sechzehn Kompanien, jede davon setzte sich aus Männern von ungefähr der gleichen Größe zusammen. Vor der Parade wurden wir in breiter Front aufgestellt, die größten Kompanien waren an den Enden und liefen in Abstufungen bis zur kleinsten in der Mitte zusammen. Die Gesetze der Perspektive ließen das ganze Corps gleich groß erscheinen, und wenn es vorbeimarschierte, die Bajonette im gleichen Winkel, mit synchron aufblitzenden Beinen, wirkte es, als wäre jeder Teil des Ganzen wohlgeformt und strahlend. Die hoch gewachsenen Kompanien galten in der Kaserne als umgänglich und unmilitärisch, aber bei den Kleinen war es das Gegenteil. Allein an ihrer Unterkunft vorbeizugehen, war gefährlich. Das war keine Fabel, sondern Realität. Die Kasernen waren um große viereckige Höfe, so genannte Areale angelegt. Das Zentralareal war das Älteste, zu beiden

Seiten davon lagen die Süd- und Nordareale und neben der Sporthalle gab es einen Anbau, der New North genannt wurde. Sie unterschieden sich wie Provinzen, obwohl man jeden Tag durch viele hindurch kam. Hinter den Arealen und für uns nicht einsehbar lagen die baumbestandenen, grünen Wohnbezirke. Dort glich West Point einem idyllischen Städtchen am Fluss. Im milden September, kurz bevor der Unterricht begann, hatten wir uns eingelebt. Die Herbstsonne lag auf den Sportfeldern, aber in Wahrheit herrschte eine wagnerische Stimmung. Wir gingen hintereinander in einer langen Reihe an den großen Häusern der Colonels vorbei, den Fakultätsdekanen, manche von ihnen Klassenkameraden oder Freunde meines Vaters. Es waren alte Backsteinhäuser, in die ich später sonntags zum Lunch eingeladen werden sollte.

Meine neuen Stubenkameraden kamen aus Texas und Michigan, einer mit breitem Kiefer und drahtigem Haar, der andere gut aussehend und teutonisch. Bob Morgan war der Texaner. Ich versuche mich daran zu erinnern, ob er rauchte, aber es war sicherlich der andere, der es mir beibrachte. Morgan kam aus einer Kleinstadt, Spur, ein bloßer Punkt auf der Landkarte, und die Sonne und der Staub von Texas hatten seine Augen gebleicht.

Wir hatten reine Westen. Alle Vermerke des Sommers waren gelöscht, und wir waren wie auf Bewährung entlassene Männer. Vermerke waren ein Makel und eine Art Verschuldung. Die monatlich gewährte Summe betrug fünfzehn Einträge. Für alles, was darüber ging, bekam man Strafrunden, eine Stunde pro Vermerk – ein unerbittlicher Wechselkurs. Die Stunden wurden auf dem Areal abgeleistet, wir marschierten auf und ab, das Gewehr geschultert, und erhielten derweil eine weitere Lektion: bei den Inspektionen, die vor den eigentlichen Runden stattfanden, wurden häufig Vermerke erteilt. Für Schuhe mit einem übersehenen Kratzer oder Messingstücke mit dem kleinsten blinden Fleck konnte man mehr Runden bekommen, als man anfänglich ableisten musste.

Wir hatten die Fertigkeiten eines Butlers erlernt. Die Akademie ging anscheinend davon aus, dass es die der Oberschicht wären. Wir trugen Schlafanzüge und Bademäntel, an den Waden Strumpfhalter. Die Fingernägel wurden rosa geschrubbt und das Haar wöchentlich geschnitten. Wir lernten, den Hut zu ziehen, ohne die Krempe zu berühren, auf Hosen zu schlafen, die zum Glätten sorgfältig gefaltet unter der Matratze lagen, Speisenfolgen anzusagen, Geburtstage und die am Wochenende gezeigten Filme und ihre Besetzung. Wie Butler hatten wir sonntags frei, aber erst nach dem obligatorischen Gottesdienst.

Es gab eine Ausnahme. Freitagabends saßen um die fünfundzwanzig von uns in einem leeren Theatersaal auf Klappstühlen zum jüdischen Gottesdienst, darunter einer der geachtetsten Männer meiner Kompanie, ein Kadett namens Sohn. Nach einer Stunde der Andacht – ewig, fernab des rauen Lebens, das wir führten – marschierten wir zurück zur Kaserne, in der die anderen lernten oder sich auf die Inspektion am nächsten Morgen vorbereiteten. Ich fühlte mich unwohl, fort gewesen zu sein. Obwohl niemand ein Wort darüber verlor, fühlte ich mich irgendwie unaufrichtig. Schließlich schied ich aus dem Kreis aus und ging mit dem Rest des Corps' zur Kirche.

Natürlich kann man nicht einfach ausscheiden – man kann es vielleicht versuchen –, und so gehörte ich weder der einen noch der anderen Gruppe an. Aber mir schien, dass Gott Gott war, wie schon in den Schriften stand, und dass das

Einzige, was mich unterschied, eine tiefe, in der Geschichte wurzelnde Kultur war, von der ich mich in jedem Fall lösen wollte.

Drei Mal am Tag betrat das gesamte Corps durch drei verschiedene Türen wie ein religiöser Orden den Speisesaal und verharrte in flüsternder Stille – gedämpfte Unterhaltung und leise Drohungen –, bis der Befehl »Setzen!« kam. Mit dem Scharren der Stühle begann der Lärm des Essens. Die Mahlzeiten verbrachte man in ständigem Schrecken, und als wollten die Offiziere ihn noch steigern, wurde gegen Ende des Essens der Tagesbefehl verlesen, der häufig Strafen enthielt, die von den Regiments- oder Brigadechefs verhängt wurden. An den Zehn-Mann-Tischen saßen jeweils Upperclassmen an dem einen und Frischlinge am anderen Ende. Wir aßen streng militärisch, die Augen auf den Teller gerichtet, manchmal wurden wir wie ein amüsanter Diener in die Unterhaltung gezogen, aber meistens schwiegen wir oder erteilten laute Auskünfte. Jeden Moment – nachdem sie auf den Tisch geknallt worden waren – konnte eine Tasse oder ein Glas angeflogen kommen. Der Frischling, der eingeteilt war, um auszuschenken, sah schnell auf, Hände bereit, und rief »Tasse, bitte!« Es war eine verbotene Praxis, aber eine der Beliebtesten. Nicht zu fangen war eine ernste Angelegenheit, da Porzellan zerbrechen und der Upperclassman einen Vermerk erhalten konnte. Es war besser, die Tasse an die Brust oder sogar an den Kopf zu bekommen.

»Achtung!« war ein häufig gegebener Befehl. Gemeint war: »Aufhören zu essen«, und es war die Strafe für unwissentlich begangene Fehler – die falsche Schüssel gereicht oder jemandem Milch in den Kaffee gegeben zu haben, der ihn immer schwarz trank. Es konnte dazu führen, dass man gar nicht zum Essen kam, obwohl ganz zum Schluss gewöhnlich die Erlaubnis gegeben wurde, ein paar Bissen hinunterzuschlingen. Irgendwo, im so genannten Mannschaftsbereich des Corps, aßen die Sportler zusammen mit Frischlingen in aller Ruhe.

Wie die eines Lords waren die Launen des Tischältesten absolut. Manche waren gutmütige Gestalten mit einem Hang zu Spöttelei und Schuljungenstreichen. Andere waren tückischer, und die meisten Kompanien hatten einen Tisch wie Sibirien, dem ein Tyrann vorstand, in unserem Fall ein hässlicher Kadett griechischer Abstammung, der düster und humorlos war. In der Tischordnung rutschte man leicht nach unten, und dort, zwischen den Unverbesserlichen, empfand man sogar eine gewisse Art von Stolz.

Es war das Jahr von Stalingrad. Eines Samstagabends, als die Mannschaft nach einem gewonnenen Footballspiel gemeinsam aß, zeigte mir ein Kellner, den ich ein wenig kennen gelernt hatte, ein alter Mann, der Probleme mit den Füßen hatte, einen brüchigen britischen Zeitungsartikel, den er in seiner Brieftasche trug. Ihm war nach der Schlacht von Passchendaele das Victoria Cross verliehen worden. Ja, er hatte es bekommen, obwohl ihm damals mehr bedeutete, wie er sich still erinnerte, was er als zusätzliches Geschenk erhielt: eine Büchse Zigaretten. Er sprach mit leichtem Akzent; er war Belgier. Warum er später als Zivilist mit abgelaufenen Hacken an Tischen bediente, habe ich vergessen. Über unseren Köpfen hing ein Wandgemälde von den großen Soldaten unserer Geschichte, und unbemerkt zu ihren Füßen schlürfte einer ihresgleichen.

* * *

Die Stunde vor Sonnenaufgang, alles ist still, die erste Kälte des Herbstes in der Luft. Das Areal ist leer, die Flure still.

Das Zimmer lag im ersten Stock am Ende der Treppe, an der Tür die weißen Namensschilder. Ich wartete einen Moment, horchte und drehte vorsichtig den Türknauf. Drinnen war es dunkel, die Fenster kaum erkennbar. Parallel zueinander, durch Schreibtische getrennt, standen die Betten. Waters, ein Captain mit blauem Bartschatten, der Bataillonschef, schlief in dem einen. Mills, Sergeant und Zugführer, im anderen. Ich konnte kein Atmen hören; ich konnte nichts hören, die Stille war absolut. Ich hatte Angst, ein Geräusch zu machen.

»Sir!« brüllte ich, stieß laut meinen Namen aus und fuhr fort: »Melde mich wie befohlen zehn Minuten vor dem Wecken!« Eine gedämpfte Stimme sagte: »Mach nicht so viel Lärm.« Es war Mills. Er zog die Decke gegen die Kälte weiter hoch, dann sagte er noch: »Zieh das Kinn ein.«

Ich stand in der Schwärze. Nichts, nicht das Ticken einer Uhr oder das Knacken einer Heizung. Die Minuten waren zum Stillstand gekommen. Ich konnte für immer dort stehen, unsichtbar und unbeachtet, während sie träumten.

Es war Mills, der mich auf Grund irgendeiner Verfehlung eine Woche lang zum Weckdienst eingeteilt hatte. Er war mein Zugführer, aber vor allem war er allseits als König der Schlusslichter bekannt.

Der Erste eines jeden Jahrgangs wurde gefeiert; der Zweite nicht, noch irgendein anderer. Erst wenn man ans Ende kam, brannte sich wieder ein Name ein, der letzte Mann, das Schlusslicht, und der war stolz auf seine Rolle. Custer war Letzter seines Jahrgangs gewesen. Grant hatte es beinahe geschafft. Das Schlusslicht war der Achilles der Faulpelze. Er war der Champion der Nachhut. Vor ihm marschierte die ganze Truppe mit ihren herausragenden und mittelmäßigen Gestalten; hinter ihm kam nichts, nur die Vergessenheit.

War man für den Unterricht nicht geschaffen, war es ein wahrer Triumph, an letzter Stelle zu landen. Die mit schlechteren Noten waren untergegangen, jene mit nur geringfügig besseren verloren sich in der Menge. Mills hatte einen mit Sternen übersäten Bademantel. Jeder einzelne kennzeichnete eine bestandene Nachprüfung, die letzte Alles-oder-nichts-Chance in einem nicht bestandenen Fach – sein Mantel loderte von ihnen. Es lag ihm im Blut; sein Vater hatte schon einen vielversprechenden Versuch unternommen und war Fünftletzter des Jahres 1915 geworden. Mills war sich der Verantwortung gegenüber seinem Erbe bewusst. Er hatte die Attacken von Männern mit weniger Format abgewehrt, die dennoch zu Ruhm aufsteigen wollten. Er war blond und sah gut aus, war leicht zu bewundern und keineswegs unbegabt. Ein gut geführter Rückzug galt als eine der schwierigsten militärischen Operationen, für die manche Heerführer besonders geeignet waren. Es bedeutete, knapp am Abgrund vorbei der Katastrophe um Haaresbreite zu entrinnen. Es war ein besonderes Reich mit eigener Spannung und Verzweiflungstaten, Männer, die am letzten Tag in Ingenieurswesen keinen anderen Ausweg sahen und über ihren Zeichnungen absichtlich Tinte verschütteten.

Mills war auch ein guter Sportler. Er kam aus South Carolina, und er war voller Lebensfreude und konnte sich einem mit einer Aufmerksamkeit zuwenden, die nichts mit bloßer Nettigkeit zu tun hatte.

Man hatte mir nichts weiter gesagt. Ich stand schweigend da. Es gab weder Gegenwart noch Zukunft. Sie bemerkten mich nicht, aber ich war irgendwie wichtig, ein Beweis ihrer Macht. Mir wurde schwindlig, als würde der Boden unter meinen Füßen wanken, als müsste ich fallen. Ich wusste nicht mehr, wie lange ich dort gestanden hatte; die Zeit schien stehen geblieben, als aus der Ferne ein einzelner, klarer Schuss ertönte: die Morgenkanone.

Sogleich, wie eine dämonische Maschine, beginnen die Geräusche. Draußen in der Leere explodieren Trommelwirbel. Jemand ruft im Flur: »Sir, fünf Minuten bis zum Wecken! Uniform: grauer Ausgehanzug mit Mantel! Fünf Minuten, Sir!« Es ertönt Musik. Im Stock darüber und auf den Treppen hört man Schuhgetrampel. Die Bienenstöcke schlafender Männer leeren sich. Die Trommeln beginnen von neuem.

In der Stube keinerlei Bewegung. Es ist still wie in einer Gruft. Vier Minuten bis zum Morgenappell. Sie haben sich nicht geregt. Die Frischlinge stehen bereits an ihrem Platz, dazwischen Lücken, die später von gelassenen Upperclassmen gefüllt werden. Die Trommeln beginnen aufs Neue. Drei Minuten.

Etwas stimmt nicht. Aus irgendeinem Grund gehen sie nicht zum Appell, aber wenn ich zu spät komme oder – unvorstellbar – ihn ganz verpasse … Der Lärm geht weiter, Hörner, Trommeln, knallende Türen. Noch zwei Minuten. Soll ich etwas sagen, wage ich, etwas zu sagen? Im letzten Moment murmelt eine gelangweilte Stimme: »Wegtreten, Dummbeutel!«

Ich eile die Treppe hinunter und in die Kälte hinaus. Weniger als eine Minute habe ich noch. Als ich meinen Platz im Glied erreiche, huschen zwei Gestalten mit wehenden Mänteln über dem bloßen Oberkörper vorbei: Waters und Mills. Die letzten Knöpfe schließend, stellt sich Waters vor das Bataillon, als die Geräusche ersterben und die letzte Glocke ertönt. Er wirkt augenblicklich gefestigt und ruhig, als hätte er die ganze Zeit über geduldig gewartet. Mit klarer tiefer Stimme gibt er den Befehl: »Achtung!«

Für Waters war ich nicht existent, und für Mills kaum. Wir marschierten eines Samtags frühmorgens hinunter zum Fluss, wo das Corps an Bord eines mehrdeckigen weißen Ausflugsdampfers ging, um nach New York zu fahren. Bei dem Footballspiel an jenem Nachmittag kam mir Mills in der Halbzeit entgegen, eingekeilt in der Menge, ging er zufällig hinter einem sehr schönen Mädchen, er war direkt hinter ihr, mit einem Ausdruck von Unschuld im Gesicht. Als er an mir vorbeikam, zwinkerte er mir zu.

Sein Jahrgang wurde früh entlassen, im Januar 1943, durch den Krieg beschleunigt. Als er nach vorne ging, um sein Diplom entgegenzunehmen, brach ein ungeheurer Jubel los, und aus irgendeinem Grund empfand ich es so wie alle, als gehörte er zu mir. Noch lange Zeit danach dachte ich an ihn, die Gelassenheit und das edle Gesicht des Letzten seines Jahrgangs.

\* \* \*

In der Sicherheit jenes Herbstes kam ich ins Straucheln. Die Vermerke begannen von neuem – ungeputzte Schuhe, schmutziges Gewehr, Zuspätkommen beim Sport, Verlegen des Blauen Buches –, ich bekam fünfzig im ersten Monat. Eines Abends ging ein Aufschrei durch den Speisesaal, als verkündet wurde, dass auf Bitten eines britischen Feldmarschalls – ich glaube es war Feldmarschall Dill – alle Strafen erlassen wurden. Traditionsgemäß konnte ein hochrangiger Besucher dies veranlassen. Man kann sagen, dass der Jubel mich nicht berührte, wohl aber die Amnestie; mir wurden fünfunddreißig Strafrunden erlassen, sieben Wochen Marschieren.

Dennoch kam ich nicht mehr auf die Beine. Ich fühlte mich verloren. Es gab neue, unbekannte Gesichter, Übungen, von denen niemand wusste, wo sie abgehalten wurden, den Druck gedrängter Zeitpläne, die Strenge des Unterrichts, die Unpersönlichkeit all derer mit Befehlsgewalt, vom fernen Superintendenten bis zum Kompaniechef ... es war offensichtlich, warum West Point die Fabrik genannt wurde. Es war eine Männerwelt. In der Turnhalle kämpften wir gegeneinander, rangen miteinander, krachten im Kampf um die Regimentsmeisterschaft auf dunkel gewordenen Feldern ineinander und gingen mit Schürfwunden zum Abendessen. Es gab keine Frauen, nur die Schwestern im Krankenhaus und verhärtete Sekretärinnen, aber die Frauen in der Welt dort draußen waren immer in unseren Gedanken. Ein Upperclassman erhielt seine Wäsche mit einem an die Pyjamahose gehefteten Zettel zurück, die mit einer hart gewordenen Stelle hinausgegangen war. Ein Mädchen, das in der Wäscherei arbeitete, hatte geschrieben: *Das nächste Mal, wenn Du Dich so fühlst, ruf mich an.*

Das Krankenhaus war ein schmales Granitgebäude, das wie ein Stadthaus direkt an der Straße stand. Dort lernte man andere Kranke kennen und schloss kurze intensive Freundschaften, die überwältigend waren. Ich erinnere mich an das raue, gut aussehende Gesicht eines Jungen aus dem anderen Regiment. Wir saßen stundenlang im weiß gekachelten Waschraum und unterhielten uns. Wie eine kleine Ranke, die zittert, taucht die Frage auf, warum er mich so bewundernswert fand – er hatte irgendwelche ungenannten Probleme –, aber ich stellte nichts in Frage, fiebrig erholte ich mich von der Grippe. Seine Brüder waren im Krieg gefallen, erzählte er mir. Ein paar Tage lang schien er der perfekte Kamerad. Danach verschwand er.

Wir waren Häftlinge. Die Welt verblasste. Es gab Kadetten, die zu Bettnässern wurden, und andere, die weinten. Es gab einen, der sich erhängte. Ich dachte manchmal an meine früheren Freunde, mit denen ich unzählige Stunden verbracht hatte. Ich sah, dass wir auseinander trieben; ich würde sie nicht wiederfinden.

In einem ledrig dunklen Raum der Turnhalle standen wir uns mit Boxhandschuhen in zwei Reihen gegenüber, während uns ein spindelbeiniger Exchampion Anweisungen gab. Seine Stimme war heiser, er sprach mit Straßenakzent. Es war, als hätte die Kreide des Boxrings seiner Haut einen permanent äschernen Ton verliehen. Er schritt die Reihen ab und blieb vor mir stehen. Wir hatten Jabs geübt. »Schlag mich«, befahl er. Ich zögerte. »Komm schon«, befahl er. Er stand dicht vor mir.

Ich schlug eine gerade Linke. Er lehnte sich in einer fließenden Bewegung zurück. »Nochmal«, sagte er. Ich versuchte es mit mehr Wucht. »Weiter«, sagte er. »Triff mich diesmal.« Ich trat einen Schritt vor, verfehlte ihn wieder, und etwas Massives krachte gegen die rechte Seite meines Kopfes. Ich stand mit klingendem Ohr da, während er meinen Fehler erklärte – ich hatte die Rechte sinken lassen, während ich mit links zuschlug. Er schlurfte wie ein alter Pensionär, aber seine Fäuste waren aus Beton.

Im dunklen Schatten der Ausfallpforten hingen beleuchtete Anzeigetafeln, an denen am Ende der Woche die Unterrichtsnoten bekannt gegeben wurden. Morgan war kurz davor, in Mathematik durchzufallen, und ich bekam Schwierigkeiten mit den Sprachen. »Keine Angst«, hatte der Professor, ein Major, gesagt, »es kommt noch härter.« Nach dem »Licht aus« blieben wir auf und lernten beim Schein einer Taschenlampe, wir waren erschöpft und gaben uns Mühe, die kursiv gedruckten Sätze im roten Algebrabuch zu verstehen. Ich versuchte, sie ihm zu erklären, und stellte ihm Aufgaben; seine Unfähigkeit, sie zu lösen, schien fast halsstarrig. »Lass uns ein paar Minuten ausruhen.« Nebeneinander auf dem kalten Holzboden kniend, schliefen wir mit nur dem Oberkörper auf dem Bett ein. Oft lernten wir nach Mitternacht auf der Toilette.

* * *

Das Geschenk des Feldmarschalls war bald verprasst. Drei oder vier Mal die Woche stand mein Name am schwarzen Brett; ich lief Strafrunden und kehrte, ausgetrocknet von der Kälte und erschöpft, bei Sonnenuntergang auf mein Zimmer zurück, steckte mein Gewehr in die Halterung, nahm meinen Kreuzgürtel und Brustharnisch ab und setzte mich ein paar Minuten hin, bevor ich mich zum Abendessen wusch.

Strafe enthielt die Moral, sie zu vermeiden, aber es gelang mir nicht. Etwas Fremdes und Rebellisches war in mir. Die Leichtigkeit, mit der andere durchkamen, war mir ein Rätsel. Ich verlor die Hoffnung.

In der Stube des First Captains, des ranghöchsten Kadetten, die sich im ältesten Teil der Kaserne befand, standen die Namen all derer, die jemals First Captains gewesen waren. Ich wollte sie mir ansehen, einen Moment verweilen und meine Wurzeln finden, wie lange Zeit zuvor, als ich in der Kleiderkammer anstand. Spät eines Sonntagnachmittags ging ich, ohne es jemandem zu sagen, hin – nichts verbot es mir – und stand vor der Tür. Ich wäre fast wieder umgekehrt, aber dann klopfte ich unwillkürlich an.

Der First Captain war im Unterhemd. Er saß an seinem Tisch und schrieb Briefe, während sein Stubenkamerad Wäsche faltete. Er sah auf. »Ja, Mister, was wollen Sie?« sagte er. Irgendwie erklärte ich, weshalb ich gekommen war. In der

Stube gab es einen Kamin, und an der Wand daneben hing eine lange, lackierte Namenstafel. Ich wurde aufgefordert, sie mir anzusehen. Die Liste war nach Jahrgängen geordnet. »Welcher ist Ihr Vater?« fragten sie. Ich suchte seinen Namen und überlas ihn aus irgendeinem Grund. Meine Augen suchten noch einmal die Sparte ab.

»Und?«

Es war unerklärlich. Ich konnte ihn nicht finden; er war nicht da. Ich wusste nicht, was ich sagen sollte. Es musste sich um einen Irrtum handeln, gelang es mir hervorzubringen. Ich fühlte mich vollkommen leer und beschämt.

Mein Vater konnte es mir in einem Brief erklären. Sein Jahrgang hatte auf Grund des Krieges früher abgeschlossen, und auf die Weise waren sie nach dem Waffenstillstand als Studentenoffiziere nach West Point zurückgekehrt. Als auf Grund seiner Studienergebnisse höchstrangiger Lieutenant war mein Vater Kommandeur dieser Gruppe gewesen. Er nannte dies First Captain, und ich erkannte später, dass ich es nie hätte erwähnen sollen.

Als er aus Washington auf Besuch kam, gingen wir im winterlichen Sonnenschein auf dem Rasen neben dem Thayer Hotel spazieren. Der weite Fluss glitzerte wie Licht. Ich wollte, dass er mir einen Rat gab, und, missmutig zu Boden blickend, zitierte ich aus »Dover Beach«. Wofür strengte ich mich so an, und woran sollte ich glauben? Es würde mir später klar werden, sagte er schließlich. Er hatte den Glauben an West Point nie verloren und sollte tatsächlich eines Tages neben der alten Kapelle beerdigt werden. Er setzte darauf, dass mich die Schule festigen würde, mich ausrichten wie die zitternde Nadel eines Kompasses auf den Pol, ein Vorgang, den er nicht beschrieb, der aber in seinem Fall mehr oder minder erfolgreich gewesen war.

Es war keine Schule der Lehrer, sondern der Lektionen, viele davon unausgesprochen, wenige vergessen – und einige darunter hätte ich gern vergessen. Der Gedanke, dass man sich verbessern, dass West Point einen zum Aristokraten machen konnte, war allgegenwärtig. In gewisser Weise stimmte das; man setzte auf das eiserne Leben in freier Natur, das die Domäne der Aristokraten war: Sport, Jagd, Härte. Letztlich war es allerdings eine Schule minder privilegierter Klassen, ohne wirklichen Bezug zur Welt der Oberschicht. Man war ein Aristokrat für Sergeants und Reserveoffiziere, Männer, die an den Mythos glaubten.

Gefühlsmäßig war es ein Ort der Düsternis, ein großes Waisenhaus, kalt in seinem Erscheinungsbild, rigide in seinen Forderungen. Manchmal erfuhr man Freundlichkeit, aber wenig Liebe. Die Lehrer liebten ihre Schüler nicht, noch der Trainer die im Matsch wühlenden Spieler – das Wort wurde nie ausgesprochen, sein Gegenteil hörte ich hingegen oft. An seine Stelle traten Kameradschaft und ein Anspruch, der höher nicht sein konnte. Er schloss Selbstgenügsamkeit ein und wenn nötig den Tod. West Point bildete keinen Charakter, es feierte ihn. Es lehrte einen, an Mühsal zu glauben, an den harten Weg, und – wie es mitunter geschah – auf nacktem Boden zu schlafen. Pflicht, Ehre, Vaterland. Die großen Tugenden waren über den Torbögen in Stein gemeißelt und ins Gold der Akademieringe eingraviert, nicht die klassischen Tugenden, im Grunde überhaupt keine Tugenden, sondern Befehle. Im Leben mochte man Niederlagen erleiden und Dinge, die einem etwas bedeuteten, im Dunkel verschwinden oder in Ungnade fallen sehen, aber niemals diese.

Die Ehre stand an zweiter Stelle, aber in vieler Hinsicht war sie das Wichtigste. Vor der Pflicht konnte man sich drücken, das Vaterland erachtete man als gegeben, aber die Ehre war unteilbar. Das Wort eines Offiziers oder Kadetten war über jeden Zweifel erhaben. Man betrog nicht, man log nie. Am Abend wurde durch die geschlossene Tür eine Frage gestellt: »Alles in Ordnung, Sir?« Und die Antwort war die Gleiche: »Alles in Ordnung.« Es bedeutete, dass sich alle, die im Zimmer sein sollten, dort befanden und niemand sonst – eine Stimme antwortete für alle. Abwesenheit, Anwesenheit, das ganze Drumherum lief nach dem gleichen Prinzip, alles Geschriebene, alles Unterschriebene entsprach immer der absoluten Wahrheit. Selbst geringfügige Abweichungen galten als schwerwiegend. Es gab ein Ehrenkomitee; seine Verfahren waren feierlich; gegen sein Urteil gab es keine Berufung. Das Komitee hatte keine wirklich disziplinarische Macht. Es galt als so erhaben, dass man von jedem, der über-führt wurde – es gab keine Schuldgrade, nur Daumen nach oben oder unten –, erwartete, abzugehen. Fast immer taten sie es. Versehentliches Zuwiderhandeln konnte eine Verlet-zung des Ehrenkodex mitunter entschuldigen, aber nicht viel anderes. Es machte schnell die Runde – jemand war der Unehre angeklagt worden. Ein paar Tage später fand man ein leeres Bett vor.

* * *

In jenem Jahr waren wir an Weihnachten allein – abgesehen von den wenigen Upperclassmen, die sich aus dem einen oder anderen Grund nicht hatten beurlauben lassen. Mor-gan schaffte die Prüfungen nicht und wurde schließlich ent-lassen. Er hatte sich mittlerweile damit abgefunden. Er hatte Football spielen wollen, wie früher in den Counties von West Texas, mit ihren wackligen Tribünen, aber er bekam nie die Chance dazu; die Mathematik hatte ihm den Weg versperrt. Ich kannte seine einfachen, aber ehrlichen Träume, seinen muskulösen Oberkörper, das Temperament seiner Freundin und ihren Namen (sie hieß Nona).

Er bestand die Wiederaufnahmeprüfung nicht. Er schloss sich mit dem zweifelhaften Ruhm, es in West Point nicht geschafft zu haben, den Fallschirmjägern an, und verdiente sich schließlich auf dem Gefechtsfeld ein Offizierspatent. Ich erhielt vereinzelte Briefe, sie waren mit Bleistift geschrieben und enthielten Worte wie »altes Haus«. Er wurde in Italien verwundet und verließ ohne Befehl das Hospital, um zu seiner Einheit zurückzukehren, die mittlerweile in Frankreich kämpfte. Er gehörte zu den Aufklärern, die schwere Verluste hinnehmen mussten, und eines Tages kam ein Brief – es war der erste Brief, den ich je aus Paris erhielt; es war Herbst 1944, er war für vier Tage dort auf Urlaub, er hatte das schönste Mädchen der ganzen Stadt, sie besaß einen Pelzmantel, der zehntausend Dollar kostete. Es war, glaube ich, sein letzter Brief. Ich verlor ihn aus den Augen. Ich war mit eigenen wichtigen Dingen beschäftigt. Die Verbindung brach ab.

Im Winter wurden die Paraden meistens im Kasernenbereich und nicht auf der Ebene abgehalten – die Kapelle, das Aufschlagen von Händen auf Gewehren, aufblitzender Stahl, die ersten Kompanien gleiten vorüber. Eine der ersten Paraden, es war im Regen, fand anlässlich der Entlassung des Jahrgangs statt, der im Januar begonnen hatte. Danach gingen sie in ihren strahlenden Armeeuniformen auf der Veranda spazieren, Roberts, Jarrell, Mills, alle zusammen. Die Holzkisten mit ihren Namen und neuen Rängen warteten darauf, verschickt zu werden, in den Waschbecken lagen Dinge verstreut, die sie nicht mehr brauchten, die binnen eines Tages ihren Wert verloren hatten, Kadettenzeug, das sie weder verschenkt noch verkauft hatten, Schulbücher, Papiere. Am nächsten Morgen waren sie und die Kisten fort. Es war wie in einem geschiedenen Haushalt; irgendwie verschwand mit ihnen das Gefühl von Rechtmäßigkeit und Ordnung. Der neue älteste Jahrgang schien noch nicht flügge – er würde immer im Schatten jener stehen, die gegangen waren.

\* \* \*

An einem Nachmittag gegen Ende des Winters bestellten wir unsere Jahrgangsringe. Der Ring war ein bedeutsamer Gegenstand, eine Insignie und eine Auszeichnung. Schwer und golden wurde er am dritten Finger der linken Hand, dem Finger des Eherings, und bis zum Abschluss mit der Jahrgangskrone nach innen getragen. Danach wurde er herumgedreht, damit die Krone dem Herzen am nächsten war. Innen waren der Name des Trägers und »United States Army« eingraviert. Ich hatte beschlossen, noch etwas anderes hinzuzufügen, vielleicht nicht gerade Luzifers *Non serviam*, aber eine Coda. Ich wusste, irgendwann würde irgendwo jemand diesen Ring von meinem leblosen Finger ziehen und darin die Worte finden, die mich adeln würden. Die Schlange bewegte sich langsam, der Vertreter der Herstellungsfirma füllte Auftragsbögen aus und erklärte die Vorzüge verschiedener Steine. Könnte ich noch etwas anderes in den Ring eingravieren lassen, fragte ich. Was ich damit meinte, etwas anderes? Ich war mir nicht sicher; ich hatte mich noch nicht entschieden. Ich hatte das Gefühl, zu viel Zeit in Anspruch zu nehmen. Schließlich schrieb er »wird nachgeliefert« in die Sparte für den Text der Gravierungen. Ohne dass ich es gemerkt hatte, war das belauscht worden. An diesem Abend zog im Speisesaal vor dem Befehl »Setzen« ein Cadet Captain zwischen den Tischen umher, hier und dort eine Frage flüsternd. Ich hatte ihn nie zuvor gesehen. Er suchte mich. Ich sah ihn um den Tisch kommen, und im nächsten Moment stand er neben mir. Ob ich derjenige sei, der »United States Army« nicht in seinem Ring haben wolle, fragte er mit leiser Stimme. Bevor ich antworten konnte, fuhr er mit eisiger Stimme fort: »Wenn Sie meinen, die U. S. Army sei nicht gut genug für Sie, sollten Sie sich fragen, ob Sie gut genug für die U. S. Army sind!« Auf der anderen Seite neben mir war ein weiteres Gesicht aufgetaucht. Sie kamen von überall. »Haben Sie jemals gesagt, Sie würden kurz vor dem Abschluss um Entlassung bitten?« sagte jemand. Es stimmte, dass ich das gesagt hatte. »Nur zum Spaß, Sir.« Ich spürte den Schweiß auf meiner Stirn. »Haben Sie gesagt, Sie seien nur wegen der Ausbildung hergekommen?« – »Nein, Sir!«

Ihre Stimmen waren verächtlich. Sie wollten mal einen Blick auf mich werfen, sagten sie, sie wollten sich mein Gesicht merken. »Mister, das Corps wird dafür sorgen, dass Sie sich Ihren Ring verdienen.« Es war sinnlos, es erklären zu wollen. Ich erfuhr nie, wer ihnen das verraten hatte. Später wurde mir klar, dass es natürlich ein Kurskamerad gewesen sein musste. Das Schlimmste war, dass das Ganze vor meiner eigenen Kompanie stattfand. Ich war damit als Rebell bestätigt, als Außenseiter.

Man wird durch Erlebnisse geformt, unerwartete Ereignisse, nicht vorhergesehene Prüfungen. Ich trotzte dieser Akademie. Ich nahm ihre Strafen und ihren Hass auf mich. Ich träumte davon, ihre Geschichte zu erzählen, das zu meinem Triumph zu machen. Es gab in der Bibliothek ein legendäres Buch, das, wie man sagte, von einem Kadetten geschrieben worden war. Angeblich enthielt es schonungslose Schilderungen des Drills in West Point und war deshalb unterdrückt worden, es gab, sagte man, nur noch ein Exemplar, alle anderen waren zerstört worden. Es hieß *Der Zinnsoldat* und wurde nicht in der Kartei geführt. Niemand, den ich fragte, gab zu, davon gehört zu haben. Es war eine Art literarische Fata Morgana, obwohl der Titel echt schien. Wenn es ein solches Buch nicht gab, würde ich es schreiben. Ich dachte den ganzen Frühling daran, während ich endlose Stunden mit geschultertem Gewehr auf und ab marschierte. Gnadenlos und knapp würde es sein, es würde heimlich erscheinen und von allen gelesen werden. Abgesehen davon war ich gleichgültig und versuchte mit so wenig Aufwand wie möglich durchzukommen, da nichts, was ich tat, jemals reichen würde.

Zur gleichen Zeit wurde ein zweiter Wunsch in mir wach, der Wunsch, ein Mann zu sein. Ich erkannte ihn nicht gleich, da er in einer mir fremden Form aufgetreten war. *Werde einer von uns*, hatten sie gesagt, und mir war das nicht möglich gewesen. Das war es, was mich verfolgte, obwohl ich es mir nicht eingestand. Ich kämpfte gegen alles, so erscheint es mir heute, weil ich dazugehören wollte.

Und dann, im Sonnenlicht, strömte die Musik über uns hinweg, und als sie endete – die unerreichbare letzte Parade als Frischlinge –, drehten wir uns um und schüttelten in einem erhebenden Moment, in dem wir alles vergaßen, unseren Peinigern die Hände. Sie gingen ruhig die Reihen ab, und mich selbst hassend, schloss ich mit Männern Frieden, denen ich niemals wieder die Hand reichen wollte.

So ging das erste Jahr zu Ende. Ich bin seither viele Male in Gedanken zu ihm zurückgekehrt. Der Fluss ist glatt, und Eis hängt an den Ufern. Die Bäume sind kahl. Durch das offene Fenster hört man vom anderen Ufer das Geräusch eines

Zugs, das schwache, unverkennbare Holpern der Räder an den Schweißnähten der Gleise. Es waren Züge nach Albany oder Montreal mit ihren erleuchteten Waggons und weißen Tischtüchern, das verschwommene ferne Bild eines Luxus, von dem wir auf immer ausgeschlossen schienen.

Abends wirken die Kasernen, von der Ebene aus gesehen, wie eine Stadt. Wir sind alle in den Häusern, unsichtbar, lernen Vorschriften, allgemeine Befehle, Jura. Ich war endlos über das Pflaster der Innenhöfe gewandert, flammend vor Wut gegen das Bild meiner selbst, das man mir hier auferlegte. Im Dunkeln hingen die Fahnen schlaff herab. In wenigen Minuten würde Zapfenstreich sein, kurz darauf der nächste Tag. Zehn Minuten bis zum Antreten. Was müssen wir anziehen, frage ich, wo müssen wir hin? Glocken beginnen zu läuten. Die anderen verschwinden. Die Stuben, die Flure sind leer. Die letzten Sachen überstreifend, laufe ich die Treppen hinunter.

## II

In jenem Sommer zogen wir nach den Ferien in ein Camp an einem See mit Holzunterkünften, Schieß- und Übungsplätzen jeder Art. In der neuen und sonnigen Freiheit entstanden lockere Freundschaften. Wir schossen mit Maschinengewehren und lernten, Zigaretten zu drehen. In freien Stunden lag ich auf meinem Bett und las. Ich konnte einige Verse aus Powys *Liebe und Tod* auswendig und hob sie für ein schlankes, witziges Mädchen auf, das an Wochenenden mehrmals von New York heraufkam. Es war die Tochter eines bekannten Journalisten. Wir tanzten, schwammen und gingen in der Natur spazieren, wo die sinnlichsten Sätze an ihr abglitten und zu Boden fielen. Ich war enttäuscht. Die Worte waren von jemand anderem geschrieben worden, aber ich hatte sie mir einverleibt, es waren meine eigenen. Ich sah mich als Teil einer zum Untergang bestimmten Generation. *Sie werden nicht alt werden wie wir, die zurückbleiben und dem Alter überlassen sind …* Sie nahm es nicht ernst. »Würdest du deine Briefe auf der Rückseite küssen?« bat ich sie. Solche Dinge fielen dem Kadetten auf, der die Post brachte.

Es folgt eine letzte Woche mit Manövern, bevor wir auf unseren Posten zurückkehren; wir heben bis zur Erschöpfung Gräben aus, bis die abrupte Mitteilung kommt, dass wir die Stellung wechseln; tiefer, sagen sie, grabt tiefer. Wir haben einen neuen, energischen Kompaniechef mit pockennarbigem Gesicht, der mich zu mögen scheint und für den ich, voller Begeisterung, alles tun würde. Ich bildete mir seine Zuneigung wahrscheinlich ein, aber meine für ihn war echt. Er war jemand, auf den ich ungeduldig gewartet hatte, intelligent, aristokratisch, von tiefem Pflichtbewusstsein geleitet – dies wurde zu einem bedeutsamen Wort, zu etwas Wertvollem, wie eine Erzader in der Erde. Es gab Dinge, die getan werden mussten; es gab Gesichter, die sich einem zuwandten, die sich auf einen verließen.

In jenem Jahr behandelten wir im Unterricht Napoleon und seine obskuren Feldzüge um den Gardasee. Auf der Karte waren rote und blaue Pfeile eingezeichnet, aber es gab wenig aufregende Details – die fernen Schlachtreihen bei Eylau, die Feuergefechte, der Schnee, der blassgesichtige Kaiser im Zobel, der dunkle Horizont und ausgestreckte Arme. Wir lernten Bewegungen und Zahlen. Wir behandelten den Bürgerkrieg, und manchmal wurde er im Speisesaal nachgespielt, wie am Geburtstag von Robert E. Lee, an dem die Frischlinge an einem Tisch »Dixie« und andere ein paar

Schritt weiter »The Battle Hymn of the Republic« sangen, lauter und lauter, mit schwellenden Halsadern, während die Tischkommandanten sie mit zornrotem Gesicht antrieben. Wir analysierten die Schlachten des Ersten Weltkriegs und jene des Zweiten, die genau genug nachgewiesen waren. Wir befassten uns mit Führung, teilweise anhand deutscher Lehrbücher, die man uns weniger gab, um den Feind besser kennen zu lernen, als auf Grund ihrer Qualität, solange sie keine Politik oder Rassenkunde enthielten.

Eines hatte den Titel *Der Kompaniechef*. Diese jugendliche, aber erfahrene Gestalt war nichts weniger als das lebende Beispiel für jeden seiner Männer. Einsam, halb verdeckt von denen, die er befehligte, ihnen ähnlich, aber ohne ihre Fehler, diszipliniert, bescheiden, aufmunternd, war er Herr und Diener zugleich und in beidem von bewundernswertem Charakter. Seine eigentliche Autorität stützte sich nicht auf Schulterstreifen oder einen Rang, sondern auf ein vorbildliches Leben, das ihm das Recht gab, von anderen alles zu verlangen.

*Ein Offizier*, schrieb Dumas, *ist wie ein Vater mit einer größeren Verantwortung als ein gewöhnlicher Vater*. Das Essen, das seine Männer aßen, aß auch er, und erst wenn der Letzte seiner Männer schlief, legte er sich selbst erschöpft zu Bett. Sein Lohn war, mit diesen Aufgaben und einer höheren Verantwortung als alle anderen betraut worden zu sein.

Der Kompaniechef war jemand, den Hindernisse nicht entmutigen, Härten nicht beeindrucken konnten. Es war nicht seine Kraft, die nicht zu brechen war, sondern etwas Tieferes, sein Geist. Seine Männer mussten ihm auch gehorchen, wenn sie total entkräftet und zerstritten waren, wenn sie, am Ende ihrer Nervenkraft, von oben einen weiteren sinnlosen Befehl erhielten.

Er konnte streng sein, aber nur wenn nötig, und dann war es kurz. Er musste gerecht sein, die Luft reinigen wie ein plötzliches Gewitter. Wenn er seine Männer vor sich sah, war er sich bewusst, dass hundertfünfzig Familien einen ihrer Söhne in seine Obhut gegeben hatten. Manchmal mischte er sich am Abend unangekündigt unter diese Söhne, um mit ihnen zu reden oder nur bei ihnen zu sitzen und ein Bier zu trinken, nicht in der Rolle des Vorgesetzten, sondern in der eines älteren, mitfühlenden Kameraden. Er mischte sich unter sie wie einst Könige unerkannt unter ihre Untertanen, um ihre wahren Gedanken zu hören. Zu seinen wichtigsten Eigenschaften gehörten Anstand und Mitgefühl. Er war nicht gefühllos, war nicht aus Stein. Besonders in Zeiten der Trauer, wenn ein Familienangehöriger eines Soldaten starb, überbrachte er selbst die Nachricht – wer sonst sollte es tun – und beurlaubte ihn wenn möglich, noch bevor man ihn darum bat, und drückte ihm mit eigenen Worten sein Mitgefühl aus. Bande wie diese würden nie reißen.

Dies war nicht der Kasernenhofoffizier, die Marionette mit makellosem Werdegang. Kein Mann der Etappe, kein ehrgeiziger Karrierist. Er war von einem anderen Schlag, jemand, dessen Leben sich mit denen seiner Männer vereinte, der die höchste Stufe des Menschseins erreicht hatte, *bewundert, gefürchtet und geliebt*, jemand, der gefestigt und geduldig war, von dem in gewisser Weise der ganze Kampf abhing, jemand, der eigentlich dazu bestimmt war zu fallen.

Ich kannte diese imaginäre Gestalt. Ich hatte sie als Schuljunge im Ansatz bei Schülern der höchsten Klasse gesehen und in West Point manchmal zu erkennen geglaubt. Strich um Strich fügte sich die Beschreibung zu einem Porträt. Ich fürchtete mich fast, das Gesicht zu erkennen. Es war frei von Eitelkeit; sie war abgeworfen worden, wir haben uns daraus gelöst, befreit. Als ich las, dass zu den erstrebenswerten Eigenschaften eines jeden Kommandeurs Sinn für Humor gehörte, der für eine ausgeglichene und gefestigte Haltung stand, als ich erkannte, dass ich an jede der Eigenschaften instinktiv glaubte, war dies eine tiefe Freude, wie wenn man eine Karte aufdeckt und sein Glück nicht fassen kann, sie in diesem Moment, in diesem Spiel gezogen zu haben.

Ich wagte nicht, daran zu glauben, aber ich stellte mir vor, ich dachte, ich träumte irgendwie, dass dieses Gesicht mein eigenes war.

\* \* \*

Ich begann mich zu ändern, nicht in dem, was ich war, sondern in dem, was ich zu sein schien. Unzufrieden, begierig, mich zu bessern, legte ich die Faulheit und das Aufbegehren des ersten Jahres ab, als wären es alte Kleider, und begann von neuem.

An die Rückseite der Tür, die ein inspizierender Offizier nie zu Gesicht bekam, da sie bei seinem Eintritt weit aufgestoßen wurde, heftete ich einen Glaubensartikel. Es war ein Text, den ich aus der Erinnerung an einen Zeitungsartikel zusammenstellte, den ich einmal gelesen hatte. Darin hieß es, dass die Offiziere, die während des Ersten und Zweiten Weltkriegs in die Armee strömten, diese mit den großen Gaben des amerikanischen Volkes bereicherten (schrieb ich wenig begeistert), dass aber West Point der Armee einen Standard an Pflichterfüllung und Leistung gab, der so exakt war wie in einer Präzisionsmaschine. Andere Offiziere mochten mitunter ein wenig lügen und schummeln, aber die ganze Armee wusste, dass ein West Pointer ausnahmslos und ohne Vorbehalte beim Wort zu nehmen war. Andere Offiziere mochten mitunter einen taktischen Rückzug wählen, aber ein West Pointer versuchte immer genauso zu handeln wie befohlen, selbst wenn er und seine Truppe dabei umkamen.

Eines Morgens beobachtete ich, dass der diensthabende Offizier, der anscheinend davon erfahren hatte, am Ende der Inspektion die Tür schloss und schweigend las, was sich an der Rückseite befand. Er war Kavallerieoffizier, Schnurrbart und Uniform saßen perfekt. Sein Gesicht war ausdruckslos. Es gab eine Vorschrift, die das Anheften von Papier an Tür und Wände verbot, aber als er fertig war, ging er, ohne ein Wort zu sagen.

Ich durchlief eine Wandlung von einem Selbst, das, wie William James es beschrieb, gespalten und sich seiner Inferiorität bewusst war, zu einem, das in sich geschlossen und, um mit seinen Worten zu sprechen, richtig war. Ich sah mich als Erben vieler Fremder, derer, die vor mir abgegangen waren, des Bruders meines neuen Zimmernachbarn, zum Beispiel, John Eckert, der zwei Jahre zuvor seinen Abschluss gemacht hatte und jetzt Bomberpilot in England war. Ich besaß eine Fotografie von ihm und seiner Frau, die ich in meinem Schreibtisch aufbewahrte, der Pilot mit schräger Mütze, die junge Frau, die Gesichtszüge beider klar und edel. Vielleicht hatte dieses Foto etwas damit zu tun, dass ich mir überlegte, Pilot zu werden. Zumindest war es ein weiterer Scheit, der in ein schon brennendes Feuer geworfen wurde. Als er nicht lange darauf bei einem Feindflug ums Leben kam, empfand ich heimliche Begeisterung und Neid. Sein Leben, die Bruchstücke, die ich davon kannte, schienen mir erhaben, vollkommen. Er hatte etwas hinterlassen, eine Frau, die ihn nie vergessen würde; ich besaß ihr Bild. Der Tod schien der reinste Akt. Aus sicherer Entfernung hatte ich keine Angst vor ihm.

Überall gab es Bilder des Luftkampfes, der Piloten, die von Feindflügen in Zentraleuropa zurückkehrten, ihre Anweisungen hatten sie sich mit Tinte auf den Handrücken geschrieben, Heckkanoniere mit Patronengürteln um die Schulter, grinsend und unerschrocken, ich sah sie, ich sah mich selbst, im Dröhnen und Donnern des Abflugs, die Welt warmer Kojen, Zigaretten, Startvorbereitungen, während alles von einem abfiel, was vorher etwas bedeutet hatte. Dann die langen Stunden der Nervosität, wenn die Formation immer weiter in den feindlichen Luftraum eindrang, bis plötzlich, hoch oben, durch hektische Stimmen angekündigt, die ersten von ihnen auftauchen, feindliche Jäger; harmlos schweben sie über einem, dann kippen sie ab, kommen im Sturzflug herunter, feuern, rasen vorbei, unantastbar in ihrer Geschwindigkeit. Die schweren Maschinengewehre in den Bombern schwenken herum; der Himmel ist von Rauchschwaden und dunklen Explosionen durchzogen, und dann passiert es, etwas Großes, Unverzichtbares löst sich vom Flugzeug, ein breites Blatt des Flügels, und dann beginnen wir uns zu drehen, zuerst langsam und dann schneller, schreien einander zu, stürzen ab.

Das war der Tod: ein Foto zu hinterlassen, eine zwanzigjährige Frau, die Geschichte, wie es passiert war. Was kann man sich mehr wünschen, als in Erinnerung zu bleiben? In den Erzählungen anderer weiterzuleben? Mehr als alles andere sehnte ich mich danach, die bedeutungslose Vergangenheit abzustreifen, niemandem und nichts anzugehören außer dem Krieg. Gleichzeitig sehnte ich mich nach dem Gegenteil: Heimat, Familie, Gott – vielleicht nicht in dieser Reihenfolge. Im Tod würde ich es bekommen oder das Bedürfnis danach verlieren; ich würde endlich der sein, nach dem es mich so verlangte.

*Die Person in der Armee, das war nicht ich*, schrieb Cheever nach dem Krieg. Ich aber war es. Ich wusste nicht, dass die Armee schlechte Zähne, triste Quartiere, kleinkarierte Männer und Colonels mit Sonnenbrillen bedeutete. Jeder kann Soldat werden. Ich stellte mir Feldzüge wie die Cäsars vor, Sonnenuntergänge in bewaldeten Gebieten, Truppenlager auf Anhöhen, kühle Morgendämmerungen. Das war die Armee; sie war wie eine schön gekleidete Frau; ich sah, wie sie mich anlächelte, und stand kerzengerade.

Die Armee. Auf dem Ball werden die letzten Lieder gespielt, die sentimentalen Schlager. Ich tanze mit einem Mädchen namens Pat Potter, ich kannte sie von irgendwoher, sie ist blond und elegant. Es gibt Momente, da ist man Teil wahrer Schönheit, Teil des Festes. Sie spielen »Army Blue«, das Hochzeits- und Abschiedslied. Ein-, zweihundert Paare sind auf der Tanzfläche. Die Armee. Bekannte Gesichter. Diese große Brüderschaft, die einen langsam in ihre Bahn zieht. Diese große Familie, in der man immer fortschreitet, selbst wenn man schläft.

Die strengen Gebote waren meine Gebote geworden. Das war, in den Worten des Dichters, schwerer zu leisten als ein Sieg. Lange Zeit später, als Captain in Georgia, stieg ich hinter einem hinkenden Mann aus einem Flugzeug. Wir blieben unten an der Treppe stehen. »Erinnern Sie sich an mich?« fragte er. Da erkannte ich ihn, es war der Sohn eines Freundes meines Vaters, er war mit mir in West Point gewesen, ein Jahrgang nach mir. »Was ist mit dir passiert?« sagte ich. »Du bist doch nicht mehr bei der Armee?«

Er habe den Abschied genommen, sagte er, aber es sei merkwürdig, er denke oft an mich.

»Wie meinst du das?«

Ich begann mich zu erinnern, während er es mir erzählte. Er

hatte als Frischling Football gespielt, obwohl er klein war. Er war Quarterback. Im darauf folgenden Herbst kam er zu mir, um sich Rat zu holen: Sollte er weiterhin versuchen, ins Team zu kommen – es bestand nur eine sehr geringe Chance –, oder es aufstecken und lieber im Trainerstab mitarbeiten? Es gab eine offene Assistentenstelle, er kam aus Atlanta, und dieser Assistent musste aus Traditionsgründen aus Georgia stammen. Es war eine gute Stelle, und er wäre der erste Anwärter.

Die Trainer würden beneidet, stimmte ich ihm zu, aber niemals bewundert. Selbst als zweiter Ersatz-Quarterback gehörte er zum Team, und es konnte immerhin passieren, dass er im entscheidenden Moment eines wichtigen Spieles eingesetzt würde und die Mannschaft zum Sieg führte.

Das klang nach mir. Er hatte meinen Rat angenommen und sich in der Woche darauf beim Training das Bein gebrochen, sagte er. Er lag mehr als einen Monat im Krankenhaus und fiel beim Studium so weit zurück, dass er es nie wieder aufholte und in seinem Jahrgang weit schlechter als vorausgesehen abschloss, so dass er zur Infanterie kam, obwohl er zu den Pionieren wollte. In Korea wurde er von einer Mörsergranate getroffen, die ihm die Beine zerschmetterte, und er wurde aus medizinischen Gründen entlassen. Seine Laufbahn war beendet.

»Tut mir Leid, das zu hören«, sagte ich.

»Das verdank ich alles dir«, sagte er.

\* \* \*

Der wahrhaftigste Mann, den ich kannte, war dunkel mit fast fahler Haut, hoher Stirn und asiatisch schwarzem Haar, Kelton Farris – Nig, wie sie ihn nannten, oder Bud. Er kam aus einer Kleinstadt namens Conway, nicht weit von Little

Rock, und von allen Frischlingen aus Arkansas wurde erwartet, eine apokryphe Rede zu kennen, die angeblich einmal im Parlament von Arkansas gehalten worden war. Es ging dabei um den Namen des Staates, der geändert werden sollte, oder zumindest die eigentümliche Aussprache. »Herr Präsident, verdammt nochmal«, begann sie – ich erinnere mich nicht mehr an jedes obszöne Detail, aber damals kannte ich sie alle. »Als ich ein Junge von vierzehn Jahren war, hatte ich einen Schwanz wie ein Hengst und konnte quer über den halben Ouachita pissen. ›Das verstößt gegen die Ordnung des Hauses!‹ Da haben Sie verdammt nochmal Recht, Herr Präsident! Er war wirklich nicht in Ordnung, wenn er in Ordnung gewesen wär, hätte ich …«, und so weiter. Die Darsteller waren so beliebt wie Schauspieler oder Banjospieler. Wir wollen Arkansas, schrien die älteren Jahrgänge, als zitierten sie ihren Lieblingsnarren herbei. Aber es war nicht etwas derart Banales, was Farris herausragen ließ. Es war nichts, was man auswendig lernen konnte.

Wenn ich an unsere Offizierszeit zurückdenke, in Salt Lake City, Manila, Hawaii, wo immer wir unter Fremden waren, stets war er es, den die Leute kennen lernen wollten. Es lag an seiner Erscheinung, die maskulin war und irgendwie einen Standard setzte. Wenn ich ihn vor mir sehe, umgibt ihn ein Glanz, wie etwas aus Holz Geschnitztes, etwas Bleibendes, Schimmerndes. Aber auch sein Verhalten trug dazu bei; er war sich seiner selbst ganz unbewusst, wie ein Tier. Wenn ich das Wort »Tier« benutze, um ihn zu beschreiben, tue ich das nicht nur in Anerkennung seiner Gelassenheit und natürlichen Reaktionen, seiner Unbefangenheit. Er hatte nichts Aufdringliches an sich, besaß nicht jene Art von Eifer, die abstoßend wirkt. Selbst heute betrete ich manchmal einen Raum und stelle ihn mir vor, direkt, selbstsicher, die Aufmerksamkeit der Leute auf sich ziehend, ihre Bewunderung. Man drehte sich vielleicht nicht nach ihm um, aber das Gewicht verlagerte sich irgendwie, als fügte man einer Lösung ein Elektrolyt bei.

Ich habe versucht, mir zu erklären, was es war. Ich sehe ihn vor mir stehen, wie er geht, lächelt, aber wie bei einer Frau, vor der man Angst hat, weiß ich nicht, was er gleich sagen wird, nur, dass es etwas sein wird, um das ich ihn beneiden werde, wahrscheinlich weil es so offen ist. Man konnte ständig mit ihm zusammen sein, sich sogar langweilen mit ihm, und der Antwort nicht näher kommen. Nähe verriet ihn nicht, keine Beobachtung konnte seine Magie offen legen. Sie war wie das Meeresglitzern, das verschwindet, sobald man es mit der Hand aufzunehmen versucht. Ihm war etwas Unschätzbares verliehen worden, die Macht zu gefallen, Vertrauen zu gewinnen. Man konnte sich nicht vorstellen, dass er je sterben würde – was auch passieren mochte, er würde durchkommen. Es stand auf ihm geschrieben. Es war ein Versprechen der Natur selbst.

Für Frauen war er natürlich unwiderstehlich, und er hatte ein normales Interesse an ihnen. Sie hingegen waren entschiedener. Obwohl er noch nicht verheiratet war und es ihn nicht danach drängte, spürte man in ihm die Familie: Brüder, Onkel, Schwager, es war eine Welt, in der die Familie über alles ging – Frauen erkannten darin sofort das, was wahrhaftig und begehrenswert an ihm war. Ihnen gegenüber verhielt er sich, da bin ich sicher, genauso natürlich, er kannte nichts Zwanghaftes. Ein Mädchen sagte einmal zu ihm: »Ich wusste, dass du ein West Pointer bist, als ich gesehen hab, wie du deine Hose über die Stuhllehne gelegt hast.« Ich stelle es mir am Nachmittag vor, die Sonne kommt in Streifen durch die Jalousien. Ich erinnere mich, dass er ein paar Jahre später in letzter Minute seine Hochzeit absagte, für die er nach Conway zurückgekehrt war. Er sagte seiner Verlobten, es ginge nicht, er kenne sie nicht wirklich, obwohl sie seit der Highschool ein Paar gewesen waren. Sie protestierte. Sie habe sich seither nicht verändert, sagte sie; es waren sieben Jahre. Also, wenn sie sich nicht verändert habe, sagte er, er mit Sicherheit.

Obwohl wir derselben Kompanie angehörten, entwickelte sich zwischen uns erst auf der Flugschule im Sommer vor unserem Abschluss unten in Texas eine Freundschaft – die khakifarbenen Flugzeuge standen still wie verlassene Autos in der Sonne. In Salt Lake City – wir warteten auf den Marschbefehl nach Übersee – flogen wir gemeinsam über den großen, einsamen See und den schneebedeckten Boden. Um vier Uhr morgens stiegen wir in Manila aus klammen Betten, man hörte irgendwo Hähne krähen, und fuhren durch stinkende Straßen nach Nichols Field, um den Frühflug nach Japan zu machen. Wir waren, als der Krieg vorbei war, zu Piloten von Transportflugzeugen herabgestuft worden. Später waren wir zusammen in Honolulu stationiert, lebten in alten Junggesellenunterkünften, jener Art von Holzhäusern, die im Süden der Vereinigten Staaten auf niedrigen Backsteinpfeilern stehen. Ich hatte ein neues gelbes Cabriolet, das mit dem Schiff nach Hawaii gebracht worden war. Farris hatte ein mit Zedernholz getäfeltes Zimmer, er hatte das Holz gefunden, zugesägt und fachmännisch Brett für Brett vernagelt, er war ein Junge vom Lande und wusste, wie man so was machte. Eines seiner Lieblingsworte war »albern«. Es konnte auf alles und jeden angewandt werden und es brachte die Dinge auf Normalmaß. Einmal wies er einen schwierigen, mürrischen Soldaten in die Schranken, indem er drohte, seiner Mutter einen Brief zu schreiben.

Er selbst, Sohn eines Versicherungsvertreters, war der geborene Soldat. Er hatte es gelernt, indem er eine halbe Meile von der Straße auf unbefestigtem Weg zu Fuß nach Hause ging und im Sommer täglich mit seinen Brüdern sieben Meilen in einem Pferdewagen zu den fünfzig Morgen Land fuhr, die sein Vater am Fluss gekauft hatte, um sie zu bearbeiten. Er war ein Original, wie sein Vater, etwas, was nur Amerika hervorbringt. Unzählige Tage hatten sie gerundet, wie Wasser Flusskiesel. Was sie kannten, bezweifelten sie nicht, und es waren die wichtigen Dinge. Im Ersten Weltkrieg gab es Offiziere, die ins Feuer spazierten, die in den Tod gingen wie zum Lunch oder zur Meldung beim Adjutanten. Es war erregend, Männer von solcher Todesverachtung zu sehen, aber Farris zählte nicht zu ihnen. Seine Stärke lag in seinem gesunden Menschenverstand, seiner Direktheit. Eines Nachts gingen wir unter den Palmen die glatten Steinstufen hinauf zu einem Maskenball im Hickam Club. Ein Mädchen, das mir zu der Zeit sehr gefiel, kam auf uns zu. Sie trug eine eingerissene, tief ausgeschnittene Bluse, Stilettoabsätze, Netzstrümpfe und eine Rose im Haar. Hinter ihr zogen Piraten, Cowboys und Kleopatras vorbei. Farris begrüßte sie: »Hallo, Carol«; und als er ihre Aufmachung sah, sagte er: »Ich dachte, wir sollten uns verkleiden.«

Dann wurden wir getrennt. Ich ging nach Washington, und er wurde nach Europa versetzt. Paris sei alles, was man sich davon erzählte, die Revuemädchen glaubten tatsächlich nicht an den Unsinn, Kleider zu tragen, schrieb er. Ich besuchte Europa das erste Mal im Winter 1950 und traf ihn im verregneten Wiesbaden an, gut untergebracht im besten noch stehenden Hotel – dicke Teppiche, einstmals weiße Vorhänge; es war von den Besatzungsmächten requiriert worden, die Häuser daneben waren zerstört. Städte sind wie

Frauen Siegern gegenüber zärtlich. Wiesbaden war heruntergekommen, aber alle, ob Zimmermädchen, Taxifahrer, La-
deninhaber, waren freundlich und arbeitsam. Die hätten mal
auf unserer Seite kämpfen sollen, erklärte Farris; zum Schluss
hätten sie sich gerne mit uns zusammengeschlossen, um gemeinsam gegen die Russen zu kämpfen, keine schlechte Idee,
findest du nicht? Ob er das ernst meinte? fragte ich. Irgendwann wird das sowieso passieren, erklärte er. Ich fragte mich,
ob er eine deutsche Freundin hatte; aber da war niemand.

Wir tranken in den altmodischen Plüschzimmern zusammen
mit weiblichen Offizieren und Sekretärinnen, und gegen
Ende meines Aufenthalts lieh ich mir sein Auto und fuhr,
im naiven Glauben, dass es dort sommerlich sei, in den Süden Frankreichs. Vom Fenster des leeren Hotel Martinez sah
ich auf graues Meer und versuchte mich mit dem Barmann
auf Französisch zu unterhalten.

Ich wollte im Juli oder August wieder nach Europa kommen, und dann wollten wir nach London oder hinunter
nach Griechenland fahren. Die glorreichen, leeren Sommer
der Jugend. Ich kam nicht zurück; wichtigere Dinge schoben
sich dazwischen, ich weiß natürlich nicht mehr, welche. Ich
sah ihn ungefähr zwei Jahre später in South Carolina wieder,
als ich aus dem Koreakrieg zurückkehrte. Er war immer noch
bei den Truppentransportern, und ich mag sogar ein oder
zwei Ordenbänder getragen haben, im Glauben, sie würden
bewundert werden. Ich meinte, ich hätte ihm etwas voraus.

Manchmal ist man sich der großen Augenblicke in seinem
Leben bewusst, wenn sie passieren, manchmal steigen sie aus
der Vergangenheit auf. Vielleicht verhält es sich mit Menschen genauso. Aus jenen Tagen scheint sein Gesicht vor
allen anderen bestehen zu bleiben. Er stieg zum Brigade-
general auf und starb bald nach seiner Pensionierung uner-

wartet an einem Herzinfarkt. Für mich verschwand mit ihm ein Teil der Seele unseres Jahrgangs. Manchmal sieht man, auf der Straße oder im Zuschauerraum, in der Menge eine Person, die gestorben ist, die Kopie – die Natur hat eine zweite Version geschaffen. Farris habe ich nie wieder gesehen. Ich hatte nie jemanden wie ihn gekannt, noch sollte ich es in Zukunft noch einmal tun. Wir alten Hauptleute, soll Pershing zu MacArthur gesagt haben, sollten niemals mit der Wimper zucken. Er hätte nie mit der Wimper gezuckt, davon war ich überzeugt.

Woraus er beschaffen war, aus welchem seltenen Stoff, vielleicht werde ich es am Ende erfahren, vielleicht wird er es mir im Dunkel sagen, in der Schattenwelt, in die er verschwunden ist. Wir werden ziellos dahinschlendern wie an Flüssen Frankreichs unter den Bäumen mit ihren breiten Blättern, oder entlang des Rheins, befreit von Sehnsucht und Zeit, wie Patienten in einem Krankenhaus, das sie nie verlassen werden; er wird mir erzählen, woran er sich erinnert, und ich werde es schließlich verstehen.

* * *

Einzelne Bilder bleiben haften, Footballspiele in Baltimore, Army gegen Navy, die Spannung am Morgen, der erste Schnee, der auf den Exerzierplatz fiel, die Stimmen des Chors, die sich an Weihnachten engelsgleich vom dunklen Kasernenhof erhoben. Ich erinnere mich an den langen Weg zurück zur Kaserne, halb rennend, als Mitternacht näher kam, die Gänge zum Unterricht, zum alten Friedhof, dem Stadion, überallhin. Die Geographie von West Point war die Summe seiner Entfernungen. Wir durften nicht heiraten, trinken oder ein Auto besitzen, obwohl wir eines fahren durften. Einer der Helden unseres Jahrgangs soll einmal im

Kofferraum eines Autos ein Mädchen hereingeschmuggelt haben. Sie verbrachte die Nacht in der Kaserne und nahm am Morgen in einem Regenmantel, das lange Haar unter der Mütze verborgen, am Appell teil. Das war in höchstem Grade wagemutig, weit mehr als nur zu trinken. Eines der wenigen Dinge, die ich noch mehr bewunderte, fand im Speisesaal statt und betraf einen Klassenkameraden namens Benson. Er war damals ein Jahr in West Point. Der Tischälteste war Südstaatler, und einer der Frischlinge am Tisch war ein Schwarzer – es gab kaum eine Hand voll Schwarzer im Corps. Der Tischälteste sprach von Niggern, als wäre der Frischling nicht anwesend. Wenn er hörte, dass irgendjemand nett zu einem wäre, sagte er, würde er dafür sorgen, dass er West Point nie wieder sehe. Ohne einen Moment zu zögern, reichte Benson dem Schwarzen über den Tisch hinweg die Hand. »Mein Name ist Benson«, sagte er lächelnd. Ich habe wenige Dinge erlebt, die mehr spontanen Mut bewiesen.

* * *

Im Winter des Jahres 1944 gab es eine besondere medizinische Untersuchung, einschließlich der Augen: man musste in einer Art beleuchtetem Schuhkarton anhand von Fäden zwei Stifte auf eine Ebene bringen – »Bin ich gut genug für das Luftcorps, Sir?« – und Farben unterscheiden, indem man verschiedene Knäuel Garn auflas. Im April fuhren diejenigen, die bestanden hatten, das heißt Hunderte, darunter meine zwei Stubenkameraden und ich, in den Süden und Südwesten zum Flugunterricht. Unser Glück kaum fassend, nahmen wir den Zug, als ginge es in die Ferien. Hinter uns lagen Unterrichtsstunden, Inspektionen und viele Aufmärsche im Paradeanzug. Vor uns lag die Freiheit und die Freude, Monate fort zu sein.

# IKARUS

Auf der Fahrt durchs nächtliche Virginia redete ich mit be-
harrlichen und von Southern Comfort klebrigen Lippen im
Durchgang zwischen zwei Waggons lebhaft mit einem Mädchen. Sie war verheiratet, ihr Mann war bei der Armee. Ich
weiß nicht mehr, woher die Flasche kam – sie gehörte entweder ihr, oder wir hatten sie vom Schaffner besorgt. Der
Boden zitterte unter unseren Füßen, die Schwelle zwischen
den Waggons knarrte. Sie kam von irgendwo aus einer
Kleinstadt und trug ein Baumwollkleid. Der Zug legte sich
in langsame Kurven, das Metall kreischte, als würde darauf
eine Nachricht übertragen. Wir sahen nichts als unsere Gesichter. Ich war neunzehn Jahre alt, auf dem Weg zu meinem
ersten Fluglehrgang. Die anderen befanden sich im Schlaf-
wagen hinter uns; die meisten hatten sich schon hingelegt.
Bald umarmten wir uns stürmisch. Eine verheiratete Frau
im nächtlichen Zug, ihr Körper eng an meinen gedrückt.
»Pete«, stöhnte sie, »oh, Pete …«
Ich hatte ihr erzählt, mein Name sei Peter Slavek – ich hatte
ihn aus einem Buch von Arthur Koestler. Ich verknüpfte
alles miteinander, Fatalismus, Sex, Krieg. In meiner Fantasie war ich bereits Flieger, gut aussehend, Freiheit verströ-
mend, windumweht. Ich hatte keine wirkliche Vorstellung
von dem, was vor mir lag, der weite Himmel des Südwestens
mit seinen Wolken, durch die Lichtstrahlen brachen, Städte, durchzogen von Bahngleisen, Freimaurerlogen, trostlose

Landstriche mit kleinen Seen und zwischen den Kiefern stehenden verblichenen Holzhütten, Bibelland, Armut und religiöse Radiosendungen lagen in der Luft. Es machte nichts, ich war unterwegs.

Arthur Koestler hatte unter anderem über einen Flieger der Royal Air Force namens Richard Hillary geschrieben, der zu der Zeit berühmt war. Hillary war Pilot in der Schlacht um England gewesen – insektenähnliche Maschinen holperten über Graslandebahnen, der Himmel voller Gefechte. Er kam einmal fast ums Leben, als das Kabinendach seines brennenden Flugzeugs klemmte und er nicht aussteigen konnte. Ich hatte seine edlen vernarbten Züge vor Augen. Er hatte über seine Erfahrungen ein Buch geschrieben, es hieß *Falling Through Space*. Die Kapitel endeten oft mit einem Totengeläut: Von diesem Flug kehrte Peter Pease nicht zurück, von diesem Rupert Soundso, von jenem wieder ein anderer. Hillary, so Koestler, erlitt drei Mal Verbrennungen – als sein Kabinendach sich nicht öffnen ließ, war nur das erste Mal gewesen. Sie flickten ihn wieder zusammen – sein Gesicht sollte ihm, solange er lebte, eine Erinnerung sein –, und er kehrte zur Fliegerei und einem zweiten Unfall zurück, der tödlich endete. Er verbrannte. Es war sein Wunsch, dass sein Leichnam verbrannt und seine Asche auf dem Meer verstreut würde, und um den Kreis zu schließen, folgten sie seinem Wunsch. Er war dreiundzwanzig, als er starb. Ich erinnere mich nicht mehr, ob er verheiratet war, aber es gab viele bewegende Liebesbriefe an ein bestimmtes Mädchen.

Wir haben schon lange die jungen Frauen vergessen, die dazu bestimmt waren, allein oder mit ihren Eltern die Straße hinunter zur Dorfkirche zu gehen, Frauen, deren Hoffnungen zerstört waren. Sie waren die zu Boden gefallene Frucht.

Ich sehnte mich danach, diese Frauen zu kennen, aber ich sehnte mich auch danach, durch meinen Tod Grund ihrer Trauer zu sein.

Und dann gab es St.-Exupéry. Auch er verführte mich. Ich hatte ihn zuerst ohne rechte Freude auf Französisch gelesen, Zeile um Zeile, immer wieder Wörter nachschlagend. Er war einer der Lieblingsautoren unseres Französischlehrers. Schließlich entdeckte ich ihn für mich selbst – es war sein Wissen, das ich bewunderte, seine geistige Klarheit, mehr noch als seine Taten –, und Jahre später wurde mein Eindruck von einer Frau bestätigt, die mir erzählte, dass die jugendliche Liebesaffäre, die sie mit ihm hatte, die kostbarste Zeit ihres Lebens gewesen sei.

Sie hatte ihn 1941 oder 1942 auf einem Empfang in New York kennen gelernt. Sie sah gut aus, war Europäerin. Sie verliebte sich auf den ersten Blick. Er war ein paar Monate nach dem Fall Frankreichs im Frühjahr 1940 nach Amerika gekommen. Ich stelle ihn mir vor – es sind die düsteren Tage eines langen Krieges, in dem auch er schließlich fiel, unter unbekannten Umständen –, eher unscheinbar, im grauen Zweireiher mit vielleicht einem unbemerkten Fleck auf dem Revers. Wie ein Exboxer, dessen Karriere vor zehn Jahren zu Ende gegangen ist, hat er ein wenig Gewicht angesetzt. Mit schütterem Haar, aber glattem Gesicht, das irgendwie jugendlich wirkt – die Klarheit der Intelligenz leuchtet darin –, in seinem Knopfloch ein Tupfer Rot.

Sie versucht mit ihm zu reden, sie muss einfach. »Monsieur ...«, aber ihr Französisch ist hoffnungslos. Sie versucht es auf Englisch, aber ohne Erfolg. Schließlich sagt sie einfach auf Deutsch: »Wollen Sie meine Telefonnummer?«

Dann geht sie nach Hause und wartet bis spät in den Abend. Das mürrische schwarze Telefon klingelt nicht. Am nächsten Tag jedoch ruft er an, und die brennenden Liebesbriefe, die er ihr in der Folge schrieb, bewahrte sie für den Rest ihres Lebens auf.

Dann gab es noch auf der einen oder anderen Seite der Welt, unter den Palmen Kaliforniens oder in den Wäldern Ostafrikas, seine Affäre mit Beryl Markham – zwei ekstatische Seelen, die es irgendwie schafften, nicht eifersüchtig aufeinander zu sein. Über die Jahre verwandelte sich St.-Exupéry für mich von einer bloßen kulturellen Gestalt zu einem Mann aus beneidenswertem Fleisch und Blut.

In solche Fußstapfen wollte ich treten.

\* \* \*

In Pine Bluff, Arkansas, lernten wir auf einer Landzunge, die die Schleife eines trägen Flusses gebildet hatte, das Fliegen. Der Flugplatz lag im Osten der Stadt. Die Flugschule wurde von Zivilisten geführt.

Wir wohnten in Kasernen und wurden – vier Schüler auf einen Lehrer – in einzelne Fluggruppen unterteilt, natürlich alphabetisch, obwohl ich unerklärlicherweise mit Marlow, Milnor und Mahl in eine Gruppe kam. Unser Ausbilder kam mir uralt vor – er war vielleicht um die Vierzig – und hatte bisher mit einer kleinen Maschine Pestizide versprüht. Er kam aus einer Kleinstadt im Südwesten des Staates, Hope, die er die Metropole der Wassermelone nannte. Sein Name war Basil York. Wir gehörten wahrscheinlich zu Hunderten von jungen Männern, denen er das Fliegen beigebracht hatte, und wurden daran durch die strikte Ermahnung erinnert, der nächste Schüler habe fertig zu sein, sobald das Flugzeug vom vorhergehenden Flug ausrollte. Wir warteten, hielten konzentriert nach der Flugzeugnummer Ausschau und hatten nicht die geringste Chance, denjenigen, der gerade heruntergekommen war, zu fragen, was passiert war, was sie in der Luft gemacht hatten und worauf wir achten mussten.

Die ersten Flüge, der Fluglehrer im hinteren Cockpit, das holprige Rollen über den Rasen, wir drehten in den Wind, das Heck schwang herum, Staub wirbelte auf, und dann das abrupte, wilde Aufheulen des Motors. Der Boden schoss vorüber, die Räder holperten über die Bahn, und plötzlich erhoben wir uns lärmend und sahen die blaue Baumlinie hinter dem Flugplatz, während die Tonnendächer der Hangars unter uns zurückfielen. Jetzt tauchten Felder auf, schwammen in alle Richtungen. Die Erde wurde grenzenlos, der Horizont, der vorher unsichtbar war, erhob sich und erfüllte die Welt, und wir waren hoch in haltloser Luft.

Wenn ich hinuntersah, konnte ich es kaum glauben – der Lärm, das Hämmern des Motors, der schlagende Wind und das flache Land darunter, das in großen rechteckigen Mustern mit Feldwegen ausgelegt war, das Aufblitzen vereinzelter Metalldächer, glattes Wasser. Sie hatten unverständlich über »Sektionslinien« geredet. In der Luft wurden diese schnell zur Wirklichkeit.

Wir stiegen über tausend Fuß. Ich fühlte mich so hilflos, als säße ich in gleicher Höhe auf einem Stuhl. Wir stiegen höher auf 1500 oder 2000 Fuß, die Höhe der Sackflüge, des Ersten der Manöver, die wir lernten. Die Nase steigt hinauf in steile blaue Luft, höher, immer höher, unerbittlich höher, bis etwas Übelkeit Erregendes passiert, der Sitz unter einem scheint zurückzusinken, und die trockene Stimme des Ausbilders erklärt den Vorgang des überzogenen Flugs, während das Flugzeug am höchsten Punkt steht, fast regungslos ist, plötzlich bebt und dann zu fallen beginnt. Jetzt soll ich Folgendes tun, dirigiert seine sachliche Stimme: Gas raus, Nase hoch, ganz hoch, höher, jetzt halten, halten …

Es gab das Trudeln im Sturz, wenn man am höchsten Punkt des Sackflugs volles Seitenruder gab und das Flugzeug im Fallen kreiselte wie ein Fruchtflügel des Ahorns. Es gab verzweifelte Versuche, über einer Straße saubere S-Kurven zu fliegen, wobei der Wind eine Schleife größer machte als die andere, wenn man nicht die Schräglage erhöhte.

Eine Stunde ist vergangen. Alle Richtungen sind verschmolzen, die Erde ist zu immens und verwirrend, um sagen zu können, wo wir sind. Erst später wird klar, dass die Straßen geordnet verlaufen, von Norden nach Süden, von Osten nach Westen. Die Welt und alles darin, der Fluss, Bauernhäuser, die Straßen und einsamen Autos sind sich des Brummens über ihnen nicht bewusst. Der Flugplatz ist nirgends zu sehen. Wie in einer Wüste sieht alles fast gleich aus, als er sagt: »Okay. Bring uns nach Hause.« Es muss in dieser Richtung sein, denkt man, obwohl nichts darauf hinweist. Nach ein paar Minuten korrigiert er brüsk den Kurs um neunzig Grad, wortlos, wie angewidert.

Alles, was man gemacht hatte, war unbefriedigend, die Sackflüge waren nicht steil genug, die S-Kurven unsauber, der Bug des Flugzeugs driftete ständig in die eine oder andere Richtung ab, als man ihn geradeaus und waagerecht halten sollte, alles, was beschleunigen, wegsacken oder abdriften konnte, hatte es getan.

In der Ferne taucht wie durch ein Wunder der Flugplatz auf, und in genauer Abfolge, die er teilweise erläutert, macht er den Anflug und landet gekonnt. Mein Fluganzug ist schwarz von Schweiß. Mit glasigem Gesicht krieche ich entmutigt aus der Maschine, als wir ausgerollt sind. Einer der anderen steht da, um meinen Platz einzunehmen.

* * *

Alles war aus Blech, die Hangars, die in der Sonne glänzten, die Flugzeuge mit offenem Cockpit, die Blechgötter. Man erwartete von uns, dass wir nach wenigen Flugstunden alleine flogen, nach nicht weniger als vier und nicht mehr als acht Stunden. Wer nach acht Stunden nicht fähig war, alleine zu starten und zu landen, war draußen. Die Tage waren ausgefüllt mit Unterrichtsstunden, Besprechungen, Flügen, dem Geräusch von Flugzeugen, ihrem Geruch. Wir wurden zusammen mit Kadetten der Air Force unterrichtet, manche von ihnen waren älter und hatten bereits Flugerfahrung. Wir marschierten mit ihnen, sangen ihre Lieder, deren Grobheit entwaffnend war, und ließen das Flugzeug auf jedem Flug bei dreitausend Fuß nach unten trudeln, während wir mechanisch die Formel aufsagten: Gas raus, Ruder vor, Halten, Seitenruder ... Selbst nach drei oder vier Flügen verstand ich noch nicht, was ein Anflug mit Schräge sein sollte, und hatte von einer Landung nur eine vage Vorstellung.

Wie erste Blüten begannen Einzelne von uns, Alleinflüge zu machen. Wer, verbreitete sich sofort. Das Gesicht von der Sonne rot verbrannt, wiederholte Basil York im hinteren Cockpit immer wieder die Formel, als wir den Landeanflug begannen: »Zwanzig-fünfzig und fünfhundert, zwanzig-fünfzig und fünfhundert.« Er bezog sich auf die Motorumdrehungszahl und die Anflughöhe. »Und wenn Sie B-17-Bomber fliegen«, sagte er mit seiner hohen Stimme, »möchte ich, dass Sie das immer noch hören: zwanzig-fünfzig und fünfhundert.« Wir hatten begonnen, die Landungen gemeinsam auszuführen, Nase hoch, Gashebel zurück, beide am Steuerknüppel. Ich kannte seinen Sprechgesang: »Gleitflug abfangen, langsam Gas rausnehmen, halten, ja, gut so, jetzt ganz rausnehmen, Landelage ...« Das Problem war, ich verstand nicht, was das alles bedeutete.

Später hörte ich die Geschichte von dem Fluglehrer, der bei Schülern, die Schwierigkeiten hatten, das Landen zu lernen, einen beliebten Trick anwandte. Nachdem die üblichen Mittel erschöpft waren, rüttelte er ein Stück weit über der Anflughöhe den Steuerknüppel hin und her und schlug ihn dem Schüler an die Knie – vorderer und hinterer Knüppel waren verbunden –, um seine Aufmerksamkeit zu erregen. Dann löste er den Stift, durch den der hintere Knüppel mit dem vorderen verbunden war, und wenn der Schüler den Kopf wandte, um zu sehen, was da los war, wedelte er ihn in der Luft herum und warf ihn über Bord. Dann zeigte er auf den Schüler, um ihm zu bedeuten: *Du, du bist dran*, und wies nach unten. Es hatte immer gewirkt. Eines Tages rüttelte er bei einem weiteren langsamen Schüler wild am Steuerknüppel, schwenkte ihn durch die Luft und warf ihn fort. Der Schüler nickte dumpf, beugte sich herunter, löste den eigenen Knüppel und warf ihn, ohne auf die Schreie des Lehrers zu achten, ebenfalls fort. Er sah zu, wie der Lehrer mit dem Fallschirm ausstieg, und griff dann nach dem Ersatzknüppel, den er heimlich mitgenommen hatte, flog zurück und landete, seines ewigen Ruhmes sicher.

Um die Komplexität des Landeanflugs zu bewältigen, hatte ich mir eine kleine Karte angefertigt, auf der ich von jedem möglichen Anflug ein Diagramm gezeichnet hatte. Der Beginn des Anflugs war immer auf einer bestimmten Höhe und in einem Winkel von 45 Grad zur Bahn, gegen den Wind. Sich das alles in umgekehrter Richtung vorzustellen, in den Wind einzukurven und genau auf den richtigen Punkt zuzufliegen, war schwer, und nichts schien York so sehr zu ärgern, wie wenn man begann, in die falsche Richtung zu fliegen. Das Schlimmste war, wenn der Wind drehte, während man in der Luft war; das ganze Anflugmuster hatte sich verschoben, und alles, was man sich gemerkt hatte, war nutzlos.

Es vergeht eine Woche. Wir fliegen zu einem Ersatzplatz, einer großen Wiese, die fünf oder zehn Minuten entfernt ist. Bloße Erde zeigt an, wo die Flugzeuge meistens aufsetzen.

»Lass uns ein paar Landungen versuchen«, sagt er. Nervös durchlaufe ich in Gedanken, was zu tun ist und was nicht.

»Mach drei gute, und ich steig aus.«

Wir setzen zur ersten an. »Halt die Geschwindigkeit«, dirigiert er mich. »Gut so. Jetzt das Gas rausnehmen. Fang ihn ab.«

Irgendwie gelingt es. Kaum ein Stoß, als die Räder aufsetzen. »Gut.« Ich schiebe den Gashebel geschmeidig nach vorne, und wir starten wieder.

Die zweite Landung verläuft genauso. Ich bin mir nicht sicher, was ich gemacht habe, aber was es auch war, ich versuche es bei der nächsten zu wiederholen. Fast selbstsicher setze ich ein weiteres Mal zur Landung an. »Gut so«, sagt er. Ich beobachte die Geschwindigkeitsanzeige, während wir runtergehen. Der Rasenplatz kommt näher, die entscheidende dritte Landung.

»Halt diesmal ganz an«, sagt er. Ich nehme den Gashebel langsam zurück. Die Geschwindigkeit fällt. »Halt die Nase unten«, warnt er mich plötzlich. »Runterziehen! Achte auf die Geschwindigkeit!« Ich fühle seine Hand am Knüppel. Das Flugzeug beginnt zu beben. Ohne dass ich ihn berührt hätte, schnellt der Gashebel nach vorne, aber irgendwie sinken wir weiter, fallen im Heulen des Motors. Mit einem immensen Schlag setzen wir auf, prallen hoch und setzen wieder auf. Er spuckt ein einziges verächtliches Wort aus. Als wir langsamer geworden sind, sagt er: »Park da drüben links.« Ich folge seinen Anweisungen. Wir halten an.

»Das war eine Katastrophe. Sie sind in zwanzig Fuß Höhe gelandet. Ich glaub, Sie bringen uns beide noch um.« Ich sehe, dass er sich erhebt. Er steigt aus dem Cockpit und steht auf dem Flügel. »Sie nehmen sie jetzt hoch«, sagt er.

Die Worte, die ich mir nicht einmal vorstellen konnte. Allein im Flugzeug, mache ich, was wir jedes Mal gemacht haben, rolle bis ans Ende der freien Fläche, wende und schiebe fast automatisch den Gashebel vor. In dem Moment – ich werde es nie vergessen – spürte ich den Rausch des Unerreichbaren. Die Formeln wiederholend, erregt, unsterblich, merkte ich, wie sich das Flugzeug vom Boden erhob und die Heufelder und Farmen überquerte, brummend wie eine riesige Fliege. Ich war weit draußen, jenseits des Riffs, nervös, aber ohne Angst, ich wusste nichts, ich wusste alles, Stoffhelm, kindliches Gesicht, der Ärmel windzerzaust, als ich einen ekstatischen Arm in den Fahrtwind hielt, die Lust, die Göttlichkeit, endlich!

\* \* \*

Wir redeten abends in den weißen Holzunterkünften nicht weit von der Start- und Landebahn über das Fliegen, im Lärm des Speisesaals und in den zerbeulten Bussen, auf dem holprigen Weg in die Stadt. Wir gingen in ziellosen Gruppen durch die Straßen, vorbei an Anwaltskanzleien mit in Goldlettern geschriebenen Namen auf den Fensterscheiben. Durch das Zentrum von Pine Bluff führten Gleise, auf denen sich mit ländlicher Langsamkeit Güterzüge bewegten. Es gab das Gerichtsgebäude mit goldenem Kuppeldach und das klobige Pines Hotel, schon damals betagt, mit einem Portiko, Balkonen und geheimnisvollen Zimmern. Von den stillen Wohngebieten mit ihren großen geschindelten Villen oder den einfacheren Häusern auf nackter Erde wussten wir nichts. Bereitwillig kehrten wir an vielen Sonntagen vom trostlosen Leben der Kleinstadt zum Flugplatz zurück.

Wir flogen seltener mit dem Lehrer. Es war später Frühling, der Himmel frisch und gefüllt mit Gutwetterwolken – das Wetter, das so viel bedeuten konnte, beschäftigte uns bereits. Spät am Tage wurden die Wolken dichter, türmten sich auf, ihre Ränder vom Licht umflort; epische Wolken, das letzte Sonnenlicht brach hier und da durch. Eines Nachmittags, ich war allein in der Luft, erblickte ich hoch oben eine B-24, die wie ein Ozeandampfer durch den Himmel zog. Geblendet durch die Entfernung und Höhe, wendete ich wie ein Beiboot und flog ihr nach, bis sie verschwunden war.

Auf einem abseits gelegenen Flugplatz waren auf beiden Seiten einer breiten Landebahn in Abständen Pfirsichkörbe aufgestellt. Auf halber Strecke die Landebahn hinunter war ein Kreuz mit Kreide in das Gras gezeichnet. Es war wie das Schwarze auf der Zielscheibe. Wenn die Räder auf diesem Punkt aufsetzten, bekam man eine perfekte Note, null Punkte. Bei zehn Fuß davor oder dahinter gab es zehn, bei zwanzig Fuß zwanzig Punkte, und so weiter. Um zu bestehen, musste der Durchschnitt unter einer bestimmten Punktzahl liegen, ich erinnere mich nicht mehr genau, es waren vielleicht siebzig Punkte. Wir flogen Runde um Runde, ein Aufseher stand unten im fliegenden Staub und hielt die Ergebnisse auf einem Notizbrett fest. »Landungsstufen« wurde das genannt.

Mittags unterhielten sie sich über das außergewöhnliche Ergebnis eines Schülers, eines der Kadetten der Air Force, mit denen wir geschult wurden. Sein Ergebnis betrug sechs Punkte. Es schien unglaublich. Man zeigte auf ihn – plötzlich wusste jeder, wer er war – der mit dem dunklen Haar. Ich konnte ihn in der Schlange vor der Essenausgabe sehen, er unterschied sich von den anderen, er war schmal, gelassen. Er war schon früher geflogen, stellte sich heraus. Er hatte bereits einen Pilotenschein und sechzig Flugstunden in einer Cub.

Die Hürden vor dem Abschluss des ersten Lehrgangs waren der Alleinflug und zwei Kontrollflüge mit einem Piloten der Air Force, nach vierzig und sechzig Flugstunden, glaube ich. Vergessen Sie nicht, vor und nach dem Flug zu grüßen, sagten sie, und haben Sie die Wartungsvorschriften im Kopf. In der Luft wurden kurze Befehle erteilt, dieses oder jenes Manöver zu fliegen, und zu irgendeinem unpassenden Zeitpunkt wurde der Gashebel mit der Ankündigung einer »Notlandung« zurückgezogen.

Die unsichersten Schüler gaben zu, dass sie Angst hatten, und schlossen auf Grund dessen oft schlechter ab, aber manche Fehlschläge waren unvorhersehbar, sogar unvorstellbar, wie die des dunkelhaarigen Engels, der das Sechs-Punkte-Ergebnis gehabt hatte. Eines Tages verschwand er. Er hatte irgendwie seinen Vierzig-Stunden-Kontrollflug nicht bestanden und war weg. Es machte einem bewusst, wie unsicher die eigene Position war und wie unerbittlich die Maschinerie hinter allem. Die Schüler, die am wenigsten versprachen, obwohl wir das damals nicht wussten, die mit dem geringsten Elan, wurden zu den Bombergeschwadern geschickt, die anderen wurden zu Kampffliegern ausgebildet. Bis dahin war es noch ein Jahr. In der Zwischenzeit fiel einer nach dem anderen heraus, manchmal die Besten.

\* \* \*

Wir waren den ganzen Frühling und Sommer fort gewesen und kehrten sehr verändert zurück. Wir marschierten weniger akkurat, kleideten uns mit weniger Sorgfalt. West Point, seine Offiziersschärpen und die an Tschakos flatternden Hahnenfedern, alles, was mit der Pflege seiner Traditionen verbunden war, ging irgendwie an jene über, die geblieben waren.

Zu den großen ersten Erlebnissen, dem ersten Alleinflug, dem ersten Atemzug in anderer Luft, gehört auch die erste Liebesgeschichte.

Ich kannte sie bereits von früher aus New York, die Jüngere von zwei Schwestern aus einer wohlhabenden Upper East Side-Familie. Sie war dunkelhaarig und theatralisch, und innerhalb von einem Jahr war sie sehr wichtig, sogar unverzichtbar für mich geworden. Gut aussehend und teuer gekleidet, mit schönen weißen Zähnen, stand sie am Tor zum eigentlichen Leben, vor den Dingen, die ich noch nicht kannte, aber erleben wollte. Ich hatte mir geschworen, nicht zu sterben, bevor ich es tat. Ihr Vater war Börsenmakler, er hatte loyale Klienten, viele davon Europäer. Ihre Mutter, die in unserer Affäre die größere Rolle spielte, war gegen mich, was ein Anreiz war. Ich wollte eine Vergangenheit haben und eine Frau, die sich nach mir sehnte.

Von den ersten Football-Wochenenden an, als wir in Hotelzimmern zusammen tranken und neben anderen Pärchen im fiebrigen Dunkel lagen, flüsternd, mit leisem Kleiderrascheln, bis zu Wochenenden, an denen sie im Thayer übernachtete, wo Kadetten sich nur im Erdgeschoss aufhalten durften, Abenden auf Bällen und manchmal Nachmittagen zu zweit in uns überlassenen Zimmern, kamen wir einander näher. Ich war voller Begierden, die sie gekonnt niederhielt wie Aufstände. Ich versuchte ihr mein neu erworbenes Selbst aufzudrängen, aber sie kannte das alte und schwankte.

Langsam gewann ich die Oberhand. Nach vielen langen, mitunter verzweifelten Ouvertüren geschah etwas zwischen uns, es war an einem Wochenende in New York in der Pause eines Musicals namens *Panama Hattie*. Ich erinnere mich nicht mehr, was gesagt wurde; wir schlängelten uns auf dem Gehweg durch die Menge und überquerten die Straße zum Hotel.

Sie war endlich bereit, widerstandslos, unsere Gesichter dicht voreinander, sie leuchtete im Dunkeln. Das Hotel gibt es nicht mehr, aber der Akt ist geblieben, der wenig bemerkenswerte Akt, der das Leben in zwei Hälften teilte, von denen die eine zu Boden fällt und die andere sich glorreich vor einem erstreckt. Die großen, belebten Paläste mit ihren unzähligen Fenstern, das Astor, McAlpin, das Pennsylvania, ihre gefährlichen Lobbys und Korridore, die wir unruhig durchschritten, die Zimmer mit zwei Einzelbetten und bedrohlichen schwarzen Telefonen wurden unsere Bühne. Es gab in jenem Jahr einen – für mich unwiderstehlichen – Roman mit dem Titel *Shore Leave*, dessen blauen Einband ein Paar Marineflügel zierten und der in einfachem, direktem Stil geschrieben war. Es wurde, auf mein Betreiben, zu unserem Buch. Der nihilistische Held, hager und treulos, hieß Crewson. Er war bei Midway und anderen Gefechten geflogen. Den Blutbädern. Würde er sich als alter Mann, schrieb der Autor Frederic Wakeman, an den Morgen erinnern, als er am dritten Juni um drei Uhr morgens aufstand? Das Briefing war um vier, darauf folgten Meldungen vom Auftauchen feindlicher Flieger. Und dann auf dem Meer, das Wasser unruhig, bewegt: *Die Kaga. Mit zügigen dreißig Knoten stampfte sie gegen den Wind; mit einem Gefühl, als erwache er aus der Narkose, fuhr Crewson die Klappen aus und machte einen Sturzflug von achtzig Grad gerade auf den roten Landekreis des Flugdecks zu, … der erste Treffer …* – all das war unauslöschlich. Diese Bomben, diese Treffer, befreiten ihn für immer von allem Trivialen und Alltäglichen. Seine Freundin aus besserer Gesellschaft war nur eine der Frauen, die wie Fohlen hinter ihm her trotteten.

Wir teilten dieses Buch, wie ein gläubiges Paar die Bibel teilen mochte. Es war eine Hymne an die Gesetzlosigkeit. Dadurch ermutigt, handelten wir, als wären wir selbst Teil des Krieges. Innen auf den Buchumschlag schrieb sie mir eine Widmung, dem Crewson ihrer Vergangenheit. Es stünden viele Dinge darin, die sie selbst geschrieben haben könnte, fuhr sie fort, und dann, als würde sie einem geliebten Kind ein besonderes Spielzeug vermachen: *Behalte das Buch immer bei Dir, mein Liebster.* Wäre es doch anders gekommen, wollte sie sagen wie alle unglücklichen Liebenden, hätten wir uns nur Jahre früher oder später getroffen …

Ich kannte die Handschrift gut. Ich hatte viele Briefe erhalten, eine lange Zeit jeden Morgen nach dem Unterricht, Eilzustellungen, parfümiert, übersät mit Briefmarken, Briefe, die ich im Sitzen mit geöffneter Uniformjacke las, darunter ein zerrissenes Unterhemd, die Insignie der älteren Jahrgänge in West Point. Ich dachte ständig an sie, während lähmender Theoriestunden, die Beine vor Verlangen gegen den Tisch gedrückt; wenn ich Songs auf dem Plattenspieler hörte; wenn Klassenkameraden Samstagabends in Tanzbars gingen. Die Frage war einfach: Würde ich sie heiraten? Denn Hochzeiten lagen in der Luft, der Abschluss, die Kapelle, frühere Zimmernachbarn schritten mit jungen Frauen, die sie mehr oder weniger kannten, unter dem Aufblitzen gekreuzter Säbel die Stufen hinab, in ein wartendes Auto und in das, was bestimmt das Leben war. Ich war unstet, aber sie würde mich festigen. Ich war in Uniform, aber das wäre bald vorbei, und ich würde in die Stadt zurückkehren und ein normales Leben führen. All das war unausgesprochen, aber klar. Sie war erst achtzehn, aber sie wusste genau, was sie wollte. Außerdem, gestand sie kühl, gebe es da noch jemand anderen, er sei auf der Schule ein Jahr unter mir gewesen und jetzt Unteroffizier in Sioux Falls, nicht so glanzvoll, aber vernünftiger, er denke nicht daran, auch nur eine Stunde länger als nötig in der Armee zu bleiben. Sein Name war zwischen uns immer wieder fast spielerisch hin und her geworfen worden, bis ich eines Tages ein schicksalhaftes Telegramm erhielt: Ja oder nein, verlangte sie.

Mit welch unschlüssigen Worten ich ihr auch antwortete, sie reagierte, indem sie tat, womit sie gedroht hatte. Sie heiratete ihn, als ich meinen Abschluss machte. Einen Moment schien es nur wie ein weiterer Liebeszank, nicht endgültig, wie alle Dinge damals. Dennoch versetzte es mir einen unerwarteten Stich. Später sah ich klar, was ich damals noch nicht verstand. Ich hatte drei Dingen den Rücken gekehrt, der Ehe, dem Geld und der Vergangenheit, und ich habe mich ihnen in Wirklichkeit nie wieder mit ganzem Herzen zugewandt.

Ich versuche, sie mir in Erinnerung zu rufen, all die Briefe in mädchenhafter Schrift, die Bitten und Drohungen, Klatsch über Freunde, Zärtlichkeiten, Übertreibungen. Manchmal scheint es mir, als wäre alles, was danach geschah, weniger lebensvoll als das, was wir damals erlebten, der Glanz ihrer achtzehn Jahre, die Flatterhaftigkeit, in die ich sie ziehen wollte, um ihre Jugend zu beflecken und unsterblich zu machen. Sie war eine Saison die meine, und ich war trunken davon. Sie war das Echte, und ich lebte in dem husarenhaften Luxus, davon gelangweilt zu sein. Und auch wenn manche Orte verschwunden sind, steht sie für mich, wo sie immer gestanden hat, und ich setze ihre Geschichte mit Sorgfalt, wohin sie gehört – vor alle anderen.

\* \* \*

Im Herbst des Jahres 1944 erreichte uns mitten in den Schlachten Europas die Nachricht vom Tod des unvergleichlichen Jahrgangsletzten Benny Mills. Er fiel als Kompaniechef in Belgien. Sein Körper wurde, mit einem Leichentuch bedeckt, auf dem Marktplatz einer Kleinstadt aufgebahrt; Freunde und Verwandte hatten Blumen darum gelegt, und seine Männer grüßten, jeder einzeln, als sie an ihm vorbeidefilierten; dann ließen sie ihn, wie Sir John Moore in Corunna, allein mit seinem Ruhm. Er war gefallen, und dieser Akt erhielt ihn, machte ihn unberührbar. Er war nicht verheiratet. Er hatte niemanden hinterlassen.

Sein Tod war einer von vielen und zog schnell vorbei, wie der Wirbel, den ein Ruderschlag im Wasser hinter sich lässt. Ich wusste, ich konnte ihn nicht nachahmen oder so sein wie er. Er war Teil einer großen Dynamik, der ich, auf nutzlose Weise, ebenfalls angehörte, und seine Jahrgangskameraden, Frauen, die Männer seiner Kompanie, alle hatten mehr Grund, ihn in Erinnerung zu behalten, als ich, aber vielleicht empfanden manche es ähnlich: er stand für das Makellose, und er war der Erste seiner Kategorie, der verschwand.

\* \* \*

Wir kauften im Frühling des darauf folgenden Jahres bei Militärausstattern, die am Wochenende kamen und in der Turnhalle Tische und Ständer aufbauten, Offiziersuniformen. Die Freude, Stoffe und verschiedene Ornamente zu vergleichen und auszusuchen – sollten Pilotenflügel mit elegant silbernem Faden aufgestickt sein oder reichte eine Metallversion; lohnte es sich, zwei anstatt eines handgefertigten »grünen« Oberhemdes zu bestellen; sollte der Hut ein

Bancroft oder besser ein Luxembourg sein –, all das wurde ausgekostet. Luxembourg, die als die edelste Marke galt, stand für zwei Schneiderbrüder, die in ihren New Yorker Geschäftsräumen von Wänden mit signierten Fotografien umgeben waren. Die beiden waren für die Armee, was die Brooks Brothers für Yale waren.

Wie junge Priester oder Bräute – makellos gekleidet, voller Ideale, Stolz und ohne viel Wissen – würden wir in die Welt hinausziehen. Die Armee würde für uns sorgen. Wir hatten kaum eine Ahnung, wie Karrieren geschmiedet oder Generäle gemacht wurden. Ich erinnerte mich an die Geschichte, dass Napoleon, als er nicht mehr alle zur Beförderung empfohlenen Männer persönlich kannte, neben einen unbekannten Namen auf der Liste die Wörter schrieb: »Hat er auch Fortune?« Natürlich würde ich Fortune haben.

Irgendwann trifft man Generäle, geht neben ihnen einher, redet mit ihnen und allmählich, wie bei schönen Frauen, gelingt es einem, sie länger als nur einen Moment anzusehen. Ein paar Jahre nach meinem Abschluss wurde ich Adjutant eines Generals, der launisch und draufgängerisch war; er hatte eine Narbe quer über dem Nasenbein, Hinterlassenschaft einer deutschen Flak. Er kam aus Savannah, Georgia, gehörte zum Jahrgang von 1932. Er war gefürchtet, hatte das Gesicht eines Anführers, auf seinem gestärkten Kragen befand sich ein einzelner, leicht antiquierter Stern.

Er gab mir einen anfänglichen Rat. »Solange Sie mein Adjutant sind«, sagte er freundlich, »kommen Sie selbst mit Mord davon. Colonels werden aufspringen, sobald Sie das Wort an sie richten. Sie werden denken, Sie sprechen für mich. Aber sobald es vorbei ist, sobald ich nicht mehr da bin« – er machte eine Geste an seinem Hals –, »schneiden sie Ihnen die Kehle durch.«

Sein Name war Robert Travis, und ihm eilten Geschichten voraus, die meisten über seine Härte. Die erste, die ich hörte, behauptete, dass er einem Sergeant kurzerhand die Streifen abriss, weil dieser versäumt hatte, ihn zu grüßen. LeMay selbst soll vor dem Krieg sein Copilot gewesen sein.

Er pokerte gerne, mit unbegrenztem Einsatz. An einem Abend setzte er zu Anfang vierzig Dollar, was damals viel Geld war. Wir flogen über den Pazifik. Ich sah auf mein Blatt; ich hatte zwei Zehnen.

Wir spielten zu fünft. Alle, außer einem, zogen Karten. Der Geber fragte: »Wie viele?«

»Ich bleib bei denen«, sagte Travis.

Ich hatte eine dritte Zehn gezogen. Er begann, Geld auf den Tisch zu zählen. Achtzig Dollar war sein Einsatz.

Ich saß zu seiner Linken. Auf dem Tisch lag mehr als ein Monatsgehalt. Es war spätabends. »Steig aus«, sagte er, ohne mich anzusehen. Das gehäufte Grün der Scheine war hypnotisierend, die Faszination, das ganze Geld, wie dick das Bündel wäre. »Steig aus, Jimmy«, sagte er wieder. Das war das Spiel, das er liebte, vielleicht weil er meistens gewonnen hatte. War das ein ernsthafter Rat? Ich hatte drei von einer Sorte. »Steig aus«, warnte er mich zum letzten Mal.

Jung wie ich war, warf ich mein Blatt hin und unglücklicherweise auch die Erinnerung daran, was er auf der Hand hatte. Er gewann das Spiel, soweit erinnere ich mich. Ich hatte mich der Macht gebeugt.

Wir standen uns nahe. Er verbarg nichts vor mir, Tagebücher, Ehrgeiz, Leidenschaften. Er besaß einen bemerkenswerten, wenn auch düsteren Charme und hatte früher einmal fast einen Filmstar geheiratet, als er noch Lieutenant und sie schon eine kleine Berühmtheit war, aber seine Familie, glaube ich, widersetzte sich, weil es seiner Karriere geschadet hätte. Ich sehe ihn in Shanghai, vierzigjährig, auf dem Friseurstuhl in Chiang Kai-sheks Badezimmer – das Haus war ihm als Geste der Höflichkeit zur Verfügung gestellt worden. Wir bereisten den Fernen Osten. Für ihn war es ein Überbrücken der Zeit. Er wartete auf die Chance, die er im Krieg nicht bekommen hatte. Schließlich kam sie. Hatte er Fortune? Ja und nein. Das Flakgeschoss hatte um Millimeter seine Augen verfehlt, und er hatte im Krieg ein paar der gefährlichsten Unternehmungen angeführt. Er war dafür geschaffen, er liebte das Wagnis, aber er starb ein paar Jahre später bei einem Unfall – sein Flugzeug stürzte, voll beladen, mit Atombomben bestückt, direkt nach dem Abflug über einem Campingplatz ab. In Kalifornien wurde ein Flugplatz nach ihm benannt.

\* \* \*

Im Frühling des letzten Jahres absolvierten wir, schon fast Piloten, auf Stewart Field den letzten Abschnitt unserer Ausbildung. Es war in der Nähe von Newburgh, ungefähr vierzig Minuten von West Point entfernt. Wir trugen fast den ganzen Tag Fliegeranzüge und wohnten in langen, arkadenartigen Kasernen. Die eine Fotografie von damals – sie existiert nicht, niemand wird sie je sehen – wurde in meinem Fall morgens im Türrahmen des, wie ich meine, Aufenthaltsraums gemacht, und ich trinke gerade eine Coca-Cola aus einer eisgekühlten, grünlichen Flasche, ein ritueller Vorläufer all jener frühstückslosen Flugtage, die folgen sollten. Während der ganzen Ausbildungszeit hatte es kaum Zwischenfälle gegeben. So gut waren wir. Zumindest wusste ich, dass ich es war.

An einem Abend im Mai starteten wir nach dem Essen, einer nach dem anderen, zu einem Navigationsflug. Es war noch hell, und nach dem Abheben verloren sich die Flugzeuge bald in der Einsamkeit. Auf den Karten war der Kurs eingezeichnet, Striche markierten jeweils zehn Meilen. Die Route verlief westlich, über die zusammengedrängten Kämme der Alleghenies nach Port Jervis und Scranton, dann hinunter nach Reading und schließlich den letzten langen Schenkel des Dreiecks wieder nach Hause zurück. Es war alles unproblematisch, mit einer Ausnahme: die Voraussage der Windverhältnisse in größerer Höhe war falsch. Ohne dass wir es wussten, war der Wind stärker und kam aus einer anderen Himmelsrichtung. Allein und zuversichtlich flogen wir nach Westen.

Die Luft in der Höhe hat einen anderen Geruch, metallisch und mit einem Hauch von Benzin oder Abgasen. Der Boden zieht mit der Langsamkeit der Gezeiten unter einem vorüber, die Straßen sind verlassen, die Flüsse still. Es sieht genau aus wie auf der Karte, mit einzelnen, unerheblichen Unterschieden, die man überdenkt, aber schließlich ungeklärt vergisst.

Die Sonne hat sich rot gefärbt und ist tiefer gesunken. Der Geschwindigkeitsanzeiger weist 160 aus. Die fünfzehn oder zwanzig Maschinen fliegen, füreinander nicht sichtbar, in einer langen, unregelmäßigen Kette. In meinem Rücken hat der Himmel eine dunklere Farbe angenommen. Wir flogen nicht nur in der Sorglosigkeit des Frühlings, sondern in einer Art von Idylle, dem Ende des Krieges. Die Farben der Erde war gedämpft, und die Städte wirkten wie leere Schatten. Man konnte weder jemanden sehen noch mit jemandem reden. Der Wind trieb uns langsam ab wie Sand, ohne dass wir es wussten.

Außer an die Navigation dachte ich, wie ich annehme, an New Yorker Nächte, den Glanz der Stadt, an Verschiedenes, was ich erreicht hatte, von dem ich ein oder zwei Jahre zuvor nur geträumt hatte. Der erste schwache Stern erschien und dann, etwas weiter links als erwartet, die tristen Umrisse von Scranton.

Fliegen ist, wie die meisten wichtigen Dinge, Methode. Obwohl ich es damals nicht wusste, verhielt ich mich nicht korrekt. Es gab in jenen Tagen »Lichtlinien« zwischen den Städten, wie die Lampen eines entlegenen Highways, nur in viel größeren Abständen. Wenn man ihre Blinksignale richtig las, konnte man bestimmen, wo man war, aber ich hielt mich damit nicht auf. Ich drehte nach Süden in Richtung Reading ab. Der Himmel war jetzt dunkel. Weit unten kühlte die Erde aus, gab die Hitze des Tages ab. Nebel war aufgekommen. Die Lichtlinien würden darin verblassen, und auf fast schüchterne Weise auch die Städte. Ich flog weiter.

Nachts ist die Welt eine andere. Die Instrumente lassen sich schwerer ablesen, Einzelheiten verschwinden von der Karte. Nach einer Weile stellte ich auf die Frequenz von Reading um und konnte ein Signal empfangen. Ich hatte keinen Funkkompass, aber es gab eine Methode zu bestimmen, in welchem Teil des umliegenden Quadranten man sich befand, indem man hintereinander eine bestimmte Kursfolge flog. Wenn das Signal langsam stärker wurde, befand man sich in Richtung der Station. Wenn man die Lautstärke aufdrehen musste, um es weiter zu hören, entfernte man sich von ihr. Es war primitiv, aber es funktionierte.

Als es soweit war, wartete ich ab, ob ich Reading passiert hatte oder noch im Anflug war. Die Minuten vergingen. Zuerst konnte ich keine Veränderung feststellen, aber dann schien das Signal schwächer zu werden. Ich drehte nach Norden und flog, die Uhr im Blick, weiter. Etwas stimmte nicht, etwas Ernsthaftes: das Signal veränderte sich nicht. Ich hatte die Orientierung verloren. Unterdessen drückte mich der Wind, unsichtbar, verhängnisvoll, weiter nach Norden.

Unter den Sternen bewegte sich einer. Es waren die Lichter eines anderen Flugzeugs, vielleicht eines der Staffel. In jedem Fall flog es, wohin auch immer, in Richtung eines Flugplatzes. Ich schob den Gashebel vor. Als ich mich ihm in spitzem Winkel näherte, konnte ich langsam erkennen, was es war, eine Verkehrsmaschine, eine DC-3. Sie konnte nach St. Louis oder Chicago unterwegs sein. Ich war bereits Stunden geflogen, wie mir schien, und hatte wiederholt die Tankanzeige kontrolliert. Die Messgeräte befanden sich am Boden, zu beiden Seiten des Sitzes. Ich versuchte nicht an sie zu denken, aber sie waren wie eine Wunde; ich musste immer wieder hinuntersehen.

Langsam verschwanden das Linienflugzeug und seine Lichter in der Ferne. Ich konnte nicht mithalten. Ich drehte nach Nordosten, die ungefähre Richtung zurück zu unserem Flugplatz. Ich hatte auf den Seiten meines Gedächtnisses nur unleserlich notiert, in welcher Richtung und wie lange ich geflogen war. Ich hatte keine Ahnung, wo ich mich befand. Die manchmal aufleuchtenden Lichter unbekannter Orte am Boden, verschwommen und gelblich, sagten mir nichts. Allentown, das irgendwo hätte sein müssen, tauchte nicht auf. In mir war die schreckliche Versuchung, einfach aufzugeben, alles hinzuwerfen, wie ein unlösbares Puzzle. Ich sagte das »Invictus« auf, *Ich bin der Herr meines Schicksals ...* Es nützte nichts. Ich hatte große Mühe, nicht zu beten, und schließlich tat ich es, flog in der lärmenden Dunkelheit, verzweifelt auf der Suche nach einer Stadt oder irgendetwas, das mir zeigen würde, wo ich war.

Im Kartenfach des Flugzeugs war ein Handbuch, *Was tun, wenn man die Orientierung verloren hat* – ich erinnerte mich plötzlich daran, holte es heraus und begann im Schein meiner Taschenlampe zu lesen. Es gab eine Liste mit einem halben Dutzend Maßnahmen, die man nacheinander ergreifen sollte. Meine Augen überflogen sie. Die ersten hatte ich bereits versucht. Andere, wie eine Funkfrequenz einzustellen und sich daran zu orientieren, hatte ich aufgegeben; irgendetwas war nicht in Ordnung damit, es funktionierte nicht. Mir gelang es, das Signal von Stewart Field zu empfangen, aber ich schlug die vorgegebene Richtung nicht ein. Ich konnte auf Grund des schwachen Empfangs erkennen – man hörte es nur undeutlich in einem Dickicht anderer Geräusche –, dass ich weit entfernt war, und ich hatte den Glauben an die Methode verloren. Der letzte Rat schien praktischer. »Wenn Sie meinen, sich westlich von Stewart zu befinden«, hieß es da, »gehen Sie auf östlichen Kurs, bis Sie den Hudson erreichen, dann fliegen Sie nach Norden oder Süden; Sie werden schließlich New York oder Albany erreichen.«

Es war nach elf, der Himmel dicht von Sternen besät, die Erde eine einzige Leere. Ich flog nach Osten. Die schwach erleuchteten Treibstoffanzeigen standen ungefähr auf fünfundzwanzig Gallonen pro Flügeltank. Der langsam in mir anwachsende Gedanke, das Kabinendach zu öffnen, in den Wind hinauszuklettern, an der Seite hinab in die Schwärze zu springen, den Fallschirm zu öffnen, schien nicht so undenkbar, wie das Flugzeug an sich aufzugeben. Ich wusste, ich wäre erledigt. Die Angst war unerträglich. Ich war zehn Minuten in Richtung Osten geflogen, aber es schienen Stunden. Gelegentlich nahm ich, kaum erkennbar, die unscheinbaren Lichter einer Ortschaft oder Häusergruppe wahr, ansonsten nichts. Die Städte waren verschwunden, versunken im Dunkel. Ich sah hinab. Zwanzig Gallonen.

Plötzlich nahm ich, entfernt zu meiner Linken, ein Schimmern wahr, dann – ich konnte es gerade noch erkennen –, eine schwach leuchtende Lichterkette, die sich langsam, wie durch Magie in zwei parallele Linien verwandelte. Es war die Brücke von Poughkeepsie. Betäubt vor Erleichterung, versuchte ich, ihre dunklen Umrisse auszumachen und die des Flusses, wendete, um sie im Blick zu behalten, ging tiefer und tiefer. Dann, so wie sich alles, was sicher schien, an diesem Abend geändert hatte, veränderte sich auch die Brücke. Ungefähr bei tausend Fuß über ihr sah ich bestürzt auf die Straßenbeleuchtung irgendeiner Stadt.

Die Anzeigen standen auf fünfzehn Gallonen. Etwas, was man niemals versuchen sollte – das war uns immer wieder gesagt worden –, war eine Notlandung bei Nacht. Aber ich hatte keine Wahl. Ich begann zu kreisen, konnte im Nebel nur erkennen, was direkt unter mir lag. Die Stadt lag auf einer Seite am Fuß von Hügeln; ich drehte in der Schwärze vor ihnen ab. Wenn ich mich zu weit von der hell erleuchteten verlassenen Hauptstraße entfernte, würde ich die Orientierung verlieren. Ich ging noch tiefer, sah überall dunkle Dächer und dann, unerwartet, in der Mitte eine freie Fläche wie ein See oder ein kleiner Park. Ich war schnell darüber hinweg, wendete und verlor sie aus dem Blick. Schließlich, noch tiefer sinkend, sah ich die Fläche wieder. Sie war nicht groß, aber es gab nichts anderes. Ich duckte den Kopf kurz nach unten, um die Anzeigen abzulesen – die Zahl unterhalb des jeweiligen Messstrichs schwankte etwas: zehn Gallonen, vielleicht zwölf.

Die Regel bei unbekannten Landeplätzen besagte, zuerst bei Minimumhöhe darüber hinweg zu fliegen, um die Beschaffenheit des Bodens zu prüfen. Ich war mir nicht einmal sicher, dass es eine freie Fläche war; es konnte Wasser sein oder ein Waldstück. Wenn es ein Park war, konnten Gebäude darauf sein oder Zäune. Ich kurvte in den Wind, oder in das hinein, was ich für Gegenwind hielt. Ich hatte das Kabinendach geöffnet, um Spiegelungen zu vermeiden, die gespenstische Doppelung von Instrumenten, die roten Warnlichter. Ich starrte durch den Wind und das Dröhnen geradeaus. Ich war auf ungefähr einhundert Fuß, Klappen ausgefahren, weiter im Sinkflug.

Vor mir lag meine Landebahn, sie kam schnell auf mich zu. An einem Instrumentenbord neben meinem Knie befanden sich die Landelichtschalter, sie hatten abgerundete Köpfe, damit man sie ertasten konnte. Ich griff blind nach ihnen. In der Sekunde, als sie aufflammten, wusste ich, dass ich einen Fehler gemacht hatte. Sie reflektierten wie Scheinwerfer im Nebel; ich konnte ohne sie mehr sehen, aber zwanzig Fuß unter mir war der Boden, ich flog bei niedrigster Geschwindigkeit und wagte nicht, mich hinunterzubeugen, um sie auszuschalten. Etwas zog links an mir vorbei. Bäume in der Mitte des Parks. Ich hatte sie knapp verfehlt. Da konnte man nicht landen. Einen Augenblick später, am anderen Ende, mehr Bäume. Sie waren höher als ich, und da ich zu langsam war, um wieder Höhe zu gewinnen, versuchte ich seitlich auszuweichen. Ich hörte Laubwerk gegen die Flügel schlagen, als sich genau vor mir eine zweite, bisher verdeckte Baumreihe erhob. Ich hatte keine Zeit mehr, etwas zu tun. Etwas Großes krachte gegen einen Flügel. Er riss weg. Das Flugzeug bäumte sich auf. Es hing einen endlosen Moment unbeweglich in der Luft, ein Landelicht war strahlend auf ein Haus gerichtet, in das es einen Augenblick später einschlug.

Nichts ist vergessen, nicht einmal die betäubten ersten Sekunden der Stille, die abgerissenen Blätter, die herabtrieben.

Aus Reflex, wie ein tödlich getroffener Mann, der noch die Tür schließt, griff ich nach vorne, um die Zündung auszuschalten. Ich war schwer verletzt, aber in welcher Weise, wusste ich nicht. Ich spürte keinen Schmerz. Meine Beine, fiel mir ein. Ich versuchte, sie zu bewegen. Es schien alles in Ordnung. Meine Schneidezähne waren locker; ich spürte, wie sie sich bewegten, wenn ich atmete. Ich saß ein paar Momente in absoluter Stille da, fast ratlos, was ich tun sollte, dann löste ich die Gurte und stieg aus dem Cockpit auf die ehemalige Veranda des Hauses. Der Rumpf des Flugzeugs befand sich in einem vollkommen zerstörten Zimmer. Der abgetrennte Flügel lag hinten auf der Straße.

Wie sich herausstellte, gehörte das Haus einer Familie, die an dem Abend die Rückkehr eines Sohnes aus deutscher Kriegsgefangenschaft feierte. Sie veranstalteten ein Fest und hatten das ungewohnte Geräusch des Flugzeugs, das immer wieder im Tiefflug die Stadt überquerte, für eine Art militärischer Ehrung gehalten, und obwohl es schon fast Mitternacht war, waren sie alle auf die Straße hinausgegangen, um es sich anzusehen. Ich war wie ein Meteorit über ihren Köpfen eingeschlagen. Der Ort hieß Great Barrington. Sie mussten ihn mir auf einer Karte zeigen, er lag in Massachusetts, meilenweit weg im Norden und Osten.

In der Nacht schlief ich im Haus des Bürgermeisters, in einem Federbett. Ich sage, ich schlief, aber in Wirklichkeit hing ich endlos in der gekippten Dunkelheit, während das Landlicht auf das große Holzhaus hinabflutete. Der Flügel riss unzählige Male ab. Ich drehte mich auf die andere Seite und begann von neuem.

Sie holten mich am nächsten Tag ab, und ich sah zu, wie sie das Wrack auf einen großen Pritschenlaster luden. Ich fuhr mit den Überresten des Flugzeugs zurück. In der Kaserne, die bei meiner Ankunft leer war, war mein Bett im Gegensatz zu all den anderen mit Zetteln übersät, alles spöttische Gratulationen. Ich war unerwarteterweise mit einem Schlag beliebt. Es war, als hätte ich irgendwie der Obrigkeit getrotzt. An die Tafel im Besprechungsraum hatte jemand ein Haus gezeichnet, aus dessen Dach das Heck eines Flugzeugs ragte, und darunter stand: *Der beste Schüler.* Ich überstand die obligatorischen Kontrollflüge und die Untersuchungen des Unfallkomitees, die unerwartet kurz ausfielen. Langsam zur Komödie gewandelt, erzählte ich die Geschichte viele Male, vor allem den Moment, als die Äste der ersten Bäume die Flügel trafen, bevor ich die zweite Baumreihe sah. Ich behielt ein verbogenes Pratt & Whitney-Emailleschild des Motors und bewahrte es lange Zeit auf, bis es irgendwann verloren ging, und Jahre später erhielt ich eine nicht unterschriebene Postkarte, zu Händen des Adjutanten des Generals adressiert. Sie kam aus Great Barrington. *Wir beten hier noch immer für Sie,* stand darauf.

\* \* \*

Voller Selbstvertrauen und jetzt unverletzbar, legte ich eine Puppe aus schmutziger Wäsche in mein Bett und traf mich eines Nachts nach Zapfenstreich mit Horner in der Nähe des Kasernentors. Wir wollten über den Zaun klettern, was streng bestraft wurde. Wir standen wenige Tage vor unserem Abschluss. Wenn man uns erwischte, würde keine Zeit mehr sein für Stubenarrest oder Strafexerzieren, das Urteil wäre endgültiger: späterer Abschluss und Verlust des Jahrgangsstatus. Das Risiko war allerdings nicht sehr groß. »Anita kommt«, erzählte er mir. »Sie bringt eine Freundin mit.« Sie würden unten am Hügel in einem Cabriolet warten. Anita war neu. Ich bewunderte sie. Sie war die Art von Mädchen, das ich nie haben würde, das mich sogar langweilte und das nur durch Horners anzügliches Verhalten reizvoll wurde. In gewisser Weise aber verhielt ich mich genauso, ahmte ihn begeistert nach.

Anita war die Tochter eines Teppichfabrikanten. Sie trug Seidenstrümpfe und bedruckte Sommerkleider. Sie hatte rote Fingernägel und war groß. Ihre Bemühungen, Horner Einhalt zu gebieten, waren unwirksam und bezaubernd. »Also, du weißt ja, wie Jack ist …«, erklärte sie hilflos. Ich wusste, wie er war, und ich mochte ihn, glaube ich, mindestens so sehr wie sie und wahrscheinlich länger.

Wir blieben dicht an den Gebäuden und schafften es im Dunkeln zu dem offenen Gelände am Zaun und kletterten schnell hinüber. Zur Straße war es nicht weit. Wir gingen über eine kleine Anhöhe und auf halbem Wege den Hügel hinab, im Rausch der erschlichenen Freiheit sahen wir das schwache Licht des Armaturenbretts. Eine der Wagentüren stand offen, das Radio spielte leise. Zwei Gesichter drehten sich zu uns um. Anita lächelte. »Wo seid ihr so lange gewesen?« sagte sie, und wir fuhren los in Richtung Newburgh, um einen Laden zu finden, der Alkohol verkaufte. Jack saß vorne neben ihr; ihr Lachen strömte nach hinten wie Rauch.

Die Anitas. Ich hatte sie mehr oder weniger vergessen. Jahre später, es waren tatsächlich Jahrzehnte, klingelt in tiefster Nacht im Dunkeln das Telefon, und ich greife nach dem Hörer. Es ist zwei Uhr morgens, das ganze Haus schläft. Ich höre ein leises Lachen, das ich sofort erkenne. »Wer ist da?« sage ich. Vergnügt sagt er zu jemandem neben sich: »Er will wissen, wer da ist«, und dann zu mir: »Hab ich dich geweckt?«

»Wie kommst du denn auf die Idee?«

Noch ein Lachen. »Jim, hier ist Jack Horner«, sagt er mit der Stimme eines Geschäftsmannes. Er war geschieden und fuhr im Land herum. »Wozu?« frage ich. »Ich inspiziere Postämter«, sagt er. Um ihn herum höre ich andere Stimmen, sorglos, weich wie Federn. Eine davon kommt ans Telefon. »Wo bist du?« frage ich. Meine Frau schläft neben mir. Eine leise Stimme antwortet: »In einem Motel. Ungefähr drei Blocks von dir.« Sie fügt eine glühende Einladung hinzu. Im Hintergrund kann ich hören, wie er erzählt, dass ich Schriftsteller bin, dass er mich seit der Kadettenzeit kennt. Er versucht, den Hörer wiederzubekommen. Ich kann sie ringen hören, das Lachen der Frau, seines, hoch und fast genauso weiblich, ansteckend.

In der Mainacht damals aber parkten wir an einem Obstgarten und gingen hinauf unter die Bäume. Wir kamen sehr spät zur Kaserne zurück. Ein oder zwei Tage später, als er sich vor dem Frühstück rasierte, ging ich auf ihn zu. »Merkst du auch was?«

»Ja. Was ist das? Hast du das auch?« Es war ein Ausschlag. Wie sich herausstellte, war es Giftsumach, der unsere Arme und Beine verbrannt hatte, ein erstes spielerisches Opfer an die Liebe.

Wir konnten keine Krawatte tragen und brauchten morgens nicht anzutreten. Die Haut voller Blasen, außer Stande, eine Uniformjacke zu tragen, stand ich am Fenster meines Zimmers und hörte in der Ferne die Kapelle spielen, die langen Pausen, die zu den Feierlichkeiten der letzten Parade gehörten. Es erklang die Musik, die nur ein Mal im Jahr gespielt wurde, wenn der Abschlussjahrgang, einige ungeniert weinend, die Mützen zog, und die ersten Kompanien im Vorbeimarsch salutierten, Offizierssäbel blitzend gehoben wurden und dann nach unten schnellten.

Fernab zog die Zeit an einem vorüber, die langen Jahre und die Orte, die kalten Wände und Ausfalltore, die endlose Routine der Tage. Die Sonne fiel durch hohe Fenster auf den Chor, während er singend mit majestätischer Langsamkeit den Mittelgang entlangschritt. Die Uniformen, die Gewehre, die Bücher. Die Wintermorgen, draußen die Dunkelheit; wir rauchten, das Radio spielte, während wir das Zimmer putzten. Die feuchte und dunkle Turnhalle. Die einzelnen Jahrgänge, die sich hastig an der Straße aufstellten.

Die Höfe waren zugestellt mit Feldkisten und Kartons. Alle gingen fort, zum letzten Mal entlassen, verstreut, zu Hochzeiten in die Kapelle, in Restaurants mit ihren Familien, an die Küste, in den mittleren Westen, in winzige Kleinstädte. Wir verglichen Befehle, Zielorte. Ich empfand Freude und Abschiedsschmerz zugleich. Wir traten in die Armee ein, die wie ein riesiger tiefer See war, ruhiger und tiefer, als man sich vorstellte. Am Grund wurde er durch frische und immer reine Quellen gespeist. An der Oberfläche in der Nähe des Abflusskanals war das Wasser älter und weniger klar, aber dieses Wasser würde bald verschwinden. Wir waren das neue und ungetrübt.

An meinem Finger trug ich einen Goldring, in den mein Jahrgang eingraviert war, ein Ring, den jeder, dem ich begegnete, erkennen würde. Ich trug ihn ständig; ich trug ihn beim Fliegen; er lag in meinem Schuh, wenn ich schlief. Er bedeutete mir alles, und ich hatte alles gegeben, um ihn zu bekommen. Ich besaß auch ein silbernes Erkennungsarmband, das alle Flieger trugen, mit einer Metallplakette, die klirrte, wenn sie gegen den Tisch oder die Theke schlug. Ich war vielleicht arrogant, anders als der Junge, als der ich hergekommen war, und anders sogar als die anderen, ohne genau zu wissen, wie, oder die Gefahr zu kennen.

Als wir packten, vertauschten mein Zimmernachbar und ich aus Versehen ein paar Schuhspanner, und ich bemerkte es erst, nachdem wir abgefahren waren. Auf den hölzernen Zehenteil war mit Tinte in fein säuberlicher Schrift, die unverkennbar die seine war, *Eckert, R. P.* geschrieben. Er starb später, wie sein Bruder, bei einem Autounfall. Sein Leben verschwand, aber nicht sein Name, den ich jahrelang beim Anziehen vor mir sah, und dann sah ich auch ihn, kühle blaue Augen, blasse Haut, wie er rauchte, mit merkwürdig abrupten Zügen, wie er ging, die Fußspitzen ein wenig nach außen. Ich behielt auch ein Tschako, ein paar Hosen und ein graues Hemd, aber mit der Zeit, wie Farbe, die langsam abblättert, wurden sie aussortiert oder gingen verloren, obwohl sie in der Erinnerung ganz klar bleiben.

* * *

Eines sah ich lange Zeit später wieder. Ich fuhr auf einer einsamen Straße, es war im Westen, ungefähr zwanzig Meilen hinter Cheyenne. Es war Winter, es schneite, Schneewehen auf der Straße. Ich versuchte durchzukommen, aber schließlich blieb ich stecken. Es war spät am Nachmittag. Es ging ein starker Wind. Nirgends war ein Haus zu sehen, nur Zäune und flache, begrabene Felder.

Ich stieg aus und ging die Straße entlang zurück. Es war sehr kalt; meine Reifenspuren verwehten bereits. Die Handschuhe an die Ohren gedrückt, ging und lief ich abwechselnd. Ich dachte dabei an den Ausgang von Jack London-Geschichten. Nach einer Meile oder zwei hörte ich Hunde bellen. Weit zu meiner Rechten, halb versteckt im Schnee, stand ein einfaches, ungestrichenes Haus, daneben ein paar Schuppen. Ich kämpfte mich durch den Schnee, die Hunde wichen zurück, bellten und knurrten, das Nackenfell gesträubt.

Eine große junge Frau mit offenem Gesicht und einem angeschlagenen Zahn kam an die Tür. Ich konnte ein Kind weinen hören. Ich erzählte ihr, was passiert war, und fragte, ob ich mir eine Schaufel leihen könnte. »Kommen Sie herein«, sagte sie.

Das Zimmer war schlicht. Ein paar Stühle und ein Tisch, kahle Wände. Sie rief in die Küche nach ihrem Mann. Auf einem alten Aktenschrank stand ein laufender Schwarzweißfernseher. Plötzlich sah ich etwas Vertrautes, etwas aus tiefster Vergangenheit – über dem Sofa lag eine graue Decke, das dichte Grau der Uniform aus meiner Jugend, mit schwarz-goldenem Rand. Es war eine West Point-Decke. Ihr Mann zog sich das Hemd an. Wie passend, dachte ich, ein Ehemaliger, der in der Tundra auf einen anderen trifft, Jahre später, im kältesten Winter, das Leben auf dem niedrigsten Stand.

In einem abfallübersäten Kleinlaster fuhren wir zurück zum Auto und arbeiteten eine Stunde, die Hände wurden taub, die Füße ebenfalls. Heroische Arbeit, Arbeit, die Menschen miteinander verbindet. Wir sprachen wenig, nur über das Schaufeln und was zu tun wäre. Er war ein Fremder, aber in seinem Gesicht sah ich Geduld, Kraft und die Ethik jener, die ausgebildet wurden, schwierige Dinge zu tun. Schulter an Schulter versuchten wir, das Auto frei zu bekommen. Er war jene verschwundene Gestalt, der Kompaniechef, der unermüdliche Mann jener Jahre, in denen es nichts Höheres gab: *Entbehrungen bedeuten ihm wenig, Hindernisse können seinen Geist nicht brechen* … Ich war wieder im Schnee von Flugplätzen, auf denen wir die Maschinen frei schaufelten und die Landebahn auf und ab rollten, damit die Triebwerkhitze das Eis schmolz, in der reifbedeckten Kälte von 45 000 Fuß Höhe, wenn die Heizung ausgefallen war, in Mor gendämmerungen von dreißig Grad unter Null, wenn bei bloßer Berührung des Rumpfes die Haut am Metall hängen blieb.

Gemeinsam retteten wir das Auto und fuhren zu seinem Haus zurück. Ich hielt ihm etwas Geld hin. Ich wollte ihm etwas für seine Mühe geben, sagte ich. Er sah darauf. »Das ist zu viel.«

»Nicht für mich«, sagte ich. Dann fügte ich hinzu: »Die Decke da ...«

»Was für eine Decke?«

»Die auf dem Sofa; ich weiß, wo die herkommt. Woher haben Sie die?« sagte ich beiläufig. Er drehte sich um und sah sie an, dann sah er mich an, als würde er nachdenken. Er war groß wie seine Frau, er bewegte sich ohne Hast. »Woher haben wir die?« fragte er sie. *Die jungen Damen, die im Juni erschienen ...,* dachte ich. Sie hatten in der Kirche geheiratet.

»Die? Weiß nicht. Aus dem Trödelladen«, sagte sie.

Einen Moment lang dachte ich, sie spielten mir etwas vor und wollten sich nicht zu erkennen geben, aber nein. Er war Tätowierer, stellte sich heraus. Er arbeitete in Cheyenne.

\* \* \*

Der Sommer nach dem Abschluss, der erste große Sommer meines Lebens, zog spurlos vorüber. Ich hatte einen Ehrgeiz: mich selbst zu erniedrigen. Ich fuhr zuerst nach New York, um mit einem Mädchen das Wochenende zu verbringen, von der ich mindestens ein Jahr lang Geschichten gehört hatte. Sie war eine Diplomatentochter, verrufen im ganzen Regiment, sie ging von Hand zu Hand, sie war nicht unbedingt schön, wie ich feststellte, aber durch nichts zu überraschen und sogar geistreich. Ich war begierig zu erfahren, was die anderen bereits erfahren hatten, der innere Kreis, und beiläufig ihren Namen zu erwähnen.

Danach kam der Urlaub im schwülen Washington, träge Tage und Nächte und das wenige Vergnügen, das sie brachten. Horner war auch dort. Er wohnte bei seiner Mutter. Nach Verlauf eines Monats stiegen wir, noch immer von uns selbst begeistert, an Bord einer B-17, die nach Columbus, Ohio, flog, lagen luxuriös zwischen dem Gepäck, und Horner spielte auf seiner Ukulele, während die Besatzung die Liste durchging und sich auf den Start vorbereitete. Insellieder gehörten zu seinem Repertoire und ein Song mit dem Titel »Standard Gas«. Bald waren wir in kühler, dünner Höhenluft, und die Motoren sangen uns in den Schlaf. So begannen auf leichte, ein wenig komische Weise die Tage des Vagabundierens. Wir kamen schließlich nach Oklahoma. Wir hatten unser Offizierspatent und fühlten uns wohl, die Massen der anderen und ihr Schicksal interessierten uns wenig.

* * *

Von Zeit zu Zeit dachte ich an Bob Morgan, meistens am Jahresende, wenn man zurückblickt, manchmal weit zurück. Einmal besorgte ich mir bei der Auskunft sogar seine Telefonnummer, aber ich rief nie an. Dort, unter meinen vagen Erinnerungen, veränderte er sich nie, er behielt seine breite Brust, seine Bescheidenheit und Hartnäckigkeit.

Jahrzehnte vergingen, und ich war zufällig in Texas, wenn auch weit von seiner Heimatstadt. Spontan rief ich wieder bei der Auskunft an. Es gab keine Morgans in Spur; ich hatte zu lange gewartet. Es gab zwei Robert Morgans in Lubbock, einer großen Stadt, nicht weit von Spur, die er oft erwähnt hatte, aber keiner von beiden war der Richtige. Ich versuchte es schließlich bei der Veterans Administration. Es gebe unzählige Morgans im Computer, sagte der Mann, einschließlich Hunderten von Roberts. Er schlug vor, ich solle mich in Spur erkundigen, wo ich mit dem Herausgeber der Lokalzeitung sprach.

»Morgan?« Sich an jemand anderen wendend, sagte er: »Hatten wir nicht letzten Herbst einen Nachruf auf einen Morgan im Blatt? Ich weiß nicht, ob er Robert hieß«, sagte er zu mir – er war erst seit 1952 in der Stadt, kein Einheimischer, erklärte er. »Warten Sie eine Minute.« Er sah die Abonnentenliste durch. »Es gibt einen Bob Morgan, der den *Texas Spur* bezieht. Er wohnt in New Waverly, Texas.« Er gab mir die Postleitzahl. Wo New Waverley lag, konnte er mir nicht sagen, aber ich wusste, dass ich ihn endlich gefunden hatte, er war weggezogen, sie hatten aber immer noch die heimische Zeitung abonniert, er und Nona.

In New Waverley ging eine Frau ans Telefon. Ja, sagte sie, dies sei Bob Morgans Nummer. Ich erklärte, wer ich war, sein Stubenkamerad aus früheren Tagen, wenn es sich um den Bob Morgan handelte, der während des Krieges bei der Armee war.

»Er war bei der Air Force«, sagte sie.

»Der Air Force? Nicht bei den Fallschirmjägern?«

»Ich glaube, Sie meinen seinen Onkel«, sagte sie. »*Der* war bei den Fallschirmjägern.«

»Wurde er je verwundet?«

»Das weiß ich nicht. Sie könnten meinen Mann fragen, der müsste das wissen. Er wird gegen vier zurück sein.«

Wo wohnte denn dieser Onkel? fragte ich. Er lebte in Plano, sagte sie, bei Dallas, aber sie benutzte die Vergangenheitsform.

»Lebt er nicht mehr da?« sagte ich. Leider nein; er sei vor einiger Zeit gestorben.

Plötzlich überkam mich eine entsetzliche Enttäuschung. Es gab keinen wirklichen Grund. Es war nur, dass ein Stück Küstenstreifen in der Ferne versunken war. Wann war es passiert? fragte ich. Sie war sich nicht sicher. Ungefähr 1985, sagte sie. Nach einer kurzen Pause fügte sie hinzu: »Er hat Selbstmord begangen.«

Ich wollte mehr wissen, ich war mir nicht sicher, warum, und sie gab mir den Namen seiner Schwester, die auf Besuch bei ihrer Nichte in Lubbock war. Ich rief sie an und hinterließ eine Nachricht. Man versprach, es ihr auszurichten.

Zwei Tage später klingelte frühmorgens das Telefon. Es war Bob Morgans Schwester. Ich sprach mit ihr über ihn. Ich hätte gerne seine Frau angerufen, sagte ich, aber nicht gewusst, wie ich sie erreichen sollte. »Er war nicht mehr mit ihr verheiratet, als er starb«, erklärte seine Schwester. »Er hat sich ungefähr drei Jahre zuvor scheiden lassen, und er hat das Mädchen geheiratet, das er immer heiraten wollte, wie er sagte, seine Jugendliebe.«

»Nona?«

»Nicht Nona, Betty«, sagte sie. Sie erzählte mir von seinen Kindern; es waren vier, zwei von seiner früheren Frau, die er adoptiert hatte. »Also hatte er zwei eigene Kinder?« Nein, sagte sie, er hatte noch eins adoptiert, ein Mädchen aus einer noch früheren Ehe mit einer Ranchertochter aus New Mexico.

»Ehrlich gesagt«, erklärte sie mir, »ich glaube, er hat sie vor allem deshalb geheiratet, weil er ihren Vater mochte. Er hatte immer eine besondere Beziehung zu älteren Männern, seit unser Vater ermordet wurde – da war Bob, lassen Sie mich überlegen, er muss ungefähr vier gewesen sein. Ich nehm an, dass er nie darüber hinweggekommen ist.«

Ihr Vater war von zwei Männern ermordet worden, sagte sie.

»Sie wussten, dass er nach Amarillo unterwegs war, um Pferde zu kaufen, und natürlich hatten sie noch nie etwas von einem Kreditbrief oder ähnlichem gehört. Sie dachten, er würde sehr viel Geld bei sich haben, also überfielen und ermordeten sie ihn. In Wahrheit hatte er nur vierzig Dollar dabei; es war eine lebenslange Regel, niemals mehr bei sich zu tragen, zwei zusammengefaltete Zwanzig-Dollar-Scheine. Wir waren zu fünft«, sagte sie. »Meine Mutter – sie war eine bemerkenswerte Frau, ich weiß nicht, wie sie das geschafft hat – stand da, mit fünf Kindern, einem Zehntausend-Dollar-Anwesen und zwölftausend Dollar Schulden, und das kurz vor der Depression. Das war um das Jahr 1925. Sie zog mit uns in ein altes Haus und brachte sich selbst bei, wie man Land bestellte und Pferde zuritt.«

Aber was war mit ihm am Ende geschehen?

Es folgte eine Pause. »Ich wollte, ich wüsste es«, sagte sie. Sie hätten eine gewisse Veranlagung in der Familie, sie reagierten alle überempfindlich auf Medikamente, sagte sie. Er brauchte lange, um die Nachwirkung der Medikamente zu überwinden, die er in Italien nehmen musste, als er verwundet worden war. Einfach Jahre. Vielleicht musste er wieder irgendwelche Medikamente nehmen. Sie wusste nur, dass er sich eines Morgens zur Arbeit fertig machte und einfach ins Badezimmer ging und sich erschoss. Er wurde in Spur beerdigt, sagte sie, im Familiengrab.

Danach dachte ich lange über ihn nach. Ich hatte ihn ein halbes Leben lang nicht gesehen und doch erinnerte ich mich deutlich an ihn. Seine Briefe begannen immer mit dem rührenden *Mein lieber Jim*. Morgan war Sergeant bei den Aufklärern gewesen und hatte einen Colonel, der nicht wusste, dass er in der Nähe war, sagen hören: Wenn er einen Sergeant im Feld zum Offizier machen würde, dann Morgan.

Er war zu der Zeit einundzwanzig, aber wahre Männlichkeit zeigt sich früh. In einem seiner Briefe an mich hatte er ge- schrieben: *Seitdem wir uns getrennt haben, bin ich einen weiten Weg gegangen, und ich bedaure jeden Schritt ...*

# DIE FRAU DES CAPTAINS

Im Spätsommer 1945 ging ich als Second Lieutenant mit den Schwingen des Piloten auf der Brust in das Offizierskasino von Enid in Oklahoma. Horner war bei mir. Wir waren über den halben amerikanischen Kontinent gefahren, hatten uns von Lastwagenfahrern Benzinkupons erbettelt und gelegentlich mit unseren neuen Pistolen Löcher in Verkehrsschilder an Landstraßen geschossen. Im Kasino lief die Musikbox. Sie spielten Poker. Wir waren Teil der Air Force. Jetzt waren wir dran. Das sollte unsere Geschichte werden, unsere breite Heckwelle, der gewaltige hämmernde Lärm der Triebwerke vor den Cockpitfenstern der B-25, die wir bald fliegen würden, donnernd an den Getreidesilos vorbei, die in der Nähe des Flugplatzes standen. Wir waren eine Art Gentleman, die Art, die nach einem Schiffsunglück in Sommerkleidung am Strand entlangspaziert und Witze über gekenterte Rettungsboote macht. Wir suchten das Ausgefallene – vor allem wilde Nächte und die Leere des Morgens, wenn wir in zerknitterten Uniformen dasaßen und über die späten Stunden sprachen und alles, was wir getan und gesehen hatten.

Horner, der ein Gesicht hatte, das aussah, als könne man ihn noch bekehren, vorausgesetzt, man hatte die Zeit, und das manchmal eines Ausdrucks fähig war, der Ernsthaftigkeit nahe kam, sehe ich in ein Laken gewickelt und mit wirrem Haar vor mir, während ein Mädchen wütend eine Flasche nach ihm wirft: verdammter Kerl! Es ist im Gayoso-Hotel oder im Carlton, in Memphis oder vielleicht Dallas. Vier Uhr morgens, und jemand klopft an die Tür – der Page mit der eigentlich nicht mehr zu kriegenden Flasche unter der Jacke. Wer immer es war, die sagte, sie mache solche Sachen nicht, steht in Höschen und Büstenhalter da. »Ach, hallo, Miss Cole«, sagt der Junge höflich.

Die Bühne wechselt schnell, die Künstlerinnen treten auf und ab, einige sind allein, andere fordern mehr, schlagen mit hohen Hacken in den frühen Stunden des Tages an die Tür.

Aber da waren auch Momente anderer Art, Anstand, vielleicht, in seiner reinsten Form mitten im Chaos – die beiden Mädchen des Women Auxiliary Corps der Navy, von denen die eine, die, mit der ich zusammen war, aus einer Welt kam, die die unsere kühl ablehnte. Ich sah sie nie wieder. Mit klarem Gesicht, in Blau und Weiß gekleidet, schien sie eine Weile bereit, jemanden zu mögen, der ich noch nicht sein wollte, und ich erinnerte mich noch lange an sie und ihre Kleinstadt, Green River, Wisconsin. Ich sagte Horner nichts davon. Er hätte eines seiner Lieblingswörter gebraucht: »Herzzerreißend!« In diesen, wie in anderen Dingen, war er nicht zu beeindrucken.

Das Kriegsende kam, wenn auch nicht unerwartet, so doch schnell. Wir waren zu der Zeit in Austin, und wir merkten, dass etwas geschehen war – Leute hasteten die Straße hinunter und drängten sich vor einer Ladentür zusammen. Es war der Eingang zu einem Alkoholgeschäft, und sie bereiteten sich auf die größte Feier ihres Lebens vor, eine, an der wir, wenn auch mit halbherziger Begeisterung, teilnahmen. In einem kühnen Federstrich waren wir entwertet, wie eine

Währung, und sechs Monate lang wurden wir von Flugplatz zu Flugplatz versetzt, auf Stützpunkte, die zunehmend düster und – da die Wartungsmannschaften entlassen wurden – still wurden.

Horner und ich waren getrennt worden. Er war in Florida stationiert, wo er in plötzlicher Bekehrung, wie der Pascals, heiratete. Ich sollte den Brautführer machen, aber ich konnte nicht. Ich kannte den Namen der Braut, das war alles.

In dem Winter gingen wir nach Übersee, an Orte mit berühmten Namen, die nun, im Frieden, wieder bedeutungslos geworden waren. Wir fuhren zu geschlagenen Nationen, aufgegebenen Bereitstellungsräumen. Unser Schiff stach im Januar 1946 in San Francisco in See, wir fuhren unter der Golden Gate Bridge hindurch, von der ein riesiges Plakat herabhing, das wir nicht lesen konnten. Als unser Truppentransporter die Brücke hinter sich ließ, gingen wir auf das Achterdeck, froh, endlich nach Übersee zu kommen, wenn auch traurig über den Zeitpunkt, und blickten zurück. Das Plakat war nur von der Pazifikseite aus zu lesen, und die Aufschrift lautete: »Willkommen zu Hause, ihr Helden.« Es war die Ära des Flugs, aber noch nicht des Düsenflugs. Der Pazifik war endlos – man brauchte fast vierzig Stunden, um nach Japan zu fliegen, und fünfzehn Tage, um mit dem Schiff nach Manila zu kommen. Horner war nach Europa geschickt worden.

Ich hatte mir, mit einiger Hilfe von Freunden, einen Zustand emotionalen Nihilismus zugelegt, oder ich hatte versucht, ihn mir zuzulegen. Das schien mir angemessen. Wir würden drei Jahre auf der anderen Seite der Welt zubringen, und wir brachen auf, ohne eine klare Vorstellung davon zu haben. Wir wussten nur, dass es weit weg von zu Hause war. Das sprach für einen Mangel an Bindung, sogar für Fatalismus. Zugleich indessen war ich, wie ein Mann mit einem ungesunden Geheimnis, verliebt.

Während unseres letzten Frühjahrs in West Point, auf einem der letzten Bälle – Goldknöpfe, graue Hosen mit schwarzen Biesen, junge Gesichter, Paare, die ihren Traum schon besaßen – hatte es einen Moment gegeben, in dem sich auf der Tanzfläche eine Gasse öffnete und ich ein Mädchen in einem schwarzen Kleid sah, das viele kleine Schlitze hatte, wie Augen in einer Silhouette, und sie trug einen fleischfarbenen Unterrock darunter. Es war ein Mädchen mit schönem Haar und einem strahlenden Lächeln. Sie lehnte sich in den Armen ihres Partners zurück und redete. Es war eine Erleuchtung. Es überwältigte mich. Sie drehten sich, und nun war sie auf seiner anderen Seite zu sehen. Aus dem Schatten des Balkons, auf dem man wartete – Moment, das war es nicht –, aus dem Torbogen, der zu den Treppen führte, wo die Männer, die ohne Frauen gekommen waren, sich auf einem Absatz versammelt hatten, trat ich ohne Zögern auf die Tanzfläche, als hätte ich ein Zeichen bekommen, ein Stichwort. Hundert Paare tanzten auf dem weiten Holzboden. Ich kannte sie nicht, und ihren Partner kannte ich kaum, aber ich sagte: »Darf ich jetzt?«

Glücklicherweise erinnere ich mich nicht daran, was ich sonst noch sagte, ich weiß nur noch, mit welcher Selbstverständlichkeit ich sie in die Arme nahm und mit ihr tanzte. Ich war mir meiner und ihrer ganz gewiss. Aus der Nähe war sie noch blendender, prächtige dunkle Brauen, schöne Arme, die Kühle ihres Blickes. Ich war hingerissen – sie war so eindeutig das Ideal.

Ich fand heraus, dass sie am Pratt College studierte und aus West Newton kam, einer Kleinstadt in der Nähe von Boston. Sie war nicht wie die spröden New Yorker Mädchen. Sie ging mit meinen Fragen geschickt um, sie war ernsthafter, suchender. Körperlich war sie atemberaubend, makellos – man kann über die Seele sagen, was man will – und aufs Höchste begehrenswert. Sehr selbstsicher und ein wenig spöttisch verweigerte sie jede Auskunft darüber, wer sie eingeladen hatte und wen sie kannte. Aber ich hatte ihren Namen und ihre Adresse, und in der Hektik dieser letzten Wochen schrieb ich ihr.

Nach dem Abschluss war ich in der Lage, nach New York zu fahren und sie zu besuchen. Wir gingen in Nachtclubs, wir besuchten ein Footballspiel. Dass ich immer noch Uniform trug und auch in Uniform bleiben würde, war ihr ein Dorn im Auge. Ihr Ehrgeiz richtete sich auf die Kunst. In ein oder zwei Jahren würde sie als Assistentin eines prominenten Modezeichners arbeiten, würde die Kleider der Models tragen und auf seiner Terrasse Sonnenbäder nehmen, wenn er nicht da war. Ich sagte ihr die Dinge, die einem Begeisterung und fester Glaube eingeben. Ich war von ihr verzaubert. Wir hatten kaum mehr getan, als uns zu küssen, aber in dem Winter, als wir uns darauf vorbereiteten, an Bord des Truppentransporters zu gehen, war sie es, die ich anrief, um mich zu verabschieden.

Es waren noch drei andere Männer an Bord, die sich um sie bemühten. Ich war mir nur eines Rivalen bewusst. Ich hatte seinen Namen erfahren, und als wir mehrere Tage auf See waren und ich schon länger auf eine Gelegenheit gewartet hatte, sprach ich ihn so verlegen an, als wollte ich ihn bitten, mir Geld zu borgen. Er stand allein an der Reling, ein magerer, romantischer Typ mit einem ziemlich eleganten Namen, den ich hier als Demont annähernd wiedergebe. Ich hatte den Verdacht, dass er sie besser kannte als ich, dass er ihr näher gekommen war. Wir sahen eine Weile aufs

Meer hinaus. So beiläufig wie möglich nannte ich ihren Namen.

Er nickte ohne jedes Anzeichen der Überraschung. Als er mit dem einen oder anderen Blick auf mich zu reden begann, wurde mir klar, dass ich in seiner Geschichte keine Rolle spielte, weder als jemand, an den er sich erinnerte, noch als Rivale. Ich fühlte mich wie ein Spion, wie einer, der durch einen unglaublichen Glücksfall Geheimpapiere findet, die offen auf einem Schreibtisch liegen. Er hatte Toni getroffen, als sie fünfzehn war, erzählte er mir. Sie hatte eine Cousine in Charleston, West Virginia, besucht, und er war dort aufgewachsen. Er kam mir vor wie ein junger Mann aus gutem Hause, der sich in ein unbekanntes durchreisendes Mädchen verliebt hatte. »Sie hatte immer Dutzende von Männern, die hinter ihr her liefen«, sagte er nüchtern.

»Wie ist sie denn?« fragte ich. Ich konnte mir schon vorstellen, wie sie war. Ich hatte sie geküsst. Ich hatte ihren Körper an mich gedrückt, hatte ihren Hals und ihre Taille berührt. So oberflächlich das war, so sicher war ich, was im Kern ihres Wesens lag.

Sie war ehrgeizig, schön, herzlos, sagte er mir. Sie konnte eine Menge Alkohol vertragen. Eines Abends, als er auf dem Luftstützpunkt Napier stationiert war, hatte er sie angerufen und ihr dreißig Minuten lang einen Antrag gemacht, dann hatte er Urlaub genommen und war auf zehn Tage nach New York gefahren, hatte sie angefleht. Zufällig hatte er ihr Tagebuch in die Hand bekommen und ein paar Seiten gelesen. Er sah, dass es andere gab, einen namens Beezy. *Ich liebe ihn so!* hatte sie geschrieben. Da war ein Telegramm von ihm, in dem stand, dass er von Oklahoma nach New York fliegen würde (*Bin verrückt nach Dir*), um sie zu treffen. *Ich kann es kaum erwarten!* schrieb sie.

Das hatte Demonts Hoffnungen zerstört. Er hatte aufgegeben. Sie gehörte jetzt Neal, sagte er – auf seine Einladung war sie die Woche im Juni nach West Point gekommen. Neal war auch auf dem Schiff, aber mein Instinkt sagte mir, nicht auch noch mit ihm zu reden. Ich war sowieso entschlossen: ich wollte sie für mich gewinnen.

Es dauerte zwei Jahre. Ihre Liebe gab sie langsam, aber sie war tief empfunden. Auf die eine oder andere Weise schaffte ich es, mehrmals nach New York zurückzukommen. Die Überraschung, wenn ich sie anrief. Mit leiser Stimme gestand sie: »Ich fühle mich hier drin ganz schwer.« In einer Art Delirium fuhren wir die Park Avenue hinunter, auf dem Weg ins Theater, meine Eltern folgten in einem anderen Taxi, wir küssten uns leidenschaftlich. Ich wartete vor dem Haus des Modezeichners, und sie kam nach der Arbeit herunter, jung und lächelnd. Überall schien die Stadt uns willkommen zu heißen. Wir waren ihre Erneuerung, ihre Lyrik. Ich fuhr über kühle Landstraßen, die in Grün getränkt waren, um sie auf dem Lande zu besuchen, wo sie für ein Wochenende das Haus von Freunden bekommen hatte. Es war Frühsommer, die Straße war voller Autos, die nach Hause fuhren. Chappaqua, Campfire Road. Die schmalen Hinweisschilder fliegen vorbei, es ist die Stunde der Schatten und des letzten überwältigenden Lichts. Sie wartet auf der dunklen Veranda, allein im Haus. Ich schieße die Nebenstraße hinunter, voller Leben. Natürlich wurde es nicht so, wie ich es mir ausmalte. Dies war noch am Anfang. Mit nackten Schultern und scheinbar an anderen Dingen interessiert – das Essen, wie man den Wein öffnete –, wich sie mir den ganzen Abend aus. Ich war nicht erfahren genug, um sie einfach in die Arme zu nehmen, sie zu packen und zu zwingen, still zu halten.

Ich schickte enge Freunde zu ihr, wenn sie vom Pazifik nach Hause fuhren, Crawford, der sanft und ernst war, Rafalko, der in den Footballteams von 1943 und 1944 großartig gespielt hatte. Ich wollte nicht, dass sie mich vergaß, und dann war da auch die Macht all der Briefe, der Reiz der Trennung, der versagten Liebe, mit der die Wirklichkeit nicht konkurrieren kann.

Ich kann daran nicht ohne Trauer denken. Ich denke an die tagelangen, intimen Stunden in ihrer Wohnung, als dieselbe Schallplatte wieder und wieder gespielt wurde, Teile des Textes wie ein Schwur, den ich bis zu meinem Tod nicht vergessen werde. Die Intensität, die Nähe.

*Nur einmal sind wir für die Liebe wirklich gerüstet.* Dies war das eine Mal. Sie war vielleicht nicht die richtige Person oder ich war es nicht. Es ist herzzerbrechend, sich an ihre Bitten zu erinnern und an ihre einfachen Worte: *Ich warte.*

Da ist das Fieber und danach die langen weißen Morgen, die Leere der Erholung. Ich war zu der Zeit schon in Washington, noch immer auf der Straße, die von ihr fort führte, und unter Rivalinnen, die sie nicht kannte. Sie hatte aufgehört, mich zu bitten, das zu tun, was ich wirklich wollte, so zu sein, wie ich wirklich war. Sie hatte mich abgeschrieben, obwohl die Narbe immer bleibt, wenn die Liebe so tief eingeschnitten worden ist.

Ein paar Jahre später heiratete sie jemanden. Er war fort, als ich sie besuchte, eines der letzten Male. Mein erstes Buch war herausgekommen, ich hatte Geld, weil eine Filmgesellschaft die Rechte gekauft hatte, und wir gingen zum Abendessen in das brasilianische Restaurant, das neben dem Haus lag, in dem sie früher gewohnt hatte, und wo, wie sie mir sagte, Greta Garbo gerne gegessen hatte.

Sie trug ein blaues Seidenkleid. Dasselbe dunkle Haar, birkenweiße Haut, die vollen Lippen, die schimmernden Zähne. Derselbe Körper einer Göttin. Wir tranken etwas, wir redeten wie früher, aber es war nicht mehr dasselbe, es war verbraucht. Wir verbrachten den Abend in Harmonie wie zwei frühere Tanzpartner, wiedervereinigt, aber ohne den alten Glanz.

Sie war mit einem weiteren Mann verheiratet, als sie im Alter von vierzig Jahren starb, schön und unzufrieden bis zuletzt. Sie hatte keine Kinder, und sie war nicht berühmt. Männer hatten sie immer begehrt, darunter einige, von denen ich nichts wusste. Als gehorchte ich ihren Wünschen, hatte ich mich schließlich dem Leben zugewandt, das sie sich immer für mich vorgestellt hatte, aber zu spät für uns beide. Die Jahre, in denen wir hätten zusammenkommen können, waren vergangen.

In den Schneestürmen von New England sehe ich sie. Der Schnee, die alten Häuser, die sich in ihm verbergen, die warmen, lichterfüllten Fenster. Ich fahre im Winter durch ihre Stadt, Eichenwälder, der Himmel blass, ein Bootshaus, Erinnerungen. Ich denke an ihre Mutter, das Leben ihrer Mutter, die ihre Kinder nach Osten brachte, um da zu leben, oder war es so, dass ihre Mutter in Kalifornien blieb und die Kinder zu Onkel und Tante nach West Newton schickte? Egal, da ist der Teich, grau und eisbedeckt, und die Eisenbahnbrücke, die sie als Mädchen überquerte, in ihrer Jugend und Vollkommenheit vor langer Zeit.

Im Pazifik war der Krieg zu Ende, aber seine weiten schäbigen Landschaften blieben. Die Bucht von Manila hatte die Farbe von Rost, weil so viele Schiffe dort gesunken waren. Unidentifizierte Masten und Schornsteine ragten aus dem Wasser. Manila war halb zerstört; von vielen Palmen waren nur die Stämme geblieben, die Straßen waren ruiniert, die Luft stauberfüllt. Man konnte noch verrottende Helme und andere Ausrüstungsgegenstände auf dem Stützpunkt Bataan herumliegen sehen. Alle Ordnung war zerbrochen. Diebstahl war zu einer Industrie geworden, Deserteure kamen vor dem Morgengrauen in die Kasernen zurück, um zu stehlen, was nicht niet- und nagelfest war. Die Mannschaftslisten waren unvollständig, die Disziplin schlecht. Soldaten drohten ihren Offizieren, sie zu erschießen, wenn sie zu pflichtbewusst waren. Auf Okinawa fuhr ein Corporal eine Krankenschwester in einem Ambulanzwagen ohne Kennzeichen bei den schwarzen Einheiten herum. Sie lag hinten auf einem Bett, unterhalb der Taille nackt. Sie verlangte zwanzig Dollar.

Am philippinischen Unabhängigkeitstag sah ich MacArthur im Manila Hotel. Er war dicker um die Mitte und kleiner, als ich ihn mir vorgestellt hatte, die Haare hatte er mit Pomade über den kahl werdenden Schädel geklebt. MacArthur war damals noch eine umstrittene Gestalt. Viele, die unter ihm gefochten hatten, redeten schlecht über ihn. Er interessierte mich weniger als die Kampfflieger, die ich in Bars und Nachtclubs traf und die mit baumelnden Füßen behaupteten, sie wären mit Richard Bong geflogen oder mit McGuire. Weniger auch als einer meiner Stubenkameraden auf der Air Force-Basis Nielsen, der jeden Abend duschte, sich eine frische Uniform anzog und in ein riesiges Tanzhaus in einem früher eleganten Stadtviertel, Santa Anna, ging und am nächsten Morgen verschwitzt, unrasiert, mit fehlenden Rangabzeichen und leicht nach Ammoniak riechend zurückkehrte, ein Duft, der annähernd dem von Philippino-Frauen entsprach. Schließlich ging ich mit. Der Saal war so groß wie ein Fußballfeld, brodelnd und überfüllt, mit einer vollen

Band an jeder Stirnseite, mit tausend Unteroffizieren und Mädchen, die an Tischen saßen.

Nach einiger Zeit wurden wir Geschwadern zugeteilt, die von einigen gelassenen Veteranen geführt wurden, selbstsicheren Gestalten, die mit den Versorgungsleuten befreundet waren und genau wussten, wie die Dinge liefen. Die Kampfflieger wurden an entlegene Basen in Korea, Japan und auf Okinawa versetzt. Mit fünfzehn oder zwanzig anderen kam ich zu den Transportfliegern und blieb eine Weile in Manila. Wir wohnten in Nissenhütten, die von den Letzten der Kriegsteilnehmer geräumt worden waren. Sie hatten unter anderem Schnappschüsse von nackten australischen Mädchen hinterlassen und bleistiftgeschriebene Adressen auf der Rückseite der Checklisten.

Und dann begann, wie eine ansteckende Krankheit, eine Auslese. Wir hörten es immer zuerst als Gerücht – jemand hatte jemanden getroffen, jemand hatte gehört ... Männer verschwanden. Nach und nach kamen die Namen.

Hast du gehört, dass McGranery abgestürzt ist? sagten sie. Beim Anflug auf Palawan, in einer P-51. Grassman auch, am selben Ort. Jack Ray, der immer lächelte, kam auf Okinawa um. Woods stürzte kurz nach dem Start in ein Korallenriff, auch dort. Die Transportflugzeuge mussten korrekt geflogen werden, sonst waren sie heimtückisch. Ein Triebwerk fiel aus, ein Flügel senkte sich abrupt, die Maschine wie ein stolperndes Pferd. Bei niedriger Geschwindigkeit konnte ein plötzlicher Gasschub sie auf den Rücken rollen lassen, und man konnte am Knüppel wenig tun. Schrader war tot, hörten wir. MacDonald. Wie Regentropfen schlugen sie in den Staub. Averill kam in Korea um, in einer P-38. Domey starb; Joe Macur. Cherry stürzte ab und Jim Smart, mit langen Nebelstreifen an den Flügelspitzen geradewegs ins Meer.

Die Unfälle. Sie waren die dunklen Bäume im Wald, die allein standen, an ihrem Fuß wuchs nie wieder etwas. Die Ruinen in den Städten verschwanden langsam, aber niemals der Ölfleck auf dem Wasser, der alles war, was sie von Smart fanden. Für mich indessen war es das Lied der Sirenen – die schweren Maschinen mit den verwitterten Kennzeichen, der gewaltige Lärm, mit dem sie abhoben, die fernen Start- und Landebahnen von Negros, Yontan, Cebu. Die Gefahr war eine Auszeichnung, die nichts anderes einem geben konnte. Einem selbst würde es nicht passieren, natürlich würde es einem nie passieren, und man konnte, wie oft gesagt wurde, den Tod auch finden, wenn man die Gefahr floh, manchmal sogar noch schneller. Mahl, mit dem zusammen ich ausgebildet worden war, starb in Europa. Er wurde in Paris beerdigt; Joe Martin stürzte mit einer P-47 aus 1500 Fuß ab; Dabney, eine einzigartige Gestalt, kam bei einem Unglück in Italien um, die Einheimischen, die ihn fanden, schnitten ihm den Finger ab, um an seinen Ring zu kommen.

Wer war tot? – das war jahrelang die erste Frage. Ich flog in vielen Ehrenstaffeln bei Bestattungen, die genau dann über die Kapelle hinweg strichen, wenn die Offiziere und ihre Frauen, unter ihnen die Witwe, heraustraten. Meistens waren es zwei Gruppen von vier Maschinen, so eng, dass sie zusammenzukleben schienen, sie donnerten über die Trauernden hinweg, eine Maschine deutlich sichtbar fehlend. Am Abend spielt im Club jemand Klavier. An der Bar würfeln sie. Man überlebt, mehr als das: die Tage der Toten sind deinen eingeschrieben.

Im Juli 1946 wurden fünf von uns, Farris und ich waren dabei, nach Hawaii versetzt. Dort blieb ich länger als ein Jahr, flog Transportmaschinen.

Honolulu war in jenen Tagen noch so, wie James Jones es in *Verdammt in alle Ewigkeit* geschildert hat. Der Krieg hatte es mit Geld und Fremden gefüllt, aber das gesellschaftliche Leben war noch das einer Kolonialstadt, unbesorgt, entlegen. Besucher kamen mit dem Schiff, meist mit der Matson-Linie, und sie blieben gewöhnlich ein oder zwei Wochen in einem der beiden großen Hotels, die am Strand von Waikiki lagen, dem Moana oder dem berühmten Royal Hawaian, das während des Krieges praktisch Navy-Offizieren auf Urlaub gehört hatte. In der Lobby gab es einen Brunnen, in dem Ananassaft plätscherte, und Musiker gingen in der duftenden Dunkelheit unter den Fenstern spazieren. Ganz in der Nähe befanden sich der private »Outrigger Club«, ein paar Restaurants und Geschäfte und dahinter die niedrigen, sonnenbeschienenen Fassaden der Tropen.

In vieler Hinsicht war Hawaii eine ferne Provinz Kaliforniens, und sein Ruf war so romantisch, dass man von ihm wie von Tahiti sagte, man verlasse es entweder weinend oder betrunken. Filmstars waren Teil seiner Legende. Ich hatte einen Navigator, der hawaiisches Blut hatte. Seine schöne Schwester war mit einem Filmstar weggelaufen, zur anderen Seite von Oahu, weil sie auf diese altehrwürdige Weise ins Filmgeschäft zu kommen hoffte, und er musste auf Geheiß seiner Mutter die demütigende Aufgabe auf sich nehmen, hinterherzufahren und sie zurückzuholen. Er war Beachboy im Outrigger gewesen, dieser Navigator, eine beneidete Position, etwas mehr als ein Golfcaddy und etwas weniger als der Tennislehrer. Er erzählte mir, dass sie vor dem Krieg, wenn die alte *Matsonia* ablegte, von Kabine zu Kabine gingen, um sich zu verabschieden und noch etwas zu trinken, und als das Schiff die Gangway hob, waren sie immer noch an Bord. Wenn die *Matsonia* dann an dem Wellenbrecher vor dem Hafen vorbeifuhr, sprangen sie in voller Kleidung, mit Blütenkränzen geschmückt, vom Heck über Bord, *aloha*. Neben diesen Spielereien gab es noch die kleinen landwirtschaftlichen Gemeinden, die Militärbasen, die teuren Häuser der Reichen draußen bei Diamond Head und oben in den Bergen, die vorgelagerten Inseln und das Meer. Die Navy und die Army besaßen damals noch etwas von ihrem Prestige aus der Kriegszeit. Die höheren Offiziere waren noch gern gesehen in der zivilen Gesellschaft, die aber nach den chaotischen Jahren allmählich wieder ihre Federn aufplusterte.

Manchmal, wenn ich in Los Angeles bin, in den milden Nächten unter dem weiten Himmel, erinnere ich mich an die Atmosphäre Hawaiis in jenen Jahren, das Tanzen unter Palmen, die Drinks auf dem *lanai*, die Boxkämpfe, die Muße, die sommerliche Kleidung.

In Honolulu verliebte ich mich hoffnungslos in eine weitere Frau. Sie hatte einen breiten Mund und schöne Beine. Sie war Page auf dem Ak-Sar-Ben-Ball gewesen, als sie sechs Jahre alt war, in einem weißen Satinkittel, langen weißen Strümpfen und einem Fez mit Straußenfedern – sie hatte ein Foto davon in ihrem Wohnzimmer, das Kostüm war merkwürdig provokativ. Sie erzählte mir, dass sie von Kindermädchen erzogen wurde, die direkt von den Farmen Nebraskas kamen und die sie mit »Mademoiselle« anreden musste.

Wir waren auf den ersten Blick voneinander angezogen. Wir machten uns übereinander lustig und liebten uns leidenschaftlich. Sie war sehr temperamentvoll und bedenkenlos. Die Leute sagten ihr immer, dass sie es mochten, wie sie redete. Sie gebrauchte Wörter wie »himmlisch«, »intensiv«,

»lüstern« und »grauenvoll«. Jahre später kündigte sie einmal, indem sie mit einem freundlichen Lächeln zu ihrem Chef sagte:»Ich wette, ich kann Sie dazu bringen, ›Scheiße‹ zu sagen, Mr. Conover.« Sie war ein Jahr älter als ich, aber in dem Alter war das egal. Außerdem war sie verheiratet. Ihr Mann war Captain in der Air Force. Er sollte mein bester Freund werden.

Wir waren in West Point in derselben Kompanie gewesen. Leland, so hieß er in Wirklichkeit nicht, war mir zwei Jahre voraus gewesen, was damals Welten zwischen uns legte. Er war leichtsinnig und nicht sehr fleißig, hatte helle Haut und dunkles Haar. Sein Vater war General der Army gewesen, und die Familie hatte vor dem Krieg in Hawaii gelebt. Eine seiner Schwestern war dort begraben, sie war kurz vor ihrer Hochzeit gestorben. Bei der Beerdigung hatten sie Insellieder gespielt – *jeder Wanderer kehrt einmal zurück*.

Wie einem Pastorensohn war Leland der Glaube einigermaßen gleichgültig. In West Point zeichnete er sich nicht aus, hatte wenig Lust, seine Stiefel spiegelblank zu putzen, und sprang manchmal mit einer Art Balletthüpfer ins Glied. Er hatte die Sorglosigkeit eines Erben. Damals wusste ich wenig von ihm und gar nichts von seiner Verlobten, die ich erst an dem hektischen Juninachmittag kennen lernte, als er seinen Abschluss feierte und West Point verließ. Leland vergaß ihre Liebesbriefe, sie lagen verstreut im Keller auf dem Fußboden, wurden gefunden und gingen von Hand zu Hand.

Er trat in die Air Force ein, kam zu den Angriffsbombern, den A-20, und wurde irgendwo über Europa abgeschossen und gefangen genommen. Als ich ihn wiedersah, war er Stabsoffizier im Hauptquartier in Hickam, trug ein paar Orden, hatte einen Sohn, der geboren worden war, während er in der Kriegsgefangenschaft saß, und eine schöne Frau. Ich war schon ein paar Monate in Hickam gewesen, als wir einander über den Weg liefen. Spielte ich Golf? wollte er wissen. Mit ihm begann ich damit. Er war ein guter Begleiter auf dem Golfkurs, graziös und gutmütig. Es war kein Wiedersehen, sondern eher ein Anfang, und wir mochten einander sofort. Ich verstand erst später, dass er mehr oder weniger nach mir gesucht hatte, nach einem Freund, der ihn von den unter der Oberfläche liegenden häuslichen Schwierigkeiten ablenkte.

Ihr Haus lag ein wenig hinter dem Hauptquartier, in dem er arbeitete. Es war klein, das Übliche, mit einem Stück Rasen, die Schlafzimmer im ersten Stock. An einem Samstagmorgen trat ich zum ersten Mal hinein, und da war sie, jung, grünlicher Blick, immer ein wenig spöttisch. Sie sagte etwas von Frühstück. Ich fragte, ob es Eier gebe.

»Eier?« sagte sie, als wäre das Wort ihr noch nie untergekommen.

»Verlorene Eier?« fragte ich. So wurden sie in der Kantine serviert. Von der ersten Minute an schossen wir uns aufeinander ein. Sie warf mir einen Blick fast widerwilliger Bewunderung zu. Es gab keine Eier, sagte sie. Wir aßen kalte Cornflakes. Paula kochte nicht gerne, erklärte Leland mir später. Sie mochte auch keine Stützpunkte – sie hasste die Kasernen. Sie verachtete das Militärleben, machte sich über die Offiziersfrauen lustig, die nicht so kultiviert waren wie sie, die nicht ihren Stil hatten – »die da«, nannte sie insbesondere eine. Sie war zu clever für Bridge. Kurz gesagt, sie war gefährlich.

Ich bewunderte ihr Aussehen. Ich redete gern mit ihr, war gern in ihrer Gesellschaft. Die Situation war perfekt. Ich brauchte keine Angst zu haben, dass sie plötzlich verschwand – sie war da. Und von Anfang an hatte ich das Gefühl, dass sie mich attraktiv fand. Ich war immer öfter mit den beiden zusammen. An den ersten körperlichen Kontakt erinnere ich mich nicht. Wahrscheinlich war es bei einer Tanzveranstaltung. Als wir aufstanden, kam sie ganz natürlich in meine Arme, und unsere Körper berührten sich mit vollständiger Vertrautheit. Schließlich nahm ich meinen Mut zusammen und sagte ihr, was ich für sie empfand. Hätte ich sie zuerst getroffen, sagte ich ihr, hätte ich sie gebeten, meine Frau zu werden.

»Komisch«, sagte sie. »Ich bin auch ein wenig verliebt in dich. Ich wollte dir das heute Abend sagen.«

Bald war es so, dass wir das Kino vor dem Ende des Films verließen und in den Feldwebelclub gingen, wo uns keiner kannte, um etwas zu trinken und zu reden. Leland hatte Dienst im Hauptquartier. Als wir hinausgingen, blieb sie kurz hinter der Tür stehen und sagte: »Tust du mir einen Gefallen?«

»Ja. Was?«

Sie hob das Gesicht. »Würdest du mich küssen?«

Leland war ihr zu prosaisch. Ich wusste es, und sie sagte es mir auch. Plötzlich war mir die Bedeutung der Ehe schmerzlich bewusst. Die Vorrechte des ehelichen Bettes, die Intimitäten des An- und Ausziehens, die Kleider, die in einem Schrank hingen, eine Frau, die sich die Haare bürstet, Strümpfe anzieht – ich versuchte nicht daran zu denken. Ich hatte das schon einmal empfunden, aber nicht so stark. Es hatte unter uns ein Ehepaar gegeben, als wir einen Monat lang in einem Hotel in Salt Lake City untergebracht gewesen waren. Sie war blond und gelassen, und überall roch man den Duft ihres Parfums. Nach dem Abendessen im Hotel oder in einem Restaurant in der Nähe gingen sie und ihr Mann auf ihr Zimmer, und morgens kamen sie, manchmal, zum Frühstück herunter.

Wir suhlten uns in einem Gedicht von Scott Fitzgerald:

> *Im Herbst neunzehnsechzehn*
> *In der Kühle des Nachmittags*
> *Traf ich Helena*
> *Unter einem weißen Mond ...*

Es war unser Gedicht, Paulas und meines. Wir hatten beide Geschmack an Büchern und sentimentalen Zeilen. Leland zuckte nur die Schultern. Diese Schwäche hatte er nicht. In gewisser Weise war er wie ein englischer Aristokrat, ein Mann des Anstands, mit wenig Sensibilität und gewissen Vorurteilen. Die Dinge, die er kannte, kannte er sehr gut, und es waren gesellschaftliche Dinge: auf welcher Seite der Ehrengast bei einem Dinner saß, wie man den Braten tranchierte, eine Smokingschleife band, welche Schuhe die besten waren, welche Clubs. Als Paula und ich uns ineinander verliebten, sah er darüber hinweg, um sie nicht unglücklich zu machen und sie nicht zu verlieren, nehme ich an, und wahrscheinlich weil er wusste, dass er sich auf mich verlassen konnte. Er selbst war kein Mann, der seine Frau betrog oder Ablenkung in Affären suchte. Außerdem gab es dazu wenig Gelegenheit – er reiste nicht viel, und das Leben auf dem Stützpunkt war sehr überschaubar; alles sprach sich schnell herum. Er war völlig glücklich in der Ehe – es war sein Leben, genau wie die Uniform, seine Golfschuhe, sein guter Name. Das, was seinen Freund und seine Frau so unwiderstehlich zueinander zog, würde schließlich einschlafen, das musste er glauben. In der Zwischenzeit lebten wir zu dritt, oder beinahe, das Haus von Gefühlen aufgeladen, die ich nach besten Kräften zu ignorieren versuchte, und mehr als einmal trug er sie nach oben, während sie mir sehnsüchtig über seine Schulter zuwinkte.

Wir aßen zusammen, wir gingen zusammen in Bars und Nachtclubs. Es war nicht zu übersehen. Bei einer Party in Kahala saß sie neben mir, redete mit mir, und ihr Lächeln war so verräterisch, dass alle merken mussten, was los war. Sie lehnte sich an mich und drückte mir die Hand, als wären wir unsichtbar.

»Ich hab letzte Nacht von dir geträumt«, sagte sie zu mir. »Wild. Ich fühl mich dir im Moment besonders nahe. Komischerweise«, sagte sie, »träum ich von dir die ganze Zeit.«

Bei Bingo-Spielen saß Leland ihr mürrisch gegenüber und bewarf sie mit Spielmarken.

»Die fallen in mein Kleid, Leland.«

»Würd ich auch gerne«, sagte er grimmig.

Und wir tanzten und flüsterten unsere tiefsten Geständnisse. Sie hatte schon drei Monate nicht mehr mit ihm geschlafen, sagte sie mir, es war eine Krise. »Ich fürchte mich vor jeder Nacht.«

»Paula liebt dich«, sagte mir eine Freundin, die uns beide kannte. Ich wusste nicht, was ich tun sollte. Ich liebte sie leidenschaftlich, und ich wusste, ich würde nie wieder eine Frau wie sie finden.

Sie konnte sich scheiden lassen, aber das war nicht einfach. Scheidung war in der Gesellschaft, in der wir lebten, immer noch eine Seltenheit. Außerdem traute Leland uns. Und wo sollten wir danach hingehen? Die Frau eines Generals erzählte ihr eine Geschichte von einem bekannten Offizier. Er war an einem Ort stationiert, in dem auch eine verheiratete Frau namens Eleanor Farrow lebte. Ihr Mann wurde für zwei Monate versetzt, und er bat ihn als Freund, sich um seine

Frau ein wenig zu kümmern. Als ihr Mann zurückkehrte, verlangte sie die Scheidung. Farrow stimmte schließlich zu, aber unter einer Bedingung: dass sie ihre kleine Tochter nie wiedersah. Sie fügte sich und heiratete den anderen Offizier. Natürlich waren sie danach, wie die Frau des Generals deutlich machte, in Hawaii nicht mehr tragbar und mussten die Insel verlassen. Nach einigen Jahren starb die Frau. Ihr Sohn aus der Ehe mit dem zweiten Mann wurde ein berühmter Offizier, und er war überzeugt davon, dass seine Mutter an gebrochenem Herzen gestorben sei, weil sie ihre Tochter nicht mehr sehen durfte.

Auch das kam hinzu, Paulas Sohn. Er war jetzt etwas mehr als ein Jahr alt, und sie hatten Schwierigkeiten mit ihm – irgendetwas stimmte nicht. Er sprach nicht, und er lernte wenig. Es stellte sich heraus, dass er taub war – er hatte das Gehör vor der Geburt verloren, weil Paula in einem frühen Stadium ihrer Schwangerschaft die Masern gehabt hatte. Er würde mehr und mehr Pflege brauchen, auch wenn wir kaum daran dachten – wir waren nur mit heute und morgen beschäftigt. Ich war noch nicht zweiundzwanzig. Ich hatte vier Jahre in einer Prepschool verbracht, dann drei weitere an der Militärakademie. Ich war auf das Leben gründlich unvorbereitet.

»Weißt du, du bist wirklich dumm«, sagte eine andere Offiziersfrau zu mir. Wir waren auf dem Rückweg von einer Party. Ich war ihr Begleiter gewesen – ihr Mann, ein Jahrgangskamerad Lelands, war nicht da. Sie hatte getrunken. Sie war groß, in den Zwanzigern, strahlend, ihr Abendkleid war tief ausgeschnitten.

»Du verstehst gar nichts, was?« sagte sie.

»Nicht viel«, sagte ich vorsichtig.

»Nein, gar nichts.«

Ihre Hand lag auf meinem Oberschenkel. Paula und Leland saßen hinten. Diese Frau war mit einem Freund Lelands verheiratet, und ich wusste nicht, was sie sagen wollte, ich befürchtete, dass sie irgendwelche schrecklichen, betrunkenen Wahrheiten hinausschreien würde. Ich spürte, dass sie mich ansah, während ich fuhr.

»Wie kommt das, dass du so dumm bist? Angeblich sollst du doch schlau sein.« Ein kurzer Blick in den Rückspiegel sagte mir, dass Paula von hinten amüsiert zusah. Die Frau rückte näher an mich heran. Ihr Kopf lag in meinem Schoß. »Du bist nicht sehr schlau. Du weißt ja nicht mal, was ich sag«, murmelte sie.

»Doch, weiß ich.«

»Ja, und?«

Es war nicht die richtige Zeit, sagte ich. Die Zeit? Die richtige Zeit, sagte ich. Sie stöhnte vor Ungeduld. »Mach, was du willst«, sagte sie, »ist mir egal. Mach, was du willst« – sie hob den Kopf ein wenig –, »aber um Himmels willen mach's!«

Ich fühlte mich wie ein Narr. Sie machten sich später über mich lustig, aber das traf mich nicht. Es war dasselbe mit einer Navy-Krankenschwester aus Pearl Harbor – sie war ziemlich hochrangig, und ich ging mit ihr aus, um mir meine Reife zu beweisen. Danach war es die Tochter eines Colonels des Küstenschutzes. Sie war blond und lebhaft. Eines Abends gingen wir ins »Trader Vic's« und dann gegen Mitternacht an einen der kleinen Strände hinter Waikiki, um zu baden. In aller Unschuld legten wir uns auf ein paar Minuten unter die Palmen in die Dunkelheit, und plötzlich schüttelte mich jemand und leuchtete mir in die Augen – es war die Morgensonne.

Ich fuhr sie kurz vor Dienstbeginn nach Hause. Eine halbe

Stunde später klingelte das Telefon; ihr Vater wollte mich sprechen. Am späten Nachmittag fuhr ich zu ihr. Sie traf mich vor dem Haus und erzählte mir, was geschehen war – sie hatten sie zu einem Arzt gebracht, und sie war untersucht worden.

»Und?«

»Natürlich war alles in Ordnung«, sagte sie erleichtert.

Ein Arzt. Ich konnte es nicht glauben. Sie zuckte die Schultern. Sie hatte lange blonde Haare und schöne Schultern. Wir hatten noch nicht mal nackt gebadet.

All diese Dinge erzählte ich Paula. Ich ging zum Teil mit anderen Frauen aus, um sie zu unterhalten, und ich wollte ihr auch nicht zu zahm erscheinen. Ich war immer noch im Transportgeschwader, und das war mein anderes, in Wirklichkeit mein primäres Leben. Wir flogen jeden Tag nach Hilo, und zwei Mal die Woche nach Kauai, dazu kamen ab und zu Trips nach Australien, Japan oder zu einem der kleinen Flecken auf der Landkarte, den Inseln im Süden. Wenn man nach Sidney oder New Caledonia flog, war man eine Woche fort. Wir waren immer alle begierig auf Flugstunden, egal ob auf Routineflügen oder bei Langstreckenflügen, bei denen man viel einheimsen konnte. Es gab sehr wenig Abstürze. Mit den einheimischen Jungen wateten wir am Abend in der kniehohen Brandung ferner Inseln, das Wasser war warm und zog an den Waden, wir suchten Hummer, griffen mit behandschuhten Händen nach ihnen. Daran erinnere ich mich, an den Regen, die Einsamkeit, die feuchte Luft und natürlich an die Sehnsucht, wenn man nachts aus der notdürftigen Baracke heraustrat und sich fragte, was sie dort machten, in Honolulu oder zu Hause.

Als die Gezeitenflut des Krieges sich zurückzog, kamen die Letzten der Männer, die noch in den Kampf gezogen waren, aus fernen Winkeln zurück, und einige von ihnen landeten in Hawaii.

Aus Shanghai kam ein Major mit einem kleinen »v« in den Schneidezähnen und einem entschlossenen Kinn. Ich hatte ihn zuerst beim Kartenspiel kennen gelernt. Sein Name war O'Mara oder so ähnlich. Er war Mitte dreißig und pflegte den draufgängerischen Stil eines Piraten, sein welliges schwarzes Haar hatte schon graue Streifen. Er wurde die Gestalt, die man in europäischen Romanen findet, mein Mentor. Er warf die Karten mit einem Schnappen auf den Tisch und hielt die Zigarre mitten im Mund zwischen den Zähnen, hielt sie mit zwei Fingern oben und dem Daumen unten. Darin und in anderen Dingen ahmte ich ihn nach. Für ihn war ich ein Chorknabe, jemand aus dem besseren Viertel, und er machte sich ohne Umstände daran, mir zu zeigen, wie man handeln und reden musste.

Wie wenig man über den Hintergrund von Idolen weiß oder wissen will. Er kannte sich in militärischen Dingen weit besser aus als ich, in den Artikeln und Regeln des Krieges – er war Adjutant gewesen, und sein Urteil war unwiderlegbar. In Shanghai hatte er eine große Summe Geld gewonnen – 25 000 Dollar hieß es, und das war damals zehn Mal so viel wert wie heute. Er stritt die Zahl nicht ab. Er besaß brandneue Golfschläger, einen Kamelhaarmantel und ein Cadillac-Cabriolet. Was ich aber mehr als alles andere bewunderte, war, dass er den Eindruck vermittelte, ein Mann zu sein, der mit jeder Schwierigkeit und Gefahr fertig werden konnte.

Wir gingen oft in die Stadt. Er war meist mit der jungen Frau eines Navy-Piloten zusammen, der zu der Zeit Dienst in Kwajalein machte. Sie wollte sich scheiden lassen. Sie und O'Mara wollten Kinder haben, eine Menge Kinder. »Fünf oder sechs«, sagte er und bewegte die Hand, um die Treppe ihrer unterschiedlichen Größe anzudeuten. Und schon fuhren sie in die milde, tropische Nacht hinaus. Sie wohnte irgendwo in einer Militärunterkunft, wahrscheinlich in Kaneohe, und der fremde, cremefarbene Wagen parkte bis zum ersten Licht des Tages vor ihrem Haus.

Die Dinge verlaufen in Zyklen, und ich wusste genauso wenig wie er, dass er den größten Teil seines Glücks schon verbraucht hatte. In den Nipahütten hinter dem Offiziersclub bekam er schlechte Karten, und er fegte sie mit einer verächtlichen Handbewegung zusammen und warf sie mit den Bildern nach unten auf den Tisch. Er hatte eine Frau in Philadelphia, von der er sich entfremdet hatte, sie war jemand, die er jung geheiratet hatte, damals, vor der großen Zeit, ein Fehler. Ich hörte nur vage Bemerkungen. Ich glaube nicht, dass ich ihren Namen erfuhr oder ein Bild sah. Wir rauchten Zigarren, gingen nicht zu den Offiziersbällen, trafen uns jeden Abend und spielten, manchmal kamen wir erst am frühen Morgen wieder aus den Hütten heraus.

Die Freude, ihn zu treffen, ihn sorglos den Pfad hinuntergehen zu sehen – er war wie der Eigner eines Rennstalls, eines gefährdeten Unternehmens, wie sich herausstellte, aber ein Mann, der aus dem Nichts gekommen war, und eine Zeit lang trug ich mehr oder weniger sein Banner. Natürlich nicht in aller Offenheit – ich hatte eine Zukunft. Ich war Lieutenant und er Major, aber mein Rang hatte Gewicht. Ich war Berufssoldat. Ich war Adjutant eines Generals geworden. Durch mich kam er mit diesen Bereichen in Kontakt, und in gewissem Sinne legitimierte ich ihn. Er hörte gerne Geschichten von West Point, über den Besuch des brasilianischen Präsidenten, als ein Säbel im Boden stecken geblieben war, nachdem die Parade vorüber war.

Wenn ich nicht mit ihm zusammen war, fuhr ich zu Leland und Paula. Wir gingen in verschiedene Clubs, in den »Hale Kalani«, den »Ala Wai«, »Gibson's« oder »Elmer Lee's«. Leland kannte Elmer Lee aus der Zeit vor dem Krieg, er war mit ihm surfen gewesen. Elmer Lee kam oft an unseren Tisch.

»Wie ist deine *umalima*, Elmer Lee?« fragte Leland.

»Meine was?«

»Du weißt schon.« Leland stützte den Ellbogen auf den Tisch und tat so, als wollte er mit ihm Armdrücken machen.

»O Gott. Ich muss die Sprache nochmal lernen. Das hab ich vergessen.«

Die Nachtclubs und Restaurants. »The Willows« und »La Hula Rumba«. »Chun Hoon's«. Mehr als ein Mal fiel Leland im Wagen praktisch in Ohnmacht.

Die Strömung wurde immer stärker. Nichts ist so intensiv wie nicht vollzogene Liebe. Sie war mit dem falschen Mann verheiratet. Er war anständig, treu, verständnisvoll, auch wenn er sie nie wirklich verstehen würde. Schließlich wurde er eifersüchtig. Wenn er von Dienstreisen zurückkehrte, bebend wie ein Stier, wie sie sagte, musste sie sehr »fraulich und gefügig« sein. Die Wörter ließen mich erzittern.

Sie war so jung gewesen, als sie heirateten. Es war eher ein Zufall gewesen. Sie war schon damals ein unabhängiges junges Mädchen, und sie würde eine unabhängige Frau werden, die trank, Leute mit Geld mochte, spöttisch war und jeden Mann bezaubern konnte. Du bist es, sagte sie, warum waren wir uns nicht früher begegnet? *Es wär so leicht gewesen*, schrieb ich ihr,

> *Hätte so leicht sein können,*
> *Denn wo immer du warst*
> *War er bald danach,*

*Du sahst seine Spuren*
*Bei jedem Tanz, im Hotel*
*Oder beim Footballspiel ...*

»Lies das nochmal«, sagte sie.

Wenn wir uns nicht sehen konnten, unterhielten wir uns stundenlang am Telefon. In unserer schäbigen Junggesellenunterkunft hatte einer auf der anderen Seite des Flurs ein Telefon, das ich benutzen konnte. Es wäre unmöglich gewesen, das unten in der Diele zu benutzen, wo alle den leisen endlosen Gesprächen hätten lauschen können.

Ich flog mein erstes Kampfflugzeug, eine P-47 – der große Motor pulsierte langsam, als ich zur Startbahn rollte, die harten Reifen rumpelten auf dem Beton – über den Softballplatz des Stützpunktes und ganz Honolulu, und als ich landete, stolz auf mich und meinen schweißgetränkten Fluganzug, fuhr ich direkt zu ihrem Haus. »Mein Gott«, sagte Paula, »ich hab dich noch nie so bleich gesehen.«

Ich würde bei einem Absturz sterben, ich wusste es, ohne sie je geliebt zu haben. Es gibt diese Gewissheit, dass eine Frau für einen gemacht ist, wie Eva für Adam gemacht war. Auf meiner Kommode stand ein Foto von ihr, es war von ihrer Verlobungsfeier, sie lachte darauf voller Glück, voller Leben, das beste Bild von ihr, das ich gesehen hatte. Sie hatte Leland dazu gebracht, es mir eines Tages zu geben. Sie war bereit, alles zu geben, alles zu tun, und wir wurden von alldem auseinander gehalten, was uns zueinander zog: Ehre, Gewissen, Ideale. Es gab keinen Ausweg.

Damals flogen wir unsere Maschinen, die viermotorigen Transportflugzeuge, zu größeren Inspektionen und Umrüstungen in die Staaten zurück. Bei einem dieser Flüge war ich zum ersten Mal in Los Angeles, und am späten Nachmittag überholte mich auf dem Sunset Boulevard ein offenes Cabriolet. Drei oder vier Leute saßen darin, darunter ein Mädchen, sie wandte sich um, und ich erkannte sie genau, in das ich auf der Highschool verliebt gewesen war. Ich war in Uniform und rief und winkte. Ich sah, dass sie zurückwinkte, aber dann wurde der Wagen schneller und verschwand im Verkehr. Ich konnte sie nicht einholen. Ich sah zu, wie sie auf dem Seidenband der Straße kleiner wurden und um eine Kurve verschwanden, es war in der Nähe von Bel Air. Die Welt der Schultage und der jugendlichen Träume, von der ich mich noch nicht wirklich verabschiedet hatte, war plötzlich vorüber und vorbei. Ich war in einer neuen Welt, einer ernsteren Welt, in der die Liebe stärker und verzehrender war.

## II

Es endete nicht so, wie ich es erwartet hatte. Das Fieber ging nicht zurück, wie Leland gehofft hatte, aber Paula, die vielleicht etwas spürte, die Unmöglichkeit unserer Situation, die Hoffnungslosigkeit unserer Vorspiegelungen, zeichnete mich auf andere Weise, eine sehr feminine Weise, wie ich später begriff, subtil, dauernd und sicher. Sie suchte das Mädchen aus, das ich heiraten sollte. Ich war ihr eines Nachmittags im Hof der Moana begegnet, Ann Altemus, gut aussehend, unverdorben, von ihrem Hintergrund her Paula sehr ähnlich, aus dem Pferdeland von Virginia. Ihrem Vater gehörte eine große Farm in der Nähe von Warrenton. Sie war perfekt für mich, sagte Paula, genau das Mädchen, das ich brauchte. Ich glaubte ihr. Wer sonst liebte mich so sehr und kannte mich so gut? Was sie nicht sagte, war, dass sie in Ann eine Frau sah, mit der sie sich anfreunden konnte und die keine Bedrohung für sie war.

Anderthalb Jahre lang waren wir zusammen in Washington stationiert, und nicht viel später stand ich mit meiner Braut vor dem Altar der Kirche von Fort Meyer. Wir waren mehr oder weniger in die Ehe hineinspaziert. Unsere Eltern – ihr Vater und meine Mutter – waren dagegen. Sie verstanden beide nicht, dass der Rest der Welt die Idee gut fand. Wir auch. Ich wusste, dass sie das Leben so sah wie ich, aber trotzdem war mir bei der Feierlichkeit der Worte unbehaglich. »Fünf Jahre«, sagte ich zu mir selbst. Paula und Leland waren da – er war mein Trauzeuge. Der Empfang fand in ihrem kleinen Haus in Georgetown statt. Paula hielt ein neues Baby in den Armen, ein kleines Mädchen, und meine Frau und ich fuhren in einem flotten gelben MG davon, die erste, nervöse Nacht verbrachten wir in einem namenlosen Motel an der Straße nach Florida.

Nachdem ich Honolulu verlassen hatte, sah ich O'Mara nur noch ein Mal. Es war in Valdosta, Georgia. Er war auf der Durchreise und kam zum Dinner. Wir waren dort stationiert und hatten eine Wohnung über zwei alten Damen, denen das Haus gehörte und die unser Kommen und Gehen aus dem Salon unten beobachteten. Ich war befördert worden, aber ich merkte, dass ich in O'Maras Achtung gesunken war, weil ich mich auf ein konventionelles Leben mit einer Frau eingelassen hatte, die ihn offensichtlich nicht besonders mochte und die Geschichten, an die wir uns erinnerten, nicht witzig fand. Es war nicht so, dass ich in seinen Augen ein hoffnungsloser Fall war, aber ich war doch gezähmt worden. Es war ein freundlicher Abend, aber ohne Schwung.

Später hörte ich, dass er in Schwierigkeiten war. Durch die Karten hatte er sein Auto verloren und auch die schönen Golfschläger. Er hatte zu der Zeit eine Verwaltungsstelle in Kelly, er wurde gefürchtet, niemand mochte ihn, er schikanierte seine Untergebenen, und er war unzuverlässig, mal in makelloser Aufmachung, dann wieder unerklärlich schlampig, zerknittert und unrasiert. So verschwand er aus meinem Leben.

Als unsere erste Tochter geboren wurde, nannten wir sie nach Leland, und er wurde ihr Patenonkel. Als Paare lebten wir zu der Zeit weit voneinander entfernt. Leland war Militärattaché in Südafrika. Es war entsetzlich langweilig, meinte Paula, aber sie reisten und genossen einen gewissen Status. *Rom war wunderbar. Nach unserem Kurzbesuch dort fühle ich mich extrem kultiviert, und ich bin sehr verärgert über Nero.*
Ich wurde in ein Hauptquartier in Deutschland versetzt. Paulas Briefe trugen schöne Briefmarken mit Tieren darauf. *Alle sind jetzt Lieutenant-Colonels*, schrieb sie, *ich liebe Dich.* Wir trafen sie das eine oder andere Mal in Europa – ein Mal kamen sie aus Paris herauf, um uns zu besuchen. Er war derselbe, herzlich, vielleicht etwas schwermütiger, die Falten tiefer ins Gesicht gegraben, er trank zu viel. Ein falsches dünnes Lächeln ging zwischen ihnen hin und her. Sie waren an einem steinigen Abschnitt ihrer Ehe, aber wir wussten, dass sie zusammenbleiben würden. Sie waren durch ihre Kinder, durch Freunde und seine Karriere aneinander gebunden – all das, was einst zwischen Paula und mir gestanden hatte. Es war die lange Reise, die sie zusammenhielt. Es war Vernunft und alles, was sie durchlebt hatten.

Sie ließen sich 1959 scheiden, zwei Jahre nachdem unser zweites Kind zur Welt gekommen war. Es war Paula, die auf der Scheidung bestand – sie müsse einmal jung und glücklich gewesen sein, sagte sie, aber sie könne sich nicht daran erinnern. Leland war am Boden zerstört. Kurz darauf heiratete er wieder. Sie tat das nicht, und wir kamen uns noch einmal näher. Zu der Zeit war ich nicht mehr in der Air Force. Sie kam häufig von Washington herauf, und wir fuhren zu ihr hinunter. *Ein plötzlicher Anfall, Dich unerträglich zu vermissen*, schrieb sie. Wir waren wieder zu dritt, und es waren noch immer sie und ich, die Vertraute waren, und die andere war ausgeschlossen. Wenn sie uns besuchte, kam ich am Abend nach Hause und fand zwei Frauen vor, die auf mich gewartet hatten, sie saßen auf Kissen auf dem Fußboden, beide liebenswürdig, beide lächelnd. Wir tranken etwas und aßen dann zusammen an einem niedrigen Tisch vor dem Feuer. Sie erzählte Geschichten von Verabredungen mit anderen Männern oder von einem Mangel an Verabredungen, genauso wie ich es früher bei ihr getan hatte. Irgendjemand kannte einen Mann, den sie unbedingt treffen musste. Es hatte sich nicht gelohnt, er brachte seine Schwester mit, und die beiden liebten einander offensichtlich, und es sah wie eine schon lang andauernde Affäre aus, fügte sie hinzu. Eine Weile arbeitete sie auf dem Capitol Hill, dann für eine Stiftung, dann in einer Boutique, und sie schrieb für den *Washington Star*. Seit Jahren hatte sie eine immer wieder abbrechende Beziehung zu einem Alkoholiker, dem Sohn einer alten Familie, den Leland und sie immer gemocht hatten, aber sie war zu intelligent, um ihn zu heiraten. Schließlich traf sie den Mann, den sie gesucht hatte, einen Journalisten, geschieden, urban. Er und ich schienen nur begrenztes Interesse füreinander aufzubringen, vielleicht hatte er auch das Gefühl, dass ihr Interesse an mir nun enden sollte. Wie auch immer, der Vorhang fiel.

Ich sah Leland noch ein Mal. Das war 1961 während der Berlin-Krise. Als Reserveoffizier war ich nach Frankreich geschickt worden. Leland war in Fontainebleau stationiert, und an einem Wochenende fuhr ich zu ihm hinaus. Er, seine Frau und ich trafen uns zum Dinner. Es war wie immer – im letzten Augenblick war nicht genug Essen im Haus, und er und ich gingen in der Abenddämmerung einkaufen, eine Flasche Wein, Fleisch, etwas Käse. Er war guter Stimmung, und er scherzte mit den Ladenbesitzern, die er offensichtlich kannte. Es beeindruckte mich, dass er so gut Französisch sprach. Seine Frau nannte er Darling. Irgendwie konnte ich es nicht glauben.

Er ging als Colonel in den Ruhestand, und sie zogen sich nach Südspanien zurück. Ich hörte nur sehr selten von ihm. Ich stellte ihn mir so vor, wie er immer gewesen war: ein perfekter Partner auf dem Golfkurs, ein guter Trinker in der Bar danach, die Absätze seiner Halbschuhe immer ein bisschen schief. Wie ein fantasieloser britischer Offizier in einem entlegenen Städtchen, der aber genau wusste, wer hier wer war und was sie machten.

Dann hörte ich, dass er gestorben war. Es kam vollkommen unerwartet. Er war nicht krank gewesen. Am Abend zuvor war er Essen gegangen und hatte danach mit Freunden Bridge gespielt. Am Morgen war er nicht mehr aufzuwecken.

Ich rief Paula an. Ich hatte lange nicht mehr mit ihr gesprochen – sie lebte in der Nähe von Palm Beach. Ja, es stimmte, sagte sie. Sie schien nicht sehr betroffen. Es gab irgendein spanisches Gesetz, nach dem eine Leiche innerhalb von vierundzwanzig Stunden begraben werden musste, und da keine

Zeit blieb, Vorkehrungen zu treffen, ihn nach Hause zu fliegen, wurde er in Spanien bestattet. Ein Gedenkgottesdienst sollte in Washington abgehalten werden, aber sie würde nicht heraufkommen; sie wollte nicht zurückblicken.

# DER EINE MUTIGE AKT

Im Spätsommer 1951 trat ich endlich in das Reich ein, nach dem ich mich lange gesehnt hatte: ich wurde nach Presque Isle in Maine versetzt, zur 75. Jagdflieger-Staffel.

Der Einsatzoffizier, der sich dadurch auszeichnete, dass sein Foto den Umschlag von *Life* geziert hatte, als er in Korea im Einsatz gewesen war, starb ein paar Tage vor meiner Ankunft bei einem Unfall. Ich kannte die Geschichte der Staffel nicht, und es erzählte mir auch niemand davon. Für mich verkörperte der neue Einsatzoffizier die Tradition der Einheit. Er war ein dicklicher Mann aus den Südstaaten, der in einer Bar in der Stadt auf dem Fußboden lag, zu betrunken, um sich auf den Beinen zu halten, aber immer noch in lebhafter Unterhaltung mit anderen Piloten, die ihn offenbar sehr bewunderten und schließlich nach Hause trugen. Er war es, bei dem ich meine ersten Flugstunden in einem Düsenjäger absolvierte. Seine Ausrüstung wirkte immer wie ausgeborgt – der Helm saß seltsam schief auf seinem Kopf, seine Fliegerkombi war zu klein und die Fallschirmgurte schnitten tief ein. Aber er war ein erfahrener Pilot, den Steuerknüppel hielt er zart in seiner gedrungenen Hand. Es war im September. Die Hitze hatte nie nachgelassen. Die Fliegen versuchten hereinzukommen, und es lief eine Baseball-Endrunde, die als die Berühmteste aller Zeiten in die Geschichte eingehen sollte. Meine Frau winkte mir aus ihrem in der Nähe der Landebahn parkenden Wagen zu, als ich nach dem ersten Alleinflug im Trainingsflugzeug landete.

Ich hatte das Gefühl, dafür geboren zu sein. Eines der ersten Dinge, die ich tat, als ich zum ersten Mal ohne Begleitflugzeug in einer F-86 aufstieg, war, Höhe zu gewinnen und dann das Triebwerk abzuschalten. Stille überflutete den Himmel, das Metall war reiner Ballast. Obwohl meine Finger kribbelten, ging ich ruhig durch die Schritte, um das Triebwerk wieder zu starten, ein Luftstart, wie man das nannte. Danach machte ich es noch einmal. Ich wollte mir ganz sicher sein, falls ich einmal einen Ausfall erlebte, und danach fürchtete ich ihn nicht mehr.

Die wahre Hierarchie der Staffel beruhte darauf, wer der beste Pilot war und wer am meisten flog. Es gab einen offensichtlichen Führer und zwei oder drei Piloten, die ihm nahe kamen. Man spürte sehr schnell, wer sie waren. Dazu kamen jene, die schon Kampfeinsätze geflogen hatten. Ihren Geschichten hörte man aufmerksamer zu. Da gab es einen großen, übermäßig selbstbewussten Offizier in einer anderen Staffel, der in einer der ersten Erzählungen, die ich hörte, der Star war. Er hatte eine F-80, den ersten Düsenjäger, in Korea geflogen. Eines Tages kam er an der Spitze seines Schwarms von einem Feindflug zurück, in einer Höhe von 30 000 Fuß, unter ihnen eine geschlossene Wolkendecke. Er bat um Radarunterstützung für den Anflug: »Milkman, hier Maplelead.« Milkman antwortete, identifizierte sie auf dem Radarschirm und gab ihnen Richtung und Entfernung zu ihrem Flugplatz K-2: 170 Grad und 120 Meilen.

Sie hatten nicht mehr viel Treibstoff, das Wetter wurde schlechter. Sie mussten eine Instrumentenlandung machen, das wusste er. Er fragte den Rottenführer, wie viel Sprit er noch hatte. »Wie sieht's aus, Drei?«

Die Treibstoffanzeige in der F-80 war ein kleines Fenster, in die der Pilot die Gallonen eingab, die er beim Start hatte. Sie verminderte sich dann, wie ein umgekehrter Kilometerzähler, während des Fluges. »60 Gallonen, Captain«, antwortete der Rottenführer.

»Kein Problem.«

Die Wolkendecke war undurchdringlich. Sie sahen nichts. Etwas später bekamen sie neue Anweisungen von der Radarstation, immer noch 120 Grad, 95 Meilen.

»Wie sieht's aus, Drei?«

»42 Gallonen.«

»Roger.«

Die Flugzeuge waren dicht beisammen, konnten aber nichts füreinander tun, obwohl sie ein gemeinsames Schicksal teilten. Sie brauchten nicht zu reden. Einige Minuten vergingen schweigend. Der Treibstoffvorrat ging zur Neige.

»Milkman, Maplelead. Wo habt ihr uns jetzt?«

»Moment, Maplelead. Wir haben euch … 180 Grad nach Hause, 66 Meilen.«

»Roger. 66 noch. Sagen Sie K-2, dass wir in der Suppe stecken, nur noch wenig Sprit? Wir machen 'ne Notlandung draus.« Dann, an den Rottenführer: »Wie viel noch?«

»24 Gallonen.«

Das bedeutete sechs oder sieben Minuten Flug auf ihrer Höhe bei unterster Reisegeschwindigkeit, aber sie mussten auch noch runter, den Anflug auf die Landebahn machen, wenn sie sie finden konnten. Die Köpfe in den Cockpits blieben bewegungslos, als ob nichts Besonderes vorginge, aber sie sahen dem Unveränderlichen ins Gesicht. Die Rottenflieger hatten vielleicht sogar noch weniger Treibstoff. Nach einer Weile fragte der Captain wieder nach: »Milkman, Maple. Wie weit noch?«

»Wir haben Sie noch 34 Meilen draußen, Maple.«

»Roger.« Er sah zum Rottenführer hinüber, der vielleicht zwanzig Meter entfernt neben ihm flog. »Was hast du jetzt, Brax?«

»Ich hab genau 998 Gallonen, alter Freund«, lautete die ruhige Antwort.

Kurz danach ging einem nach dem anderen der Treibstoff aus. Der ganze Schwarm rauschte ohne Schub auf die Landebahn von K-2.

Unter den Erfahreneren wollte man anerkannt und bewundert werden. Das war nicht unmöglich – die Welt der Staffeln ist klein. Die Jahre verbeugten sich vor einem; man würde nicht vergessen werden, der Name war wie der eines Vollbluts, eines Pferdes, das Rennen gewonnen hatte.

Im November mochte man im Norden von Maine zwei von ihnen aus der Entfernung sehen, am Ende einer Landebahn mitten in den Feldern. Sie sind schwer zu erkennen, die frühen F-86 mit dünnen Pfeilflügeln. Wenn man näher kommt, hört man das Triebwerkgeräusch, bebend, aber voll, wie ein ferner Wasserfall. Dann, in der Nähe, wird es zu einem Donnern, Rauch ballt sich hinter ihnen. Sie werden auf Touren gebracht, die Triebwerke mit voller Kraft, die Bremsen noch nicht gelöst, die Nadeln zittern im höchsten Bereich.

Der Pilot der ersten Maschine hat den Kopf über die Instrumente gebeugt, als untersuchte er sie genau. Rothaarig und mager war er, und er hatte bis dahin kaum ein Wort zu mir gesagt. Sein Name war Stewart. Ich wusste kaum etwas von ihm. Er hatte Einsätze in Korea geflogen, und jetzt war er Technischer Offizier. Ich wartete hinter ihm. Warum erinnert man sich an einige Dinge so viel deutlicher als an andere und an Männer, die kaum mit einem gesprochen haben? Ich war neu in der Gruppe und nervös. Ich war entschlossen, enge Formation zu fliegen, sein Schatten zu sein, ihn fast zu berühren. Wir starteten kurz vor Sonnenuntergang. Niemand sonst würde in der Luft sein.

Dann hob er den Kopf und wandte sich zu mir um. Seine Hand hob sich und zögerte. Ich nickte. Die Hand fiel herab.

In Donner gehüllt, rollten wir die Landebahn hinunter. Als wir schneller wurden, sah ich, dass sein Arm plötzlich einen wilden Kreis beschrieb. Ich hatte keine Ahnung, was das zu bedeuten hatte, sollte ich weitermachen, brach er den Start ab? Dann sah ich, dass es keines von beidem war, nur Erregung; er winkte uns vorwärts, als hätte er ein Halstuch in der Hand. Die Nasen hoben sich; wir hatten Startgeschwindigkeit. Ich sah, wie der Boden unter uns wegfiel, und von dem Moment an existierte ich nicht mehr für ihn.

Wir schossen durch eine niedrige Dunstschicht, und darüber war nur leuchtender, rötlicher Himmel. Ich war kaum sieben Meter hinter ihm, aber er sah sich nicht ein einziges Mal um. Er saß wie ein Prophet im Cockpit, allein und in Gedanken versunken, sein Kopf drehte sich ohne Eile von einer Seite zur anderen. Wir waren auf 30 000 Fuß, als der Tower uns rief. Schlechtes Wetter kam auf uns zu, unser Flug war gestrichen. »Der Gefechtsstand fordert Sie auf, zum Stützpunkt zurückzukehren«, hieß es.

»Roger«, hörte ich ihn nüchtern sagen. »Wir kommen in ein paar Minuten rein. Wir wollen nur ein bisschen Sprit loswerden.«

Damit flog er eine Rolle und stieß mit Vollgas senkrecht nach unten. Ich wusste nicht, was er vorhatte, ich wusste nicht einmal, was er da machte. Ich folgte ihm, hängte mich grimmig entschlossen hinter ihn, als beobachtete er mich.

Die Fluggeschwindigkeit war im roten Bereich, Tausende von Fuß wirbelten auf dem Höhenmesser herunter. Die Steuerung ging schwer, der Knüppel ließ sich nur noch mit großer Kraft bewegen, als wir Rollen und Kurven flogen, die so eng und schnell waren, dass ich spürte, wie mir das Herz aus der Brust gedrückt wurde.

Wir brachen durch den Dunst und in den schmalen Luftraum darunter. Ich flog wieder an seinem Flügel. Wir machten mehr als 500 Knoten in einer Höhe von etwa 1500 Fuß. Es war fast unmöglich, in den Kurven bei ihm zu bleiben. Ich hatte beide Hände am Knüppel. Die ganze Zeit verloren wir Höhe. Es schien, als bewegten wir uns nicht. Wir klebten aneinander, bebend, in tödlicher Nähe.

500 Fuß, 300, noch niedriger, in, so schien es mir, unheilvoller Stille, wenn man das brennende, gleichmäßige Brüllen der Triebwerke ausnahm. Wir waren völlig allein, schlugen in jedem Moment gegen unsichtbare Luftwellen. Er führte uns ins Unbekannte. Meine Kombi war durchtränkt, der Schweiß lief mir über das Gesicht. Ein reiner bleicher Heiligenschein bildete sich hinter seinem Kabinendach und blieb dort, strömend wie Rauch, stehen. Ich begann zu begreifen, worum es ging. Ohne mich anzublicken, ganz von den Instrumenten vor ihm und von etwas in seinen Gedanken gebannt, manchmal die Welt dunklen Waldes beobachtend, die unter uns vorbeizog, die Hügel und bewegungslosen Seen, ergründete er, wie groß meine Sehnsucht war, zu ihnen zu gehören. Es war eine Taufe. Dieser schweigende Engel sollte mich dorthin bringen, wo ich, durchnässt und erschöpft, mit den anderen vereinigt würde. Wenn meine Maschine auseinander gerissen würde wie ein Stück Papier, das man aus dem Fenster eines Schnellzugs hielt, wenn die Stücke wirbelnd und flatternd zurückblieben, würde er nur

eine gelassene Kurve fliegen, um nachzusehen, was geschehen war, sein Gesichtsausdruck unverändert.

Ich hatte mich alldem ergeben und auch dem, das noch kommen mochte, als er plötzlich den Flugplatz ansteuerte. Wir hatten ihn schon zwei oder drei Mal überflogen. Dieses Mal machten wir den Anflug, fuhren die Sturzflugklappen aus und wurden langsamer, als wir die Kurve flogen. Ich hatte ein Gefühl absoluter Kontrolle über die Maschine. Ich war gezähmt, gehorsam. Ich hätte seinen Flügel sanft mit meinem anstoßen können, meinte ich, ohne eine Spur zu hinterlassen. Ich hätte ihm überallhin folgen können, durch alles.

Ich erinnere mich an diesen Augenblick und an die glatte Landung im schwächer werdenden Licht. Jetzt, da das Geräusch unserer gewalttätigen Überflüge verschwunden war, lag der Platz in vollkommener Stille da. Eine ungebrochene Ruhe. Unsere leer laufenden Triebwerke gaben ein hohes, einsames Jaulen von sich.

Danach sagte er kein Wort zu mir. Zu Trivialitäten lässt sich der Bote nicht herab. Er tut seine Pflicht, nimmt seine Sachen und verschwindet. Aber die schneebedeckten Felder, die unter uns vorbeizogen, der Schrecken, das Gefühl, für einen Moment ein wirklicher Pilot zu sein – diese Dinge blieben.

Mein engster Freund in der Staffel, ein Studienkamerad, hatte Haare, die von grauen Strähnen durchzogen waren, und eine trockene Art zu reden, die ich mochte. William Wood war sein Name. Er war älter – er war vielleicht zwanzig gewesen, als wir Kadetten wurden, und er war direkt danach zu den Kampffliegern gegangen; er hatte das von Anfang an mitgemacht. Er war locker und konnte sehr komisch sein.

Als der Winter begann, gingen wir beide nach Korea. Wir hatten den ersten genauen Bericht über die Feindflugzeuge – er ging von Hand zu Hand – gierig gelesen, es war nicht mehr als ein Zettel. Diese russischen Kampfflugzeuge, MiG-15, waren plötzlich in dem Krieg aufgetaucht. Als sich eine Chance eröffnete, liefen wir wie Männer, die einen Claim abstecken wollten, in die Schreibstube, um uns freiwillig zu melden. In dem Monat gab es zwei offene Stellen, und wir bekamen sie. Es war nicht nur der Bericht, der Krieg selbst flüsterte uns eine Einladung zu: Lern mich kennen. Was immer wir waren, wir fühlten uns nicht authentisch. Man war nichts, solange man nicht gekämpft hatte.

*Kommt jetzt, lasst uns gehen und unser Leben ohne Not riskieren. Denn wenn es einen Wert hat, dann den, dass es keinen hat.*

Wir kamen an einem düsteren Tag in Korea an. Es war Februar, die Mitte des Winters, Maschinen standen im Schutz von Sandsackwällen da, und bittere Kälte lag über dem Flugplatz. Das größte amerikanische Fliegeras – ein mythisches Wort, unauslöschlich –, ein Staffelkapitän namens Davis, war gerade abgeschossen worden. Mit dem schrecklichen Mal, neu zu sein, auf unseren Gesichtern standen wir im Offizierskasino und hörten Geschichten zu, die wahr oder nicht wahr sein mochten. Wir waren zu neu, um das unterscheiden zu können. Es stellte sich heraus, dass wir gekommen waren, um eine Art kruden kolonialen Lebens zu teilen, in verputzten Steinhäusern mit einfachen quadratischen Räumen ohne jede Verzierung, mit Gemeinschaftsbädern und einer Latrine, die sogar der Geschwaderkommodore benutzte.

Wir lebten dort sechs Monate zusammen. Es waren kalte Wintermorgen mit schwachem Sonnenlicht auf den Hügeln. Die silbernen Maschinen glitten aus den Unterständen wie mechanische Ungeheuer, deren Bewegungen noch nicht ganz vollkommen waren und die sich unter anschwellendem Getöse auf der Startbahn aufstellten. Im Frühjahr schmolz das Eis auf den Flüssen, und die Weiden wurden grün. Blut aus der Nase lief in der Sauerstoffmaske aus Gummi über Mund und Kinn. Im Sommer waren die Robinien und alle Felder grün. Die Erinnerung kommt zurück wie ein Spuk: stilles, unbekanntes Land, der ferne braune Fluss, der Jalu, die Grenze zwischen zwei Welten.

An jenem ersten Abend redeten sie über die MiGs, wie gut sie waren, wie überlegen in großer Höhe. Was immer jemand sagte, wir glaubten daran. Ich blieb in Woods Nähe, wie um zu zeigen, dass wir gleichrangig waren. Der Kommandeur, eine ältere, bewunderte Gestalt – Preston war sein Name –, war auch da. Er hatte den verhängnisvollen Feindflug angeführt, auf dem Davis mit nur einer Nummer zwei eine große Formation von MiGs angegriffen hatte. Er hatte den Anführer erwischt und war dann langsamer geworden, um sich noch einen zu holen. Er schaffte es, aber es brachte ihn um. Kanonenfeuer einer weiteren MiG traf ihn genau hinter dem Cockpit. Sein letzter Sieg war sein zwölfter.

Jäger kämpfen nicht, wie St.-Exupéry gesagt hat, sie morden. Er flog kein Jagdflugzeug – er sprach als potenzielles Opfer, wozu er schließlich auch wurde. Er flog eine Aufklärungsmaschine, als es geschah, unbewaffnet und sich nur auf seine Geschwindigkeit verlassend, obwohl die Maschinen nie ganz so schnell sind. Er war zu alt für den Krieg und zu kultiviert. Die Asse trugen Namen wie Adolph und Sailor, Ginger und Don. Sie hatten fünf oder mehr Abschüsse und tauchten plötzlich und ungesehen hinter ihren Opfern auf, schon in den ersten Schreck erregenden Sekunden Feuer speiend. Eine Art Blut trat aus der getroffenen

Maschine aus – in Wirklichkeit schwarzer Rauch, aber er sagte alles voraus. Metallstücke wirbelten davon, die ganze sorgfältig konstruierte Maschinerie flog Meilen über der Erde auseinander, warf die Flügel ab, stürzte unkontrollierbar ins Nichts.

Am Pointe de la Baumette an der Südküste Frankreichs gibt es einen Leuchtturm mit einer Tafel, die das Ende von St.-Exupéry festhält. Er verschwand im Juli 1944. Seine Maschine war eine der vielen, die im großen Sensenschwung des Krieges spurlos verloren ging. Die schimmernde Schönheit des blauen Meeres, des Meeres, auf dem Cervantes focht und wo die Geschichte geboren wurde – irgendwo in seinen Tiefen liegen die Gebeine dieses weltlichen Heiligen.

Wir waren Ersatz, neue Rottenflieger – Jäger fliegen immer zu zweit –, und es dauerte nicht lange, bis auch wir geschliffen genug waren, um zu morden. Wir saßen von unserer Ausrüstung beengt im Cockpit wie Gangster mit ihren langen Mänteln in Limousinen, am späten Nachmittag hoch über Nordkorea, die Sonne tief stehend, der Boden in Spiegelung und Dunst verloren. Weiter und weiter nach Norden fliegen wir. »Dentist« ist der Deckname des Bodenradars. Noch meldet er nichts. Vorsichtige Stimmen in einem dämmernden Himmel, der Unheil verkündend leer ist.

Genau wie man in Nordafrika, so sagen sie, Wüstenstiefel brauchte, um die eigene Unschuld zu verbergen, so brauchte man in Nordkorea eine Karte der langen Halbinsel in einer zusammengefalteten Klarsichthülle. Sie zog sich von China herunter ins Gelbe Meer, der lehmige Jalu war die Nordgrenze, die Flecken der vielen Inseln, und auf halbem Wege die Hauptstadt des Feindes, Pjöngjang. Über Nordkorea legten wir einen Fächer von Linien, die alle auf unseren Stützpunkt zuliefen. Das war eine Orientierungshilfe, so kam man nach Hause. Entfernungsbögen überspannten diese Vektoren, damit man auf einen Blick erfassen konnte, wie weit man geflogen war oder welche Strecke man noch vor sich hatte.

Von den Frontlinien, die das Land in seiner Taille durchschnitten, waren es ungefähr zweihundert Meilen, etwa 25 Minuten, bis zu dem Fluss und nur noch ein paar Minuten mehr bis zu den Feindflugplätzen in China, wohin wir nicht fliegen durften. Es gab keinen Kampf um die Lufthoheit. Wie in einem Handel hinter verschlossenen Türen war das bereits entschieden worden. Die MiGs konnten in den Luftraum über Nordkorea eindringen, wann sie wollten, sie konnten sich dort zum Kampf stellen, wenn das in ihrem Interesse lag, und dann jederzeit zu ihren Stützpunkten zurückkehren. Wir versuchten, den Feind zu vernichten, aber selbst die Jungen, die Rasen mähen, wissen, dass man Wespen nicht einzeln tötet, man zerstört das Wespennest. Die Nester der MiGs aber waren für uns unberührbar. Alles dazwischen war umkämpft.

Wir versuchten, sie daran zu hindern, unsere Kampfbomber zu attackieren, die beladen und in niedriger Höhe nach Norden flogen, um Brücken und Eisenbahnlinien zu bombardieren. Wir flogen keinen Geleitschutz, wir patrouillierten stattdessen. Die Nasen der MiGs waren manchmal gelb, später rot, dann purpurn, dann schwarz.

Es stellte sich heraus, dass dies so war, weil sie von einer ganz anderen Vorstellung ausgingen als wir. Wir hatten nur zwei Geschwader von Jagdflugzeugen in Korea, und die blieben dort, ständig aufgefüllt mit neuen Piloten, um die Truppenstärke aufrechtzuerhalten. Daher gab es unter den Piloten immer Veteranen mit achtzig bis neunzig Feindflügen und tapfere Jungen, die noch gar keine hatten, es aber nicht erwarten konnten, plus jenen, die zwischen den beiden lagen. Die Russen – es waren hauptsächlich russische Piloten –, die wir bekämpften, bewegten ganze Regimenter durch, wahrscheinlich um so viele Piloten wie möglich auszubilden. Sie kamen mit sehr wenig Erfahrung nach Korea und zogen nach drei bis vier Monaten weiter, nun kampferprobt. Aber es bedeutete, dass sie alle immer neu anfingen und zusammen lernten, und das erwies sich als verlustreich.

Was sich in den anderen Bereichen des Krieges abspielte, bedeutete uns wenig. Ich kann mich nicht an den Namen einer einzigen Schlacht erinnern oder auch nur an einen General außer Van Fleet, der ein ehrliches Gesicht hatte und spät aufgestiegen war, wie General Grant im amerikanischen Bürgerkrieg. Er war noch Colonel in der Normandie, als seine Jahrgangskameraden schon Armeekorps kommandierten – Van Fleet und natürlich Ridgway.

Die Navy, die Marines und die Air Force führten jeweils ihre eigenen Operationen am Himmel durch. Wir hatten wenig miteinander zu tun. Nur im Hauptquartier, das man über zerfurchte Landstraßen und die staubigen, von Bäumen beschatteten Avenuen von Seoul erreichte, wurden die Operationen aufeinander abgestimmt. Es waren theatralische abendliche Sitzungen, in denen der Oberkommandierende mit silbernem Haar und Sternen am Kragen, eine Zigarre rauchend, dasaß und mit Frauenstimme nach jedem Lagebericht »Ich danke Ihnen« sagte. Hier wurden alle Angriffe, Ziele, Verluste zusammengefasst – alles, was ein General wissen musste.

Krieg ist so viele Dinge. Er ist eine Gelegenheit, die Villen der Reichen zu sehen, großartige Häuser, die zu Lazaretten oder Garnisonen umgewandelt wurden, wertvolle Objekte, die für nichts verkauft wurden, Familien mit uraltem Namen, die der Gnade eines Quartiermeisters ausgeliefert waren. Man kennt es aus den Wochenschauen: Die Kanonen springen zurück, wenn sie feuern, die Panzer rollen vorbei, und vergessene Männer winken. Er ist all dies, und zugleich formt er den Menschen, wie es ein Leben der zivilen Arbeit nicht kann. Seine Forderungen sind unendlich, seine Vergnügungen grausam. Goya kannte sie und Thukydides und Isaak Babel. An einem Morgen liegt der wunderbare Geruch des Frühstücks in der Luft, und am nächsten wird man plötzlich verhaftet und eilig abgeurteilt. Das Schicksal, das unmöglich erschien, die Justiz, die Lorca erfuhr. Er konnte nicht ausrufen: Ich bin ein Dichter! Sie wissen, dass er ein Intellektueller oder etwas noch Schlimmeres ist. Sie treiben ihn auf einen Lastwagen, und er fährt mit anderen und ohne einen Funken Hoffnung irgendwohin, wo man ihm eine Schaufel gibt und ihm befiehlt zu graben. Es ist sein Grab, das er aushebt, schweigend, in dem Schweigen, dessen Teil er bald sein wird, er, der in diesem Land aufgewachsen ist, der die Stimme des Landes wurde. *Der Tod legte Eier in die Wunde*, schrieb er, *um fünf Uhr nachmittags ... Aus der Ferne kommt schon der Wundbrand, um fünf Uhr nachmittags ... Die Wunden brannten wie Sonnen, um fünf Uhr nachmittags, und die Menge zerbrach die Fenster ...* Der glatte Holzstiel der Schaufel liegt in seinen Händen, und die erste Schaufel voll Erde ist einer der kostbarsten Momente seines Lebens, wenn er nur dauern könnte. Aber im Krieg dauert nichts, und die Dichter werden zusammen mit den Bauernjungen umgebracht, die Fliegen bedecken ihre Gesichter.

Für uns war es einfach und immer dasselbe: Wer stand auf dem Dienstplan, wie war das Wetter, was hatten frühere Flüge gesehen?

Das erste Morgenlicht über der Flügelspitze. Die ersten leichten Flüge. Aus dem Staub der Erinnerung tritt, selbst leicht verstaubt, kindlich, gerissen, Amell, der Staffelkapitän.

Ein Name ist Schicksal. Er ist das Erste aller Gedichte. Selbst nach dem Tod behält er seine Macht; sogar halb begraben in Zeitungskolumnen oder im Dreck, fängt er das Auge. Paavo Nurmi hatte solch einen Namen. Oder Jean Genet. Ein Kunstflieger namens Lamont Pry; der schwedische Streichholz-König; ein kleiner Faschist, Adrian Arcaud – ich bin dabei, eine Ära zu porträtieren –, und in diesem riesigen Friedhof wirft meine Stiefelspitze einen weiteren Namen auf: Zane Amell.

Ich weiß nicht mehr, wann ich ihm zuerst begegnete. Aber er steht mir wie auf einem Foto fest vor Augen, er trug eine Pelzmütze wie ein Kosak und im Holster unter dem Arm einen Navy-Revolver. Er hatte eine raue, fast theatralische Stimme. Für einen Schauspieler waren seine Reden ein bisschen lang, aber er konnte auch knapp sein, wenn der Anlass es verlangte. Als er Urlaub in Tokio hatte, brachte ihn der Fahrer eines Morgens nach Alkohol stinkend und mit zerknitterter Uniform in die Stadt zurück und fragte ihn, ob er ihn irgendwo absetzen könne. »Ja«, antwortete Amell heiser. »Wo?«

»Irgendwo«, murmelte er und schlief wieder ein.

Auf einer Einsatzbesprechung richtete er die ersten Worte an mich. Ich flog als seine Nummer zwei. Es war mein zweiter Feindflug. Die Aufgabe einer Nummer zwei ist leicht zu beschreiben: beim Leader bleiben und sich umgucken, besonders nach hinten – fast alle Gefahr kommt von dort. Ich wusste, dass ich erprobt wurde. Ich konnte Rat oder warnende Worte gut gebrauchen. Als die Flugzeugnummern neben unsere Namen gesetzt wurden, kommentierte er freundlich: »Na großartig. Sie haben die alte Versagerin, und ich die Spritfresserin.« Es waren zwei der ältesten und langsamsten Maschinen, aber er ließ sie nicht austauschen.

Ich war nervös, als wir in der kalten Luft aufstiegen, die Maschinen ruckten leicht wie auf Wellen. Vielleicht sah ich an dem Tag meine erste MiG, silberfarben zog sie weit über uns hinweg, jedes fremde Detail sichtbar, still wie ein Hai. An dem Tag waren viele in der Luft. Sie kamen Schwarm um Schwarm aus dem Norden, über uns. Ich erinnere mich daran, wie hilflos und allein ich mich fühlte. Der Atem brannte mir in der Kehle.

Er hatte keine guten Augen. Es hieß, dass ein anderer Pilot bei den Möglichkeiten, die er gehabt hatte, zehn Maschinen heruntergeholt hätte – er brachte es schließlich auf drei Abschüsse und einen in Flammen gehüllten Rottenflieger, der in der Nähe von Sinuiju abstürzte. Wenn ich jetzt an seine Augen denke, kommen sie mir klein vor, Augen wie die eines Händlers oder eines alten Polizisten, weise. In der Luft hörte man seine schnarrende Stimme und in ihr seine Selbstsicherheit, wie die eines Mannes, der unbekümmert in die falsche Richtung blickend in den Verkehr hinaustritt. Er trank gerne, und er hatte einen Hang zu extravaganten Gesten.

Vielleicht gibt es einen Preis für Sorglosigkeit, aber ich sah nicht, dass er ihn zahlte. Ein paar Jahre später steuerte er seine Maschine in Michigan von der Landebahn herunter, um Flugzeugen auszuweichen, die ihm entgegenkamen. Der Boden war aber weich, und er überschlug sich und starb.

Geschwindigkeit war alles. Wenn man schnell genug war, konnte man klettern und sie überholen, und, was noch wichtiger war, man konnte nicht so leicht überrascht werden.

Man konnte auf verschiedene Weise sehr schnell Geschwindigkeit verlieren, aber sie wiederzugewinnen, besonders in dem Moment, wenn es darauf ankam, war unmöglich.

Nach späterem Standard waren dies unkomplizierte Maschinen, aber sie konnten höher als 45 000 Fuß fliegen, und sie konnten im Sturzflug mit der Schallgeschwindigkeit flirten. Es gab am Fahrtmesser eine zweite rote Nadel, die das Limit markierte, über das man nicht hinausgehen sollte, obwohl wir das oft taten. Die Nadeln kreuzten sich, wenn man in die Nähe der Schallgeschwindigkeit kam, gewöhnlich in geringer Höhe oder bei einem Sturzflug, die Maschine unruhig und schwer kontrollierbar. »Bei Mach« – das absolute Limit und ein beliebter Ausdruck.

Der Unterschied zwischen unseren Flugzeugen und ihren war in den meisten Bereichen unbedeutend, aber in einem war er entscheidend. Sie hatten Kanonen – das Maul der MiGs erschien deshalb wie angeschwollen und drohend –, und wir hatten Maschinengewehre. Im Vergleich zu den Schnellfeuerkanonen waren sie fast feminin. Die Außenhaut der Maschine hatte in der Nähe der Nase löffelförmige Öffnungen, wo die Läufe heraussahen. Es waren sechs. Die Geschosse der russischen Kanonen hatten einen Umfang wie ein Wasserglas, und sie konnten gewaltigen Schaden anrichten. Maschinengewehrpatronen waren nur so groß wie ein Finger oder wie ein Weinkorken. Es war der Vorschlaghammer gegen den Gartenschlauch. Der Schlauch war flexibler und konnte schnell justiert werden. Die langsamer feuernde Kanone war schwer umzustellen; man konnte zwischen den schweren, glühenden Schüssen fast »O Gott« sagen. Wenn die Maschinengewehre einmal etwas zwischen den Zähnen hatten, zerkauten sie es schnell.

Auf dem Weg nach Norden schossen wir immer zur Probe,

ein kurzer Feuerstoß. Der Abzug befand sich am Steuerknüppel, und der Sicherungsstift, der ein kleines rotes Banner trug, steckte in einer unserer Taschen. Jetzt war alles real; vorher war es nur ein Bild gewesen, das vertraute Bild einer im leeren Himmel hängenden Formation. Im Ganzen hatten wir nur für elf Sekunden Munition. Ein Feuerstoß in einem Luftkampf dauerte meist zwei oder drei Sekunden. Das Geheimnis war einfach: dicht an den Feind heran, so dicht wie möglich, unter zwanzig Meter, wenn man konnte, so dicht, dass man ihn nicht verfehlen konnte.

In der Morgendämmerung trieb oft ein gewaltiges, anschwellendes Donnern zu uns herüber. Die Triebwerke wurden auf Touren gebracht. Es erreichte einen Höhepunkt und blieb eine Zeit lang so, das Gebrüll, das unser Leben fraß. Dann verminderte es sich langsam, eine ungesehene Startbahn hinunter, und schwand schließlich, als die Maschinen in der Luft waren. Einen Moment später die zweite Welle: es waren die Aufklärungsflüge im ersten Licht des Morgens, auf dem Weg zum Jalu.
Die Namen, die drei oder vier Mal am Tag auf dem Einsatzbord erschienen, waren keine Liste der Fähigsten. Sie schlossen Nachzügler und Inkompetente ein und auch Männer, deren einziger Makel übergroße Vorsicht war. Der Krieg hatte frühere Piloten, die längst in ein normales Leben zurückgekehrt und Lehrer oder Börsenmakler geworden waren, aufgespürt und wieder beansprucht. Es gab einen Veteranen, einen Captain – ich nenne ihn Miles –, der bei einem Absturz schwere Verbrennungen erlitten und den Mut nie wiedergefunden hatte. Er war ein Mann, bei dem alles schief ging. Schande und Entehrung starrten ihm ständig ins Gesicht, oder etwas noch Schlimmeres, ein weiterer Absturz.

Bei Feindflügen klang sein Triebwerk immer schlecht, so schien es, und er meldete über Sprechfunk, dass er umkehren müsse. Ich flog mehrmals mit ihm, und einmal in den ersten Märztagen bei meinem ersten wirklichen Gefecht.

Der Himmel war tief und klar an dem Tag. Wir flogen in 40 000 Fuß Höhe nach Norden, die Kondensstreifen zogen sich glatt und gerade meilenweit hinter uns her und konnten noch aus großer Entfernung gesehen werden. Die Ersatzmaschinen wurden nicht gebraucht und waren bereits umgekehrt, sie waren irgendwo bei Pjöngjang. Ihre Meldungen kamen ruhig herein. Feindflugzeuge waren in der Luft. »Bogies in zwölf Uhr«, bemerkte eine Nummer zwei routiniert.

»Roger.«

Nach ein paar Augenblicken fügte er hinzu: »Sehn aus wie MiGs.«

»Das sind MiGs«, meldete ein anderer. »Viele. Sie fliegen nach Norden.«

Wir waren zwölf. Wir begannen eine langsame Kurve nach Süden zu fliegen, während das Gespräch fortgesetzt wurde; wir versuchten, mehr herauszufinden, wie viele es waren. Der Himmel war leer, aber meine Fingerspitzen kribbelten. Dann sahen wir Kondensstreifen, dünn und fern. »Tanks abwerfen, alle«, hörte ich.

Wir hatten externe Zusatztanks, so groß wie Badewannen, aber eleganter geformt, unter den Flügeln. Wenn man einen Knopf drückte, konnte man sie abwerfen. Die Maschine bockte ein wenig, wurde leichter. Die feindlichen Kondensstreifen änderten langsam den Kurs, kamen auf uns zu.

Endlose Minuten lang änderte sich nichts, wir kamen nicht näher. Dann sah man Punkte, die Kondensstreifen hinter sich ließen. Plötzlich waren wir fast in Schussweite. »Jeder sucht sich einen aus«, hörte ich.

Es war fast unmöglich, das Fadenkreuz auf etwas zu halten, was so klein war, aber wir feuerten, als sie vorbeischossen. Wir waren in einem spitzen Winkel zu ihnen und unser Schwarm war ihrem Kurs am nächsten, als Miles plötzlich, statt zu wenden und sie zu verfolgen, rollte und zum Sturzflug ansetzte. 15 000 Fuß niedriger fing er in einer Dunstschicht die Maschine wieder ab. Sein Querruder habe nicht mehr reagiert, sagte er über Sprechfunk. Ob ich noch da sei, fragte er brüsk. »Haben Sie mich noch im Blick, Vier?« Ich war in drei Uhr, sagte ich ihm. Es entstand eine Pause. »Das Querruder scheint jetzt wieder okay zu sein«, erklärte er. Dann fügte er, falls jemand zuhören sollte, hinzu: »Lass uns hoch und wieder ins Gefecht.«

Weit über uns sahen wir, wie die Erdoberfläche nach einem Sturzflug, hingekritzelte und gebrochene Kondensstreifen. Wir hörten den Sprechfunk: der Staffelkapitän hatte einen erwischt, der Pilot der MiG war gerade in einer Höhe von 32 000 Fuß ausgestiegen.

Beim Debriefing danach erklärte Miles, dass ihn der Abgasstrahl einer anderen Maschine erwischt und in Turbulenzen gebracht habe. Er hatte einen angespannten, verlegenen Gesichtsausdruck. Die Haut seines Halses war von den alten Verbrennungen unnatürlich glatt. Der Rücken und die Arme waren auch verbrannt, wie ich gehört hatte. Ich konnte ihn nicht ansehen.

Gleichzeitig aber gab es Handlungen von großer Würde. Meistens waren es Dinge des Augenblicks, und sie verloren sich im riesigen Wandgemälde des Krieges. Nach ein oder zwei Tagen waren sie vergessen, aber ein paar wurden behalten und weitergegeben. »Captain, sie schießen auf uns!« – »Das ist okay, das dürfen sie.«

Als Colman zu uns stieß – vor ihm war noch ein Pilot angekommen, aber von dem nahm kaum jemand Notiz –, war er
sofort eine Berühmtheit. Er erzählte die Geschichte selbst
häufig, etwas verlegen und umständlich, lachend und zigar-
rengetönte Zähne zeigend.

Er flog bei einer Staffel der National Guard in Nordjapan –
in Misawa, glaube ich. Ich bin nie dort gewesen, aber ich
kenne die Eintönigkeit, die Kälte am Morgen. Sie flogen
gefährliche mehrfache Angriffe auf die feindlichen Nach-
schublinien. Eines Tages flog er ohne Befehl nach Korea
mit, zu unserem Stützpunkt, fuhr irgendwie zum Hauptquartier, das nicht weit vom Abstellplatz entfernt war. Dort fragte er an, ob er den Geschwaderkommodore sprechen könne.
Warum, fragten sie, und wer war er? Es gehe um eine Versetzung. Er sei Captain Philip Colman.

Der Staffelkommodore sah aus wie ein in die Jahre gekom-
mener Jockey, und er trug den ungewöhnlichen Namen
Thyng. Er hatte durchdringende blaue Augen, und der Adler
auf seiner Brust wirkte doppelt so groß, weil Thyng so klein
war. Ich kann seine Stimme noch hören, wenn er seine Maschine plötzlich herumriss. »MiGs unter uns, Jungs«, schreit
er. Und runter geht's.

Colman stand mit einem Respekt vor ihm, der nicht von
der geringsten Servilität getönt war. Es war für ihn schließlich nur ein Versuch, er würfelte. Er war jene furchtlose Gestalt, ein freier Mann. Soldat, ja, aber nur gelegentlich; es
lag alles in der Präzision seines Grußes, in seinem Verzicht
auf jedes Lächeln, in seiner fleckigen Kombi. Er war ein erfahrener Kampfflieger und er war vor bloß sieben Jahren ein
As in China gewesen. Im Moment, erklärte er, flog er bei den
Kampfbombern, was eine Verschwendung seines Talents bedeutete; er würde sich gerne der Vierten Staffel anschließen.

Thyng war immer auf der Suche nach fähigen Männern. Hatte er Flugzeit in der F-86? fragte er Colman. Jawohl, Sir, sagte Colman, ungefähr zweihundert Stunden. In Wirklichkeit hatte er die F-86 nie geflogen und nur eine Zahl genannt, die eine gewisse Wahrscheinlichkeit besaß. Thyng war interessiert, sagte ihm, er solle seinen Namen und andere Angaben beim Adjutanten hinterlassen. Er würde sehen, was sich tun ließ.

Ein paar Wochen später kam die Versetzung durch, und Colman flog wieder nach Korea. Er hatte selbst angeregt, dass er sein Flugbuch gleich mitbrachte. Das Flugbuch ist jedem Piloten heilig, es führt im Detail auf, wann und wo er was geflogen hat, Datum, Wetter, Typ der Maschine. Auf dem Weg nach Korea schob Colman das Fenster des Transportflugzeugs auf und ließ sein ganzes Dossier beiläufig ins Meer fallen. Die auseinander gerissenen Seiten verschwanden im Wasser. Fische schnüffelten an abgeschossenen japanischen Maschinen, an Nachtflügen in Georgia und Florida, an zerbombten Eisenbahngleisen in der Nähe von Sinanju, an dem Ganzen.

In dem neuen Schwarm, dem auch ich bald zugeordnet wurde, fragte man ihn nach seinem Flugbuch. Es würde geschickt, sagte er gleichgültig. Inzwischen bot er ihnen eine grobe Übersicht seiner Flugzeiten an, die recht nahe an den Tatsachen war, aber einige hundert Stunden in der F-86 einschloss. Wie die Rechnung in einem guten Restaurant war es eine eindrucksvolle Summe.

Alle Flugzeuge ähneln sich, so wie sich alle Schiffe und Automobile ähneln. Im Groben sind sie gleich, aber im Detail gibt es Abweichungen. Bei seinem ersten Flug kletterte Colman ins Cockpit und winkte nach ein paar Minuten den Techniker heran. Es war eine Weile her, dass er dieses Modell geflogen war, und er wollte keinen Fehler machen. Warum zeigte ihm der Techniker nicht nochmal, wie man die Maschine startete? Der Rest war einfach – Sprechfunk, Steuerung, die Instrumente, das kannte er. Er rollte hinter dem Schwarmführer hinaus, und sie hoben zu einem Aufklärungsflug ab. Sie hatten abwerfbare Zusatztanks dabei, aber Colman wusste nicht, wie man die Treibstoffzufuhr auf sie umschaltete. Etwa vierzig Minuten später sah er plötzlich, dass alle Anzeigen gegen null gingen. Sein Triebwerk starb.

Das Triebwerk sei ausgefallen, meldete er.

»Roger«, sagte der Leader. »Versuchen Sie einen Luftstart.«

Das war noch etwas, was er nicht kannte. »Nur, damit ich's richtig mache«, sagte Colman, »lesen Sie mir die Checkliste vor, ja?«

Sie gingen die Prozedur Schritt für Schritt durch. Nichts geschah. Der Motor war in Ordnung, und Colman hatte auch reichlich Treibstoff, aber der war in den Zusatztanks. Sie versuchten es ein zweites Mal und erklärten dann den Notfall. Colman musste versuchen, ohne Triebwerk zu landen.

Er hätte das wohl hingekriegt, aber er hatte zu wenig Höhe. Nichts kann das ersetzen. Als er schließlich sah, dass er es nicht schaffen würde, suchte er sich die beste Alternative aus, Eisenbahngleise, und landete ohne Fahrwerk darauf, was das richtige Verfahren war. Er rutschte die feuchten Schienen hinunter, als wären sie eine nasse Straße. Kurz vor einem Maschendrahtzaun, der zufällig den Eingang zu einem Schrottplatz bildete, kam er zum Stehen. Die Maschine, unreparierbar beschädigt, wäre da sowieso gelandet. Nach einer Weile kamen die Wagen der Feuerwehr und eine Ambulanz, und Colman, der sich leicht am Rücken verletzt hatte, wurde ins Lazarett gebracht.

Als das Wrack besichtigt wurde, fiel natürlich sofort auf, dass die Zusatztanks nicht eingeschaltet worden waren. Amell war in sehr unfreundlicher Stimmung, als er im Krankenhaus eintraf. Sobald er das Zimmer betrat, hob Colman abwehrend die Hände. »Major, Sie brauchen's nicht zu sagen«, begann er. »Ich hab Scheiße gebaut. Ich weiß, dass ich Scheiße gebaut hab. Aber Sie müssen eins zugeben. *Nachdem* ich Scheiße gebaut hatte, hätte es keiner besser machen können.«

Seine Unverschämtheit rettete ihn. Er war in Ungnade, aber zugleich wurde er bewundert. Man konnte nicht anders, man musste seine Kaltblütigkeit mögen.

Er war in vieler Hinsicht unvergleichlich. Ich war Mitglied seines Schwarms, und wir flogen viele Male zusammen. Statt eines harten Plastikhelms trug er einen alten aus Leder, den er mitgebracht hatte, wahrscheinlich aus seinen Tagen in China. Sein Kopf wirkte daher im Cockpit sehr klein. Wie Bäche, die einen Strom speisen, kamen die Maschinen auf der Startbahn zusammen, bewegten sich zusammen vorwärts, schon in Formation. Eine der Maschinen schien von einem Kind geflogen zu werden. Wer war das? fragten die Colonels. »Colman.«

Eine Zeit lang nahm er ein Fernglas mit. Jemand hatte die Idee gehabt, dass es einem helfen könnte, Feindflugzeuge früher zu erkennen, und er trieb eines auf. Es war ohnedies eng im Flugzeug – dicke Kleidung, Schwimmweste, Pistole, Leuchtfeuermunition – und darüber und über seinem geknoteten weißen Schal hing das Fernglas. Es war nicht sehr praktisch – das Sichtfeld war klein und der Himmel, über den es hin und her zuckte, war immens. Er gab vor, dass es nützlich sei. Er war wie Nelson, der ein Fernrohr an sein blindes Auge hob. In jeder Lage war er kampfbereit. Darin war er wie Quichote, mit dem er einige Charakterzüge teilte, wenn er auch nicht, wie der Ritter, ein tief ernster Mann war.

In der Luft war er unerschütterlich und, was noch seltener war, großzügig. Wir waren in vielen Gefechten zusammen, oft ungleichen Gefechten, aber er hatte das Gefühl, dass seine bloße Anwesenheit jedes Ungleichgewicht aufhob. Er war nicht methodisch. Er kämpfte wie ein Mann, der schon einige Gläser getrunken hat und sich zu einem Pokerspiel hinsetzt. Er könnte ja die richtigen Karten kriegen. Ruhig, freundlich, genießt er das Spiel, und wenn er verliert, kann er immer noch lächeln oder gute Nacht sagen oder das, was einmal ein berühmter schwarzer Boxer zu den Reportern sagte, nachdem er den Kampf seines Lebens verloren hatte: »Gentlemen, es war ein sehr unterhaltsamer Abend für mich, und für Sie hoffentlich auch.«

Eines Tages sah ich, wie er in einem riesigen, geneigten Kreis drehte, in Verfolgung der ersten von zwei MiGs. Er hatte sie schon vorher getroffen und versuchte sie zu erledigen. Die Nummer zwei war verschwunden. Wir flogen in eine riesige Sonne hinein, die schwarz am Himmel zu brennen schien, und wieder heraus. In dem Versuch, meine Position zu halten, war ich ein wenig vor ihn geraten und sagte ihm über Sprechfunk, dass ich es sei, vor ihm und unter ihm – es hatte schon Fälle von Irrtümern gegeben. »Ich bin zwischen dir und der MiG.«

»Mach ruhig«, antwortete er. »Hol sie dir.«

Es war eine verschwenderische Geste, aber ich hatte nichts anderes von ihm erwartet. Es wäre ein geteilter Sieg gewesen. Ich hatte schon in der Woche zuvor eine MiG getroffen und beschädigt. Ich wusste, dass sie nicht unverwundbar waren. Ich wusste mit der Gewissheit, die sich selbst erfüllt, dass ich viele Abschüsse haben würde, die mir allein gehören würden. »Nein, das ist deine«, sagte ich.

Ich sah mich um. Es kam mir alles sehr gelassen vor. Nach einer Weile hörte ich: »Hast du ihn noch, Zwei?«

Ich sah nach vorn. Nichts.

»Ich glaub, ich hab ihn verloren«, bemerkte Colman gleichmütig.

Die schrecklichen Verluste von damals, mehr als vierzig Jahre ist es her. Die Kommandeure sind alt geworden und gestorben, die Kämpfe über dem Fluss in der Dämmerung sind vergessen. Noch immer sehe ich es klar vor mir, den silbernen Fleck, der seine Maschine ist, die dünne Rauchfahne, die sie hinter sich her zieht, als er feuert, die heitere Ruhe des Ganzen, das brennende Fieber. Die Einladung, an dem Festmahl teilzuhaben.

Wir flogen weit zusammen, manchmal in verbotene Breiten, tiefer und tiefer in die Mandschurei hinein, fast bis nach Mukden, wir suchten sie in ihrer Zuflucht, so hoch, dass die Erde neutral erschien. Es war weites, unfruchtbares Land, braun, ohne Landschaftszüge. Der Jalu war hinter uns, nicht einmal mehr in Sicht. Weiter und weiter nach Norden. Jede Minute bedeutete zehn Meilen. Niemand würde wissen, was mit uns geschehen war, wenn etwas geschah, niemand würde je etwas davon hören. Mein Auge kehrte wieder und wieder zur Treibstoffanzeige zurück. Die Nadel bewegte sich nie, aber dann war sie plötzlich niedriger. Wie viel hast du noch? fragt er. 900, antworte ich. Zwei kurze Klicks im Mikrofon; er hat verstanden. Schließlich gaben wir auf und wendeten.

Es war nicht Pflicht, es war Sehnsucht. Die Pflicht hätte nie mit solchem Eifer in nachlassendem Licht gesucht, noch ein letztes Mal zum Fluss hinunter, die Erde schon in Dunkel gehüllt, das langsam aufstieg, wie die Tide, der Himmel blieb bis zuletzt hell. Ein seltsames hohes Heulen erfüllt die Kopfhörer: das Radar der Flugabwehr. Ein letztes Mal den Fluss entlang. In der Nähe der Mündung beginnt die verdunkelte Erde sich aufzuhellen, erst an einer Stelle, dann woanders, wie eine Stadt, in der das Leben erwacht. Bald blitzt der gesamte Boden. Weit unten schießen sie auf uns. Schwarze Explosionen tauchen schweigend um uns auf, einige haben einen unerwarteten roten Kern.

Es war der Sieg, nach dem wir uns sehnten und den wir uns vorstellten. Man konnte ihn nicht stehlen, und er wurde einem auch nicht geschenkt. Kein Mann auf der Erde war reich genug, ihn zu kaufen, und er war nichts wert. Am Ende war es alles gar nichts wert.


Wenn ich jetzt die Schachtel schüttele, fällt nicht Staub auf den Schreibtisch, sondern Reste von alten Dingen, zusammen mit Streichholzschachteln, Büroklammern, Briefmarken, die nicht mehr kleben, und ein Talisman, den ich getragen hatte und den ich lange nicht fortwerfen konnte. Ich schalte die Lampe ein. Erinnerungen an die Vergangenheit. Am frühen Abend, in der Stunde, wenn die Zivilisation am tröstlichsten ist, leuchtet der Talisman auf eine fast vergessene Weise. Er ist nicht aus irgendwelchem Stoff, sondern aus etwas weniger Haltbarem: aus Worten, die einst, spät in der Nacht, in der Kälte jenes Winters nach einem Tag in der Luft gesprochen wurden. Ich saß mit Woody in der Stille irgendeines Zimmers. Wir waren wie Gestalten von Beckett, in Decken gehüllt, schmutzig wie Bauernjungen. Wir hatten beide etwa fünfzehn Feindflüge. Die Monate, mit dem, was sie bringen mochten, streckten sich vor uns aus.

Sein Gesicht war bogenförmig, das Kinn ragte zu einer Seite hinaus. Sein Haar war wie gebürstetes Silber. »Du wirst eine Menge kriegen, hier draußen«, sagte er voraus.

Mein Herz begann zu schlagen. Er war kein Schwätzer. Wir hatten etwas getrunken, aber er war nicht betrunken.

»Glaubst du?« sagte ich beiläufig.

Es war nicht nur du gegen sie, sondern du gegen die Namenlosigkeit. Es gab Männer, die sich hier einen Namen gemacht hatten und den Rest der anderen überragten, ältere Männer, einige in den Dreißigern, mit breiten Händen und der Bedächtigkeit von Schreinern, Männer, die sich auf sich selbst verließen und in der Hitze des Gefechts wussten, was zu tun war. Die meisten aber waren jünger. Ich war sechsundzwanzig und hätte einiges gebrauchen können, Schießübungen zum Beispiel. Egal.

»Du wirst hier berühmt«, sagte er.

Er war viel erfahrener als ich. Seine Worte bedeuteten mir mehr, als ich sagen konnte. Ich trug sie bei mir, als wären sie auf ein Stück Papier geschrieben. Niemand sonst hatte sie gehört, niemand wusste von ihnen. Nur ich allein.

Wir hatten viele Asse: Thyng selbst, Asla, der später abgeschossen wurde, Baker, Lilley, Blesse. In unserer Staffel allein waren Love, Latshaw, Low und Jolley, dazu andere mit vier Siegen, die jeden Tag im Triumph aus den Maschinen klettern konnten, grinsend, endlich gerechtfertigt. Für mich indessen, aus Gründen, die ich nicht richtig erklären kann, war Kasler unvergleichlich.

Er war in unserem Schwarm, zusammen mit Low. Ich kann mich nicht erinnern, wie er aussah, und auf gewisse Weise kann ich es doch. Das Bild ist wie ein Traum, der gerade dabei ist, sich im Tageslicht aufzulösen. Er hatte einen runden

Kopf, dünne Lippen, einen kalten, uninteressierten Blick. Er war lakonisch, die Wörter schienen widerwillig aus seinem Mund zu kommen. Er besaß Würde, woher, weiß ich nicht. Sie war ihm gegeben worden, glaube ich, falls er sie brauchen sollte. Können besaß er, natürlich, großes natürliches und auch erworbenes Können zusammen mit Kaltblütigkeit, und eine wütende Geduld wie die eines Löwen, der flach im hohen Gras liegt. Gekrönt wurde alles von der unsentimentalen Haltung eines Champions. Er hatte eine lange Lehre durchgemacht, zu Beginn als Heckkanonier einer B-29, und er war älter als die anderen, als ihm die Schwingen auf die Schulterstücke gesetzt wurden. Als er kam, war er ein unbekannter Lieutenant. Er ging berühmt.

Es gibt Menschen, die unzerstörbar sind, unerschütterliche Staffelführer und ihre besten Gefolgsleute; Mechaniker, die mit tauben Fingern in der Kälte arbeiten; düstere Colonels mit von Schlafmangel geröteten Augen – sie alle haben eins gemeinsam: Sie sind die Deiche, die gegen Ziellosigkeit und Gleichgültigkeit stehen, die das dunkle Wasser zurückhalten, das sonst alles überfluten würde. Kasler war einer von diesen. Ich flog als Colmans Nummer zwei, und Kasler seinerseits flog als meine Nummer zwei.

Dunkelheit, Stille, der erste Feindflug steht auf und erscheint, stumpf vor Müdigkeit, in der hell erleuchteten Kantine. Sie blicken mürrisch in leere Stahlkrüge. »Wo ist der Orangensaft?« fragt Kasler kalt. Die Koreaner nennen den Orangensaft aus der Dose »Punch«. »Haben-nicht«, sagen sie hilflos. Wir essen schweigend, den Blick auf das Tablett gerichtet, und fahren dann wortlos zu den Maschinen hinunter.

Zwei Stunden später sind wir über dem Fluss. Da ist das Staubecken, das Eis der weiten Oberfläche wirr von schwarzen

Linien gezeichnet. Es sieht aus wie der Tod, der in das Gewebe eindringt – alles ist Unordnung, alles ist fehlgeschlagen. Man kann es nur ein paar Sekunden ansehen – der Himmel wirkt auch tot, verlassen, aber er kann jederzeit lebendig werden, jederzeit können schicksalhafte, blinkende Punkte darin auftauchen.

Dann wieder ist es spätnachmittags, wir haben ein Gefecht hinter uns. Wir suchen verzweifelt nach ihnen – Radar berichtet weiter von feindlichen Maschinen –, die Sonne sinkt, die Erde beginnt sich in Dunst zu hüllen. Wir fliegen und sehen nichts. »Sie sind an der Flussmündung!« ruft jemand im Sprechfunk. Als wir dahin fliegen, bleibt der Himmel zum Wahnsinnigwerden leer, und dann, in einem Moment, sind überall Maschinen. Die Ungeduld, die Hektik – alle, denen wir nahe kommen, sind Freund, nicht Feind. Eine Minute oder zwei später haben wir sie irgendwie verloren und fliegen wieder in völliger Leere.

Plötzlich schießt unter uns eine Maschine hindurch: riesiges Leitwerk, rote Sterne, unglaublich nah. Ich wende und verfolge sie, blicke schnell zurück, mein Herz rast. Ich habe freies Schussfeld, aber Kasler ruft: »Rechts hinter dir! Guck nach rechts!« Nicht einmal siebzig Meter hinter mir, deutlich, fremdartig aussehend, ist die Nummer zwei. Ich ziehe die Maschine hart herum, auf ihn zu, und dann ein Stück wieder zurück. Er scheint dort erstarrt zu sein wie ein Hase im Scheinwerferlicht. Ich bin fast hinter ihm. Ich kann aus kürzester Entfernung feuern. Aber bevor ich schießen kann, sind vier von ihnen direkt über uns, von der anderen Seite hereingekommen. »Weg nach links«, ruft Kasler. Sie drehen sich mit uns, wie Wagen auf der Rennstrecke, und wir gehen runter, ich kann nicht sehen, ob sie feuern. Dann sind wir allein; sie haben es abgebrochen, als wir sie nicht sehen

konnten. Es ist vorbei. Über uns verblassen die Kondensstreifen bereits.

Die Mitglieder unseres Schwarms, fünf oder sechs Piloten,
wohnten zusammen auf einer Stube. Es war ein proviso-
risches Leben in spärlicher Möblierung. Es gab einen langen
Tisch, an dem wir saßen oder Karten spielten, und einen
Hausjungen, der die Laken stramm zog und ausfegte und
Besorgungen machte. Am Tag war man oft allein in dem
Raum, wenn man nicht flog oder andere Aufgaben zu erledigen hatte. Abends und nachts war man nie allein, aber
dafür gab es das Offizierskasino und die Bar. Da konnte man
mit Fremden reden, tat es aber nur selten.
Irgendjemand, der Hausjunge vielleicht, hatte einige Fotos
gefunden und sie auf den Tisch in der Mitte der Stube gelegt. Sie hatten Postkartengröße. Wenn man sie beiläufig aufnahm, blickte man in die Gesichter zweier früherer Piloten
des Schwarms, die längst nach Hause zurückgekehrt waren.
Die Fotos, die schwarz umrandet waren, wurden schließlich
an die Wand geheftet, innerhalb eines großen, bemalten
Rahmens. Das ließ noch viel Raum für andere, wie auf einem
Friedhof. Ein einfaches Datum war unter den Bildern auf die
Wand geschrieben – es war, soweit sich jemand erinnern
konnte, der Tag, an dem sie zurück nach Hause geflogen waren. Es wirkte wie etwas viel Endgültigeres.
Mit einem Blick auf die Armbanduhr sagte manchmal jemand einfach die Zeit an: »Neun Uhr.«
Colman stand auf. »Die Wand«, sagte er.
Alle erhoben sich. Eine vermummte Gestalt – Smith, der
gern früh zu Bett ging und sich zum Schlafen immer einen
weißen Schal wie einen Verband um die Augen legte –
sprang auf, stand auf seinem Bett und wickelte seinen Kopf

aus. Seine rechte Hand bedeckte, wie die aller anderen, das Herz.

Es war eine feierliche Prozedur. Alle Augen, einschließlich der eines verwirrten Besuchers, richteten sich auf die schwarz umrandeten Fotos; da hingen schließlich drei oder vier. Die Anwesenden blieben eine volle Minute unbeweglich stehen, eine lange Zeit in einer so starren Haltung, und entspannten sich dann wieder abrupt und ohne ein Wort. Smith erneuerte mit verquollenen Augen seinen schmutzigen Turban. Das Kartenspiel wurde fortgesetzt.

Gelegentlich gab es sogar Trinksprüche: Auf die Jungs an der Wand! Der Höhepunkt war der erste Abend eines neuen Piloten, der gerade dem Schwarm zugeordnet worden war. Wer immer es war, er wagte es nicht, seine Zweifel offen zu zeigen, obwohl jeder Instinkt dazu riet, und die geringste Andeutung von Ehrfurcht entzückte die Heuchler in ihrer Pose. Das führte später zu einer absoluten Weigerung des Hereingelegten, auch nur einen Finger zu rühren, wenn jemand sich erhob und ankündigte: »Die Wand!«


Etwa alle sechs Wochen bekamen wir ein paar Tage Urlaub in Japan.

In Tokio war alles anders. Wir kamen, so konnte man es ausdrücken, von der Front. Wir waren unkultiviert, rau, und wir stellten fest, dass die Stadt im Besitz jener war, die hier stationiert waren und alles hatten: Autos, komfortable Quartiere, Telefonnummern. Es war das Leben von Eroberern: Bordelle und Nachtclubs, Nächte voller Sinnlichkeit. Die Taxis waren uralt und brachten einen, wo immer man hin wollte, über schlecht beleuchtete Boulevards und namenlose Straßen hinunter.

Das Imperial Hotel, der von Lloyd Wright entworfene östliche Palast, hatte das große Erdbeben und den Krieg überstanden. Horizontal, mit tiefen Giebeln, stand er da, die Badewannen waren mit grünen Fliesen ausgelegt. Man hatte das Gefühl, auf einem Schiff zu sein. Die Ziegel, aus denen er erbaut wurde, waren speziell angefertigt worden. In seinen Zimmern und Aufenthaltsräumen waren Zivilisten, Beamte, Mädchen vom Roten Kreuz. Ihnen war der Krieg in Korea oder zumindest seine noch unbestätigten Helden gleichgültig. Ihre Interessen lagen in der Hauptstadt und dem Leben, das sie für sich einrichteten. Wenn man sie ansah, mit ihnen redete, um Informationen bat, merkte man, dass sie alles hatten. Aber es gab eines, was sie nicht hatten, wie die Gläubigen sagen: Sie hatten die Wahrheit nicht – die stand eines Morgens Anfang April in den *Stars and Stripes*. In der Lobby eines namenlosen Hotels sitzend, an einem Tag ohne Datum, las ich sie. Kasler hatte seinen ersten Abschuss. Es war seltsam, wie ich in dem Augenblick alles Interesse an anderem verlor: der Neid kann so etwas tun. Als ich aus Tokio zurückkam, war es, als wäre ich nie fort gewesen, aber es gab da eine Lücke, drei Tage, während derer der Krieg weitergegangen war und die unwiederbringlich verloren waren.

Etwas beginnt, und man hat einen Lauf, wie ein Spieler am Tisch oder wie der Schlagmann beim Baseball. Kaslers zweiten sah ich, ich war zufällig dabei, die Maschine schlug bei einem großen Gefecht mit einer grellen Explosion am Boden auf. Ich war mit Colman zusammen; wir jagten zwei feindliche Maschinen, kamen aber nicht an sie heran. Beim Debriefing hinterher erkannte ich den neuen Herausforderer, er hielt eine Hand gekrümmt hinter die andere, in einer abrupten Geste, die schildern sollte, wie er es gemacht hatte, die rußigen Spuren der Sauerstoffmaske noch im Gesicht.

Wir waren unter den Ungezählten gewesen, er und ich, und ich sah wie aus der Ferne zu.

Anfang Mai kriegten Colman und Kasler jeweils ihren dritten. Ich sah sie hinterher landen, die Maschinen glatt und bloß.

Über den vierten und fünften berichte ich später.

Es gab so viele Dinge, die geschehen konnten, und der Zufall hatte großen Anteil daran. Vielleicht hat es seit Tagen geregnet – die Maschinen stehen draußen im Wetter, und die Feuchtigkeit sorgt dafür, dass der Sprechfunk unzuverlässig wird. *Weg, nach rechts!* schreien sie in einem Gefecht, und du hörst nichts. Die Stille ist unheimlich. *Nach rechts!* rufen sie, *nach rechts!* Aus irgendeinem Grund guckst du dich um, und da hinter dir sind Ansauglöcher so groß wie eine Lokomotive. In deiner Panik reißt du zu hart herum, und die Maschine bebt, bricht aus, beginnt zu trudeln. Die Erde dreht sich, Dreck vom Boden des Cockpits schwebt herauf, und sie folgen dir hinunter; wenn du mit zu wenig Geschwindigkeit wieder hoch ziehst, warten sie auf dich.

Es gab Tage, an denen man das Unheil kommen sah, an denen irgendetwas nicht stimmte, etwas Ungreifbares. Wie ein Tier, das sich, Gefahr spürend, in ein Feld duckt, konnte man ihm nicht davonlaufen, man wusste ja nicht einmal, was es war. Es war eine Verfinsterung, wenn auch keine totale, des Mutes. Es gab die Leute, die es erwischte, Woody, Bambrick, Straub. Carey tauchte nicht wieder auf, Honecker. Sharp, mit seinem *savoir-faire* und seinem schwarzen Schnurrbart, wurde abgeschossen – die MiG fiel plötzlich hinter ihm aus den Wolken – und gerettet. Als ich eines Tages, von einer Feindmaschine verfolgt, zu wenden versuchte, streikten die Instrumente – ich konnte den Steuerknüppel nicht bewegen –, und ich wäre um ein Haar abgeschossen worden. Dennoch ging man zur Einsatzplanung, trug die Ausrüstung zum Flugzeug.

Ende April hörten wir, dass weitere russische Staffeln nach Korea gekommen waren. Sie standen dicht an dicht auf ihren Flugplätzen, Flügelspitze an Flügelspitze. Der Himmel war von hellen Kumuluswolken erfüllt, die gutes Wetter begleiteten.

Ich flog mit Colman, nur wir beide. Wir waren vier gewesen, aber getrennt worden – es war ein Alarmflug, und wir waren einfach zusammengeworfen worden. Wir bekamen Radaranweisungen; feindliche Maschinen waren in der Luft. Es konnte sein, dass wir sie nicht fanden, da wir uns zwischen monumentalen Wolken bewegten. Ab und zu kommunizierten wir mit den anderen beiden in der vagen Absicht, wieder zusammenzufinden.

Da sah ich sie zum ersten Mal.

»Zwei Bogies hinter uns, acht Uhr, hoch«, rief ich aus.

»Roger, hab sie«, sagte Colman träge. Er war nicht leicht aus der Ruhe zu bringen. Wir zogen weiter unsere Bahn.

»Sie kommen näher, Eins«, sagte ich ein paar Momente später. »Sie halten auf uns zu.«

»Roger«, sagte er.

Sie waren in sieben Uhr, höchstens tausend Meter hinter uns.

»Es sind MiGs«, sagte ich.

»Ich hab sie«, sagte er wieder voller Selbstvertrauen; mir kam gar nicht der Gedanke, dass er sie vielleicht nicht sehen konnte. Ich konnte mir nicht vorstellen, was in ihm vorging.

»Sie gehen nach sechs Uhr. Sie feuern. Nach links, nach links!« Schließlich sah er sie und drehte ab. Ich blieb bei ihm, etwas versetzt, hinter ihm. Wir hatten zu lange gewartet. Wir befanden uns in einem Feuerstrom, der sich mit uns und vor uns bewegte. Ich merkte es nicht, aber Colman wurde getroffen.

Hinter uns witterten sie Blut, sie konnten die Einschläge sehen; jetzt würde sie nichts mehr abschütteln. Ich war in Panik, aber zugleich ruhig, als beobachtete ich das Ganze von irgendeiner höheren, sichereren Warte. Wir drehten so eng, wie wir konnten, und sie drehten sich mit uns. Der Höhenmesser fiel schnell. Ich wandte mühsam den Kopf, und ich sah sie, stetig und unbeweglich, wie die Wagen auf einer Achterbahn hinter dir, die sich heben, wenn du dich hebst, und absinken, wenn du sinkst, mechanisch und mühelos. Es gab Luftkämpfe, das wusste ich, die bis zur Erdoberfläche hinuntergingen und in der Höhe der Baumwipfel über die Hügel jagten, donnernd, gnadenlos.

Irgendwie gewannen wir ein wenig Abstand. Wir flogen zu verzweifelt, als dass sie uns in Schussweite halten konnten. Der Sprechfunk war voller Leben – sie konnten uns hören –, sie fragten an, wo wir waren, ob sie uns helfen konnten, aber weder Colman noch ich waren in der Lage zu antworten. Es war erbarmungslos. Es war, als würde man von einer Python umklammert – jeden Zentimeter Raum, den man aufgibt, erfasst sie und lässt ihn nicht mehr los. Wir wurden in der grenzenlosen Luft erdrückt. Wir waren unter 20 000 Fuß, als Colman eine noch engere Kurve flog und dann die Nase hochzog. Er wollte mit ihnen auf diese Weise tanzen, bei geringerer Geschwindigkeit, da mit hoher Geschwindigkeit nichts auszurichten gewesen war.

Sie blieben nicht. Sie drehten ab; ich sah sie unter uns, sie flogen nach Hause. Ich sagte ihm, er solle drehen und ihnen folgen, aber aus irgendeinem Grund tat er das nicht, und sie wurden zu Punkten. Wir gewannen wieder an Geschwindigkeit und Höhe. Er sagte etwas darüber, dass er fast das Bewusstsein verloren habe – sein Sauerstoffschlauch hatte sich gelöst –, und bat mich dann, näher zu kommen und mir seine Maschine anzusehen.

»Was ist denn los?«

»Ich glaub, ich bin getroffen worden«, sagte er.

Schon aus der Entfernung konnte ich Löcher in seinem Leitwerk sehen, und als ich näher kam, in einem Flügel.

Fast ohne Treibstoff, aber voller Euphorie landete ich zu lang, amateurhaft lang, schoss über die Landebahn hinaus und ruinierte das Fahrwerk. Ich hatte diese Landung hundert Mal gemacht, und ich hatte die Maschine immer so weich hingesetzt wie eine Glasfigur auf ein Kabinettregal, die Räder schienen den Asphalt mit katzenhafter Sanftheit zu berühren, aber das eine Mal, als ich nicht daran dachte, machte ich es falsch. Der Kommandeur war verständnisvoll. Ich würde das schon wiedergutmachen, erklärte er. Er hatte selbst einen schweren Unfall erlebt, in England, wo er mit einem Bomber kollidiert war und alle an Bord umgekommen waren. Er hieß Mahurin, und eine größere Prüfung erwartete ihn; er geriet in Nordkorea in Gefangenschaft und gab Erklärungen zu Gunsten des Feindes ab. Ich konnte mich, trotz allem, nie dazu bringen, ihn nicht zu mögen.

Wenn das Wetter schlecht war, und das war es in diesem Frühling, flogen wir nicht. In den langen Tagen des Regens breiteten sich Ruhelosigkeit und eine Art von Melancholie aus. Die Stunden vergingen langsam; der von Hand aufgezogene Plattenspieler plärrte »China Night«, ein schriller Singsang. Man erinnerte sich an die Mädchen in Miyoshi's (nur Offiziere, Piloten und Artilleristen von allen Schauplätzen des Krieges), an die Feuerwerkskörper, die in den riesigen Neon-Nachtclubs zu Füßen der Hostessen zerplatzten, an die verschwiegenen Häuser vor dem Fuchu-Tor, an die dienernden Japaner, an Amell in seiner vom Regen durchtränkten Uniform, der aus dem Auto steigt, er weiß nicht wo, es sieht aus wie der Hauptbahnhof … An all das dachte man, während man darauf wartete, dass das Wetter sich änderte, dass man wieder auf die Startbahn rollen konnte, in dem plötzlichen Donner der Motoren, dessen Kern ein schneidendes Kreischen war, zitternd vor Ungeduld.

Eines Tages stieß ich bei der Flugbereitschaft, als ich auf die Latrine ging, auf einen Piloten namens Braswell. Er hatte ein breites Gesicht, und er war schon Captain gewesen, als ich West Point gerade hinter mir hatte. Er flog Kampfbomber und war bei uns nach einem Feindflug gelandet, weil er keinen Treibstoff mehr hatte. Das Bodenpersonal kümmerte sich um seine Maschine, eine F-84, die für sie ein exotisches Modell war, mit geraden Flügeln und dünnem, reiherartigem Fahrwerk. Wir blieben stehen und unterhielten uns eine Weile. Wie waren die Luftkämpfe mit den MiGs? fragte er. Ich beschrieb es. Ich erinnere mich daran, wie stolz ich war, ihm das schildern zu können, es war ein Stolz, den ich sorgfältig verbarg. Er hörte aufmerksam zu. Ich wusste, dass er das Gefühl hatte, mir trauen zu können. Es gibt eigentlich nur zwei Arten von Offizieren, solche mit Tugend und solche ohne Tugend. Nicht, dass der eine Typus dem anderen überlegen wäre – es gibt Zeiten, in denen Tugend ein furchtbarer Defekt ist –, aber ich hatte das Gefühl, zu jenen mit Tugend zu zählen. Braswell war natürlich exemplarisch. Ich vermittelte ihm etwas, was er erkannt haben mag. Wenn auch unvollständig und nicht in der richtigen Reihenfolge, war es alles, was ich gelernt hatte. Vor meinen Augen zogen all die Lieutenants und Captains vorbei, die Football-Spieler, die bewunderten Männer. Ich sagte, sie zogen vor mir vorbei, aber ich war es, der vor ihnen vorbeizog, ich ging auf die privilegierte Gestalt zu, die alleine da stand, wenn auch nur für einen kurzen Moment, an der Spitze all der anderen, und redete mit ihr, nicht als Untergebener, sondern von Mann zu Mann. Wir waren jetzt beide Captains, wenn auch in unterschiedlichen Waffengattungen. Wenn ich ihn später wieder treffen sollte, würde er sich nicht erinnern – weder an seine Landung hier, noch an mich, noch an irgendetwas, was ich ihm sagte. Aber ich hatte gesagt, was ich sagen wollte, und ich hatte es jemandem gesagt, auf den es ankommen mochte. Ich fühlte mich geläutert.

Es war Mai, als Colman den Feindflug machte, der sein Letzter sein würde. Niemand außer ihm wusste das.
Er hatte inzwischen vier Abschüsse, und an dem Tag schaffte Kasler in einem Gefecht in der Nähe des Jalu ebenfalls seinen vierten. Danach klemmte er sich hinter eine weitere MiG und verfolgte sie bis ganz hinunter. Sie donnerten über die offenen Sumpfebenen, die Zeiger am Anschlag, die MiG vor ihm fliehend wie ein Tier der Legende. Kasler versuchte verzweifelt, näher heranzukommen. Aber es ging nicht schneller. Der Boden schoss unter ihnen hinweg. Seine Bestimmung, ungeahnt, lag schimmernd vor seinen Augen.
Sie kamen an offenes Wasser, an das Delta, wo sich der Fluss weitete, und plötzlich zog die MiG steil nach oben, in einer engen Kurve kletternd. Colman war mit seiner Nummer zwei über ihnen, er beobachtete alles. In seiner Tasche steckte, bildlich gesprochen, ein Telegramm, das er an dem Morgen bekommen hatte – sein Vater war schwer krank, er müsse

nach Hause kommen –, als die MiG vor ihm aufstieg, die lang ersehnte fünfte, nah und langsam. Es war seine letzte Chance.

»Darf ich?« fragte er höflich.

Kasler, das Gesicht blutleer vom Druck, antwortete nicht. Er schoss selbst an Colman vorbei, hinauf, hinauf, und in einem brillanten Manöver hinterher, voller Gier, und wieder hinunter. Unten angekommen, verschätzte sich der MiG-Pilot, er war zu schnell, und schlug im Wasser auf. Kasler kam gerade noch davon.

Ich war eine halbe Stunde früher gelandet. Wir waren keinen MiGs begegnet, und ich stand neben der Unterkunft und beobachtete, wie sie landeten. Das Erste, was ich sah, war, dass sie keine Zusatztanks trugen. Sie rollten am Ende der Landebahn in der Nähe der Straße aus, und ich sah Colmans Kopf, klein wie der eines Vogels, in der ersten Maschine. Seine Maschinengewehrschlitze waren sauber. Auch die seiner Nummer zwei. Die anderen beiden Maschinen waren gerade ausgerollt. Ihre waren schwarz – sie hatten gefeuert.

Kasler hatte zwei gekriegt, und seine Nummer zwei einen. Der eine mutige Akt – es war schwer, sich die enorme Distanz vorzustellen, die er zwischen uns legte. Der fünfte Abschuss war mehr als nur ein weiterer Sieg; er war die Seligsprechung, der Schritt über den Abgrund. Am Heck einer anderen Maschine bei Höchstgeschwindigkeit, entschlossen, näher, als man wagen konnte, den anderen Piloten nicht kennend und nicht wissend, was er tun würde, hinunter zu den Baumwipfeln, zur tödlichen Erde – ich hatte das selbst schon getan, es war meine Initiation gewesen, wenn ich auch kaum erwartete, es im Krieg zu wiederholen. Kasler hatte seinen fünften, aber mehr als das, er hatte den Stand der Dinge neu geordnet; er hatte begonnen wie ich, als Wasserträger, und jetzt war er, wohin seine Kühnheit ihn versetzt hatte, auf der anderen Seite.

Colman verließ uns noch am selben Tag. Als er fort war, begriff ich, wie wenig ich von ihm wusste. Er war verheiratet, und ich glaube, er hatte Kinder. Er war leichtsinnig, und er neigte zur Selbstherrlichkeit. Die alltägliche Wahrheit interessierte ihn wahrscheinlich nicht, aber er besaß eine höhere Art von Integrität, eine, die sich nicht mit Trivialitäten abgab. Sein Temperament war ansteckend. Wir waren uns überhaupt nicht ähnlich. Ich bewunderte ihn.

Der Abschied war kurz. Er packte und ging, als hätte ihm das Spiel wenig bedeutet; er ging, ohne sich umzublicken. Finis.

Ich habe vergessen, wann Kasler uns verließ, irgendwann später und nach einem weiteren Abschuss. Die MiGs waren bei einem frühmorgendlichen Flug südlich von Anju gesichtet worden. Er sah sie unter sich, konnte sie aber nicht einholen, und dann stellte sich heraus, dass eine hinter ihm war. Seine sechste.

Ich ging zu ihm, als er packte. Ich hatte jetzt meinen eigenen Schwarm und andere Loyalitäten, aber ein Teil von mir war noch bei ihm. Wir sagten Lebewohl. Er war etwas einsilbig, wie immer. Ich fragte mich, ob er schon wusste, was er gewonnen hatte und eine lange Zeit später haben würde, den Glanz dieser Jagdtage, wenn sein Name in die Geschichten des Krieges einging.

Später kam er vorbei, um noch ein paar Worte zu sagen – um mich zu trösten, denke ich. Ich würde noch Chancen bekommen. Natürlich, sagte ich. Wir würden uns irgendwann wiedersehen, darüber waren wir uns einig. Es war herzzerbrechend, ihn gehen zu sehen, nicht auf Grund unserer dünnen Freundschaft, sondern auf Grund der Leistung, die er mit sich davontrug. Ich sah seinen Namen noch einmal, am Ende eines Artikels in der *New York Times* zur Zeit des Vietnamkrieges. Er flog dort. Man kannte seinen Namen, hieß es, sogar im Kriegsraum des Weißen Hauses. Er hatte das Pech, später abgeschossen zu werden und in Gefangenschaft zu geraten, aber selbst dann war er unbesiegbar. Die Folter zerbrach ihn nicht. Nichts konnte ihn zerbrechen.

Ich weiß, wie sie mir erschienen, und ich versuche einen Moment beiseite zu treten, um mich selbst zu beobachten, um zu sehen, wie ich ihnen erschienen sein muss. Auch heute bin ich mir nicht sicher – jemand, der auffiel, das bestimmt, gesellig und zugleich distanziert, nicht ohne Mut, getrieben, draufgängerisch, ein bisschen unklug. Sie mögen sich manchmal gefragt haben, was aus mir wurde, hinterher. Man hörte nicht mehr viel voneinander. Machte ich weiter, stieg ich auf?

Das erste gute Wetter nach einer Woche. Die Kampfbomber fliegen wieder in großer Zahl nach Norden, irgendwo nahe der Grenze liegt ihr Ziel. Der Lagerraum ist überfüllt und wie elektrisch aufgeladen. Wir sind aufgefordert, alles in die Luft zu bringen, was fliegen kann. Sechshundert Feindmaschinen sind auf den chinesischen Flugplätzen gezählt worden. Wir schicken vierzig hinauf.

Weit unter uns bewegen sich die silbernen Formationen langsam, so scheint es, über kahle Hügel. Feindflüge werden angekündigt, einer nach dem anderen, und dann sah sie jemand am Fluss, in einer Höhe von 30 000 Fuß. Der Puls beschleunigte sich nach so vielen müßigen Tagen, wir warfen die Tanks ab und begannen zu steigen. Wir brachen durch eine dünne Wolkenschicht und waren in der Leere des Himmels.

Augenblicke später, aus dem Nichts, sind sie hinter uns, vier von ihnen auf acht Uhr. Wir wenden, fliegen ihnen entgegen, sie drehen ab und verschwinden.

Der Schwarm hat sich aufgeteilt, wir sind zu zweit. Inzwischen kommen aus dem Sprechfunkgerät unablässig Meldungen über MiGs. Die Stimmen überschlagen sich, darunter eine, die von MiGs südlich des Flusses in 24 000 Fuß Höhe berichtet. Wie viele? fragt jemand.

»Viele, viele!«

Wir fliegen in die Richtung und sehen zwei, die weit draußen zu unserer Linken vorbeiziehen. Wir wenden, um sie zu verfolgen, und sie klettern und wenden auch. Der Himmel ist ein brennendes Blau, ein Himmel, vor dem Dinge schwarz wirken. Ich fliege auf dem Rücken, mache ein Immelmann-Manöver, um zwischen sie und den Fluss zu gelangen. Ich komme etwas unterhalb ihres Leaders heraus, der eine harte Kurve nach rechts fliegt und mich nicht sehen kann. Ich ducke den Kopf und versuche das Fadenkreuz auf der dicken Windschutzscheibe zu finden. Es ist nicht mehr da, die Fliehkraft muss es heruntergezogen haben. Die MiG richtet sich geradeaus, und das Visier ist wieder da. Etwa 1000 Fuß hinter ihm drücke ich ab. Die Leuchtspurgeschosse fallen herunter, erreichen ihn nicht. Er beginnt wieder zu steigen, und ich schneide ihm den Weg ab, komme näher, blicke schnell zurück, um zu sehen, ob meine Nummer zwei noch da ist, feuere dann wieder. Einschläge im rechten Flügel, dann, zu meiner enormen Freude, aus größerer Nähe ein solider Feuerstoß in den Rumpf. Die Einschläge leuchten grell auf, irgendetwas Lebenswichtiges scheint getroffen zu sein. Er bricht abrupt weg, und ich folge, als stießen wir uns von einer Wand ab. Er scheint davonzukommen. Ich schieße immer noch, und etwas fliegt von der Maschine weg – das

Kabinendach. Einen Moment später kommt eine Art Bündel, der Pilot, heraus.

»Cope, hast du das gesehen?«

»Roger«, sagt meine Nummer zwei. Er hat vielleicht die ganze Zeit mit mir geredet, hat mir gesagt, dass hinter mir alles klar ist, aber dieses Wort ist das Einzige, was bleibt.

Die MiG, jetzt ein Leichenwagen, der nichts trug, stürzte aus 30 000 Fuß hinunter, im Fall träge kreiselnd, bis der Schatten plötzlich auf den Hügeln erschien und sich langsam auf die Maschine zubewegte, um sich in einer Stichflamme mit ihr zu vereinigen.

Sechs feindliche Maschinen wurden bei diesem Flug abgeschossen, und zwei von unseren gingen verloren, ein As und seine Nummer zwei. Der Leader wurde gerettet, aber die Nummer zwei ertrank.

Dies also ist die Trophäe, die ich aus dem Tanz davongetragen habe, sie ist aus Papier und etwas vergilbt, und sie könnte auseinander fallen, wenn man sie berührt.

Am Ende tritt eine Art Krankheit ein. Ein Gefühl der Bedeutungslosigkeit, selbst der Leichtigkeit, erfasst einen. Es ist in gewisser Weise so wie in den ersten Tagen, man hat wieder das Gefühl, ein Außenseiter zu sein. Andere treten an die Stelle, namenlose, die nie wissen können, wie es war. Er wird ihnen übergeben, der Krieg mit seinen verblassenden Details, seinen Katastrophen und Glücksfällen. Sie werden durch den intensiven Herbsthimmel nach Hause kommen, voller Grazie über dem Feld zur Landung ansetzen. Die glatte schwarze Landebahn treibt herauf, um sie zu treffen. Die Maschinen sind leer, federleicht, die Tanks fast erschöpft, die Patronengürtel verschwunden; sie bringen nichts zurück außer der Sache, die wir über alles stellten.

Zum letzten Mal nach Norden, noch einmal auf einer »Razzia« nach Norden. Der Sprechfunk ist stumm, nur ab und zu kreuzt ein Wort die Luft. Wir wollen sie überraschen, aber das ist eine vergebliche Hoffnung, wir sind schon grünliche Punkte auf irgendeinem Radar. Sie sprechen eine dunkle Sprache, sie zuckt hin und zurück, sie versuchen zu bestimmen, wohin wir fliegen und was sie tun werden.

Während ich jetzt fliege, erinnere ich mich an Flüge über endlosen Himmelsstränden, die von Wolken geformt wurden, die Einsamkeit und der klare, ionisierte Geschmack reinen Sauerstoffs, ins Nichts hinausstarrend, suchend, aber ohne Chance, etwas anderes als nichts zu finden, den leeren Horizont absuchend, dann ein wenig höher, oder zurückblickend, wo der Feind manchmal im hintersten Winkel des Blickfelds auftaucht – glanzlose Flüge, und dann plötzlich, aus dem Nichts, sind sie da.

Ich schloss mit einem Abschuss und einem beschädigten Feindflugzeug ab, wobei ich die Beschädigung manchmal, unter den Nichtwissenden, zu einem wahrscheinlichen Abschuss erhöhte, nie zu mehr; das zu tun hätte das, wofür gekämpft wurde, beschmutzt.

Als ich in das Zivilleben zurückkehrte, behielt ich etwas für mich, eine tiefe Bindung – tiefer als alles, was ich vorher gekannt hatte – an all das, was geschehen war. Ich war jenem Selbst sehr nahe gekommen, das man nur erschafft, wenn man alles riskiert, wenn man dahin geht, wo andere nicht hingehen, das gibt, was andere nicht geben wollen. Später hatte ich das Gefühl, nicht genug getan zu haben, mich zu sehr auf andere gestützt zu haben, nicht gut genug gewesen zu sein. Ich hatte nicht getan, was ich mir vorgenommen hatte, was möglich gewesen wäre. Ich empfand Verachtung für mich selbst, nicht sofort danach, aber später, als Zeit vergangen war, und ich hörte auf, über diese Tage zu reden, so als hätte ich sie nie gekannt. Aber es war eine große Reise gewesen, wahrscheinlich die Reise meines Lebens.

Ich hätte alles dafür gegeben, daran erinnere ich mich. Die Momente des Schreckens – allein, vom Leader getrennt, sieht man, wie eine Totenglocke, fremdartig geformte Tanks mit dünnen Luftfahnen still zu beiden Seiten herunterfallen –, die manchmal Unheil verkündenden Lagebesprechungen, die Aufträge und die Vorbereitung, die dunklen, frühen Morgen, die für mich das Schlimmste waren – nichts davon bedeutete etwas. Ein paar Jahre später gewann ich ein Wettschießen in Nordafrika und führte eine Kunstflugstaffel – ich hatte, kurz gesagt, das Fliegen gelernt. Wir fielen aus dem Himmel in ferne Länder, und ab und zu, in den Umkleideräumen einer Sporthalle oder in einer Bar, hörte ich eine Bemerkung, dass jemand, ein Name aus jenen Tagen, bei einem Flugunfall getötet worden war, aber, wie bei Conrads Seeleuten der *Narcissus*, ich sah nie einen von ihnen wieder.

# VERBRANNTE TAGE

Ich flog in der 75., der 335. in Korea, der 22. in Deutschland, und schließlich mit der 119. Staffel in New Jersey. Jahre vergingen, wie Kavallerie-Jahre, das Warten an leeren Startbahnen, die kahlen Lageräume, der apokalyptische Lärm der Motoren, gewaltig und rau, die Langeweile und der Zynismus, der Mythos.

In jenen Tagen gab es nichts auf der Welt, was besser war als wir. Und es gab nicht viele von uns. Es gab natürlich andere Staffeln. Und einige kannte man recht gut. Maschinen aus allen drei Staffeln der Gruppe und auch von anderen Stützpunkten kamen herein und an dem kleinen Schuppen auf Rädern neben der Rollbahn vorbei. Oft ist man selbst derjenige, der zurückkommt, durch die Wolken, vor einem die lange, gerade Landebahn, oder die Hangars neben ihr, vom Regen verwischt – ein unvergleichliches Glück, die Freude, nach Hause zu kommen.

Wir hatten Piloten, die Homer und Ulysses hießen, ernsthafte Jungen vom Land, die ihre Autos pflegten. Bauernjungen erschienen mir aus irgendeinem Grund immer als die wahrsten Männer. Sie waren ausgeglichen und gelassen, sie waren wie jemand, der kommentarlos zusieht, wie ein Mann etwas Närrisches tut – der Witz kommt am Ende. Sie wurden Flieger, statt in die Stadt zu gehen, obwohl es natürlich nicht dasselbe war, und sie sahen die Welt aus der Distanz –

der Canal Grande wie ein grauer Faden zwischen kaum sichtbaren Piazzas weit unten, die unverwechselbaren Türme von Paris, die sich über dem Dunst erhoben. Unter ihnen zogen all die Wunder von Europa vorüber, wenige nur interessierten sie – ihr Staunen war elementarer, zusammen mit einer deutschen Hure vor einem Spiegel stehend, mit einem Glied wie dem eines grasenden Pferdes. Einige heirateten Kellnerinnen.

Man kannte sie, das heißt, man kannte ihre Fähigkeiten und zum Teil ihren Charakter, aber viel blieb verborgen. Nach zwei oder drei Jahren wusste man wenig mehr als zu Beginn, aber man mochte ihre Stille, die Ehrlichkeit ihrer Gedanken. Eines Abends raste einer von ihnen mit einem Motorrad in den Betonpfeiler einer Brücke und lag wochenlang im Krankenhaus, die Beine gebrochen, der Kiefer mit Silberdraht zusammengebunden. Aber als ich das Zimmer betrat, brachte er ein Lächeln zu Stande. Er war ein gutmütiger, williger Mann mit dem Namen eines Asses, seltsam und abrupt: Uden. Breite, tüchtige Hände, furchtlose Augen, aber irgendwie wurde aus alldem nichts. Als wir uns auf einer lauten Abschiedsfeier das letzte Mal gegenüber standen, füllten sich die blauen Landaugen plötzlich mit Tränen. »Ich weiß, ich hab Sie enttäuscht.«

»Das ist wahr.«

»Ich versprech Ihnen eins – ich mach's nicht nochmal.«

Das war auch wahr. Es gab kein nächstes Mal. Ein Jahr später erzählte jemand von einem Unfall in Myrtle Beach, ein Nachtstart mit voller Treibstoffzuladung, 450-Gallonen-Zusatztanks, die Maschinen kamen schwer hoch, die Wolkendecke ein nahtloses Schwarz. Die Formation wurde in einem Himmel gebildet, in dem sich die Dunkelheit von Luft und Wasser nicht unterschieden, ein Himmel ohne

Oben und Unten, es gab in Wirklichkeit keinen Himmel, nur totale Dunkelheit, in der sich die Nummer drei steil in eine Kurve legte, um mit den Positionslichtern des davonjagenden Leaders Schritt zu halten, und, niedrig in dem brüllenden Albtraum, fest entschlossen, alles richtig zu machen, ins Meer stürzte. Uden.

Leader dieses Fluges war eines der großen Kriegsasse; eine Anzahl von ihnen war noch da, sie waren sehr auffällig und unverwundbar. Der Krieg hatte für sie nie wirklich aufgehört. Auf dem Schreibtisch eines von ihnen stand ein Schild: *Der Auftrag der Air Force ist es, zu fliegen und zu kämpfen. Vergiss das nie.* Blakeslee, einen weiteren von ihnen, einen unzähmbaren Kämpfer, der den Ruf hatte, gewalttätig und jähzornig zu sein, traf ich in meinem letzten aktiven Jahr. Es war bei einer Tanzveranstaltung in Deutschland, und er kam in die Bar des Clubs. Er war nicht in Uniform mit drei oder vier bedeutenden Ordensstreifen, sondern er trug einen altmodischen Tuxedo und ein gestärktes weißes Hemd wie der Besitzer eines Nachtclubs aus den dreißiger Jahren. Er stand am Ende der Bar, ein wenig getrennt von den anderen; ich hätte nicht gewusst, wer er war, wenn der Barmann ihn nicht mit Namen begrüßt hätte.

Zwei oder drei junge Offiziere gingen zu ihm, während er auf seine Bestellung wartete. Sie waren F-104-Piloten aus England. Im Krieg ist es nicht so wie in anderen Dingen, bei denen die Jugend arrogant ist. Krieg ist *terra incognita*. Die Jungen sind gewöhnlich sehr interessiert an den Großen, die den Vorhang ein wenig lüften können, selbst wenn es nur ein Blick ist.

»Guten Abend, Colonel«, sagten sie.

Er sah sie ausdruckslos an. Seine Macht war so groß, dass er das Ego der Jüngeren zerstören konnte.

»Sir«, sagte einer von ihnen. »Ich wollte Sie gern etwas fragen. Es ist etwas, was mir nie jemand hat beantworten können. Es geht um die deutschen Asse.«

Blakeslee, der Colonel gewesen und dann, wahrscheinlich aus gutem Grund, degradiert worden und nun Lieutenant Colonel war, stand da. Er hörte zu, ohne das geringste Anzeichen von Interesse.

»Ist es wahr«, fuhr der junge Captain fort, »dass die Deutschen ihre Abschüsse nach der Zahl der Motoren zählten, und vier Siege kriegten, wenn sie zum Beispiel eine B-17 herunterholten?«

Vielleicht wusste Blakeslee die Antwort. Vielleicht erwog er, was hinter der Frage stecken mochte. Sein Gesicht war schwerer geworden, sein Körper stämmiger. Die erregenden Himmel über dem Reich mit ihren Wolkendecken, mit den Rufen im Sprechfunk, der Konfusion, den Sturzflügen, diese legendären Himmel gab es nicht mehr. Schließlich antwortete er.

»Ich weiß es nicht«, sagte er langsam. Er nahm drei oder vier Gläser auf. »Ich weiß nur eins: es ist alles Schwindel.«

Es heißt, man kann es nicht verstehen, wenn man nicht dabei gewesen ist, wenn man es nicht erlebt hat. Man konnte mit seiner Verachtung nicht streiten.

Wie gut man sich an diese Welt erinnert, den Geruch der Triebwerksgase, ölig und dunkel, in der Morgenluft, wenn man hinausgeht zu den Maschinen, die im Dunst parken. Bald ist man oben in der Nähe der Sonne, wo die Luft brennend kalt ist, umgeben von all den vertrauten Dingen, der Schramme an der Haube, dem abgestoßenen Schwarz der Armaturen, dem abgetragenen Rot der Sicherheitsbanner, die in eine Tasche am Unterschenkel gestopft sind. Aus dem

Abgasrohr der Maschine vor einem kommt ab und zu ein dunkler Rauchstoß, der zurückbleibt, das einzige Anzeichen von Bewegung.

Unten hat die Erde ihre Dunkelheit abgelegt. Da ist das Silber von zahllosen Seen und Flüssen. Das Größte, was man sehen kann, haben die Alten geschrieben, sind Sonne, Sterne, Wasser und Wolken. Hier, unter ihnen, woran denkt man? Ich weiß es nicht mehr, aber wahrscheinlich denkt man gar nichts, oder an das Fliegen selbst, die Unvergänglichkeit, die Brillanz. Du denkst nicht an die Fische in dem großen, sich windenden Strom, dünn wie eine Schnur, meilenweit unter dir, oder an die Frösche in den blinkenden Teichen, die auch nicht an dich denken; sie wissen wenig von dir, wenn ich auch einmal, direkt nach dem Start, den Schatten meiner Maschine wie die Schwingen Gottes über das trockene Gras gleiten sah und über einen Hasen, der, vor dem Lärm erstarrt, zweihundert Fuß unter mir saß. Dieser einsame Hase, ich, die Morgensonne und alles, was jenseits dessen lag, wurden in dem Moment eins, wie eine Verfinsterung.

Eines Nachts, es war am Anfang des Frühlings, flogen wir zu zweit, ich war die Nummer zwei. Niemand sonst flog zu der Zeit. Wir landeten in Formation nach einem Instrumentenanflug. Es war sehr dunkel, es hatte geregnet, und der Leader nahm das Schwellenfeuer nicht richtig wahr. Wir kamen zu hoch herein und landeten lang. Genau wie er hielt ich die Nase hoch, um die Maschine zu verlangsamen, die Räder hüpften über den Beton wie flache Steine auf der Seeoberfläche. Auf halber Strecke nahmen wir die Nasen herunter und begannen zu bremsen. Unglaublicherweise wurden wir schneller. Die Landebahn, unsichtbar und schwarz, war mit einer hauchdünnen Eisschicht bedeckt. Leichter Regen war irgendwann nach dem Sonnenuntergang gefroren, und der Tower wusste nichts davon. Wir hätten, im letzten Moment, durchstarten können – volle Leistung und wieder hoch –, aber es war zu eng. Wir bremsten verzweifelt. Ich stellte das Triebwerk ab, um größeren Luftwiderstand zu bekommen – und einen Moment später sagte er mir über Sprechfunk, dass er dasselbe machte. Wir standen auf den Bremsen, ließen sie wieder los, hart drauf und wieder runter. Das Ende der Landebahn kam näher. Die Maschinen rutschten, stellten sich seitwärts. Ich wusste, dass wir von der Bahn abkommen und kollidieren konnten. Ich hatte das Seitenruder ganz nach rechts gedrückt, um von ihm wegzukommen.

Wir schossen zusammen über das Ende der Landebahn hinaus und holperten etwa siebzig Meter über aufgepflügte Erde, bis wir schließlich zum Stehen kamen. Kurz vor uns waren die Umgrenzungsstraße und dahinter, etwas niedriger, Eisenbahngleise.

Als ich aus dem Cockpit kletterte, zitterte ich nicht. Ich fühlte mich fast euphorisch. Es hätte so viel schlimmer kommen können. Der Offizier vom Dienst kam herangefahren. Er blickte auf die massiven, dunklen Formen der Maschinen, die im merkwürdigen Winkel und dicht beieinander dastanden, die lange, leere Rollbahn hinter ihnen, die Umgrenzung vor ihnen. »Knapp, was?« sagte er.

Das war in Fürstenfeldbruck, dem am besten ausgestatteten deutschen Militärflugplatz, in der Nähe von München. Wir waren von unserem Stützpunkt, Bitburg im Rheinland, dorthin geflogen, um an einer Bereitschaftsübung oder an Schießübungen in der Nähe teilzunehmen. Zulu-Bereitschaft, zwei Maschinen in Fünf-Minuten-Bereitschaft, zwei in Fünfzehn. Die langen, gut gebauten Kasernen hatten rote Ziegeldächer und Marmorkorridore. Auf dem Weg zur Messe ging man durch kleine Kiefernstände. Frühstücken durfte man im Flugoverall, und die Bedienung wusste, was man gerne aß.

München war unsere Stadt, sie hatte eine nächtliche Präsenz, die Bars und Clubs, die Isar schoss grün und schnell zwischen ihren Ufern dahin, im Hotel Regina wurde am Sonntagnachmittag getanzt, die Gesichter der Tänzer waren feucht von der Hitze, es gab die »Film Casino Bar«, »Bei Heinz«. All die Frauen, Panas Mädchen mit dem tiefen Ausschnitt, Van Bockels war Sekretärin und hatte eine außerordentliche Figur, Cortadas duftete wie ein Blumenladen an einem warmen Tag. München im Schnee, wenn man allein in der Straßenbahn zum Stützpunkt zurückfuhr.

Ich flog mit White, einem der beiden Männer in der Staffel, die berühmt werden sollten – Aldrin war der andere –, an einem Wintertag nach Bitburg zurück. Es war später Nachmittag, alles metallblau, der Himmel, die Städte und Wälder, sogar der Schnee. Die andere Maschine flog versetzt hinter dem Flügel, still und stetig. In dem Glück, mit jemanden zusammen zu sein, den man mochte, machten wir den Flug zusammen, in 35 000 Fuß Höhe, der dünne Schaum der Kondensspuren verblasste hinter uns.

White war der Erste, den ich kennen gelernt hatte, als ich zu der Staffel stieß, und ich kannte ihn gut. In der Unterkunft wohnten er und seine Frau auf unserer Etage. Er hatte eine helle, fast milchige Gesichtsfarbe und rötliche Haare. Er war ein Athlet, ein Hürdenläufer: Gesichter wie seines sieht man auf vielen Universitätssportplätzen, idealistisch, glühend. Er war ein ausgezeichneter Pilot, und als solcher anerkannt von den unbestechlichsten Richtern, dem Bodenpersonal. Sie verehrten ihn nicht wie die Raubeine, die mit ihnen tranken, und über die Qualitäten des Staffelkapitäns oder über Sex redeten, aber sie achteten ihn und sein anständiges, gewissenhaftes Wesen. Gott und Land – das waren die Dinge, für die er erzogen worden war.

Eine Lebenszeit später, in Paris, sah ich zu, wie er auf Bildschirmen in der ganzen Welt träumerisch ins All hinausspazierte, der erste Amerikaner, der das tat. Ich war nervös und deprimiert. Meine Brust schmerzte. Mein Haar hatte graue Strähnen. White drehte sich langsam, mit dem Kopf nach unten, nur ein träge durchhängendes Seil verband ihn mit der Kapsel. Der Neid machte mich krank – er zerstörte die Hoffnung. Was immer ich tun könnte, es würde nie so überwältigend sein wie das hier. Ich empfand eine Art Einsamkeit und Schrecken. Ich wollte nach Hause, ich wollte meine Kinder noch einmal sehen, bevor das Ende kam, und ich war mir sicher, dass mein Ende nahe war. Ich hätte mich umbringen können, ich war dicht davor, in Tränen auszubrechen. Er tat mir das an, ohne es zu wissen, so wie eine schöne Frau, die die Straße überquert, Herzen unter ihren Absätzen zerbricht.

White verbrannte 1967 bei dem schrecklichen Unfall auf der Startrampe von Cape Canaveral zu Asche. Er starb mit Virgil Grissom, mit dem ich auch geflogen war. Seine Beerdigung war feierlich. Ich nahm teil, fühlte mich aber fehl am Platz. Beim Fliegen umzukommen war immer eine Möglichkeit gewesen, aber die beiden waren darüber hinaus gewesen. Sie waren bereits auf dem großen Foto unserer Zeit zu sehen, das nur die Berühmtheiten zeigte. Noch immer jugendlich und, soweit ich wusste, unverdorben, waren sie wie Jockeys, die sich an den Start begaben zu jenem Rennen, das das Jahrhundert bezeichnete – dem Rennen zum Mond. Das absolut Unvorhergesehene zerstörte sie. Aldrin flog an ihrer Stelle.

White liegt auf demselben Friedhof wie mein Vater, nicht fern von ihm. Ich besuche beide Gräber, wenn ich dort bin. Whites Grab, obwohl zwischen anderen gelegen, erscheint schon aus der Distanz deutlich sichtbar, so wie er selbst es war, wenn man sich die Reihe der Gesichter genau ansah.

Man erinnert sich an die Flugplätze, den ersten Blick auf einen neuen, die tiefe Vertrautheit der anderen.

Außer denen, die schließlich auftauchten, wenn man, die Nase hochgezogen, im Nebel und Regen landete, war der schönste Flugplatz, den ich je gesehen habe, in Marokko, unten im Süden. Er hieß Boulhaut, er hatte eine lange, makellose schwarze Start- und Landebahn, die für strategische Bomber gebaut und nie benutzt worden war, die aufgemalten Zahlen an jedem Ende waren riesig und klar – keine Reifen hatten sie je gezeichnet. Man konnte über ihre außerordentliche Frische nur staunen.

Ich mochte Flugplätze an der See, Westhampton Beach auf Long Island, Myrtle Beach, Langley, Eglin, Alameda, wo wir im Herbst landeten. Wir überführten Maschinen, die nach Korea gebracht werden sollten, und gingen dann mit den Frauen der Navy-Piloten zu »Vanessi's«. Ich mochte Sidi Slimane wegen seiner offenen Lage und die deutschen Plätze, Hahn und Wiesbaden, Fürstenfeldbruck.

Es gibt Flugplätze, die ich gerne vergessen würde, Polk, wo ich als blutiger Anfänger fast in die Bäume flog, als ich versuchte, mit ausgefahrenen Bremsklappen durchzustarten. Später erhielt ich in der hölzernen Unterkunft eine weitere Lektion. Zwei Männer in Flugoveralls, ziemlich schäbig aussehend, blieben an der offenen Tür der Stube stehen, in der ich auf einem Bett saß. »Bist du der, der die P-51 fliegt? Woher kommst du?« fragte der eine.

»Andrews«, sagte ich. Ich empfand es als glanzvoll, mit der silbernen Maschine, die allein auf der Rampe stand, und ihrer schlanken, aggressiven Form in Verbindung zu stehen. Es war nicht schwer zu sehen, dass sie unbedeutende Gestalten waren, Transportpiloten wahrscheinlich. Ich sagte ihnen, dass ich zur Vierten Gruppe gehörte und verschwieg die weniger interessante Tatsache, dass ich in Wirklichkeit noch in der Ausbildung war, Student in Georgetown. Sie schienen nicht sehr beeindruckt zu sein. »Habt ihr schon mal von Don Garland gehört?« sagte ich, Garland war ein bekannter Pilot der Vierten.

»Wer ist das denn?«

»Einer der besten Piloten in der Air Force.«

»Ach ja?«

Ich erzählte ein paar übertriebene Geschichten, die ich irgendwann im Andrews Club gehört hatte. Garland flog bei der Kunstflugstaffel mit, und er blieb der Maschine vor ihm so dicht auf den Fersen, dass sein Leitwerk von dessen Düse geschwärzt war – als Ausdruck des Stolzes wurde es nie gereinigt, kein Mechaniker würde das wagen. Er war ein Draufgänger, Garland – ich könnte ihnen eine Menge Geschichten erzählen.

»Wie sieht er aus?«

Ich gab eine ausweichende Antwort. War er ein anständiger Kerl? wollten die beiden wissen.

Ich war einmal in Andrews fast in eine Schlägerei geraten, nicht mit Garland, aber mit einem anderen Mitglied seiner Staffel. »Nicht besonders«, sagte ich.

Plötzlich fing einer von ihnen an zu lachen. Der andere sah ihn an. »Halt den Mund«, sagte er.

»O Gott«, sagte der Erste. Dann an mich gewandt: »Das hier ist Garland«, und zeigte auf ihn.

Ich war sprachlos.

»Wie zum Teufel heißt du?« wollten sie wissen.

Ich machte mich früh am nächsten Morgen aus dem Staub, bevor sie aufgestanden waren.

Später, als ich tatsächlich bei der Vierten war, hatte ich Glück: Sie waren schon weg. Es gab noch mehr Garlands. In Bitburg saß einer von den Lieutenant Colonels der Gruppe manchmal in meinem Büro, ziellos wie ein Kleinstadtanwalt, sah auf die Pinnwand, an der Fotos unserer Piloten hingen – ich war zu der Zeit Operationsoffizier der Staffel –, und fragte mich, wer von ihnen wohl ein As werden würde, wenn es Krieg gab. Wir guckten uns zusammen die Gesichter an.

»Emigholz«, sagte ich.

»Wer noch?«

Eine Pause. »Cass wahrscheinlich. Schwer zu sagen. Minish.« Man konnte das nicht wirklich beurteilen. Es war ihr Können, aber auch der Charakter, die Entschlossenheit. »Whitlow vielleicht«, fügte ich hinzu. Ich versuchte, sie mit den Assen oder Beinahe-Assen zu vergleichen, an die ich mich aus Korea erinnerte. Emigholz war ein wenig wie Billy Dobbs, Cass ähnelte Matson. »Und Cortada«, sagte ich schließlich. Er stammte aus Puerto Rico, war klein, leicht erregbar und von einem tiefen Selbstvertrauen. Nicht alle teilten meine Einschätzung – sein Schwarmführer war davon überzeugt, dass er sich umbringen würde.

Mit einem Instinkt, wie ihn Hunde haben, wusste man, wo die einzelnen Piloten einzuordnen waren. Erfahrung zählte und die tägliche Leistung. Piloten mit wenigen Flugstunden, die noch in den ersten Jahren ihrer Karriere standen, waren die Gefährlichsten. Sie waren jung, und in ihrer Selbstgefälligkeit ignorierten sie die Gefahren, wie Fliegen auf einem sonnigen Tisch. Sie kannten das Schicksal zahlloser anderer nicht. Was das Fliegen betraf, so hatten sie nur eine begrenzte Vorstellung von den vielen Arten des Versagens, die meisten von ihnen tödlich.

Mit einem schlaksigen, unentschlossenen Lieutenant namens Kelly startete ich eines Tages am späten Nachmittag in Bitburg, um nach Marseille zu fliegen. Das Wetter am Zielort war gut, hieß es, lockere Bewölkung und achtzig Meilen Sicht. Ich ließ ihn Führung fliegen. Es war wichtig, Piloten die Möglichkeit zu geben, Entscheidungen zu treffen, Selbstvertrauen aufzubauen. Die Maschinen konnten aus irgendeinem Grund getrennt werden, so dass jeder allein zurechtkommen musste, oder das Sprechfunkgerät der führenden Maschine konnte ausfallen und die Nummer zwei musste dann übernehmen. In einem Moment konnte die Verantwortung für alles auf den anderen übergehen.

In einer Höhe von 35000 Fuß über Marseille hatten wir noch knapp unter 240 Gallonen. Der Flugplatz, Marignane, war nicht zu sehen. Er wurde von einer Wolkendecke verborgen, die unerwartet vom Meer hereingekommen war. Außerdem beantwortete weder Marignane noch Marseille Control unsere Anfragen.

Die Sonne war schon untergegangen, und es herrschte Dämmerlicht. Kelly deutete an, dass er die Geschwindigkeit drosselte, und wir gingen herunter, flogen auf den großen See zu, der östlich des Flugplatzes lag. Bei 300 Fuß hielten wir die Höhe. Vor uns lagen die Wolken wie ein dunkles Riff. Eingezwängt in eine schmale Schicht von nachlassendem Licht und Dunst – die Wolkendecke war vielleicht 100 Fuß über uns –, verpassten wir den Anflug. Plötzlich begann der Boden anzusteigen; Hügel verschwanden in den Wolken vor uns, und wir zogen hoch, brachen bei 2000 Fuß durch die Decke. Es war dunkler geworden. Ich blickte auf die Kraftstoffanzeige: 125 Gallonen. Kelly schien zu zögern, wir hatten plötzlich ein wirkliches Problem.

»Ich hab's«, sagte ich. »Geh an meine Seite.« Ich konnte etwas hören, was er nicht hörte, die Endgültigkeit der Stille, in der wir uns befanden und in der der einzige Laut das Funkfeuer von Marignane war – ich überprüfte die Frequenz mit meinem Funkführer, FNM.

Ich flog jetzt auf das Feuer zu und betrachtete das Landungsdiagramm. Das Licht war schlecht. Die Einzelheiten waren komplex – ich merkte mir nur das Verhältnis von Funkfeuer und Landebahn sowie Entfernung und Flugzeit. Bei 175 Knoten betrug sie eine Minute und siebenundzwanzig Sekunden.

Wenn die Dinge nicht so laufen, wie sie sollen, und die Kraftstoffanzeige langsam fällt, entsteht ein Gefühl der Unwirklichkeit, als wären Himmel und Erde feindlich. Es kommt der Punkt, an dem die Kraftstoffnadel alles ist, woran man denkt, der Brennpunkt aller Sorge. Der Gedanke, aus zwei Maschinen über Marseille auszusteigen, weil wir den Flugplatz bei niedriger Wolkendecke und in der Dunkelheit nicht finden konnten, machte mich umso präziser. Es war das Szenario vieler Unfälle. Hatte ich die richtige Frequenz und das richtige Funkfeuer? Ich überprüfte es noch einmal. Richtig. Einen Moment später schaltete sich zum ersten Mal der Tower ein. Ich hatte den Verdacht, dass sie auf jemanden gewartet hatten, der Englisch sprach. Mit ihnen zu reden war eine Erleichterung, auch wenn sie schwer zu verstehen waren. Die Landebahn war offen; da waren Lichter.

In 2000 Fuß Höhe überflogen wir das Feuer, steuerten die Landebahn in der verkehrten Richtung an und wendeten und flogen dreißig Sekunden in diese Richtung. Es kam mir wie Minuten vor. Die Welt donnerte und lief aus. Ich war entschlossen, alles exakt richtig zu machen, einen perfekten Anflug. Wir setzten zu dem vorgeschriebenen Manöver an – 45 Grad nach links, eine Minute Kurs halten, dann wieder wenden. Die Nadel des Peilgeräts war starr. Dann begann sie zu zittern und schwang vollständig herum, als wir das Feuer fanden.

Wir begannen den Sinkflug. Die Mindesthöhe von Marignan war 800 Fuß, die Mindestsicht anderthalb Meilen. In 500 Fuß Höhe waren wir immer noch in den Wolken. 400. Plötzlich war der Boden knapp unter uns. Die Sicht war schlecht, weniger als eine Meile. Ich blickte auf die Kraftstoffanzeige: 75 Gallonen.

Eine Minute war vergangen. Der zweite Zeiger der Uhr bewegte sich kaum. Eine Minute und fünf Sekunden. Dann vor uns, wie ferne Sterne, verwischte Linien, die Lichter der Landebahn. Bremsklappen raus, signalisierte ich. Fahrwerk ausfahren. Wir landeten glatt in der Dunkelheit.

Ein Taxi brachte uns in die Stadt. Wir redeten über das, was geschehen war, was hätte geschehen können. Es war nicht mal ein Vorfall, es war nichts, Routine. Ein Flug unter Unzähligen. Wir konnten kein Restaurant finden. Wir schliefen in einem kleinen Hotel an einer baumbestandenen Straße und brachen früh am Morgen wieder auf.

In großen Abständen bekam ich einen Brief von Horner. Er hatte seinen Abschied genommen und arbeitete im Geschäft seines Schwiegervaters, Landschaftsgestaltung. *Lieber Fliegerjunge*, schrieb er dann mit einer Spur Wehmut, so schien es, *ich hoffe, Du hast Spaß in Europa. Wie ich früher.*

Bei einem Jahrestreffen, sehr viel später, kam das Gerücht auf, dass Horner gerade gesehen worden sei, wie er mit zwei Revuegirls durchs Tor fuhr. Das stellte sich als unwahr heraus. Die Tage der Revuegirls waren vorbei, wenn wir auch einmal mit zweien nach Versailles gefahren waren, als wir alles suchten außer Weisheit. *Susie und ich waren neulich Abend dort*, schrieb er über einen anderen Ort, *und der Geiger kam an unseren Tisch und fragte, wo der Herr sei, der so gerne »Granada« hörte. Ich nahm an, dass er von Dir sprach, also sagte ich ihm, Du seist an die Front zurückgekehrt …*

Es gibt Dinge, die zu ihrer Zeit unbedeutend erscheinen und die sich auch als unbedeutend herausstellen. Es gibt andere, die wie eine Pistole in der Nachttischschublade sind, nicht nur ernst, sondern unerwartet tödlich.

Für Colonel Brischetto war es kein einzelnes Detail sondern eine Serie von Dingen, keines von großer Bedeutung und über Monate verteilt. Er war der neue Geschwaderkommodore in Bitburg, der im August eingetroffen war, voller Ehrgeiz, aber mit sehr wenig Erfahrung in einer Düsenmaschine. Tom Whitehouse, der alte Kommandeur, klein und ritterlich, übergab ihm ein Geschwader, das fast nur aus erprobten Kämpfern bestand. Es war, als gäbe man ein temperamentvolles Pferd in die Hände eines neuen, unerfahrenen Besitzers, der natürlich versuchen würde, es zu reiten.

Alle fliegenden Offiziere des Geschwaders und der Gruppe waren einer der Staffeln zugeordnet. Der Geschwaderkommodore flog mit unserer, nicht sehr oft, wie sich herausstellte, und nicht sehr gut, auch wenn nichts alarmierend schief ging. Man spürte seine Unsicherheit im Sprechfunk, wo er wirkte wie ein Schauspieler, der seinen Text durcheinander brachte, und wenn er Weisungen in der Luft folgte, gab es oft eine leichte, verräterische Verzögerung.

Jedes Jahr flogen wir zur Schießausbildung nach Nordafrika. Dort war das Wetter immer gut. In Wheelus, einem großen

Flugplatz bei Tripoli, lebten wir vier oder fünf Wochen in Zelten und flogen jeden Tag. Es war für alle Piloten entscheidend, sich während dieser Zeit zu qualifizieren, auch wenn es noch gelegentlich die Möglichkeit gab, woanders zu schießen. Geschwader aus ganz Europa kamen nach Tripoli, die Terminplanung war eng. Ein zusätzlicher Tag war nicht zu kriegen.

In diesem Jahr waren wir in Wheelus für Anfang Januar vorgesehen. Alle Vorbereitungen waren getroffen, aber wir flogen nicht – das Wetter in Bitburg verhinderte es. Über die Weihnachtszeit hatte es Eisregen und tiefe Wolkendecken gegeben; die Startbahn war eisbedeckt. In Nordafrika schien die Sonne, und unersetzliche Tage verstrichen. Schließlich hörte der Regen auf, und die Wettervorhersage schien ermutigend. Die ganze letzte Nacht hindurch rollten Maschinen langsam die Startbahn hinauf und hinunter und versuchten, mit dem heißen Abgasstrahl das Eis zu schmelzen.

Gegen Mittag des nächsten Tages hob sich die Wolkendecke in ausreichendem Maße. Wir waren bereit. Es war sechs Tage nach unserem geplanten Start.

Ein äußerlich ruhiger, aber ungeduldiger Colonel Brischetto sollte mit dem ersten Schwarm fliegen. Er flog als Nummer zwei eines erfahrenen Piloten, eines Lieutenants, Cass, den er als Ausbilder besonders schätzte. Sie waren schon auf der Startbahn, als er meldete, dass seine Abgastemperatur, ein wichtiger Indikator, wilde Schwankungen anzeigte, und er fragte Cass um Rat – er hatte schon einige kleinere Probleme mit der Maschine gehabt. Flugzeuge haben auch einen Charakter. Unsere Maschinen waren nicht bloße mechanische Objekte, sie besaßen Temperament und Eigenheiten. Einige waren gut, wenn es ums Schießen ging, andere waren hoffnungslos. Einige waren immer flugbereit, andere selten.

Einige Maschinen machten, auch wenn sie nicht knarrten wie Schiffe, seltsame Geräusche. Sie hatten keinen Verstand und kein Herz, aber sie waren nicht ganz leblos. Eine Maschine gehörte nicht einem Piloten, wie ein Pferd, sondern allen. Es gab keine Geheimnisse – die Piloten redeten offen über das Verhalten der Maschinen, und nach einer gewissen Zeit hatten sie sie alle geflogen.

Als Brischetto Cass fragte, ob er mit einer so schwankenden Anzeige starten sollte, entgegnete der, das sei eine Entscheidung des Piloten. Brischetto war um sein Ansehen besorgt, aber er war umsichtig genug, den Start abzubrechen. Er rollte zur Rampe zurück, bekam eine neue Maschine zugewiesen und wurde einem anderen Schwarm zugeordnet.

Jetzt war es früher Nachmittag. Die ersten Maschinen, Cass und sein Schwarm, waren längst auf dem Weg nach Rom, wo sie auftanken würden, um dann weiterzufliegen. Die Wolkendecke über Bitburg hielt sich bei 600 Fuß. Die Basis der Schichtwolken war zerrissen, sie waren vertikal sehr mächtig und verloren sich oben im Ungewissen; die Sicht, von Regen bedroht, lag bei fünf Meilen. Brischetto hatte nur vierzig Minuten Schlechtwettererfahrung mit der Maschine. Er glaubte, wahrscheinlich zu Recht, dass er als Nummer zwei unter diesen Bedingungen mehr Schwierigkeiten haben würde, als wenn er den Schwarm anführte, und er gab durch, dass er den Flug führen würde.

Die vier Maschinen rollten in zwei Paaren zur Startbahn hinaus. Der Startintervall zwischen den beiden Paaren sollte fünf Sekunden betragen, und sie wollten sich, wenn möglich noch unter der Wolkendecke, vereinigen, damit alle vier zusammen durchbrechen konnten.

Brischetto las dem Tower die Freigabe nicht korrekt zurück. Er musste sie drei Mal wiederholen, bevor er auf die Startbahn rollen durfte. Er hatte einen sehr soliden Piloten als Nummer zwei, Tracy, der aber noch nie mit ihm geflogen war. Nach vielen Verzögerungen, von denen einige unvermeidlich waren, waren sie startbereit.

Die Maschinen formierten sich auf der Startbahn. Der Lärm der Triebwerke schwoll an. Mit fast zierlicher Langsamkeit begannen die ersten beiden Maschinen zu rollen. Fünf Sekunden später die nächsten beiden. Ich sah ohne großes Interesse zu, ich saß im Cockpit meiner Maschine im Staffelbereich und wartete darauf, mit meinem Schwarm starten zu können. Die vier Maschinen verschwanden sehr schnell in den Wolken. Sie hatten sich unterhalb der Wolkendecke nicht mehr formieren können.

In der Luft hatte der Colonel mit einem abwesenden »Roger« auf die Anweisung des Towers reagiert, die Geschwindigkeit zu drosseln, damit das zweite Paar des Schwarms ihn und seine Nummer zwei einholen konnte. Er gab dann Befehl, den Kanal zu wechseln, von Tower- zu Abflugkontrolle. Sprechfunkkanäle zu wechseln bedeutete, sich vorzubeugen und nach hinten und unten zu greifen. Die Anzeige war schwer zu lesen. Man machte das am besten so, dass man die Klicks zwischen den Zahlen zählte – vielleicht tat Brischetto das, aber er meldete sich auf Abflugkontrolle nicht wieder.

Auf dem Boden verstrich die Zeit langsam, sie glitt mit den kleinen, zögernden Bewegungen des Sekundenzeigers der Uhr auf dem Instrumentenbrett vorbei. Auch wenn man sich das schwer vorstellen kann, muss sie mit unterschiedlicher Geschwindigkeit für die Nummer zwei und den Colonel vergangen sein, als sie in die Wolken hineinflogen. Für Tracy am linken Flügel war es der normale, langsame Pulsschlag, aber für den Colonel hatte sie sich in einer abstrakten Welt aus weißem Nebel und Lärm beschleunigt. Er hatte mit einer leichten Kurve nach links, auf das Abflugfeuer zu, begonnen, einer Kurve, die zunehmend enger wurde, so dass Tracy an seiner Seite große Mühe hatte, in Position zu bleiben. Dann korrigierte er unvermittelt den Kurs und steuerte scharf nach rechts, zog die Maschine so hart in die Kurve und hinunter, dass Tracy nicht mehr bei ihm bleiben konnte.

»Cousin Echo«, rief Tracy. »Ich hab Sie verloren.«

Tracy verließ sich nun auf seine Instrumente, schaffte es, die Maschine abzufangen und auf einer Höhe zu bleiben. Er rief noch ein paar Mal auf beiden Kanälen nach seinem Leader, aber es gab keine Antwort.

Die letzten Sekunden, unter den Wolken, müssen für den Colonel der Zusammenbruch aller Realität gewesen sein. Er stürzte in einem fast vertikalen Sturzflug in die sichtbare Welt. Alles was er kannte und gelernt hatte, war plötzlich wertlos. Wenn er auch nur einen Augenblick daran dachte, auszusteigen, so war es schon zu spät. Wie in einem Alb-traum drangen seine Augen im letzten Moment durch Ober-flächen, er war in einer anderen Dimension.

Wir begriffen, dass irgendetwas nicht in Ordnung war, als der Tower durchgab, dass Start- und Landebahn geschlossen seien und es einen Notfall gebe. Mehr kam nicht, keine Stimmen in der Luft, keine Anweisungen oder Meldungen. Nur Schweigen und ein paar dunkle Vögel, die niedrig unter den winterlichen Wolken dahinzogen.

Brischetto war einundvierzig Jahre alt. Er hatte Familie, Kinder. In seiner Wohnung muss irgendwann das Telefon geklingelt haben. »Bei Colonel Brischetto«, wird einer von ihnen gesagt haben.

*Die Maschine wurde völlig zerstört*, stand im Unfallbericht. Todesursache: *Multiple extreme Verletzungen*. Der Körper war nicht mehr zu erkennen. Mehr als das kann eigentlich nicht geschehen. Es war unmöglich, mit Gewissheit festzustellen, warum es so gekommen war. Sehr wahrscheinlich hatte der Colonel mehrere Sekunden lang nicht auf die Instrumente gesehen, während er versuchte, die Zahl auf der Kanalanzeige unten an seinem Ellbogen abzulesen. Das hatte die erste unbeabsichtigte, steile Kurve verursacht. Er hatte sie korrigiert. Vielleicht verstand er nicht, warum sich niemand meldete, und hatte sich nochmals hinuntergebeugt. Und als er dann wieder zu den Instrumenten zurückkehrte, sah er vielleicht ein Chaos, das zu entziffern nicht mehr in seiner Macht lag.

Niedergeschlagen flogen wir dennoch am selben Nachmittag nach Rom und weiter nach Afrika, wo wir wochenlang über der grünen, gleichgültigen See Schießen übten.

Nordafrika war magisch. Stille, vergessene Städte an der Küste, die eine einzige Straße verband. Die Marmorsäulen aus den Tagen der Römer waren seit Jahrhunderten für europäische Paläste und Villen geplündert worden.

Wenn es morgens windstill war, starteten wir früh und flogen zum Meer hinaus. Das Schleppflugzeug war bereits unterwegs, in einer Höhe von 20 000 Fuß, das schlanke weiße Ziel bewegte sich schwerelos ein wenig hinter ihm.

Der erste Flug des Tages. Die Luft ist voll und feucht. Lange Kondensstreifen krümmen sich in ihr, markieren unsere Manöver. Es gibt einen Rhythmus, wie bei Gleisarbeitern, die träumerisch Bolzen einschlagen. Im Visier wird das Ziel größer, zuerst langsam, dann rast es plötzlich auf einen zu und bleibt nur ein oder zwei Sekunden in Reichweite. Die Patronen hinterlassen kleine Rauchstreifen, wenn sie im Tuch verschwinden – die jeder Maschine sind vorher in unterschiedliche Farbe getaucht worden, so dass man sie danach zählen kann. Im Süden, jetzt nicht zu sehen, biegen sich auf der einen großen Straße des Königreiches, die parallel zur Küste verläuft, die Palmblätter, und Tausende und Abertausende steifer Flaggen säumen den Weg der Hochzeitsgesellschaft, die aus dem Westen von Benghazi kommt. Der König hat sich eine zweite Frau genommen, eine Ägypterin.

Am Abend desselben Tages marschierte im beißenden Geruch des Rauches ein Fackelzug durch Tripoli. Menschenmengen standen an den Straßen. Ich sah vom Eingang eines Schneidergeschäftes aus zu. Der Besitzer, Salvatore Perruchio, stand neben mir. »Was ist los, kommt der König?« fragte ich.

»O nein«, sagte Perruchio. »Das würde er nicht wagen.«

»Warum nicht?«

»Sie bringen ihn um«, sagte er.

Ich lachte über den Witz.

»Nicht lachen«, warnte er mich. »Nie lachen. Wenn die sehen, dass Sie lachen, bringen sie Sie auch um. Lachen Sie niemals über die. Nennen Sie sie, was Sie wollen, aber lachen Sie niemals.«

Es war nicht einfach zu sagen, über wen er redete, die Menschenmengen auf den Straßen, die untersetzten, dunklen Männer in Zweireihern im Hotel Uadan, die geisterhaften Gestalten, die ohne sichtbare Absicht am Strand entlangwanderten, die Männer mit bloßen Beinen, die in den Salzpfannen neben dem Flughafen arbeiteten? Wir kannten sie alle nicht. Sie waren Teil von etwas Undurchdringlichem. Zusammen mit den Bauten und Statuen einer antiken Kolonialwelt gingen sie mindestens zweitausend Jahre zurück, auf die Tage von Leptis Magna und Sabratha. Und in ihnen überlebte all diese Zeit, ein kochender und unveränderlicher Code.

Perruchio machte Anzüge, nach Maß, für dreißig oder vierzig Dollar, soweit ich mich erinnere. Als er zwölf Jahre alt war, sagte er mir bescheiden, konnte er ganz allein einen vollständigen Anzug machen. Er war während des Krieges Gefangener der Engländer gewesen und hatte Uniformen für sie geschneidert. Die Zeit im Gefangenenlager war die glücklichste Zeit seines Lebens, sagte er. »Ein wunderbares Land. So schöne Frauen – und so leicht zu kriegen. Ich sah damals natürlich anders aus als jetzt. Ich war nicht so …«, und er legte die Hände auf den Bauch. Er hatte das volle, freundliche Gesicht eines Menschen, der das Leben verstand. In seinem Laden, halb von einem Vorhang verdeckt, saß ein Junge, die dünnen Beine in Shorts und mit einem pflaumenförmigen Körper, der zuschnitt und nähte, in dem Alter, in dem Perruchio damals gewesen war.

Eines Tages flog ich nach Süden, 120 Meilen in die Wüste, die Erde verwandelte sich, aus Felsen wurde orangeroter Staub. Man sah kein Leben, keine Straßen, keine Spur von irgendetwas. Ich drehte um und ging in langen, gelassenen Bögen hinunter, bis ich schließlich in bloß 50 oder 100 Fuß Höhe nach Norden flog. Bei so geringer Höhe hat man nur eine Sicht von ein paar Meilen. Überraschend tauchten Dinge auf, einsame Schafhirten, grasende Kamele, eine niedrige dunkle Ansammlung von Zelten. Plötzlich sah ich Tiere vor mir, die auseinander liefen, Kinder warfen sich auf den Boden, der kurze Blick auf Frauen, die in den Zelteingängen auftauchten. In zwanzig Minuten würde ich in Wheelus landen, aber in den Köpfen dieser unbekannten Leute würde ich viel länger in der Luft sein, mit wütendem Lärm durch ihre Welt schießend und dann wieder fort.

Hinter ihnen und jenseits von Schieferbergen und Sand-ebenen kam die erste schwache Färbung der Zivilisation: Telegrafendrähte, kultivierter Boden, Straßen. Noch weiter, hart und leuchtend, das Meer.

Von der anderen Seite dieses Meeres war Perruchio gekom-men, von der langen, felsigen Halbinsel, die das Zentrum der Welt gewesen war. Es war leicht, den Wurf seines Lebens nachzuempfinden, Italien, Nordafrika, der Krieg und schließ-lich wieder Nordafrika in einer Art unbestimmten Exils, ein Leben, das zehn Jahre vor meinem begonnen hatte und von Anfang an konventioneller und schlichter gewesen war als meines. Ich beneidete seine Einfachheit, die Qualität der Anzüge, die er so behutsam anfertigte. Die Tage der blei-chen englischen Rosen, wahrscheinlich weniger leuchtend und mit gröberen Stimmen, als ich sie mir vorstellte, waren lange vorbei. Er lebte nun unter einer weniger exotischen Spezies, seiner Frau, Tochter, Schwiegermutter.

Im Bath-Club, öde und englisch, lagen alte Ausgaben der *London Illustrated News* ausgebreitet auf den Tischen, und ein Scotch kostete zehn Cents. Eines Abends luden wir eine blasse Blondine, deren Begleitung ein paar Minuten hinaus-gegangen war, ein, am Samstagabend zum Stützpunkt zu kommen. Sie war die einzige Frau in dem Club. In Ordnung, sagte sie. Sie wollte eine Freundin mitbringen, die Emma hieß.

»Wer ist Emma?«

»Sie werden sie mögen«, sagte sie.

Die Bar war am Samstagabend immer voll und laut. Halb betrunken erinnerten wir uns plötzlich an die Einladung, und wir gingen zu dritt zum Haupttor, um die Frauen in Empfang zu nehmen und sie in ihrem Wagen zum Club zu führen. »Wir erwarten Besuch«, erklärte ich der Wache.

Die Straße, die auf den Stützpunkt zuführte, war leer. Es waren keine Scheinwerfer zu sehen, nur fremde Dunkelheit. Minuten vergingen.

»Wie spät ist es?«

»Halb neun.«

»Was haben wir gesagt, wann sollten sie kommen?«

»Hab ich vergessen.«

Nach einer Weile wandte sich eine der Wachen zu uns um. Er hörte jemanden näher kommen. »Das könnten Ihre Besucher sein«, sagte er.

»Unmöglich«, sagte ich mit Gewissheit. »Die kommen in einem Wagen«, erklärte ich, als die schattenhaften Gestalten der beiden Demoiselles auf der Straße auftauchten. Sie trugen hochhackige Schuhe. Es war Meilen bis zur Stadt. So groß war die Attraktion von Bezahlung und zerknittertem Khaki.

Die europäischen Frauen, so wenige es waren, erscheinen jetzt wie blasse Bleistiftzeichen auf der nordafrikanischen Buchseite. Es war mehr oder weniger klar, warum sie gekommen waren und auch dass sie hier wenig finden würden. Die Geschäfte, die da gemacht wurden, waren mager. Vielleicht war es genau dies, das Unüberlegte, die Glücklosigkeit, was dafür sorgte, dass man sich überhaupt an sie erinnerte.

In Marokko, wohin wir verlegt wurden, um in dem immer guten Wetter die neuen Maschinen zu fliegen, mit denen wir ausgerüstet werden sollten – es waren F-100, stärker und weniger gutmütig als die alten –, war die Luft anders. Marokko war eine französische Kolonie gewesen, und vor seiner Küste lag ein anderes Meer. Von seinen Flugplätzen konnte man England und sogar die Neue Welt erreichen. Es gab Boulevards, Apartmenthäuser, die Elegie französischer Namen. Fedala lag im Süden, es hatte breite Strände und eine Brandung, die dicht unter der Küste brach. Wir verbrachten unsere freien Stunden dort, unerklärliche blaue Glühbirnen brannten unter den Decken der Hotelräume, und der Kellner schenkte den Wein ungeschickt ein. Wir saßen abends auf der Terrasse, die Gesichter um den Tisch wurden langsam undeutlich. In der Ferne fiel das Meer, das alles bestimmte, endlos über sich selbst. Auch unser Ruhm war endlos. Wir waren alle große Führer von Menschen. Wir saßen bequem da. Die Ochsen waren geschlachtet; die Köche, ganz in Weiß, machten sich daran, das Mahl zu bereiten. Die Mußestunden wurden mit Trinken, Reden und Sehnsucht gefüllt. Wir haben noch Wochen des Feldzuges vor uns; danach gibt es einen neuen.

Für die späteren Stunden gab es die »Sphinx«, wahrscheinlich nach ihrem Vorgänger in Paris auf dem Boulevard Edgar Quinet genannt. Man konnte es aus der Luft erkennen, das Eisentor und die kiesbedeckte Auffahrt. Drinnen waren die Räume mit Fliesen ausgelegt. Es war ein Nachtclub: unten Erotikfilme und Bücher; oben Frauen. Die Zimmer im zweiten Stockwerk blickten auf die See hinaus. »So oft du willst«, sagte sie auf Französisch an der Bar. Am anderen Ende des Raumes spielte eine Band. Sie kam aus Marseille, ihre Haut war hell und glänzte wie frisches Holz. Ihr Kleid war tief ausgeschnitten, ihre Brüste waren glatt und rund, jede vollkommen für sich. Wir tanzten wie ein Paar, als wären wir zusammen hierher gekommen. Sie drückte sich an mich. Die schwarz gekachelten Pfeiler glitten vor meinen Augen vorbei, die Spiegel, das Trio an einem Tisch direkt an der Tanzfläche, zwei Männer und ein Mädchen mit kurzem schwarzem Haar, das Gold eines Eherings an ihrem Finger. Sie waren die *haut monde* und gekommen, um mal etwas aufregend Neues zu sehen.

Kanadische Piloten kommen herein. Die Band spielt etwas, an das ich mich gerne erinnern würde. Weit weg und unbetrauert erscheinen mir all die anderen Nächte, die unerreichbaren Frauen, Krankenschwestern, Admiralstöchter, die Frau des Colonels, die damals betrunken Blackjack spielte. »Gib mir bloß einen ganz Kleinen«, flehte sie, »gib mir nichts, wenn's nicht klein ist.« Die Karten wurden verteilt. Ein Bube. Sie starrte ihn an, sah ihr ganzes Blatt an, starrte wieder. Ihr schönes, verzogenes Gesicht. »Gut«, sagte sie. »Einundzwanzig.« Aber das war es nicht. Der Dealer sammelte das Geld ein.

Das Morgenlicht in Afrika ist leuchtend und flach. Die leere Straße, die Stille. Wie war's? wollen die anderen wissen. Das kann man erzählen, ausschmücken, aber eine kleine Sache war dabei, die kann man nicht erzählen – sie kam mit ans Tor, um *adieu* zu sagen. Sie fragte, ob ich ihr schreiben würde, eine Karte aus Port Lyautey, adressiert einfach an Denée, »Sphinx«, Fedala.

In Tanger waren die Händler und Führer zu jeder Zeit auf der Straße, einige zeigten Empfehlungsschreiben vor. 1956 konnte man einen Palast – Bäder, Räume für die Bediensteten, Terrassen – für 12 000 Dollar kaufen. Wie andere exotische Städte stank Tanger nach Staub, nach dem endlosen Zyklus von Leben und Sterben. Der Markt war ein einziges Gedränge, Hunderte von Ständen, Hühner, die mit zusammengebundenen Beinen ergeben dalagen, Berge von Tomaten, viele von ihnen missgestaltet, Ziegen, Frauen, die ihre Babys stillten, Getreidesäcke. Es schien gnadenlos. Im Garten des Sultanspalastes strömten Heerscharen von Ameisen um einen toten Sperling herum.

Ich erwache nach einem kurzen Schlaf am Abend. Die Stadt ist jetzt am erschreckendsten, am unbarmherzigsten. Der

Tag ist vorüber, die Nacht kommt. Auf der anderen Seite der Avenue hängen zwei Mädchen im Beachclub ihre Badeanzüge zum Trocknen auf. Hier allein zu sein, denke ich … ohne Hilfe, ohne Geld, Dunkelheit zu allen Seiten.

Ich bin mir nicht sicher, woher der Schrecken von Nordafrika kommt – aus seiner Leere, nehme ich an, aus allem, das unbegreiflich ist. Das Leben ist billig dort, es ist nur eine Hülle. Vielleicht ist es die Grausamkeit, die Verstümmelung, die Gefolgsleute von El Glaoui wurden mit Benzin übergossen und angezündet, obwohl es, wie jemand sagte, bewusst nicht vor ihren Frauen und Kindern geschah; die britischen Sergeanten, die man auffand, ihre Genitalien in den zugenähten Mund gestopft; der Mann, der auf dem Markt von Marrakesch stand und sich umdrehte, um mit jemandem zu handeln – als er sich wieder umwandte, war seine Frau verschwunden, sie wurde nie wieder gesehen. Vielleicht war es der Handel mit Sex, das »White Horse«, wo im grellen Scheinwerferlicht ein junges spanisches Mädchen so ruhig, als zöge sie sich hinter der Bühne um, makellos wie eine Statue aus den Kleidern tritt. Ein kräftigeres Mädchen zeigt ein drohendes Instrument und schnallt es sich um …

Wir überflogen Gibraltar, wie ein Kiesel weit unten, und dann das braune, harte Spanien. Wir kehrten mit neuen Maschinen nach Hause zurück, die ersten, die schneller als der Schall waren. Sie landeten mit hoher Geschwindigkeit, die Räder berührten den Asphalt bei 180 Meilen in der Stunde. Auf den luxuriösen Landebahnen und in der ruhigen Luft Nordafrikas war das keine Herausforderung, aber unser Flugplatz war viel kleiner. Wir flogen in 37 000 Fuß Höhe, und als wir in den Sinkflug übergingen, empfand ich eine Nervosität, die ich nicht abschütteln konnte. Wir machten den Anflug, fuhren das Fahrgestell aus, noch eine

Wendung. Alles sah gut aus. 220 Meilen kurz vor der Landung, dann über der Bahn, Schub weggenommen, auf die Berührung wartend. Ein leichter Ruck. Der Boden strömt vorbei. Als wir die Maschinen abstellen, reichen der Kommandeur und der Geschwaderkommodore kaltes Bier herauf.

Letztlich vermisste ich Nordafrika. Ich vermisste seine Trostlosigkeit und die Brillanz des Lichts. Auch wir waren dort Nomaden. Wir reisten und lebten in Zelten; wir hatten unsere Routine, unseren Code, unsere Pflichten und sonst nichts: fliegen, im Schatten der Leinwand sitzen und mit dreckigen Händen ein Sandwich aus weißem Brot essen, wieder fliegen.

Wir waren dort alle gleich, alle Ränge. »Schlag mich«, sagt der Colonel. »Geht nicht, die stellen mich vors Militärgericht«, jammert Geraghty, der gibt. Sie spielen Karten und vergleichen betrunken ihres Rolex-Uhren. »Was ist denn mit Ihrer? Die hat keinen Kalender, muss 'ne experimentelle sein«, sagt Geraghty. All diese Gesichter, so vertraut. All diese Leben, die einem in bestimmten Momenten so nahe kamen.

In Formation kam ich eines Tages mit Minish von einem Übungsflug zurück, ich an seiner Seite, als er die Maschine wortlos hochzog und einen Immelmann flog, ich machte es ihm nach, so nah wie möglich, dann machte er noch einen und noch einen, dann einige Loopings und Rollen, alles in heißem Schweigen. Ich war ihm nicht einen Fuß von der Seite gewichen, wir machten das zusammen, ohne ein Wort auszutauschen, wie heimliche Liebhaber in einer Wohnung an einem brennend heißen Nachmittag.

Im Herbst flogen wir an die Gironde, im Südwesten Frankreichs, eine Staffel zur Zeit, um weitere Schießübungen zu machen. Der Flugplatz dort, Cazaux, mädchenhaft weiß, lag neben einem See. Eine Staffel aus einem anderen Geschwader, in dem ich auch eine Zeit lang geflogen war, hatte sich dort schon eingerichtet. Sie saßen vor den Unterkünften, als wir ankamen, wie Rancharbeiter, Grashalme im Mund. Es schien oft weniger ein Beruf zu sein als eine Art, die Zeit zu verschwenden, darauf wartend, dass etwas geschah, dass der Name auf dem Flugplan auftauchte, dass das Bereitschaftstelefon klingelte, dass die letzten Maschinen landeten. Die Gesichter dieser anderen hatten sich in den ein oder zwei Jahren, seit ich sie zuletzt gesehen hatte, nicht verändert: Vandenburg, Paul Ingram, Christman, der eine Gräfin heiratete, Vandevander, Leach. Sie begrüßten uns beiläufig. Es war, als wären wir mit unseren Tieren zum Grasen gekommen, und sie waren ein anderer Klan, friedlich, wenn auch nicht freundlich, der nun die Weide mit uns teilen musste.

Wir faulenzen uns durch die Tage. Sie werden zur heiligen Vergangenheit. Die Tage, von denen Faulkner sagte, sie seien die aufregendsten seines Lebens gewesen. Er erzählte das einem Mann namens Sylvester, einem Major, der zu der Zeit, es war während des Koreakrieges, Informationsoffizier war, stationiert in Greenville, Mississippi, nicht weit von Faulkners Haus. Ein Bibliothekar, den Sylvester kannte, hatte ihm angeboten, ihn mit Faulkner zusammenzubringen. Faulkner erschien auch zur verabredeten Zeit. Er war betrunken. Er trug einen zerknitterten Tropenanzug, in dessen Jackentasche eine Flasche steckte. Sylvester meinte, es war Gin. Sie sprachen über das Fliegen und die Tage, in denen Faulkner, wie er behauptete, Pilot in Frankreich gewesen sei. Er war das nie gewesen. Er hatte es oft erzählt, Frauen, Männern. Vielleicht glaubte er inzwischen selbst daran.

Es gibt ein Gefühl, das Faulkner wahrscheinlich hatte – ich habe es selbst schon gehabt –, dass irgendwo das wahre Leben gelebt wird, aber nicht da, wo man ist. Er mag das Geräusch dieses Lebens in Greenville gehört haben, den vollen, zerstörerischen Donner nicht von solchen Maschinen, wie er sie gekannt hatte, sondern von viel mächtigeren. Irgendetwas in ihm mag darauf angesprochen haben, dasselbe, was ihn sehr wahrscheinlich dazu brachte, als Offizier des Royal Flying Corps zu posieren, Kampfflüge zu erfinden, Abstürze, eine silberne Platte in seinem Schädel. Er war ein kleiner Mann. Er saß manchmal auf einem Stuhl und die Beine berührten den Boden nicht. Seine Welt war klein, ein abgelegener Landsitz unter Leuten, die nicht lasen, in einem zurückgebliebenen Staat, aber daraus formte er etwas Größeres, es war weit größer, als er selbst vielleicht wusste. Ein Autor kann nicht wirklich erfassen, was er geschrieben hat. Es ist nicht wie ein Gebäude oder eine Skulptur; man kann es nicht als Ganzes sehen. Es ist nur eine Art Rauch, ergriffen und auf die Seite gesetzt.

Eines, was ich neben der Einfachheit seines Lebens an Faulkner mag, ist die Tatsache, dass er die Wände seines Schlafzimmers voll schrieb. Das scheint mir das Zeichen eines wahren Schriftstellers zu sein. Er ist wie ein Pianist, der mitten in der Nacht übt, wenn das ganze Haus schläft oder zu schlafen versucht – die Musik ist größer als irgendein einzelnes Leben.

An jenem Tag in Greenville bot Faulkner, der noch zehn Jahre zu leben hatte, an, eine Geschichte über die Air Force zu schreiben, wenn er dafür einmal in einem Jet mitfliegen dürfte. Sylvester rief den Kommandeur des Stützpunktes an, der sich den Vorschlag anhörte. Am Ende sagte er nur: »Wer ist Faulkner?«

Eines Montags, kurz nach der üblichen Lagebesprechung, klingelte das Telefon. Es war jemand vom Gefechtsstand. Wusste ich, dass einer meiner Piloten über Chaumont ausgestiegen war? Chaumont? In Frankreich? Das musste ein Irrtum sein – wir hatten niemanden in der Luft, sagte ich. Dann erinnerte ich mich an die beiden Maschinen, die überführt werden sollten.

Am Abend des vorhergehenden Freitags hatte jemand in der kameradschaftlichen Stimmung des Clubs vorgeschlagen, dass die Maschinen, die zur Inspektion zum Depot in Châteauroux geflogen werden sollten, noch einige Stunden Flugzeit hatten, und ob man sie nicht über das Wochenende fliegen könnte. Warum nicht? dachte ich. Piloten wollten immer Flugzeit. Ich überprüfte nicht, wohin sie geflogen waren. Das war unwichtig. Sie wollten auf einem Umweg nach Châteauroux.

Wir warteten nervös auf weitere Informationen. Nach einer Weile hörten wir, dass ein Pilot beim Landeanflug ausgestiegen war. Der andere war sicher heruntergekommen, es war Carney. Von DeShazer war nichts weiter bekannt.

Es stellte sich heraus, dass sie nach München geflogen waren, wo das Bodenpersonal die Maschinen als versorgt abgezeichnet, aber vergessen hatte, den Ölstand zu überprüfen. Nach dem Wochenende waren sie frühmorgens nach Châteauroux aufgebrochen. In einer Höhe von 35 000 Fuß verlor DeShazer an Schub. Es war die Öldruckförderpumpe, die ausgefallen war. Er ging auf das Notsystem über und flog den nächsten Flugplatz an, Chaumont.

Sie machten einen langen direkten Endanflug auf Chaumont. Carney, der an DeShazers Seite flog, sah Flammen, grell und erschreckend, aus dem Abgasrohr brechen. Die Lager hatten sich festgesetzt. Das Triebwerk fraß sich selbst. »Raus, Bill«, rief er, aber DeShazer kam ihm zuvor. Das Kabinendach schoss weg. Der Sitz folgte, wurde hoch hinauskatapultiert, blieb hinter der Maschine zurück, DeShazers Arme flatterten wild. Alle Schleudersitze waren mit einem Mechanismus ausgestattet, der den Sicherheitsgurt automatisch öffnete und es ermöglichte, dass sich Pilot und Sitz schnell trennten – alle Schleudersitze, wie sich herausstellte, außer einem. Der Sitz fiel und fiel, Carney versuchte, ihn im Blick zu behalten. Schließlich löste sich der Pilot vom Sitz. Eine lange, weiße verdrehte Fahne strömte heraus und erreichte ihre volle Länge, aber der Schirm öffnete sich nicht mehr ganz, bevor DeShazer in die Bäume stürzte. Die Zahl der trivialen Fehler hatte eine gewisse Summe erreicht – und das Ergebnis war das Verschwinden eines Mannes.

Sie suchten den ganzen Tag nach ihm. Schließlich, in der Mitte des Nachmittags, fanden sie ihn. Er war tot.

Unverheiratet, nicht besonders gut aussehend, mit weit auseinander stehenden Zähnen, war DeShazer ein gutmütiger Mann. Jemand hatte ihn gefragt, ob er ihm Geld leihen könne, und DeShazer hatte gesagt, es liege einiges in einem Schrankfach in seinem Zimmer. Es war Kelley, glaube ich, der hinaufging, und fünf- oder sechshundert Dollar fand, die lose und ungezählt zwischen Kleidung herumlagen.

Nachdem es vorbei war und die Berichte verschickt waren, ging ich auf dem Weg nach Hause auf einen Drink in den Club. Ein Unfall, der in einer anderen Staffel geschah, erschien einem als Konsequenz irgendwelchen Versagens; in der eigenen Staffel aber war er Schicksal, schwer und demütigend. Die Tage trennten sich in Vorher und Nachher. DeShazers Name wurde von dem Brett genommen, auf dem die Piloten aufgeführt wurden. Er war kein Pilot mehr, die wahrscheinlich größte Leistung seines Lebens war ausgewischt. Seine Habseligkeiten würden zusammengepackt und nach Hause geschickt werden. Der Staffelkommodore, Norman Phillips, würde einen Brief an die Eltern aufsetzen. Im kommenden Jahr würden vier oder fünf neue Piloten in die Staffel kommen, und keiner von ihnen würde von DeShazer gehört haben, keiner würde an die plötzliche, erstaunliche Flamme glauben, die auftauchte wie von einem Zauberstab berührt und das Unergründliche voraussagte.

Aber er würde nicht vergessen werden. Wie andere würde er wieder auftauchen, wie die blonden, imaginären Asse, über die Faulkner Gedichte verfasste. Der sehr viel bescheidenere DeShazer mit seinem breiten Lächeln und den aufgesprungenen Lippen würde in unserem Leben bleiben. Mit flatternden Armen würde er endlos fallen, hinter ihm sein Fallschirm, lang und nutzlos.

Nicht am Beginn und nicht bis man akzeptiert, dass man sterblich ist, begreift man allmählich, dass Leben und Tod eine Einheit sind. DeShazer war woanders hingegangen. Zu den Sternen.

München das letzte Mal, in der Dunkelheit glitzernd, immens – die Läden, die Straßen, die schönen Autos. Die Nummer zwei ist seitlich und hinter mir, in der Nähe eines Halbmondes. Der Arend-Roland-Komet ist sichtbar, sein milchiger Schweif fließt Tausende von Meilen nach Süden, ein Zoll im Himmel. Ich lehne mich zurück und sehe ihn an, den Helm an das Polster gelehnt. Ich werde ihn nie wieder sehen – und auf diese Weise auch nie mehr all das, was unter mir liegt. Es gibt einige Freuden des Rückblicks, aber diese ruhige Heiterkeit kann die Erinnerung nicht liefern – die Städte in ihrem vielfältigen Glanz. Aus der Tiefe des Himmels sehen wir herab, wie auf unsere Herden.

Das Abschiedsfest ein paar Wochen später ist so wie alle anderen, obwohl es das letzte ist; viel zu trinken, Gesang, das Ende der Tour, eine Angelegenheit, die alles festlegt, aber etwas darüber hinaus enthält, nicht wirklich lebhaft, eine Episode im Leben einer Staffel, die ohne einen weitermachen wird, auf die Dauer ohne alle, die hier sind. Alle werden überlagert, alle vergessen sein.

Uden und Tucker sind mit deutschen Mädchen gekommen. Der Vater von Udens Mädchen sei Pilot, Pilot der deutschen Luftwaffe, gewesen, sagt sie. Von seinem dritten Feindflug über England sei er nicht zurückgekehrt. Es gab keine weiteren Erklärungen über sein Schicksal. Sie war fünf oder sechs Jahre alt gewesen, als es geschah, ein Kind des Krieges, hübsch jetzt und sehr gefasst.

Für mich ist er bewegend, nicht ihr vermisster Vater, sondern der Abend. Zur angemessenen Zeit stehe ich auf, versuche etwas, so viel erlaubt ist, über meine Gefühle zu sagen. Ich kann nicht einfach sagen, dass ich gerne in der Staffel gewesen bin, ich sage ihnen, dass die Staffel mein Leben gewesen ist, ein Leben, und das erkläre ich nicht, das ich jetzt aufgebe. Einige Monate zuvor hatte Spry, der ein paar Jahre nach mir den Abschluss in West Point gemacht hatte, mir anvertraut, dass er den Abschied nehmen würde. Fast im selben Augenblick – er hatte mir irgendwie die Freiheit dazu gegeben, hatte den ersten Stein geworfen – entschied ich mich, dasselbe zu tun. Es war kein Akt großer Entschlossenheit, vielleicht hatte ich sogar zu lange gewartet, aber ich lebte noch immer mit dem Gedanken, Schriftsteller zu werden, die Vorstellung hatte mich nie verlassen. Ich wollte aus dem großen Haufen der Tage etwas Bleibendes machen.

Die Air Force – ich aß und trank sie, flog in jedem Wetter und an jedem Tag, redete ihr endloses Gerede, stieg auf den Flügel, um meine Maschine selbst zu betanken, fiel mit den schwitzenden Anderen in den nassen Sand ihrer Strände, wurde von ihren Moskitos gestochen, ignorierte die zittern-den Nadeln der Instrumente, schlief an schäbigen Orten, gab ihr mein Herz. Ich hatte das Leben, in das ich hinein-geboren war, aufgegeben und ein anderes aufgenommen, und nun stand ich kurz davor, auch dieses zu verlassen, nur dass es mir weit schwerer fiel.

Den anderen, unter denen einige waren, die das Schicksal einholen würde, sagte ich an jenem Abend, dass ich sie wie-dersehen würde. Viel Glück.

Ich hatte Urlaub – ich war zu der Zeit in Langley stationiert –, und ich fuhr nach Washington hinauf, um meinen Abschied zu nehmen. Es war der 10. Juni, der Tag, an dem ich geboren wurde. Das schien mir passend.

Die ganze Fahrt hindurch erwog ich selbstquälerisch meine Möglichkeiten. Ich hatte in dem Jahr ein Buch veröffent-licht, das erste. Ich hatte eine Frau und ein Kind, ein zweites würde bald kommen. Ich war zweiunddreißig Jahre alt und hatte seit ich siebzehn war die Uniform getragen. Als ich das Pentagon betrat, hatte ich das Gefühl, meinem Tod ent-gegenzugehen.

Auf verschiedenen Stockwerken blieb ich stehen und sah die Hinweise auf den Tafeln durch, Brigadegeneräle und Generalmajore, von denen ich nie gehört hatte, die hier in ihren Büros arbeiteten: der Planungsstab, den ich ab und zu besucht hatte, um mit Beukema über neue Maschinen zu sprechen. Er wollte wissen, ob es ihm schwer fallen würde, sich auf sie umzustellen. Er war auf der B-29 ausgebildet worden.

Beukema war in meiner Kompanie in West Point gewesen, im Jahrgang vor mir, ein herausragender Student und Kapitän der Eishockeymannschaft. In jeder Weise überlegen, charmant, keineswegs oberflächlich, ein sehr seltener Menschentyp, war er in West Point als Sohn eines Professors aufgewachsen. Es war eine idyllische Kindheit gewesen. Er hatte General Bradleys Tochter geheiratet und war – aber nicht deshalb – zur Größe ausersehen, darüber waren sich alle einig. Ich kannte die Stuben in den Kasernen, in denen er gelebt hatte, die genaue Schattierung seiner blonden Haare. Ich konnte ihn mir ohne weiteres als Kampfflieger vorstellen – es hatte etwas ganz Natürliches.

Er wurde schließlich nach Langley versetzt und flog die F-84, eine Maschine, die gut aussah, aber etwas untermotorisiert war und eine lange Startstrecke benötigte. Auf einer Höhe von 30 000 Fuß, er war designierter Staffelkapitän, teilte er dem Führer des Schwarms mit, dass er etwas versuchen wollte. Er begann einen flachen Sturzflug. Der setzte sich fort und wurde steiler und steiler. Eine Eigenheit der Maschine mag hier ins Spiel gekommen sein. Bei Höchstgeschwindigkeit, wenn die rote Markierung überschritten wurde, gab es eine Steuerungsumkehr, und wenn man den Knüppel zurückzog, ging die Nase noch weiter runter statt rauf.

Er schlug bei hoher Geschwindigkeit auf dem Wasser vor Langley auf. Er starb, nicht weil er der Sonne zu nahe gekommen war – er war ein Geschöpf der Sonne –, sondern weil er den Dämon der Geschwindigkeit gereizt hatte.

Ich saß an einem Schreibtisch in der Personalabteilung und tippte meinen Brief. Dann strich ich wie ein Überlebender irgendeines Wracks mehr als eine Stunde mit dem Brief in der Hand durch die Korridore. Schließlich sah ich einen Colonel, den ich kannte, Berg, der gerade aus einer Tür trat. Er arbeitete dort, befasste sich aber mit Beförderungen. Ich musste mich irgendjemandem anvertrauen, und ich erzählte ihm, was ich tun wollte. Er machte keinen Versuch, mich umzustimmen. Er nickte nur. Er erwähnte einige andere Offiziere, die vor kurzem ihren Abschied genommen hatten. Ich fand das wenig tröstlich. Später am Nachmittag, ich fühlte mich fast krank, gab ich den Brief ab.

In drückender Hitze fuhr ich die Connecticut Avenue hinauf, zu einer Wohnung, die ich benutzen konnte. Allein, begann ich zu weinen – die Leere, die langen Jahre, all die Männer, die Orte. Mein früherer Geschwaderkommodore aus Bitburg war ein paar Monate zuvor nach Washington gekommen. Er wohnte in Arlington, in der Vorstadt. Ich fühlte mich ihm noch immer nahe, einer von seinen Männern. Ich rief ihn an und schaffte es mühsam, ihm zu sagen, was ich getan hatte. »Du Idiot«, sagte er.

Ich fuhr zum Dinner zu ihm. Warum hatte ich das getan? wollte er wissen. Ich hatte vorgehabt, ihm die Wahrheit zu sagen, aber ich brach im letzten Moment ab. Ich wusste, dass es in seinen Ohren töricht klingen würde, und ich setzte etwas an die Stelle, was ich in der Schule gelernt hatte. Ich hatte es getan, sagte ich, weil ich bei der Air Force keine Zukunft für mich sah. Wie Napoleon bei seiner Krönung bemerkte, hätte er, wäre er unter Ludwig XIV. geboren worden, höchstens Marschall werden können, wie Turenne. Ich weiß nicht, was er dachte.

In den folgenden Tagen hatte ich nichts zu tun, und ich sah stundenlang zu, wie die Autos am Morgen die Avenue hinunterfuhren, oder ich blickte am Abend auf das angestrahlte Capitol und die Stadt, die sich glitzernd darum ausbreitete.

Ein Baby, meine Tochter, weinte im benachbarten Zimmer. Nie wieder der Landeanflug auf noch eine Stadt, die man das erste Mal von oben sieht, an der Spitze des Schwarms, ein Flugplatz, auf dem man noch nie gelandet ist, langsam herunterkommend, eine tiefe Querneigung zu einer Seite, dann zur anderen, den Tower anrufend, ihm mitteilend, wer man ist. Nie wieder das sonnenverbrannte Gesicht in Tripoli, das zu einem aufsieht, als man ausgerollt ist, der fragende Ausdruck – ist die Maschine o. k.? Der erhobene Daumen, o. k. Und das ersterbende Heulen, wie ein gewaltiger Seufzer, des abgeschalteten Motors, die Nadeln auf den Instrumenten fallen. Es ist vorbei.

Wir fuhren nach Langley zurück. Eine seltsame, bodenlose Reaktion war eingetreten. Ich konnte mit Paula und Leland, in deren Haus wir wohnten, kaum sprechen, und ich hatte zu lachen verlernt. Paula sagte, dass sie meinen Mut bewundere, aber alles, was ich empfunden hatte, war verschwunden. Wir verbrachten den Abend damit, über Gott zu reden. Sie waren gläubige Menschen. Mir schien das alles unwichtig und fern.

Was blieb, waren Träume. Noch Jahre danach war ich in Albträumen von der Kraft schwarzweißer Archivaufnahmen das, was ich gewesen war. Wir waren irgendwo in Asien. Unheil lag in der Luft. Wir kapitulierten, obwohl wir die schriftliche Warnung des Feindes hatten, dass auf Grund unserer vielen Greueltaten für unsere Sicherheit nicht garantiert werden könne. Ich stand in einem Lazarett in der Nähe von drei oder vier Piloten, von denen ich einen kannte. Sie hatten vor, zu ihren Maschinen hinüberzulaufen, zu starten und den Kampf fortzusetzen. Sie gingen auf den Platz hinaus. Man hörte ständig schweres Maschinengewehrfeuer.

Jemand kam und fragte mich, ob ich die vierte Maschine übernehmen wollte. Eine F-100. Ich hatte sie seit Jahren nicht geflogen ...

Aber ich flog weiter. An Wochenenden flog ich mit der National Guard und fuhr zu Übungen nach Cape Cod oder Virginia. Im Herbst 1961 – es war die so genannte Berlin-Krise – wurden wir in den aktiven Dienst einberufen und für fast ein Jahr nach Frankreich verlegt. Wir waren in Chaumont stationiert, wo DeShazer abgestürzt war und wo mein Literaturagent, Kenneth Littauer, im Ersten Weltkrieg geflogen war. Damals hatten sie große Feuer an allen vier Ecken des Flugplatzes entzündet, erzählte er, um den Maschinen den Weg nach Hause zu weisen.

Es war September. Wir landeten in einem leichten Regen, wir waren unter den Ersten, die ihre Maschinen über den Atlantik gebracht hatten. Auf dem Weg waren wir auf den Azoren und dann in Sevilla gelandet. Ich fragte den Chef des Bodenpersonals, der mich begrüßte, wie die Stadt sei. Er sagte ohne zu zögern: »Sieht ganz gut aus.«

Dieses Jahr, das wusste ich genau, war der Abschluss. Wir waren Reserve – ich hatte immer auf die herabgesehen, die waren, was wir jetzt waren. Ich trug die Uniform noch, die farbigen Ordensspangen, aber es war nichts Echtes mehr daran, auch wenn Norstad, der berühmte Kommandeur aller amerikanischen Luftstreitkräfte in Europa, uns besuchte und in seinem Fliegeroverall in einem Liegestuhl ruhend mit uns über den möglichen Kriegsausbruch plauderte und über das, was er bedeuten mochte. Selbst als der brüske General LeMay mit einem Gefolge, das ein ganzes Flugzeug füllte, auftauchte, wirkte alles nicht echt. Wir führten uns ordentlich auf und sagten auf überzeugende Art »Sir«, aber wir wussten, es war nur auf Zeit.

Diese Durchsichtigkeit setzte mich frei. Alles, was zuvor unbedeutend, unmilitärisch gewesen war, erregte jetzt meine Aufmerksamkeit, Gebäude, Städte, Hotels. Als Lieutenant Colonel hatte ich mein eigenes Zimmer am Kopf einer Treppe. Da saß ich spät am Abend, vom Essen in einem Restaurant zurückgekehrt, und schrieb. Ich hatte drei Leben, eines während des Tages, eines in der Nacht, und ein drittes lag in Form eines kleinen Notizbuches in einer Schublade meiner Stube.

In dem Notizbuch standen wunderbare Dinge, Dinge, die ich nie wieder schreiben oder mir auch nur vorstellen könnte. Dass sie so wundervoll waren, hatte nichts mit mir zu tun – ich machte mir nur die Mühe, sie niederzuschreiben. Sie waren wie das geheime Tagebuch des *chasseurs* im »Maxim's«, ohne Ego oder Diskretion, und der Roman, den ich um die Notizen herum schrieb (*Ein Spiel und ein Zeitvertreib*), schuldete ihnen alles.

Der Wagen mit den Ledersitzen, den ich fuhr, ist verschwunden; das Haus von Lazan und seiner Frau, in dem wir das Erntedankfest feierten und den Weihnachtsabend verbrachten, liegt irgendwo draußen bei Langres, aber ich bezweifle, ob ich es wiederfinden würde; das elegante Paar in Paris ist geschieden; das junge Mädchen, die Hauptfigur des Romans – sie kann sich natürlich nicht ändern, darum dreht sich das ganze Buch – ging nach Amerika und wurde zu dem, was man erwarten würde. Mein Porträt von ihr hat sie ironischerweise nie gelesen.

Vieles ist verblasst, aber nicht der unvergleichliche Geschmack Frankreichs, den ich damals auf eine Weise kennen lernte, die ihn unvergesslich machte. Ich kenne diesen Geschmack, die gelben Scheinwerfer auf der nächtlichen Straße, die Städte am Fluss, die dunstigen Morgen, die Gedanken an alles, was da geschah, die Notizen, die es festhielten und unvergänglich machten.

Im blauen Zwielicht ziehen sich Blitze auf die fahlen texanischen Ebenen herunter. Ich höre das Knistern im Sprechfunk. Der Himmel ist von Gewittern erfüllt, eine ganze Serie davon. Ich bin auf 42 000 Fuß Höhe knapp darüber; sie kochen unter mir, durchschossen von Blitzen, die wie Röntgenstrahlen wirken, die Maschine wird herumgeworfen. Da unten ist Frederick in Oklahoma, wo wir nach dem Krieg eine Weile stationiert waren. Da standen neue Maschinen in schimmernden Reihen, aber niemand war da, um sie zu warten. Die nackten Holzbaracken, in denen wir müßig herumsaßen, wurden kalt, als der Herbst kam.

Jetzt ist es dunkel. Der Funkkompass zuckt hin und her. Ich glaube, ich habe Tyler drin, aber ich bin mir nicht sicher. Etwas später versuche ich Baton Rouge zu erreichen – nichts. Ich habe noch knapp 200 Gallonen. Ich rufe New Orleans, um zu erfahren, wie das Wetter am Zielort ist. Leicht bewölkt, Sicht zehn Meilen, antworten sie, aber unter mir liegt eine Wolkendecke. Dann, nicht mehr als fünf Minuten vor der Landung, lockert sich die Bewölkung, ich sehe Lichter.

Jahre, in denen ich das Land allein in Tausend-Meilen-Etappen überflog. Ich startete in Wright-Patterson in einem heftigen Regenschauer, nicht einmal das Ende der Startbahn und die Bäume waren zu sehen. In einem anderen Schauer startete ich in McGuire – Ritching brachte mich mit einem Regenschirm an die Maschine –, ich startete in Mobile, in March und Forbes. Ich startete in Tyndall, die Erde lag wie Staub auf einem Spiegel unter mir, ich sah eine lange, unbewegliche Rauchfahne – die Papiermühle, oder? –, die sich, so weit ich blicken konnte, nach Süden zog. Früh am Morgen hinaus, die Hände noch taub, die magische Stille der Startbahnen, die ganze bleiche Szene. Auf dem Weg hinaus zum Golf von Mexiko unter seinem blauen Dunst, die kleinen Städte und Dörfer unter mir wissen nichts von mir, obwohl ich ihr Leben bis ins Detail kenne, Brookley glänzt wie eine Münze im Licht der Mobile Bay.

Manchmal, bei bestimmten Lichtverhältnissen, sieht man im Visier den dunklen Fleck des eigenen Auges, größer als ein Filmplakat. Manchmal blendet die Sonne so, dass man die Instrumente nicht lesen kann. Die Erde unten liegt im Schatten. Da sind mythische Schlangen aus Wasser, Seen, Flüsse so glatt wie Mamor. Der leere Himmel, die dröhnende Maschine, der Sprechfunk voller Stimmen und Geräusche. Darüber der gelbe Horizont, dicht unter der sinkenden Sonne. Plötzlich ein Fleck, dahinter eine feine Linie, ein dünner Kondensstreifen. Irgendein vergessener Reflex reißt mich aus den Gedanken, wie in vergangenen Tagen, als wir voller Spannung den Himmel beobachteten, als die Erregung den ganzen Körper füllte, wenn man ihn sah: den Feind!

Überall gab es Flugplätze, die im Krieg gebaut worden waren, Relikte, deren Namen ich aus Geschichten kannte, Wendover, Pacatello. Man ließ sie hinter sich und stieg auf, über der Wüste, die schwache Spur einer Straße, Eisenbahngleise, Staub. Keine Stadt, nicht einmal ein Haus. Schnee auf fernen Bergen, die langsam sinken, während ich steige, alles andere braun. Der Westen. Von hier aus ist es endlos, Land, das immer weiter geht. Dort unten ist es der Himmel, der kein Ende hat.

Eines Abends in der Nähe von St. Louis, als ich den Tower wegen des Anflugverfahrens rief, die Stadt wie ein klarer Juwel unter mir, antwortete eine Stimme aus der Dunkelheit: »Flatfoot Red, bist du das?« »Flatfoot« war unser Rufzeichen in Bitburg gewesen, und »Red« die Farbe des führenden Schwarms.

»Ja«, sagte ich. »Wer ist da?«

Man sah unterwegs selten andere Kampfflugzeuge und erkannte fast nie eine Stimme.

»Ed White.«

Die Freude, die Erregung, die man erlebt, wenn der Blick durch einen vollen Raum jemanden trifft, ein Nicken, oder zwei Finger, die kurz die Braue berühren. Wir konnten nur ein paar Worte austauschen – Wie geht's dir? Wohin fliegst du? Ich suchte ihn in der Schwärze, den sich bewegenden Stern, der sein Flugzeug war, aber der Himmel war voller Sterne, die Erde voller glitzernder Lichter. Er war irgendwohin unterwegs, in die Höhe, da war ich mir sicher. Ich würde landen.

»Bis dann«, sagte er.

Wer konnte wissen, dass es anders kommen sollte und er jemand war, den ich nie wieder sehen würde? Wir waren in der Kunstflugstaffel zusammen geflogen, er am rechten Flügel, Whitlow am linken, Tracy hinter mir.

Nach seinem Tod heiratete seine Witwe noch einmal. Wenige Jahre später starb sie selbst, es war anscheinend Selbstmord. Die Wasser hatten sich über beiden geschlossen.

Ich dachte oft an White und den Gruß in der Dunkelheit, der für mich unsere letzte Begegnung war. Ich dachte an ihn, als ich eine Parade in New York sah. Es war im November, Waffenstillstandstag, aber es war noch heiß und drückend wie im Spätsommer. Der Staub trieb durch die Straßen. Ich war zu der Zeit schon selbst Teil von New York, war dorthin zurückgekehrt. Sie kamen die Fifth Avenue herunter, es war die American Legion, Polizei und Highschool-Orchester, Teenager in Blazern, Colonels mit Sonnenbrille, dicke Männer, Männer, die hinkten. Die Trommeln zogen vorbei. Der Gehsteig war voller Leute. Reihen von silbernen Trompeten erschienen. Dann die Fahnen. Die Menge sah zu. Kein Hut wurde gezogen, keine Hand rührte sich.

Bei einer Dinnerparty fragte mich eine Frau, was in aller Welt ich jemals im Militärleben gesehen hätte. Ich konnte das natürlich nicht beantworten. Ich konnte es nicht alles aufführen, die fernen Orte, die Kameradschaft, den Idealismus, die Jugend. Ich konnte ihr nicht vom Flug über die Inseln von damals erzählen, die sich langsam aus der blauen Ferne erhoben, legendenumwoben, der Ring weißer Brandung um sie. Oder von den Städten, Shanghai und Tokio, Amsterdam und Venedig, den Schießübungen in den Camps von Nordafrika, von den vergessenen römischen Kolonien an der Küste.

Ich konnte das nicht beschreiben, auch nicht, wie es war, wenn man auf den Start zu Feindflügen in Korea wartete, bewaffnet, nervös, vor sich hin singend, ich konnte den elektrischen Schlag nicht beschreiben, der einen durchlief, wenn die MiGs heraufkamen. Ich konnte nicht davon erzählen, wie Mahurin abgeschossen wurde und keine Seele ihn abstürzen sah, oder von George Davis oder deArmont, der im Club manchmal auf den Tisch sprang und »Gunga Din« rezitierte – die betrunkenen Piloten glaubten, er denke sich das aus.

Ich konnte ihr nichts von brillanten Staffelkapitänen erzählen oder von Männern, mit denen ich flog, die später berühmt wurden, von den Tagen und Tagen der Langeweile und den Momenten reiner Ekstase, davon, wie man am frühen Morgen zu den wartenden Maschinen hinausging, wie man in der Abenddämmerung hereinkam, wenn der Wind sich gelegt hatte, um die letzte Landung des Tages zu machen, und die Anflugkontrolle einem zwei Klicks des Mikrofons durchgab: Kein Problem. Ich konnte nicht davon erzählen, wie es war, mit dreißig Jahre alten Veteranen zu fliegen und sich schließlich das Recht zu verdienen, selbst den Schwarm zu führen, das Geschwader, manchmal die ganze Staffel. Die wunderbaren Tage der Jugend, wenn man Wörter einer fremden Sprache falsch ausspricht und sich gegenseitig von seinen Träumen erzählt.

Wir landeten in Giebelstadt oder in Cazaux und gingen müde, die Gesichter noch gezeichnet, unbekannt, in die Stadt, um etwas zu trinken. Geld bedeutete nichts, und in gewisser Weise auch der Ruhm. Ich konnte nichts davon erzählen und auch nichts von den Küstenstraßen in Honolulu, den Tänzen, den letzten Drinks in der Bar, oder davon, wer Harry Thyng war oder Kasler oder die Frau des Captains.

II.

# VERGESSENE KÖNIGE

In meiner Hand ist ein blaues Stück Papier, Gauloisesblau, ich falte es langsam auseinander. Ich spüre die Aufregung. Die Falten haben eine Erinnerung in sich aufgenommen, wenn sie sich öffnen, enthüllen sie die Einladung.

*Können Sie mich auf einen Drink in der
Relais Bar treffen? Hotel Plaza Athénée
Samstagabend sieben Uhr.*

Darunter einfach: *Shaw.*
November, es wird früh dunkel, oder vielleicht Dezember, spät im Herbst und im Jahr 1961. Die Stadt war für mich wie eine glänzende Fotografie, jede breite Avenue, jede Straße. Ich hatte noch nie einen berühmten Schriftsteller kennen gelernt. Mein Agent, der auch Irwin Shaws Agent war, hatte ihm meinen Namen gegeben, und ich fuhr nach Paris, um ihn zu treffen, kam aus den frostigen Provinzen herein, fuhr die wunderbare Diagonale, die auf der Karte von Chaumont hinauf über Troyes mitten ins Herz des Landes führt.
Ich hatte einen großen eleganten Gebrauchtwagen, blau, die Farbe der Marineuniform, das Lenkrad war auf der falschen Seite, vier Vorwärtsgänge und auch vier rückwärts, einen kleinen Zündschlüssel wie der einer Geldkassette oder Uhr. Der Motor schnurrte, die Boulevards strahlten von Licht. Ich trank die Luft, ich fuhr nach Paris hinein.

Beim Überqueren einer großen Kreuzung in dichtem Verkehr ging ich plötzlich auf die Bremse und kam erst in dem Moment zum Stehen, als ich das glänzende Heck des Autos vor mir – ohne Erschütterung – leicht berührte, eines, wie sich herausstellte, brandneuen Citroëns. Der Inhaber brüllte mich ohne Pause in einem Französisch an, das schneller war, als ich es je gehört hatte, Autos hupten und krochen in Zentimeterabstand an uns vorbei, während wir versuchten, eine unsichtbare Delle im schimmernden schwarzen Lack zu finden. Schließlich traf die Polizei ein und winkte sofort ab. Eine halbe Stunde war vergangen. Ich erreichte das Plaza Athénée, mir war übel vor Verzweiflung. Es war eher acht als sieben. Ich hatte ihn verpasst. Der Portier – damals wurden die Autos noch oft von ihnen empfangen – erlaubte mir, vor der Tür zu parken, und ich ging ohne viel Hoffnung in die Bar.

Das Erste, was ich sah, war ein stattlich gebauter Mann, der in einem offenen Trenchcoat an der Bar stand, in der Tasche eine zerknitterte Ausgabe von *Le Monde*. Ich erkannte ihn sofort. »Macht nichts«, sagte er, als ich durch eine Entschuldigung stolperte, »was trinken Sie?« So war er.

Die Zeit mit ihrem breiten Daumen hat nichts verwischt. Er war damals achtundvierzig und für das Dinner, zu dem er noch in der Avenue Foch eingeladen war, war es bereits recht spät. Er gab mir die Adresse – kommen Sie danach auf einen Kaffee vorbei, sagte er. Ein paar Minuten später bezahlte er die Rechnung und ging. So entdeckte ich jenes Paris. Es gab Welten darüber, wie ich feststellte, aber auch Welten darunter. Ich entdeckte die Avenue Foch – der Name selbst hat nur noch einen schwachen Klang, das Jahrhundert geht zu Ende, und in seiner Gruft werden Dinge wie diese verschwinden, die Marschälle von Frankreich ebenso wie

unbekannte *poilus*; ich entdeckte die Île St.-Louis, die Rue
de Grenelle, die Place St.-Sulpice, Wohnungen und Restaurants, andere Städte und Regionen, auch außerhalb von
Frankreich – alle durch ihn. Er war mein unwissentlicher
Vergil, knapp in seinen Erklärungen, nicht zu widerlegen,
dem Alkohol zugetan. Jahre später hörte ich, wie er jemandem einen Rat gab: Man darf niemals ehrfürchtig sein. Er
hatte keine Ehrfurcht vor Europa. Er warf seinen Mantel auf
ihre Couch.

Dieser erste Abend war für mich wie der Ball, den Emma
Bovary nie vergaß. Es waren vierzehn Gäste zum Dinner
geladen, einschließlich einer peruanischen Schauspielerin
in einem schwarzen Seidenkleid, das erstaunlich tief ausgeschnitten war. Ein älterer Mann nahm sie beiseite und
sagte: »Ich weiß nicht, mit wem Sie gekommen sind, aber
eins weiß ich. Sie werden nicht mit ihm nach Hause gehen. Das steht fest.« Sie erzählten sich Geschichten vom
Theater, vom Film, von dem Maharadscha der Produzenten,
der seiner weiblichen Begleitung nicht erlaubte, die Damen-
toilette eines vornehmen Hotels zu benutzen. Er mietete
stattdessen eine Suite. Sie ging hinein, kam heraus, und er
zahlte die Rechnung, fünfzig Pfund.

»Der neue Trubetskoi«, bemerkte jemand.

Wir fuhren die Champs-Élysées hinunter. Die Herbstluft war
beißend kalt, prickelnd auf der Haut. Endlos und schwarz
schlug das Meer an die Küsten. Ich hatte Drehbuchautoren,
Restaurantbesitzer, *joueurs* kennen gelernt.

* * *

Ich war schon einige Male in Paris gewesen. Während meines ersten Europaaufenthalts waren wir zu dritt hingefahren:
Farris, ich und der Club Officer von Wiesbaden, dessen

Auto es war. Wir machten uns frühmorgens auf den Weg, die Straßen waren leer, und kurz nach Mittag erreichten wir die äußeren Stadtbezirke, grau und unbekannt. Wir fuhren direkt zum Hotel Littré, das ganz vom Militär in Beschlag genommen war, und von dessen Fenstern aus man nichts als die zehn Meter entfernte triste Häuserfront auf der anderen Straßenseite sah. Es war ein Wintertag. Später fuhren wir nach Montmartre, um auf dem Schwarzmarkt Geld zu wechseln.

Paris beeindruckte mich nicht sehr, und auch die Champs-Élysées, breit wie ein Flugzeugträger, wo nur hin und wieder Autos auftauchten, konnten das nicht ändern. Paris schien eine dunkle, irgendwie entehrte Stadt, die den Krieg überlebt hatte. Die Denkmäler und Steinfassaden waren schwarz, aber nicht der Rauch der Katastrophe, sondern Schmutz hatte sie verdunkelt. Die Franzosen waren in der ersten Runde zu Boden gegangen und hatten ihre Hauptstadt unbeschadet übergeben, ein Akt, der praktisch, wenn auch unheroisch war.

Ich sprach etwas Französisch, Brocken aus der Schulzeit. Dinge lernen zu müssen, die man nicht lernen wollte, war noch immer eine beliebte Disziplin, und meine Erziehung trug dieses Mal. Wir lasen Teile aus *Wind, Sand und Sterne* (Saint-Exupéry) mit dem Zeigefinger des Analphabeten. Die Idee, dass ein Ort oder eine Sache männlich oder weiblich sein sollten, schien keinen Zweck zu erfüllen, und die Wahrscheinlichkeit, Französisch jemals zu gebrauchen, war gering. Es war nur eine weitere Hürde.

Ich weiß nicht, wohin wir an dem Abend gingen oder was wir tranken, aber das wahre Paris zeigte sich gegen Morgen im schwachen Licht der Dämmerung, ein Bild wie von Mohammeds Paradies: wir fuhren durch die Straßen, sechs Mädchen im Wagen, das Verdeck heruntergeklappt, ein paar saßen darauf, andere neben uns, zwei auf unserem Schoß. Es war als führe man auf Blumen. Montmartre lag körnig im frühen Licht, in dem alles, jede Missbildung, jedes billige Geschäft, jedes schmuddelige Restaurant rein erschien.

Es gibt das Paris der Catherine de Médicis bei den Tuilerien, wie Hugo schrieb; das Henris I. am Hôtel de Ville, das Louis' XIV. am Invalidendom, das Louis' XVI. am Panthéon und das Napoleons I. an der Place Vendôme, aber es gibt auch das Paris jener, die nicht herrschten, der Dichter und Vagabunden, und wir waren in dem Paris Henry Millers. Ich hatte nichts von ihm gelesen, aber ich nahm ihn vorweg, die körperliche Lust, den Wahnsinn, das Hadern mit allem, das man im nächsten Moment wieder an sich reißt, mit zerschlissener Kordjacke, ohne Krawatte, durch die Straßen nach Hause gehend. Dieses Paris, in dem man nach unglaublichen Nächten zerschlagen aufwachte – unauslöschliche Nächte, die Taschen leer, die letzten Rechnungen so verstreut auf dem Boden wie die Erinnerung. Wir gingen jeder mit drei Mädchen auf ein Zimmer, während der Club Officer im Auto ein Nickerchen machte.

Paris. Früher Morgen. Sein kühler Atem erstaunlich frisch. Seine Eleganz und seine alten Straßen, seine stets atemberaubenden Preise. Das Geräusch des frühen Verkehrs. Der Himmel makellos und weit. Irgendwo in der Galerie der Liebe, in der einen Bilder jenseits aller Worte bewegen – das Licht, die Erhabenheit, die perfekte Haltung, in der einem am Morgen in unordentlichen Betten mit leisen Stimmen das Leben begegnet –, irgendwo darin ist für mich ein Gemälde von Farris, ein ganz intimer Blick, sein nackter Arm hängt von der Seite des Betts herab wie der von Marat. Er war wie ein Gott, oder wenn nicht ganz, dann war er von der Anmut, die Gott zu verleihen vermag, etwas, das jedes Reh und jeder Hase besitzt, aber kaum ein Mensch. Dann beginnt es zu verschwimmen, dieses Bild an einem unbestimmten Ort, das Glück aber ist unauslöschlich, unschätzbar, jemand flüstert herausfordernd, jemand lacht, auf der Straße hört man Autos, das Geräusch von fließendem Wasser im Zimmer. Es war alles ein Spiel, eines, das ich gesucht hatte. Eine Stunde später hatten die Straßen uns wieder, die Nacht war vorbei.

Am Gare St.-Lazare hatte Babel einmal spät am Abend eine große schöne Frau in einem tief ausgeschnittenen, verblichenen Abendkleid gesehen, die auf Kunden wartete. Sie sah aus wie Hélène Bezukhov, finden Sie nicht? sagte er zu seinem Begleiter. Man hätte ihr die Rolle des edlen Geschöpfes in *Krieg und Frieden* geben können, obwohl ihr Preis derselbe war, wie der der anderen. So erschien mir Paris am ersten Abend; es erinnerte mich an etwas Edleres. Im Jahr 1950 war es unser noch nicht müde. Wir sahen gut aus und waren begehrt; man lächelte uns zu und sah uns auf der Straße nach. Die Zimmer waren kalt, aber geräumig, es war mehr als nur die Andeutung eines anderen Lebens, frei von den gewohnten Hemmungen, ein Leben, für das dieses große Museum, dieser Garten der Lüste, geschaffen zu sein schien.

\* \* \*

An einem leeren Morgen zehn Jahre später lag ich im Bett in meinem Hotel, es war billig und trist, hinter der Place Vendôme. Das Telefon schreckte mich auf. Es war Irwin Shaw. Was ich machte, fragte er, hatte ich irgendwelche Pläne? »Kommen Sie doch zum Lunch«, sagte er.
Ich war überwältigt. Es war so natürlich, unverhofft und ersehnt. Sie wohnten an der Place Lamartine. An die Haus-

nummer, sie war wie eine Zahl, die einem an einem glücklichen Abend Coupons in die Hände regnen lässt, erinnere
ich mich natürlich noch, 2 *bis*.

Wir waren nur zu dritt, er, seine Frau Marian und ich.
Das Lunch wurde von einem Mädchen in Livree in einem
Speisezimmer aufgetragen, dessen Tapeten ich als hellgrün
in Erinnerung habe. Wir saßen inmitten der Stille des
16. Arrondissements, das konservativ und reich war, und
aßen gemächlich Omelette, Salat und als Dessert *ananas
givré* – frische geeiste Ananaswürfel, serviert in der entkern-
ten Hälfte der Frucht. Es war eine Andeutung dessen, was
das französische Leben ausmachte, um uns herum unsichtbare Treffen, Liebeleien, Klatsch von Geld. Es war Ende der
fünfziger Jahre, die Jahre der Sulzbergers, Matthiessens, der
Plimptons und Teddy Whites. Ein Familienlunch – und ich
betrachtete ihn bereits als eine Art Vater – mein eigener
war nicht mehr da –, ein Vater wie Dumas oder wie ein Ex-
boxchampion, etwas Extravagantes umgab ihn, etwas, das
man ihm nie würde nehmen können.

* * *

Max Wilkinson, unser beider Agent, war ebenfalls ein bemerkenswerter Mann, obwohl man seinen Namen nicht unter jenen der Ära finden wird. Ein Südstaatler, ein geborener
Geschichtenerzähler und Dandy, ein einfacher Junge vom
Lande, wie er gerne sagte, und seine Lebensgeschichte enthielt eine Anzahl merkwürdiger Orte: Tupelo, Mississippi;
Jackson; vielleicht ein gemurmeltes New Orleans. Er hatte
etwas von dem alten Südstaaten-Städter an sich, nie in Eile
und immer konspirativ. Seine Stimme war gelassen und
hatte etwas Unzuverlässiges an sich. Er erinnerte sich, den
Strohhut seines Vaters getragen zu haben, als Dempsey den

Franzosen boxte – Carpentier –, das Ergebnis der einzelnen Runden wurde nach und nach im Fenster des Telegrafenbüros am Courthouse Square bekannt gegeben.

»Als ich Irwin das erste Mal traf«, sagte er, »kam er mit einer Geschichte in die Redaktion von Collier's, die er auf irgendeinem gelben Papier geschrieben hatte, die Art von Papier wie sie Zeitungsleute benutzen, eine hübsche Geschichte über eine Frau, die zurück nach Kansas City wollte. Er hatte – und das änderte sich nie – ein freundliches, offenes Gesicht. Wir haben die Geschichte nicht genommen«, fügte er hinzu, »was eine Schande war.«

Irwin hatte in der Tat ein freundliches Gesicht. Es war oft gerötet, aber es lag keine Bösartigkeit darin. Es war ein Männergesicht, gesetzt, gut rasiert, mit einer Nase, die zu groß war. Hinter diesem Gesicht, das wusste man sofort, gab es nichts Unehrliches. Selbst Jahre später, als die Äderchen in der Haut seiner Wangen zu platzen begannen, hatte er etwas Jungenhaftes an sich. Offenheit, sogar Barschheit war sein Stil. Selbstmitleid hatte er so gut wie keines. Wenn er jemals weinte, und ich bezweifle es, weinte er allein. In der Öffentlichkeit war er immer ungerührt, selbst wenn Ehrungen, die er verdient gehabt hätte, an ihm vorübergingen.

Es gibt Männer, die mitten im Leben zu stehen scheinen, und er war einer von ihnen. Die Härte dieses Lebens war nicht jedermanns Sache, aber zu ihm passte sie. Man aß gut mit ihm, und natürlich trank man. Im Restaurant bestellte er als Erster, um sozusagen den Takt vorzugeben, und er bestellte sofort Wein. Seine Methode war einfach: Er arbeitete fast jeden Tag und wich der Angst am Abend aus. Ich erlebte ihn in Paris, Neuilly, bei Fouquet's, im Hôtel des Bergues am Genfer See, in Cap d'Antibes, Southampton und Klosters. Er war immer derselbe. Ich sehe ihn im Delmonico in einem Raum, der die Atmosphäre eines Prunksaales hatte, Kleidungsstücke und alle möglichen anderen Dinge, um die sich der Zimmerdiener kümmern würde, lagen verstreut herum, das Telefon klingelte, Einladungen für den Abend. »Rufen Sie mich gegen halb sechs zurück«, sagte er, »dann hab ich einen besseren Vorschlag.« Bis dahin kannte er alle Möglichkeiten.

Was ich am meisten an ihm bewunderte, war sein Benehmen. Es entstammte einer Lebensweise, die nur ihm zu gehören schien und in sich so unantastbar war wie der Briefbogen einer Bank oder die Präsentation der Speisekarte durch den Oberkellner. In der Welt, in der ich aufgewachsen war, schien man nicht zu wissen, wie man sich zu geben hatte, und genau das zeigte er einem. Es waren keine Manieren – auf die verzichtete er –, es war die Souveränität, mit der er auftrat. Wenn man bei ihm war, fühlte man sich wie in der Gesellschaft eines Ministers, der in Pantoffeln und offenem Morgenmantel herumschlurfte und sagte: »Neben dem Bücherbord steht eine Flasche. Bedien dich.«

Selbst seine Dummheiten stellten ihn nicht bloß. Einmal schlug er in der Wut einen viel kleineren Mann, einen Brillenträger, der ihn beharrlich mit einer Beleidigung gequält hatte: »Sie sind doch ein guter Schriftsteller, warum benehmen Sie sich wie eine Hure?« Später im Waschraum, ein kaltes Handtuch über der Stirn, bedauerte er den Vorfall. Das Opfer war ein Journalist. Es würde in allen Zeitungen stehen. »Mach dir keine Sorgen, Irwin«, tröstete ihn jemand. »Ich glaub nicht, dass *Variety* einen Sportteil hat.« Sie mussten ihn zur Hintertür hinausbringen.

In den mehr als zwanzig Jahren unserer Freundschaft wusste ich nie, zu welcher Gruppe Freunde ich gehörte – er hatte mindestens acht verschiedene Sorten, sagte er einmal. Auf jeden Fall war ich spät gekommen, nach dem Erfolg, nach dem Krieg, und gehörte nicht in dieselbe Klasse wie zum Beispiel *der* Freund seines Lebens, Robert Capa. In Südfrankreich hatte Capa bei Irwin und seiner Frau gewohnt, hatte spätabends Frauen mit nach Hause gebracht, Löcher in die Möbel gebrannt und faul herumgesessen, während ihm die Zigarettenasche auf die Kleidung fiel, bis Marian schließlich darauf bestand, dass er auszog. »Er hat sich benommen, als gehörte ihm das ganze Haus.« Es war Irwin, der ihm sagte, dass er gehen müsste, etwas, was er sich nie verzieh.

Seine Freundschaft war aber unerschütterlich. Er hatte die Ehe der Styrons gestiftet und die der Taleses. Manchmal sah man ihn jahrelang nicht, aber dann war es sofort wie immer. Ich nannte meinen Sohn nach ihm: Shaw.

Lange Zeit später, endlich Schriftsteller, las ich eines Nachmittags einen Brief, den ich erhalten hatte. *Ich fühle mich so angezogen, von Dir und Deiner Art …* Etwas war an diesem Satz, stieg auf wie ein Aroma, und ich musste an ihn denken. Das war es, was er hatte, Menschen fühlten sich zu ihm gezogen.

* * *

In Wahrheit stellte ich für ihn anfänglich die Arroganz des Scheiterns dar. Ich hatte zwei Bücher geschrieben, aber meine Kraft lag darin, dass ich nichts erreicht hatte. Meine Stärke war, wie die des bösartigen Zwerges, dass niemand meinen Namen kannte. Er hingegen war ein Schriftsteller von Rang. Auf dem Kaffeetisch lag ein glattes silbernes Zigarettenetui mit einer Widmung von seinen Verlegern bei Random House, die auf ihn und *Die jungen Löwen* stolz waren. Sein Ruhm schien unerschütterlich. Zum einen gab es die frühen Stücke, *Begrabe die Toten* und *Söhne und Soldaten*, das Max Reinhardt auf die Bühne gebracht hatte, und dann seine ersten, kraftvollen Geschichten im *New Yorker*, die einen solchen Wirbel gemacht hatten. Er strotzte vor Energie und Kraft. »Mädchen in Sommerkleidern« und »Matrose von der Bremen« schrieb er in nur einer Woche, die erste an einem einzigen Morgen.

John O'Hara, der andere Star des *New Yorker* jener Tage, war eine schwierige und unberechenbare Gestalt. Sein Verleger nannte ihn den Meister der eingebildeten Beleidigung. Einmal, bei einer Hochzeit in Rode Island, kam ein Gast in das Zimmer, in dem O'Hara gerade ausruhte, und fragte: »Wie kommt es, dass Sie auf Fordham waren, aber immer über Yale schreiben?« O'Hara stand auf und fuhr zurück nach New York.

Irwin konnte auch empfindlich sein, aber meistens war er duldsam. Einige frühe Wunden vergaß er nie. Bis an sein Lebensende konnte er mit dem Finger fast verblichene Narben nachzeichnen – aber der Ruhm war gekommen. Man hatte ihm für »Mädchen in Sommerkleidern« nur zweihundert Dollar gezahlt, eine Summe, die er gerne nannte, als das Geld andere Dimensionen angenommen hatte, aber mit der Geschichte kam die Anerkennung.

Er war kein Theoretiker. Er kannte die Qual, wenn man versuchte, den richtigen Weg zu finden, monatelang an Dingen arbeitete, sie schon fast wegwarf und dann erstaunt erlebte, wie sie Preise gewannen. Er hatte keine Methode; er setzte sich hin und schrieb. Es gibt Geschichten, die man erzählen muss, und Jahre, in denen sie erzählt werden müssen. Eine Zeit lang stand er um vier Uhr morgens auf, um zu schreiben – das war in Kairo während des Krieges. Er diente in einer Aufklärungseinheit, die mit Fotos aus großer Höhe arbeitete, meist außerhalb der Gefahrenzone, aber man zweifelte seinen Mut nicht an. Sein ganzer Charakter war von Unerschrockenheit definiert.

In der Nacht der Nächte, als sein Sohn geboren wurde – nicht in Paris, wie man vielleicht annehmen mag, sondern in New York –, war er in den Club »21« gegangen und dort Hemingway begegnet, der irgendwann dazu übergegangen war, ihn den Tolstoi von Brooklyn zu nennen. Es war eine eindeutig abfällige Bemerkung – Brooklyn bedeutete jüdisch. Hemingway hatte noch andere Gründe, Shaw nicht zu mögen. Shaw hatte mit Hemingways vierter Frau vor deren Ehe eine Affäre gehabt, und durch ihn hatten die beiden sich überhaupt kennen gelernt. Hemingway, ein Mann, der sich weder im Leben noch im Schreiben eine Beleidigung entgehen ließ, hatte wiederholt gesagt, er wolle Shaw einen auf die Nase geben, wenn er ihn treffe. Im »21« saß er an jenem Abend mit Harold Ross, dem Herausgeber des *New Yorker*, an einem Tisch. Shaw ging zu ihnen hinüber. »Ich hab gehört, Sie wollen mir die Nase platt schlagen«, sagte er ohne Einleitung. »Ich warte da drüben an der Bar.« Hemingway, der bekanntermaßen zu Gewalttätigkeiten neigte, blieb am Tisch sitzen.

Shaw erwähnte Hemingway fast nie. Jahre später in Southampton hatten die Ärzte ihm die Gesundheit genommen, er war im Winter seines Lebens, die hohen Bäume um das Haus warfen die Blätter ab, die große Welt, in der er lebte, ließ den Vorhang fallen. Würde er diese Dinge aufschreiben? Nein, sagte er ohne Zögern. »Wen interessiert das schon?«

Er wollte natürlich Unsterblichkeit: »Was gibt es denn sonst?« Wenn überhaupt, geht das Leben in Buchseiten über, und seine waren geschrieben. Er war zu übermäßig großzügigen

Selbsteinschätzungen fähig. Bei Tisch verglich man ihn mit Balzac. Nein, er schreibe besser als Balzac, sagte er. »Auf Französisch wirkt er gehetzt – er schreibt sehr kurze Sätze.« »Ich liebe es, die Frau eines Schriftstellers zu sein, Sie nicht auch?« sagte jemand zu Marian.

»Nein«, sagte Marian.

Das Leben von Schriftstellern war eine Sache für sich, wie die Nacht, in der Styron *Die Bekenntnisse des Nat Turner* vollendete. Es geschah um drei Uhr morgens in Connecticut. Er ging durchs Haus und weckte seine Kinder – sie waren damals noch klein –, setzte sie auf den Kaminsims und legte Mozart auf. Eine unvergessliche Nacht. Irwin gefiel die Geschichte. Er selbst konnte nicht mehr schreiben. Das Feuer war erloschen, die Asche war kalt. Er saß da, verbraucht, hohl wie die Reste einer alten Eiche.

Das Selbst bleibt letztlich unvollendet, es wird aufgegeben, weil sein Besitzer stirbt. All die außerordentlichen Details, die Bekenntnisse, Geheimnisse, Fotos geliebter Gesichter und manchmal mehr als der Gesichter, die kostbaren Adressen, die Städte und Hotels, die man zu gegebener Zeit besuchen wollte, die Geschichten, die heiligen Bilder und die unsterblichen Zeilen, alles, was gesammelt und angehäuft wurde, weil es faszinierte oder Schönheit besaß, wird plötzlich überflüssig, wertlos, der Abfall von Jahrzehnten liegt einem vor den Füßen. Die Erinnerung an Ernest in Rambouillet, kurz vor dem Einzug nach Paris im Jahr 1944 – das Zimmer voller Waffen. Er habe in seinem Leben 183 Männer getötet, prahlte Hemingway, und es gab Leute, die behaupteten, er habe in Spanien an Hinrichtungen teilgenommen. Nichts von alldem blieb, nichts von den vielen anderen Dingen, einer *biblios*, einer Ära von Dingen. Sie wollten, dass Shaw seine Memoiren schrieb, sagte er, aber er konnte sich nicht dazu entschließen. Zu schwierig. »All die Liebesaffären …«, murmelte er.

Irgendwo zwischen Bücherstapeln, die sie kaum interessieren, ordnen uralte Schreiber den literarischen Ruhm. Die Arbeit geht ohne Hast und ewig weiter. Es gibt Namen, die übergangen und andere, die verehrt werden, Namen von Helden und von jenen, die man lange für Helden hielt, Namen jeder Art und Bedeutsamkeit. Unter ihnen befindet sich der von Irwin Shaw.

Er hieß nicht wirklich Shaw, genauso wenig wie Neruda Neruda hieß oder Henry Green Henry Green. Merkwürdigerweise änderte er seinen Namen nicht selbst. Der Name seines Vaters war Shamforoff, und der Entschluss, ihn in Shaw umzuwandeln, fiel auf einem Familientreffen, als die Shamforoffs 1923 ins Immobiliengeschäft einsteigen wollten. Er war damals zehn Jahre alt, mochte die verkürzte Form nicht und hielt an seinem Geburtsnamen bis zum Ende der Highschool fest.

Aber der Schriftsteller benennt die Welt, und sein Name wird ein Teil von ihr. Genau wie seine Geschichte. Das Buch und der, der es schrieb, werden vermengt, so wie wirkliche Geschehnisse und Menschen sich zu einer Wahrheit fügen, die revidiert und vereinfacht wird. An einem gewissen Punkt sind alle Geschichten wahr, die Frage stellt sich nicht mehr. Die Figuren von Dreiser, Cervantes und Margaret Mitchell sind zutiefst real, die Möglichkeit, dass sich jemand die Charaktere und was sie sagten und taten, nur ausgedacht hat, ist zunächst faszinierend, aber wir können keinen Moment an der Existenz von Lady Ashley zweifeln, nicht einmal an der von Ahab. Sie haben den Rang von historischen Persönlichkeiten, und es geschieht zum Ruhme ihrer Schöpfer, dass sie Leben annahmen, wenn sie es im herkömmlichen Sinne auch nie besaßen. Krapp, Swann, Lady Dedlock lebten und starben und werden vielleicht ewig leben.

Er wusste das natürlich, sprach aber, wenn überhaupt, nur selten davon. Er redete über Schriftsteller, Bücher, Personen des öffentlichen Lebens und über Footballspiele. Er redete über Ruhm, Demut, die Franzosen, wie er einmal John Horne Burns begegnete, der ihm sagte, er, Irwin, habe keine Ahnung von Juden. Er redete über seine eigene Arbeit und die von anderen, gewöhnlich war er großmütig, obwohl er auch schneidend sein konnte. »Ich hab es wieder geschafft«, sagte ein Schriftsteller zu ihm, dessen erster großer Erfolg lange zurücklag. »Sagen Sie das nicht«, sagte Irwin, »das haben Sie schon das erste Mal nicht.«

Er konnte auch loben. Auf einer Party winkte er einen Schriftsteller zu sich herüber, der nervös die Veröffentlichung eines Buches erwartete. »Ich habe Ihr Buch gelesen«, sagte er. »Es ist ein großartiges Buch. Ein Meisterwerk.«

Man erinnert sich an solche Dinge. »Das waren seine Worte«, sagte dieser Schriftsteller lange Zeit später – es war Joseph Heller, das Buch *Was geschah mit Slocum?*. »Er sagte nicht, es ist ein gutes Buch. Er sagte großartig. Ein Meisterwerk.«

Was aus eigener Hand gekommen war, betrachtete er unkritisch. Er hinterließ den Eindruck, dass er mit allem sehr zufrieden war. Er schien keines seiner Werke anderen vorzuziehen und ließ sich nicht in die Defensive drängen. Eines Abends überhäufte ihn eine Frau ungeniert mit Lob – er schreibe wunderbar über Frauen, sagte sie, kein zeitgenössischer Autor kenne Frauen so gut wie er. Sie liebte *Lucy Crown*, es sei fast ihr Lieblingsbuch. Es war ihm schwer gefallen, das Buch zu schreiben, erinnerte er sich. Seine Frau hatte ihn gebeten, es zu lassen.

»Das stimmt«, sagte Marian.

Das Buch war das schwierigste in seinem Leben gewesen. Vier Jahre hatte er daran gesessen. Zuerst schrieb er es als Theaterstück, aber es war nichts. Dann schrieb er hundert Seiten und gab wieder auf, aber sein Lektor bei Random House, Saxe Commins, überredete ihn weiterzumachen. Am Ende verkaufte es sich besser als alles, was er bislang geschrieben hatte. Die Idee zu dem Buch ging auf eine Geschichte zurück, die ihm ein Mann aus Wien erzählte. »Es war eine wahre Geschichte. Als Junge hatte er seine Mutter mit seinem Nachhilfelehrer im Bett erwischt. Er erzählte es seinem Vater, und seine Mutter verzieh ihm das nie. Sie weigerte sich, mit ihm im selben Haus zu wohnen, und er musste zu seiner Tante ziehen. Er sah seine Mutter nur noch ein oder zwei Mal im Leben wieder. Er erzählte mir die Geschichte 1938. Ich schrieb sie in mein Notizbuch und trug sie mehr als zehn Jahre mit mir herum.«

»Warum wollten Sie nicht, dass er das Buch schreibt?« wurde Marian gefragt.

»Ich hab die Frau gehasst«, sagte sie.

»Sie hat mit Klauen und Zähnen dagegen gekämpft«, brummte Irwin. Er bekam zu dem Buch immer noch Briefe. Es war in jede Sprache übersetzt worden.

* * *

Im Jahr 1950 gingen sie nach Europa. In jenem Sommer hatten sie, auf Drängen eines alten Freundes, in Quogue auf Long Island ein Haus gemietet, mussten dann aber erleben, dass sie dort weder Tennis spielen noch einen der Clubs besuchen durften – Juden hatten keinen Zutritt. Obwohl Marian keine Jüdin war, empfand sie sich als solche, und so zogen sie nach Europa, wo die Asche von sechs Millionen Juden lag, um dem Antisemitismus in Quogue zu entkommen, wie Irwin gerne sagte. Und dort blieben sie fast bis zum Schluss. *Die jungen Löwen* war ein großer Erfolg; sie waren in ihren Dreißigern, dem strahlenden Jahrzehnt, das nie zu enden scheint und in dem alles gewagt werden kann.

Es war noch sehr das Europa der Dreißiger, das sich gerade aus den Ruinen eines katastrophalen Krieges erhob. Im Hafen von Cannes lagen Yachten mit Namen wie *Feu Follet* und *Dadu*, das Meer war wieder blau, die weißen Segel flatterten. Es ist unglaublich, wie reich man in Frankreich sein kann, man reist durch blendende Landschaften und sitzt in kiesbestreuten Gärten an Tischen.

Ruhm, körperliche Gesundheit, eine schöne Frau. Er hatte sie in Kalifornien kennen gelernt. Sie führten ein leidenschaftliches Leben. Jung, braun gebrannt, unverheiratet, fuhren sie mit heruntergeklapptem Verdeck quer durchs Land. Ihre Mutter war entsetzt; mit einem Mann davonzulaufen, ohne ihn zu heiraten, war in jenen Tagen fast unvorstellbar. In New York wohnten sie in der Forty-fourth Street. Sie war Schauspielerin, er schrieb Stücke, und auf dieser Straße des Theaters spielte sich ihr ganzes Leben ab. Eine Zeit lang arbeitete er als Theaterkritiker, gab es aber auf, sagte er, weil er nicht mehr nach dem ersten Akt gehen konnte. Einmal musste er sechs Häuserblocks weit bis zum Theater laufen. Marian war zu spät gekommen, das Taxi blieb im Verkehr stecken, und er musste rausspringen und loslaufen. Er erreichte das Theater mit schweißnassem Gesicht, im tiefsten Winter.

Die Ehe wurde 1939 geschlossen, das Jahr, als der Krieg begann, wie jemand kommentierte. Die Schwierigkeiten, die er mit seiner Frau hatte! Er redete ständig davon, fast mit sich selbst, als wären sie beispiellos. Eines Abends in St.-Jean-de-Luz nahm sie bei einem Streit ihren Ehering ab und warf ihn wütend weg. Am nächsten Morgen kam sie zurück, um ihn zu suchen, konnte ihn aber nicht finden; als sie gehen wollte, sah sie ihn wie durch ein Wunder auf der Straße liegen.

Auf Empfehlung eines Freundes fuhr Irwin spät im Dezember 1951 von Paris in die Schweiz, an einen Ort namens Klosters, damals ein unberührtes Dorf mit alten Bauernhäusern und schneebedeckten Bergkuppen. Die Menschen waren freundlich. Schließlich zogen er und seine Frau dorthin. Es war perfekt, und sie blieben. Er lernte Skifahren. Ein Kreis interessanter Leute begann sie regelmäßig zu besuchen, Leute, die sich ohne ihn nie dorthin verirrt hätten. Es schien, als wären sie immer von Menschen umgeben. Es war die schönste Zeit seines Lebens und wahrscheinlich die ruinöseste. Vielleicht wäre es überall so gekommen und dies ist nur meine Vorstellung von dem, was er tat und was er hätte tun können. Ich sprach es nie aus, aber es bewegte mich, und was ich ihm vorwarf, war natürlich, wovor ich mich selbst fürchtete: in einer Welt zu leben, die nicht wirklich die meine war.

Sie hätten mehr Kinder bekommen können, aber Marian hatte Fehlgeburten, insgesamt vier, und nur ein Mal konnte sie eine Schwangerschaft austragen. Es gelang mit Hilfe eines New Yorker Spezialisten, von dem ihr jemand erzählt hatte und zu dem sie aus Südfrankreich gefahren war. Er wies sie an, sich ins Bett zu legen und liegen zu bleiben. Sie durfte nur fünfzehn Minuten am Tag aufstehen. Sechs Monate später wurde im Columbian Presbyterian Hospital ein Kind geboren und nach dem ersten Mann auf Erden benannt, Adam. Er sollte Schriftsteller werden wie sein Vater.

*Ehejahre von gegenseitigem und unausgesprochenem Verständnis,* wie er schrieb, *privaten Witzen, Trost in der Not, fraglosem*

*Beistand in schweren Zeiten und ruhigen Abenden mit langen Stunden zuneigungsvollen Schweigens.* Man sah diese Abende natürlich nie. Man sah sie in Bewegung, unterwegs, in Glamour gepanzert wie Filmstars. Einmal flog Irwin zu einem Dinner in die Staaten, das Jackie Kennedy zu Ehren von Malraux gab. John Cheever beschrieb ihn in einem Brief; er kam nach Rom, um sich einen Alfa Romeo abzuholen, und gab eine Dinnerparty.

Er erwähnte niemals Frauen, aber es war unmöglich, dass eine so große, so umtriebige Natur nicht von ihnen angezogen war, und außerdem war es das Motiv seiner ersten, zentralen Geschichte »Sommerkleider«. Die großen Motoren dieser Welt werden nicht von Treue getrieben. »Waren es viele?« wollte ich ihn oft fragen. Ich bezweifle, dass er sich offenbart hätte.

Eines Abends ließ sich eine verblasste Blondine fasziniert über ihr wundervolles Leben aus. »Haben Sie jemals«, fragte sie ihn, »ich frage mich, haben Sie jemals irgendjemanden außer Marian geliebt?«

Er sah sie an, ihrer Motive unsicher.

»Ob er was hat?« fragte jemand.

»Ich meine es ernst«, sagte sie. »Haben Sie jemals – ich meine nicht, als Sie geschieden waren –, haben Sie jemals eine andere Frau geliebt?«

Die verlegene Stille wurde von Marian unterbrochen, die von der anderen Seite des Tisches sagte: »Ich geb Ihnen die Liste.«

»Nein, ich meine es wirklich ernst«, sagte die Frau.

»Wenn Sie wollen, kann ich sie alphabetisch ordnen«, erbot sich Marian.

Irgendwann um das Jahr 1969 begann die Ehe zu zerbrechen. Man sagte, dass Irwin nur den Nerv hatte, einen Zettel auf dem Kopfkissen zu hinterlassen – er wolle die Scheidung. Nicht lange darauf zog sie aus, obwohl er am Ende derjenige war, der das Haus verlor. Es wurde schließlich verkauft. Es hieß Chalet Mia – Marian hatte es entworfen und den Bau selbst beaufsichtigt, eines der vielen schönen Häuser, die sie in ihrer gemeinsamen Zeit errichtete. All die Geschichten aus dieser Periode erfuhr ich erst später; dass er mit einer anderen Frau zusammenlebte, einer Blondine, die gerne las; dass er noch mehr trank als früher; dass er, wie mir Freunde erzählten, am Tiefpunkt seines Lebens angelangt war. Er taumelte in Klosters in die kleine Bar seines Lieblingshotels, des Chesa Grishuna, und verfluchte seine Frau, die im Stock darüber mit anderen Leuten friedlich zu Abend aß. Es sah ihm nicht ähnlich; er war nie ausfallend geworden. Er habe sie sein Leben lang ausgehalten, brüllte er. Er habe für alles bezahlt, sogar für die Beerdigung ihrer Mutter, mit diesen Händen, rief er. Es war schrecklich; er war so betrunken, dass die Worte verzerrt klangen.

Alles löste sich auf, die Paläste, die Luftschlösser. Er war unrasiert. Seine Hemdschöße sahen heraus, die Hose hing an ihm wie an einem Invaliden.

Die Scheidung war für mich eine Überraschung, es schien ein Irrtum der Vorsehung. Was sein oder ihr Verschulden auch war, er hatte etwas vollkommen Häusliches an sich. Er war verheiratet, und er war für die Ehe bestimmt. Außer Capa waren in seiner Welt alle Hauptakteure verheiratet, und Familie war für ihn etwas Unberührbares.

Zur gleichen Zeit, nachdem er Haus, Frau, seine Grundfesten verloren hatte, setzte er sich bemerkenswerterweise hin und schrieb, entschlossen, zu sich zurückzufinden, *Aller Reichtum dieser Welt*, ein erfolgreicher Roman, der ans Fernsehen verkauft wurde und ihm ein neues Vermögen einbrachte. Was er mit einer Hand verloren hatte, holte er sich mit der anderen wieder.

* * *

Ich muss jetzt zu einem Strang der Geschichte zurückkehren, der bis jetzt ausgelassen wurde, der aber der Grund für ein langwieriges Zerwürfnis zwischen uns war.

Irgendwann um das Jahr 1959 hatte ich mit einem Freund einen kurzen Film gedreht. Er hieß Lane Slate, ein gebildeter Mann, der in meiner Nähe in Rockland County in einer Art gemächlicher Verwahrlosung lebte und ein Experte für Malerei, Autos und Joyce war. Der Film hieß *Team Team Team* und war nur zwölf Minuten lang. Es ging um Football, und eines schönen Tages auf dem Lande verblüffte uns die Nachricht, dass er in Venedig einen ersten Preis gewonnen hatte. Wir glaubten, dass sich nun alle Türen öffnen würden. Sie taten es nicht, aber nachdem wir uns näher kennen gelernt hatten, erzählte ich Irwin von dem Film, der ihn später sah und mochte. Er war zu jener Zeit mehr oder weniger selbst mit der Produktion von Filmen zu seinen Kurzgeschichten beschäftigt – einer, *Im französischen Stil*, war bereits fertig –, und er schlug spontan vor, ich sollte für den nächsten das Skript schreiben und die Regie übernehmen. Die Geschichte, an die er dachte, »Dann waren wir drei«, war nicht herausragend, aber ich hatte das Gefühl, ich könnte etwas daraus machen. Ich war wie eine Biene, die mit geschwollenen Beinen von der Wiese zurückkehrt, beladen mit wenig praktischem Wissen über Filme und europäische Regisseure, die, noch am Anfang ihrer Karriere, die Idole der damaligen Zeit waren. Ich wusste, dass John Huston früher einmal Boxer gewesen war, und man erzählte sich, er habe seiner Sekretärin erklärt, einfach die Dialoge aus dem Buch zu übernehmen, als sie das Skript zu *Der Malteser Falke* tippte. Die Anekdote gab mir Mut.

Schließlich drehten wir den Film, *Drei*, der zwar unter den Kritikern Bewunderer fand, für das Publikum aber von wenig Interesse war. Irwin mochte den Film nicht. Wir hatten voller Optimismus begonnen. Während teurer Mittagessen mit guten Flaschen Wein hatte ich gemerkt, wie sein Vertrauen zu mir zu schwinden begann, und nachdem ich den Tisch verlassen hatte und bei der Tür stand, auch gesehen, wie er mechanisch die Reste aus den anderen Gläsern in sein eigenes füllte. Er war an der eigentlichen Produktion nicht beteiligt. Die Schwierigkeit, wie er mir an einem gewissen Punkt gesagt hatte, liege darin, dass ich ein lyrischer und er ein narrativer Schriftsteller sei. »Lyrisch« war ein Wort, mit dem er unzufrieden schien. Es klang so ähnlich wie unreif.

Und so erfuhr ich nichts von dem Tag im Jahr 1977, als er sich – der Freuden des Alleinseins vielleicht müde und den Sog der alten Wurzeln spürend – mit seiner früheren Frau zum Lunch traf. Es war unsinnig, ihr nach all den Jahren noch etwas übel zu nehmen. Das Treffen führte sie wieder zusammen. Umsichtig behielten sie getrennte Wohnungen, wie Beckett und seine Frau oder Sartre und Simone de Beauvoir, aber auf Irwins Drängen heirateten sie schließlich wieder.

Ich hatte ihn während einer langen Zeit nur ein oder zwei Mal gesehen. Eines Sommernachmittags gegen Ende des Jahrzehnts kam er auf einer Party über den Rasen auf mich zu, sagte Hallo, fragte, woran ich arbeitete, und fügte hinzu: »Was hast du da nur für einen lausigen Film gemacht.« Ich wollte mich nicht streiten. Wenig später lag er unter dem schlecht geführten Skalpell des Chirurgen.

* * *

Das übliche Leiden eines alternden Mannes hatte ihn ins Krankenhaus gebracht, und die Operation war fehlgeschlagen – fast wäre er an einer nicht erkannten Blutung gestorben. Der Patient lag, den Unterleib von Blut aufgeschwemmt, wochenlang unter großen Schmerzen auf der Intensivstation und sehnte sich nach dem Tod. Es war Marian, die ihm das Leben rettete. Sie erinnerte sich an eine Behandlung, die ihrem Vater geholfen hatte, und drängte die Ärzte, das Gleiche zu tun. Schließlich taten sie es; sie injizierten ihm eine Art Gelatine, von der ein Teil an die betroffene Stelle wanderte und die Blutung stillte.

Er war nie mehr derselbe, auch nicht nachdem er genesen war. Er hatte vierzig Pfund abgenommen. Eine Lungenentzündung hatte ihn geschwächt, Nierenversagen, andere unerwartete Probleme.

Im Herbst 1981 öffnet er mir in Southampton die Tür, dünn, der Hemdkragen zu weit, die Augen unerwartet groß. Wie immer war es ein schönes Haus. Tiefe, federweiche Sofas, Eleganz, Blumen. Eine junge Frau, seine Sekretärin, wie ich annahm, sah im Fernsehen *La Traviata*. »Wie ist es dir ergangen, Jim?« begrüßte er mich vorsichtig. »Woran arbeitest du?« Er hatte eine künstliche Hüfte, Arthritis und Probleme mit den Knien. Es war September, aber er fror. Im Restaurant – wir waren fast die einzigen Gäste – sprachen wir über Europa. Sie würden bald zurückkehren. Er konnte dort gut arbeiten, sagte er, schon immer. Er war nur zwölf Jahre älter als ich, aber an dem Abend schienen es weit mehr. Ich fühlte mich wie in Europa – die Bäume, die Ruhe, die breite Straße vor dem Restaurant –, ich dachte an Antibes, wo wir früher oft gewesen waren.

Ich würde selbst gerne nach Europa fahren, sagte ich. Es rief mich.

»Warum fährst du nicht?« fragte er.

»Ich weiß nicht. Schwierigkeiten. Ich hab sie mir wohl selbst geschaffen. Aber ich würde gerne nach Sizilien fahren. Schon immer, seit ich *Der Leopard* gelesen habe.«

»Das ist eine traurige Geschichte«, sagte er. »Wunderbares Buch. Er schrieb es mit fünfundsechzig und schickte es an einen Verlag. Sie lehnten es ab, und er starb, bevor es veröffentlicht wurde. Wirklich traurig.«

»Du gehst davon aus, dass es danach kein Leben gibt«, sagte ich.

Der Kellner unterbrach uns, ein junger Kellner, der ein Autogramm wollte. Er legte eine blaue Papierserviette auf den Tisch, die Irwin signierte.

Er könne nicht mehr schreiben, sagte Irwin, als wäre er dadurch daran erinnert worden. Er habe nicht mehr die geistige Kraft, sagte er. Er beneidete mich.

Es war der erste von vielen Abenden und Tagen. Wir verließen das Haus durch die große Küche, gingen in Restaurants, oder sie gaben Dinnerpartys mit vielen Stimmen an dem langen lackierten Esstisch. Wenn ich zurückdenke, sehe ich mich irgendwo an einer Bar stehen und auf sie warten, im Herbst in den Hamptons. Das war Teil des Vergnügens, die Vorfreude. Die Blätter beginnen sich zu verfärben. Das Restaurant ist warm und wird bald durch ihre Gegenwart erhellt, draußen fahren ein paar Autos vorbei.

* * *

Er war an die vorderste Front gerückt. Freunde starben, Feinde, Kritiker, die ihn verletzt hatten. Die Karten seines Lebens lagen fast alle offen vor ihm auf dem Tisch, und er dachte über sie nach, seine Augen immer wieder zu denselben zurückkehrend. Er erinnerte sich an längst vergangene

Footballspiele, in Lowell am kalten Nachmittag, der Boden hart wie Beton, der Ball an der Zwei-Yard-Linie, letzte Minuten und die anderen dicht vor dem Sieg. Er spielte Safety. Mit den mageren Armen eines alten Mannes, zusammengeschrumpft, erinnerte er sich an seine Jugend.

Er war auch Quarterback; sie warteten, während er sich das andere Team ansah, dann trat er ins Huddle und sagte ihnen, was sie machen würden. Er glaube, ein wenig sei er immer noch so.

»Du *glaubst?*« sagte Marian.

»Sein Problem ist«, sagte die alte Köchin, »dass er zu viel trinkt.« Sie hatte ein breites und freundliches schwarzes Gesicht. Sie liebte ihn, jeder liebte ihn. »Er trinkt, und er kratzt sich, das ist alles, was er tut.«

Er lag im Bett und dachte wie ein blinder Seemann, der sich an das Meer erinnert, an die glücklichsten Momente seines Lebens – als er einen Pass fing, als er nach der Premiere von *Begrabt die Toten* umjubelt auf die Bühne trat. Es waren keine Diamanten, es waren vielleicht Saphire oder Opale, aber sie funkelten.

Er sagte, er zerfalle. Er war eine Festung, aber sie schlugen Breschen in die Mauern. »*Ich* habe nie eine Bresche geschlagen«, kommentierte Marian. Er saß gebeugt da. Sein Lächeln war das eines alten Hundes, trocken und verblichen. Er wartete auf das Ende, auf den Engel des Todes. Wenn nötig, würde er es selbst tun, aber seine Mutter lebte noch, sie war einundneunzig, und er durfte nicht vor ihr sterben, vor dieser kleinen willensstarken Frau, die während der hoffnungslosen dreißiger Jahre die Familie ganz allein durchgebracht hatte. Sie lebte in Kalifornien. Er sah sie selten, aber er fühlte sich unlösbar mit ihr verbunden. Sein Vater, sagte er, habe Glück gehabt – er war plötzlich gestorben, innerhalb von Sekunden, im Flugzeug von Europa nach New York. Sie wollten in London eine Notlandung machen, aber seine Mutter sagte nein, sie sollten weiter nach Amerika fliegen. Sie hielt ihren Mann während des ganzen Flugs im Arm.

Er beklagte sich nicht, obwohl er es furchtbar fand, dass er erst mit siebzig zu Reichtum gekommen war, als er im Begriff war, sich aufzulösen, und nicht mit vierzig, als er es hätte genießen können. Das stimmte nicht wirklich. Schon im zweiten und dritten Akt hatte er alle Annehmlichkeiten des Lebens gekannt, blieb ihnen gegenüber aber merkwürdig gleichgültig. *Dingen* schien er wenig Aufmerksamkeit entgegenzubringen. Er lebte im Luxus und gleichzeitig jenseits davon.

Als ich ihn nach ein paar Monaten, in denen ich fort war, wiedersah, berichtete er mir, dass er Maß gehalten und sich während des Sommers nur ein Mal betrunken hätte. Man musste ihn nur ein Mal nach Hause bringen. »Nach Hause tragen«, korrigierte Marian. Er behielt etwas Jungenhaftes, selbst als alter Mann, das klare, freundliche Gesicht, die herzliche Art.

Er hatte ein Spiel, mit dem er sich gerne die Zeit vertrieb. Früher hatte er es oft gespielt. Es ging darum, wer den anderen mit den wenigsten Worten zum Weinen bringen konnte. Es gab eine Zeile in *Die drei Schwestern*: »Du meinst, ich muss hierbleiben?« Aber Irwin zitierte immer einen Artikel von Gay Talese über Joe DiMaggio: Während ihrer Flitterwochen war Marilyn Monroe auf Tour zur Truppenbetreuung gefahren und hatte bei ihrer Rückkehr gesagt: Hunderttausend Leute, Joe, und alle haben sie gerufen und geklatscht; so etwas hast du noch nie gesehen. Doch, hab ich, sagte DiMaggio.

*Doch, hab ich!* Es war Irwins Lieblingsgeschichte. *Doch, hab ich.* Drei Worte, und man weinte.

* * *

Und jetzt ist April, und der lange Kampf geht zu Ende. Der Winter war hart, er musste ständig ins Krankenhaus, seine Lungen füllten sich mit Wasser, andere, nicht weniger ernsthafte Probleme stellten sich ein. Sein Sohn rief mich aus Europa an – er war wieder im Krankenhaus, er hatte Probleme mit dem Herzen, den Lungen, den Nieren. Die Strapazen hatten ihn vollkommen entkräftet. Sein Bruder war gekommen und ein paar alte Freunde, die Parrishes.

Ich machte mich auf den Weg, um Irwin ein letztes Mal zu sehen. Ich landete am Morgen. Es war Mai. Ich hatte eine Flasche Haut Briot mitgenommen, falls die geringe Chance bestehen sollte, im Krankenhauszimmer mit ihm ein Glas zu trinken. Früher benetzte man mit diesem Wein die Lippen der neugeborenen Könige Frankreichs. Ich dachte daran und an die Reise, die er bald antreten würde. Während der Zugfahrt begann es dunkel zu werden. Nur in den Bergen zum Westen war noch Licht. Der Nachmittag zog mit der Sonne nach Amerika, heimwärts, die gelben Felder leuchteten unter ihr auf.

Das Krankenhaus war in Davos, dasselbe, in dem Marian siebenundzwanzig Jahre zuvor ein Baby verloren hatte. Die letzte Zugverbindung brachte mich in eine dreißig Meilen entfernt liegende Stadt. Ich rief aus einem heruntergekommenen Restaurant an. Im Apartment wollte mir die Privatschwester keine Auskunft geben. Sie schlug vor, das Hotel anzurufen, in dem sich die Familie zusammengefunden hatte. Das tat ich; Adam kam ans Telefon. »Irwin ist heute Nachmittag gestorben, ungefähr vor einer Stunde«, sagte er ruhig.

»O Gott.« Ich wusste nicht, was ich sagen sollte. »Also, ich bin dann morgen früh da.«

»Es lohnt nicht, jetzt noch herzufliegen«, sagte er.

»Ich bin schon hier. In Landquart.«

»Landquart? Ich bin in einer halben Stunde da«, sagte er.

Er war ungefähr gegen sieben gestorben, im langen weichen Abend. Vor dem Fenster des Zimmers, in dem er gelegen hatte, floss ein Bach, ich konnte ihn im Dunkeln hören. Das Kissen hatte einen sauberen blauen Bezug. Seine Kleider lagen ordentlich gefaltet, ein blaues Sporthemd aus Seide oder Kaschmir, Kordhosen.

Ich wollte ihn sehen. Wir suchten die Oberschwester. Ein guter Freund sei gekommen, erklärte ihr Adam. Sie sprachen ein paar Minuten, und sie führte uns in ein anderes Stockwerk.

Er lag auf einer Rollbahre, von einem Tuch bedeckt, den Kopf auf einem Kissen, eine weiße Bandage hielt den Kiefer geschlossen. Er war rasiert. Seine Nasenlöcher waren groß und leer. Er sah päpstlich aus. Hinter ihm war ein roter Vorhang, er verbarg die Nische, in der er liegen musste, während die modernen Krankenhausuhren die Nacht hindurch tickten und die Patienten schliefen.

Ich berührte sein Haar, etwas, was ich im Leben nie getan hatte. Es war wie mein eigenes, lockig, grau. Ich wollte mir alles genau einprägen und es gleichzeitig nie gesehen haben. *Gott segne uns, die wir nichtig sind.* Das war er nie gewesen, und auch jetzt nicht, als er dort lag. Nach einer Weile beugte ich mich hinunter und küsste zum Abschied seine Stirn. Sie war kalt.

Er starb in der Ferne, umgeben von Frauen wie ein biblischer König. Er hatte, seit er aufgebrochen war, einen langen Weg hinter sich gebracht, wie Dickens oder d'Annunzio. Als er starb, hatte er von allem das Beste, eine Köchin, ungarischen Wodka, ein elegantes Apartment auf der Hauptstraße über dem Geschäft von Patek Phillipe, eine Haushälterin, eine Sekretärin, eine Krankenschwester. Überall waren Bücher. Auf dem Schreibtisch ein Bild seines Sohnes. Darüber ein Foto der Footballmannschaft von Brooklyn College, das Gras ist braun, Irwin in der Mitte, größer als man ihn in Erinnerung hatte, schlank, kniend, vor ihm der mythische Ball.

Er hatte Krebs. Er breitete sich aus. Irwin hasste, was er zum Schluss geworden war, seinen nutzlosen Körper. Er hatte sich immer ein rüstiges hohes Alter vorgestellt. Es war anders gekommen. Am Ende war er auf schreckliche Weise zerschlagen worden.

Am Morgen klingelte das Telefon, es hatte diese merkwürdige europäische Dringlichkeit, *dring, dring, dring, dring, dring, dring*. Von überall kamen Telegramme und Anrufe. *Ich möchte Ihnen die tiefe Trauer vermitteln, die ich empfand, als ich ...*, Telegramme in fremden Sprachen. Er war kein Gelehrter oder Intellektueller gewesen, obwohl er klüger war, als er aussah. Er war eine Art Champion. Er hatte eine Menge geschrieben, darunter vieles, was die Menschen bewunderten. Ich ging durch das Apartment, von Zimmer zu Zimmer, in die Küche, die er wahrscheinlich selten betreten hatte, das pharaonenhafte Bad, in dem er sich jeden Tag vor sich selbst offenbart hatte, zwei luxuriöse Bademäntel hingen an der Tür. Die Druckereien der Stadt, von Städten, waren still geworden. Man hörte das Gemurmel ausländischer Stimmen, das Klappern von hohen Absätzen. Die Haushaltshilfen sprachen gedämpft auf Italienisch und Französisch. Sie hatten die Kleider eingepackt, in denen er aufgebahrt werden sollte. Die Köchin war älter als die anderen; für sie bedeutete es etwas anderes. »Wir werden alle geboren, und wir müssen alle sterben«, erklärte mir eine Schweizerin, die ihn gut gekannt hatte. »Es macht mich so traurig. All die Dinge …«

Es waren natürlich die Dinge, die er in späteren Jahren sammeln und aufschreiben wollte. »All die Geschichten«, hatte er gesagt. »All diese Leute … Es ist hoffnungslos.«

Meine Gedanken gingen zurück – Herbst 1957. Ich hatte eine Frau und zwei kleine Kinder. Wir lebten in einem kalten Haus am Hudson. Ich dachte jeden Tag an das Leben, das ich verlassen hatte; unfähig, es mir nicht in Erinnerung zu rufen oder unabhängig davon an mich zu glauben, setzte ich mich hin und versuchte zu schreiben. Heute ist es einfach zu sehen, wie viel ich nicht wusste – Notizen, Strukturen, Schwerpunkte, die elementarsten Dinge waren mir fremd. Ich hatte ein Buch über mein eigenes Leben geschrieben, das Buch, das jeder schreiben kann, und dahinter lag die Wüste. Nach vielem Schwanken machte ich mich auf, sie zu durchqueren. Ein paar Jahre später hatte ich es geschafft, ein zweiter Roman war fertig. Er wurde veröffentlicht. Er verschwand spurlos. Ungefähr zur selben Zeit lernte ich Irwin Shaw kennen.

Er war mir viel, Vater, immense Kraft, Freund. Er lebte ein Leben, das meinem überlegen war, ein Leben, das ich beneidete und schwer ergründen konnte – sein Mut, seine Liebe, seine Umarmung, alles war so groß. Wir lebten, so empfand ich es, in seinem Schatten, und ich denke an ihn mit Byrons Zeilen über das Meer:

*Und wie ich dich geliebt, oh Ozean! Und wie heiter*
*Es meiner Jugend war, an deiner Brust zu sein,*
*Getragen, wie deine Wogen, weit und weiter …*

*Denn ich war damals wie ein Kind von dir*
*Und traute deinen Wogen nah und fern,*
*Und legt' die Hand auf deine Mähn – wie hier.*

Byrons Gedichte, stellte sich heraus, lagen neben seinem Bett, als er starb.

Ich sehe ihn manchmal in der Stadt, wie er aus einem Restaurant in die Kälte hinaustritt, mit offenem Mantel bleibt er, ohne zu zögern, auf ein paar Worte stehen oder fordert einen auf, ihn zu begleiten. Darüber schweben die erleuchteten Apartments, die Bars sind voller Menschen, der Regen spült über die geparkten Autos. Es läuft das sechste Spiel der Endspielserie, oder es gibt ein Stück von jemandem, an dem er interessiert ist oder den er bewundert.

*Und wie ich dich geliebt. Denn ich war damals wie ein Kind …*

Die Dichter, Schriftsteller, die Weisen und Stimmen ihrer Zeit, sie sind ein Chor, ihre Hymne ist dieselbe: das Große und Kleine wird verbunden, das Schöne lebt, das andere stirbt, und alles ist Unfug, außer Ehre, Liebe und das Wenige, was das Herz erkennt.

# EUROPA

Die Teile von Paris, die sich mir zuerst eröffneten, vor Irwin Shaw, waren, wie ich sagte, die Abweisendsten: die Champs-Élysées, die Avenue de l'Opéra, das düstere 1. Arrondissement, Kaufhäuser und Bahnhöfe. Zu der Zeit hatte ich drei oder vier Karteikarten als Stadtführer in der Tasche. Beschrieben worden waren sie von einem großen onkelhaften Mann mit verführerischem Charme namens Herschel Williams. Ich kannte ihn aus Washington, wo wir als Offiziere zusammen in Georgetown studiert hatten. Er hatte in seiner Jugend Debütantinnen auf Bälle begleitet, ein erfolgreiches Drama mit dem Titel *Janie* geschrieben und wahrscheinlich als Teil seiner Erziehung schon früh Europa bereist und war später immer wieder dorthin zurückgekehrt. Eines Abends im Jahr 1950 schraubte er in Billy Martin's Bar seinen Füllfederhalter mit der gelassenen Geste einer kultivierteren Welt auf und schrieb Adressen und Namen nieder – wie ich es in späteren Jahren für andere tun würde.

In gewisser Weise erbte ich also Paris. Die Karten mit seinen Notizen gibt es nicht mehr, aber wie ein Seemann, der nur einen kurzen Blick auf eine geheime Landkarte geworfen hat, erinnere ich mich bestimmter Orte. Restaurants mit zugezogenen Vorhängen. Straßen in bürgerlichen Wohnvierteln. Seinen bevorzugten Nachtclub, den es längst nicht mehr gibt – Geigenspieler im Smoking und eine langgezogene Bar, an der kurz vor Mitternacht Mädchen auftauchten, die keinen Kunden für die Nacht gefunden hatten, Mädchen wie die aus dem Zug in Maupassants Erzählung, von denen die alte Bauersfrau sagt: »Das sind Huren auf dem Weg zu diesem verfluchten Ort, Paris.«

Er empfahl auch das Hôtel Vendôme – am Hals oder vielleicht am Knie der Place Vendôme. Damals nahm ich es nicht wahr, später aber sollte ich fast jeden Schritt dorthin auswendig kennen. An der Ecke, wo die Rue de Rivoli und Rue Castiglione zusammentreffen, befand sich Sulka, ein teurer Herrenausstatter. Von dort geht man auf den Platz zu, der Bürgersteig ist hier ein Mosaik aus kleinen, gebrochenen und unebenen Steinen. Dann kommt die englische Apotheke und weiter oben, noch im Schatten der Arkade, der Tabakwarenladen an der Ecke. Das Geschäft existiert noch heute, wenn auch verändert, ein dunkler Marmorstreifen um die Schaufenster, in denen Pfeifen, Feuerzeuge und kleine Geschenke auslagen, vielleicht ein paar Stadtführer. Innen standen auf einer Seite in einem hohen Schrank Bücher der Olympia Press und sogar Titel der noch verruфеneren Obelisk Press – sie hatten, wie ich mich erinnere, pastellfarbene anstatt grüne Umschläge – und die Traveller's Companions.

Hier konnte man stundenlang schmökern. Das normale Leben versank, ging unter. Draußen auf der Straße, die oft kalt und nass schien, kamen Fußgänger in Mänteln vorbei, mit sorgenvollen Gesichtern, während man drinnen in einem narkotischen Traum in den Büchern blätterte. Ich kaufte dort *Wunder der Rose* und *Im Wendekreis des Krebses*, natürlich *Der Ginger Man*, sowie Beckett, de Sade, Burroughs und später Nabokov. Der Verleger dieser bedeutenden Bücher, Maurice Girodias, gab schließlich auf und war gezwungen, das Land zu verlassen.

Er verdient mehr als eine flüchtige Fußnote. Er scheint eine Art schlaksiger Falstaff gewesen zu sein, stand Schriftstellern in ihrer Armut und Jugend zur Seite, war in seinen Geschäften wahrscheinlich unehrlich und wurde später von ihnen fallen gelassen. Er mag Fehler gehabt haben, aber das eine Mal, als ich ihn bei einem Dinner traf, war nichts von ihnen zu merken. Seine Verbitterung ging nicht sehr tief. Wir sprachen über die Ironie des Ganzen, und er konnte darüber lächeln. Praktisch, sagte er, lebe er immer noch im Exil, im 20. Arrondissement, irgendwo hinter dem Père-Lachaise, wo man Paris fast nicht mehr sah.

Um 1958 fiel mir Girodias' Ausgabe von Pauline Réages berühmter Apostasie in die Hände, deren erste kühle Seiten wie das Öffnen einer verbotenen Tür waren, und der Rest, als ich, unfähig niederzulegen, weiterlas, wie ein flimmerndes Fieber – seit Llewelyn Powys, dessen Gedicht *Liebe und Tod* ich mit achtzehn auswendig konnte, hatten meine Beine nicht mehr so gezittert. Ich weiß nicht, ob es mir geschadet hat, aber es berührte mich tief. Obwohl ich oft daran dachte, sprach ich selten davon, und dadurch bewahrte ich es mir bis zu dem Abend, als in der Behaglichkeit der Wohnung eines Lektors in New York das Thema irgendwie zur Sprache kam und eine junge Frau erzählte, dass sie und ihre Freundinnen *Die Geschichte der O* im Sommercamp gelesen und über nichts anderes mehr gesprochen hätten. Ich war enttäuscht. Wenn Schulmädchen wie eine Lesegruppe durch das Buch spazieren konnten, was gab es da zu bewahren?

\* \* \*

Ich erinnere mich an die erste Zeit in Paris, ganz am Anfang, tief unten, in Zimmern zum Innenhof mit ausgebrannten Glühbirnen, als die Stadt sich einem zu verweigern schien, an endlos lange Wege im Regen, abgegriffene Zeitungen und ausgelassene Mahlzeiten. Man war allein, mit wenig Geld und nicht viel Mut, nur einen Namen auf einem Stück Papier – jemand, der für eine Schifffahrtsgesellschaft oder in der Botschaft arbeitete, aber nie im Büro war und auch nicht zurückrief. Europa war noch verarmt. Der Putz war rissig, die Vorhänge zerschlissen. Ein oder zwei Jahre zuvor hätte man sich mit einer Stange Zigaretten alles kaufen können. Die Not war umfassend gewesen, und alles zeugte davon: uralte Telefone, Autos aus der Vorkriegszeit, triste Kleidung.

Später kam das Paris der Hotels; sie bildeten eine Art Geographie – sie hatten Namen wie Inseln, jeweils mit ihrer eigenen Aura und Größe. Das Royal Monceau, in dem der Geruch der Vergangenheit noch in den Polstern hing und in dessen – für mich und meine Frau ungewohnten – Opulenz wir preisgünstig schwelgten. Das France et Choiseul mit seinem kahlen Hof und ärmlich möblierten Suiten; das Calais, klein und versteckt hinter dem Ritz; das Hotel, in dem ein Mädchen Farris' Kleider aus dem Fenster im dritten Stock warf, als er sie nicht bezahlen wollte; das Récamier, ins Eck gezwängt; das Esmeralda, eine Flasche Badoit draußen in der Kälte auf dem Fensterbrett; das luxuriöse St.-Regis mit seinem dunkel glänzenden Holz und den Kronleuchtern an der Decke; das Richepense, um die Ecke von der Place Madeleine, im Winter in unglaublicher Einsamkeit, Prunier an der Ecke, das zu teuer war; das Palais d'Orsay, das Hotel der Hotels; das Trémoille.

Auf dem Nachttisch in einem meiner ersten Hotels, ich glaube, es war das Royal Monceau, lag eine fotokopierte Liste von Empfehlungen, die der Air Force Attaché ausgeteilt hatte. Darin fand sich das »Androuët«, ein Restaurant, das als einzigartig galt, da sich das Menu ausschließlich aus Käse zusammensetzte; dann ein Lokal, dessen Speisekarte, durch Rabelais inspiriert, anrüchige Karikaturen enthielt; auch das »Lido« (»setzen Sie sich an die Bar«). Das »Mayol« stand auf der Liste, und wir gingen hin. Es war feucht und verkommen, mit abgewetzten Sesseln. Magere Mädchen, kahle Bühne, Kostüme, die ihren Glanz verloren hatten, und ein Paar schöner Brüste, als wollte Frankreich trotz allem zeigen, wozu es fähig war. Ich suchte nach ihnen im Programm. Das Foto war nur ein ärmliches Zitat, als sähe man sich ein Passbild an. Ich konnte natürlich nicht sagen, was ich tat. Ich war mit meiner Frau da und mit dem engstirnigen General, der mich nach Europa gebracht hatte, Robert Lee, und seiner Frau; wir waren in der amerikanischen Provinz.

Es gab das »L'Aiglon«, schmal und cremefarben auf dem Boulevard Raspail, in dem ich übernachtete, als wir den Film machten, der Irwin Shaw so missfiel. Die Eidechsenlederschuhe eines berühmten Regisseurs, Buñuel, standen vor der Tür eines benachbarten Zimmers. Dunstige Wintermorgen, der endlose Friedhof vor dem Fenster, die efeubewachsenen Mauern. Simone de Beauvoir in ihren weißen Krankenschwesterschuhen und Strümpfen, ihre Schönheit verblichen, auf dem Weg zum Boulevard, sie kam aus dem Café an der Ecke, in dem sie sich mit Sartre oft zum Frühstück traf.

Es war die Eleganz und Haltung von Paris, die mich anzog, Eigenheiten, die man sofort erkannte, altehrwürdige Dinge und luxuriöse neue, das Leben der Straßen und das Leben, das Aufständen und Tod getrotzt hatte. Der alte Graf, der am Quai Voltaire mit all seinen Töchtern und deren Männern in einem Haus lebte. Ihm gegenüber wohnte eine Amerikanerin, die ihn auf der Straße gerne grüßte. Eines Tages erzählte sie ihm, dass sie nach Amerika fliegen wollte. Der alte Graf schien interessiert. »L'Amérique«, fragte er höflich, »est-ce que c'est loin?« Ist das weit?

Normalerweise sieht man Dinge zuerst aus der Ferne und dann von nahem. Paris hingegen ließ sich nicht auf diese Weise betrachten. Es war eine Stadt der Intimität, womit ich Privatheit meine, angefüllt mit den kleinen Dingen des Lebens, sie war launisch, und sie verbeugte sich vor niemandem. Als Kerouac einmal für zwei oder drei Tage dort war, verließ er die Stadt mit den Worten: »Paris hat mich abgelehnt.«

Paris besaß die Fähigkeit, einen abzulehnen, einen mit Sehnsucht zu erfüllen, genauso wie es die Tradition ihrer Wächter auf allen Ebenen war, die Stadt davon abzuhalten, ein falsches Lächeln zu zeigen. Die Strenge der *concierges* und *gardiens* ließen einen an die Kraft glauben, mit der sich Paris bewahren würde. Das Paris von Atget. Von Brassaï – der kein Franzose war und seine frühe Kindheit auf der Rue Monge verbrachte –, Fotos von Bordellen auf der Rue Monsieur-

le-Prince oder Rue Grégoire-de-Tours; Brückenlichter im Nebel, kein Laut, nicht einmal eine ins Wasser geworfene Zigarette, der Fluss reglos wie Stein; der alte Matisse mit einem Aktmodell, kirschschwarze Brustwarzen; die luxuriöse Verwahrlosung der Ateliers – das von Picasso, Bonnard; Nächte in Paris und überall die Grandeur, die zur Schau gestellte Pracht; Wild hängt in den Fleischerläden, Seidenkleider in teuren Schaufenstern, alles Teil eines Flehens: Gib es mir, erweise mir die Gunst …

Auf der Rue des Belles-Feuilles steht ein Auto mit 77er Nummernschild – aus den reichen Vororten im Süden –, mitten auf der Straße, der Kofferraum steht offen. Dahinter staut sich der Verkehr, man hört lautes Hupen. Hin und wieder kommt ein Mann aus einem Gebäude, um einen Karton in den Kofferraum zu legen. Schließlich erscheint, ohne jede Eile, eine Frau in einem langen Pelzmantel – die aufgehaltenen Autofahrer rasen vor Wut –, sagt ein letztes anmutiges Etwas zu jemandem, steigt ein und fährt ohne sich umzudrehen davon. Die Pariser Frauen mit ihrer Eloquenz, ihrem Hochmut.

In der *épicerie* steht noch eine, mit Jeans und Levi's-Jacke, einem Rollkragenpullover und leger um den Hals gelegten Schal. Feine Gesichtszüge, wunderbarer Körper – strahlend, unberührt wie eine frisch geprägte Münze. Sie sieht einen ohne Neugier oder Scham von der Seite an, dann betrachtet sie wieder die Auslage. Ein großer blonder Mann mit Lederjacke ist bei ihr. Da ist eine Schlange, aber sie hat sich nicht angestellt. Sie wirft einfach das Haar zurück, atmet Selbstbewusstsein.

Oder die blonde Frau in der »Closerie«. Sie sitzt einem Mann gegenüber, raucht, nickt immer wieder leicht mit dem Kopf, während er redet, sieht ihn direkt und wissend an, als wollte sie sagen: »Ja, sicher, natürlich«, oder sogar noch freier: »Ja. Du darfst.«

Sie sind weniger Versuchungen als ein Trost; wie der sprichwörtliche Trost, zu wissen, dass es so etwas gibt.

In vergangenen Tagen bereitete einen die Schiffsreise vor, auf der *France* zum Beispiel. Man trat in die Vollkommenheit der ersten Stunden an Bord, die Aufregung und die Geräusche, die Flure blau von duftendem Zigarettenrauch, die Wände des Schiffes bebten unter der Hand wie etwas Lebendiges.

Ich denke an die Geschichte von Styron und James Jones, die mit ihren Familien die Überfahrt nach Frankreich mach-

ten – es war auf dem Rückweg der *France* nach ihrer Jung-
fernfahrt. Die Jones' lebten damals in Paris; sie besaßen ein
Haus auf der Île St.-Louis und reisten mit Kindermädchen,
ihrer jungen Tochter und einem großen Hund. Auch die
Styrons hatten ihre Kinder dabei.

Die beiden Männer waren die ganze Nacht zuvor in New
York unterwegs, unermüdlich. Bei P. J. Clarke lernten sie
zwei Mädchen kennen und luden sie zu Drinks ein. Sie kamen sich näher. Was macht ihr später, wollten die Mädchen
wissen? Wir nehmen das Schiff nach Frankreich, wollt ihr
mit?

Das Schiff legte um zwölf Uhr mittags ab. Jones war morgens
um sieben nach Hause gekommen; vielleicht konnte er sich
nicht mehr an alle Einzelheiten der Nacht erinnern, aber
als sie an der Freiheitsstatue vorbeikamen, hörten sie laute
»Huhu!«-Rufe von einem der unteren Decks und sahen –
alle Befürchtungen bestätigend – wildes Händewinken. »Wer
ist das?« wollte Gloria Jones wissen.

Die Mädchen hatten sich an Bord geschmuggelt. Styron
und Jones mussten sich zum Zahlmeister schleichen und
ihnen Schiffskarten kaufen, nicht nur für die Hinfahrt, sondern, als Gloria davon erfuhr, auch für die sofortige Rückreise.

Gloria und James Jones herrschten ungefähr ein Jahrzehnt
in Paris. Sie waren nicht die Murphys. Sie hatten keinen
Salon; es ließe sich besser als ein offenes Haus beschreiben.
James Baldwin war manchmal da, Styron natürlich, Romain
Gary oder Jean Seberg, seine vom Unglück verfolgte Frau.
Die Atmosphäre war ausgelassen. Man hatte Geld, man
hatte Freunde. Jones machte sich nie die Mühe, mehr als
nur ein paar Worte Französisch zu lernen; es war nicht nötig.
Seine Frau war einmal Double für Marilyn Monroe gewesen

und hatte es zu eigener Berühmtheit gebracht; sie war gut aussehend, laut, besitzergreifend, und in gewissen Grenzen sagte und machte sie fast alles. Eines Abends in ihrem Wohnzimmer fuhr eine Schauspielerin mit den Fingerkuppen an einem meiner Finger entlang. Sie war Französin. Würde ich sie die Nacht allein verbringen lassen? fragte sie, als wäre alles andere gedankenlos von mir. Ich fühlte mich ins Frankreich von Ninon de Lanclos versetzt, einer ihrer Lieblingsautorinnen – zum Diner geladen und dann ins Schlafzimmer geführt. Sie war nicht so schön wie ihre Rivalinnen, aber sie hatte ein Vermögen ausgeschlagen, als Richelieu sie zur Geliebten machen wollte und sie ihn zurückwies. Einer ihrer Grundsätze war es gewesen, sich nie zu langweilen.

* * *

Langsam stieg ich zu einer Sicht des Ganzen auf, über Zimmer, Apartments und eiserne Balkone – ich zog von Fenster zu Fenster, von Szene zu Szene. Das Hôtel du Quai Voltaire stand dicht am Fluss, auf der anderen Seite war der lange graue Vorhang des Louvre. Etwas überkam mich dort; ich lag zitternd im Bett; meine Arme und Beine schmerzten. Meine Haut tat bei der kleinsten Berührung weh. Auf unsicheren Beinen fuhr ich mit dem Aufzug nach unten, zufällig mit dem jungen Norman Mailer zusammen – dunkelhaarig, still, seine Gesundheit und sein Ruhm unerschütterlich, vielleicht auf dem Weg zu den Jones'. Ich dachte, ich hätte Grippe, aber es war mehr, ich konnte die Symptome nur nicht deuten: ich hatte Hepatitis. Ich lag wochenlang im Krankenhaus, zuerst im Delirium, gefolgt von langen Tagen, an denen ich manchmal in einem Gesundheitslexikon las und auf das Ergebnis der letzten Blutuntersuchung wartete.

Das gestärkte Weiß der Krankenschwestern hat etwas Tröstliches und auch die Tageszeitung. Ich erkrankte im Winter – es war Februar –, und auf wackligen Beinen trat ich in den Frühling des Jahres 1962 hinaus.

* * *

Europa gab mir meine Männlichkeit oder zumindest ein Bild von ihr. Es handelte sich nicht um Lust, sondern um etwas Beständigeres: die Einschätzung von Dingen und wie man sie bewertete. Was andere Männer in Afrika fanden oder im Fernen Osten, fand ich dort.

Europa war nicht nur eine große, sondern auch eine kleinere Welt, bevölkert von einigen wenigen Landsleuten, manchmal in der Form eines rätselhaften Exils. Die wirklichen Einwohner beanspruchten keinen Raum. Irgendwann mochte man ein paar von ihnen kennen lernen, aber eher auf unvollkommene Weise. Sie hatten ihre eigene Sprache und dadurch eine andere Definition des Lebens.

Einen Teil des eigenen, nie vervollständigten Mosaiks, in meinem Fall einen wesentlichen Teil, findet man fern von zu Hause. Als lägen sie auf den Fingerspitzen meiner Erinnerung sehe ich die breiten Flüsse, mit den kleinen und auch großen Städten an nicht ruinierten Ufern; die alten Kathedralen; die stillen Höfe alter Hotels, auf denen man sein Auto parkte, früh im Speisesaal, ein, zwei einsame Kellner. *Leb für die Schönheit*, Cyril Connollys Traum. Abend senkt sich über Paris, und ich sitze auf einer grün gestrichenen Bank an der Avenue Franklin Roosevelt – es ist das Jahr 1975 – und öffne seit einer Woche den ersten Brief. Es geht um das Buch, *Lichtjahre*, das noch nicht erschienen ist. Sie hat es zum ersten Mal ganz gelesen. Ein hypnotischer Brief, der in meiner Hand flattert wie ein Vogel, während ich ihn immer wieder lese. Autos auf dem Nachhauseweg schießen an mir vorbei. *Mein Liebling, ich muss Dir einfach sagen …* Nichts kommt diesem Moment gleich. Alles, was ich erhofft hatte.

Kant hatte vier Fragen, auf die die Philosophie seiner Meinung nach antworten sollte: Was kann ich wissen? Was darf ich hoffen? Was soll ich tun? Was ist der Mensch? Europa half mir, sie zu klären. Es war die Heimat einer alten Zivilisation. Seine Stärken sind vertikal, das heißt, sie sind tief. Was es einem letztlich schenkte, war Bildung, nicht im schulischen Sinne, sondern etwas Höheres, eine Sicht auf das Leben: Wie man Muße, Liebe, Essen und Unterhaltungen genoss, wie man Nacktheit, Architektur und Straßen betrachtete, ganz frisch und selbstständig. In Europa fällt der Schatten der Geschichte über einen, und sie nicht zu kennen, machte einem bewusst, wie klein man ist. Nichts zu wissen, bedeutet, nichts getan zu haben. Sich nur an sich selbst zu erinnern, ist, als bete man ein Staubkorn an. Europa ist vergleichbar mit einer riesigen, unüberschaubaren Ordnung, die man weder zusammenfassen noch beschreiben kann. Die jungen Studenten erkunden die Sexualität, die älteren das Essen, die Fakultät zieht Richtung Leichenhalle. Man rückt durch die Bänke nach vorne. Diese Schule wird einen, wie ein britischer König einmal von der Marine sagte, alles lehren, was man wissen muss.

\* \* \*

Lunch in der Nähe des Odéon. Paris am Tage, ein Tisch am Fenster, die Karte handgeschrieben, mittagsblauer Himmel. Durch die Tür kann man den Koch, wahrscheinlich ist er der Besitzer, mit weißer Jacke und Barett in der kleinen Küche sehen. Zwischen den Bestellungen liest er mit der

Ruhe eines Historikers die Pferderennseite der Zeitung. Ich denke nicht, dass er wetten wird, nicht heute, nicht bei der Arbeit. Er studiert nur.

Ich denke an Jahre zurück, die ich später zurückwies, und einen Mann, den ich einmal in einem Pornokino in der Nähe des Gare de Luxembourg sah. Nach dem ersten Film waren die Lichter angegangen. Schweigen. Im Saal saßen zehn oder zwölf Männer und warteten. Er war viel älter als die anderen. Ein wundervolles Haupt weißen Haars, wie das eines Restaurantbesitzers oder Pferdetrainers. Er zog eine Zeitung heraus und begann zu lesen, blätterte gelassen die großen rosafarbenen Seiten um. Es war so leise, dass man das Blättern hören konnte. Ein Mann, der abends ordentliche Mahlzeiten zu sich nahm und einen Hund besaß; vielleicht war er Witwer. Er hatte einen grellen Film über drei junge *bourgeoises* und all die unerwarteten Dinge gesehen, die ihnen zustießen, eine schlechte Arbeit, die nicht halb so interessant war wie ihr Titel. Als die Lichter wieder ausgingen, faltete er die Zeitung zusammen. In der Dunkelheit konnte man seinen edlen, imposanten Kopf sehen. Ich dachte damals ohne besonderen Grund über viele Menschen nach, Menschen, die man hier nie finden würde. Mir fiel Faulkner ein, der eine Zeit lang versucht hatte, als Drehbuchautor zu arbeiten. Ich sah ihn auf dem Weg zur Arbeit den Sunset Boulevard entlangfahren, unrasiert, nackte Füße auf den Pedalen, auf dem Boden rollen leere Flaschen herum. Ich dachte an den polnischen Portier, einen sehr großen Mann, der am Eingang zum Apartmenthaus meiner Eltern in New York stand. Vor seiner Flucht aus Polen war er Anwalt gewesen, aber hier konnte er seinen Beruf nicht ausüben; alles war anders und er zu alt. Er hatte nicht viel mit den anderen Türstehern zu tun – sie nannten ihn verächtlich den Grafen. Ich dachte an Monte Carlo und die Frau am Roulettetisch, die mich um Chips gebeten hatte. Wir nahmen danach ein paar Drinks an der Bar. Sie wollte mir in ihrem Zimmer etwas zeigen, Bilder von ihr aus Zeitungs-ausschnitten vor dem Krieg, als sie im Sporting Club getanzt hatte; ich konnte sie unter den anderen Mädchen erken-nen. Damals waren die Engländer da, sagte sie, und sie war mit ihnen gegangen; manche waren Lords.

Man traf ständig – vielleicht war es das – Menschen, die kein Geld hatten, Menschen, die etwas darstellten. Je we-niger sie hatten, desto mehr stellten sie manchmal dar.

Eine Frau in London überragte alle anderen. Sie war eine Gräfin, wenn auch ohne den Glanz der Vergangenheit. Sie trug einen sehr bekannten Namen, den von Deutschlands größtem Kanzler. Sie hatte schönes Haar, war hoch gewach-sen, früher hatte sie als Model für Chanel gearbeitet.

Eines Abends traf sie auf einer Party einen Filmregisseur, »diesen Joe Loosey«, wie sie ihn nannte. »Ich hasse ihn«, sagte sie, »er ist ein Schwein. Er sagte, was für ein großarti-ger Film *Tod in Venedig* sei. Ich erklärte ihm, es sei ein schö-nes Gemälde, aber langweilig. Er wurde sehr wütend. ›Wer sind Sie eigentlich?‹ sagte er.«

Ja, wer? Nur die wahre Auslese Europas, hätte sie antworten können, die Originale aus jahrhundertealten Familien. Sie war bereits eine Barbituratleiche, mit dünnen hängenden Brüsten, erschlaffender Haut. Sie ignorierte das. Ihre Augen waren stark geschminkt, ihre Mundwinkel nach unten ge-zogen. Sie hatte eine tiefe, gebieterische Stimme und lachte gern. Sie nuschelte, aber ihre Augen waren noch klar und von bestechendem Weiß. Sie war mit vierzehn von ihrem Onkel entjungfert worden, und später, auch nachdem sie verheiratet war, die Geliebte von Schriftstellern gewesen.

Sie war herrisch, aber großartig. Auch war sie in hohem Maße gleichgültig. Sie kannte die Welt ziemlich genau und besaß, da sie einer großen Familie entsprang, ein gewisses Verantwortungsgefühl, aber man konnte nicht von ihr erwarten, das Schicksal der Welt in die Hand zu nehmen, oder das des einfachen Mannes. Sie war eine Frau, die tief geliebt hatte und jahrelang Blumen auf das Grab des Schriftstellers James Kennaway legte, dessen Fotos in ihrem ehelichen Schlafzimmer standen. »Er ist im Stehen begraben worden«, sagte sie. Ihre Hände zitterten, wenn sie redete, und zündeten eine Zigarette an der anderen an. Sie war geradeheraus, ungeduldig, und ihre Spuren reichten weit zurück. Mit ihr zusammen zu sein war manchmal anstrengend, aber irgendwie gab es einem ungeheuren Mut, in Wirklichkeit den Mut zu sterben.

\* \* \*

Ich habe die »Kronenhalle« ausgelassen und die Hotels oberhalb von Zürich; Sizilien; Haut de Cagnes; London am Abend und Mädchen in Rolls-Royce, ihre vom Armaturenbrett angestrahlten Gesichter; den deutschen Zahnarzt in Rom – die Bombenangriffe auf Nordvietnam hatten gerade begonnen – »Gut, bombardiert sie«, sagte er, als er die Instrumente aufnahm, »bombardiert sie alle.« Ich habe den Ort in Paris ausgelassen, der für mich lange Zeit das Wesen der Stadt ausmachte, merkwürdigerweise ein privater Haushalt, der der Abbots. Er war ein alter Freund, zum zweiten Mal verheiratet, und seine neue Frau, Sally, war jung und wie eine Garbe Silber. Witzig, wachsam, war sie wie ein neues Kind in der Schule, das aus einem nicht bekannten aber schwierigen Irgendwoher aufgetaucht war, das schnell Freunde und auch Feinde gewann und großen Eindruck machte; Nate war ihr zweiter Mann. Er war ein draufgängerischer Colonel der Air Force gewesen, im Krieg Pilot und jetzt der europäische Repräsentant einer großen Firma.

Ihr Apartment im 16. Arrondissement war majestätisch; das Wohnzimmer hatte eine riesige Kuppel. Die Sofas und Sessel waren bequem, die Türen überall zwei Meter fünfzig hoch. Spät im Herbst, es war das Jahr der Berlinkrise, fuhren wir zu viert oder fünft von Chaumont nach Paris und gingen sie abends auf ein paar Drinks in ihrem Apartment besuchen. Die Stadt war schwarz und glänzend, erstaunlich kalt. Nate nahm mich gegen halb zehn beiseite. »Warum gehst du nicht mit ihnen ins Sexy?« sagte er – es war eines der Lieblingslokale seines Firmenchefs.

Ich habe vergessen, wie wir dort hinkamen; draußen waren Fotos ausgestellt. Ich ging zuerst alleine hinein, um es mir anzusehen. Es schien mir ein Ort mit Stil zu sein. »Wie ist es?« wollten sie wissen, als ich zurückkam. »Großartig«, sagte ich, und wir gingen hinein. »Er kommt hier ständig her«, erklärte ich.

Es waren einige gut aussehende Frauen da. Ich glaube, es spielte eine Band; es gab eine Bar. »Gebt mir jeder dreihundert Franc«, sagte ich, den Kenner spielend, »und ich zahl die Rechnungen.« Es stellten sich bereits einige Frauen vor. Ich sah, wie Weiss und Duvall, keiner von ihnen unerfahren, einen kurzen Blick wechselten, als wollten sie sagen, dann mal los. Das Geld war nach der zweiten Runde aufgebraucht. Es schien unwichtig. Es war wie die Nacht, bevor die *France* auslief. Es ging immer weiter, und obwohl einzelne Momente klar in Erinnerung bleiben, ist ungewiss, wo sich das Ganze abspielte. Ich habe die Straße mehrere Male gesucht; sie ist verschwunden.

# UKIYO

Wir kamen aus einer Bar, die sich »Die Sieben Meere« nannte – sie war weit weniger wundersam als ihr Name, alle fünfzehn Minuten verdunkelte sich zu Donner und Blitz ein an die Wand gemaltes Panorama ferner Boote und Häfen, während schwerer Regen auf unechte Blechdächer prasselte – und gingen zurück zu unserer Suite.

Im Hotel – eine zweitklassige Unterkunft namens Hollywood Knickerbocker – ging es lebhafter zu. Die Bar war erfüllt von Gelächter, Lärm, grinsenden Gesichtern, der Euphorie der Nachkriegszeit. Man kam sich vor wie auf einer spontan organisierten Party mit vielen gestrichelten Linien zwischen Augenpaaren, während abseits des Geschehens im oberen Stock eine einsame vergessene Gestalt saß: D. W. Griffith, der berühmte Regisseur, der seine letzten Jahre verlebte. Er war das Sinnbild für ein legendäres Leben: atemberaubender Erfolg, Huldigungen, babylonischer Luxus, dann das Alter und die Ablehnung, ein gefallener König.

Er war mit Abstand der Größte unter ihnen gewesen. Die Erwachsenenwelt – dies war 1947 – war noch voller Menschen, die mit seinen damals enorm erfolgreichen Filmen aufgewachsen waren, *The Clansman*, der später in *Birth of a Nation* umbenannt wurde (1915), *Intolerance* (1916), *Hearts of the World* (1918), *Way Down East* (1920) und *Orphans of the Storm* (1921), auf den der allmähliche Misserfolg folgte. Er hatte die Syntax des Films erschaffen und gehörte zu seiner Aristokratie, mit seinem dunklen Westernhut, dem hageren eindringlichen Gesicht.

Ich hatte noch keinen seiner Filme gesehen, mit ihren wie Wattebäusche wirkendem Kanonenfeuer, ihren abrupten Bewegungen und ihren jungfräulichen Mädchen, die ganz in Weiß gekleidet waren. Als ich sie lange Zeit später sah, dachte ich an den Abend in Los Angeles zurück – Griffith oben auf seinem Zimmer und darunter die trinkende und singende Meute. Lillian Gish und Mary Pickford waren zwei seiner Stars gewesen. Damals waren sie auch schon alt, über fünfzig, und nicht mehr einsetzbar. Man hatte ihre Stimmen nie gehört, das war es, und die Engel, die sie ablösten, sprachen, lachten, weinten. Der Vater einer jungen Schauspielerin vertraute mir einmal verwundert an: »Sie kann *echte* Tränen weinen.«

Als ich das erste Mal in die Stadt kam, war es, als flöge man über versunkene Flotten herein. Ich war mit unserem Navigator dort, einem untersetzten kräftigen Hawaiianer namens Fred Hemmings. Wir benahmen uns wie Matrosen. Wir hatten nichts zu tun, außer anziehend zu wirken. Wir hüpften wie die Flöhe von Bar zu Bar.

Erst später erhielt ich einen ersten kurzen Einblick, wie Filme wirklich gemacht wurden. Ich hatte in Honolulu Samuel Goldwyn kennen gelernt – mein Vater hatte das Treffen irgendwie arrangiert –, und er lud mich ein, das nächste Mal in Los Angeles die Studios zu besuchen. Ohne seine Sekretärinnen und außerhalb seines Machtbereichs war er ein gewöhnlich aussehender Mann ohne große Autorität. Unerwarteterweise erinnerte er sich an mich, als ich anrief, obwohl ich natürlich nicht persönlich mit ihm sprechen durfte. Sie würden dem Wächter am Tor – das eigentliche Wahrzeichen der Studios waren die nie lächelnden Wachen –

meinen Namen geben. Man dirigierte mich zu einer Tonbühne, wo ich ein oder zwei Stunden zusah, wie ein als Gentleman des achtzehnten Jahrhunderts gekleideter Schauspieler eine Treppe herunterkam und ein paar Worte sprach, allerdings nie zur vollständigen Zufriedenheit des Regisseurs. Der Schauspieler war David Niven. Das Ganze war langweilig. Es schien alles falsch, die Künstelei und Wiederholung, die kahle Rückwand des Sets.

Sieben Jahre später, ich war immer noch Offizier, saß ich in Zivilkleidung im Abteil eines Zuges, der durch triste deutsche Landschaften fegte, von Bremerhaven nach Frankfurt. Vereinzelte Regentropfen hingen an der Scheibe. In einer Frauenzeitschrift mit bläulichem Umschlag, in dem zum Wahnsinnigwerden adrette Modelle kleine Hüte und weiße Handschuhe vorführten, sprang mir ein unerwarteter Artikel ins Auge. Es war eine Huldigung an einen rundlichen walisischen Dichter, dessen Foto, aufgenommen vor der Tür seines Ateliers in einer Stadt am Meer, ein Manuskript sah aus seiner Jackentasche, mich bezauberte. John Malcolm Brinnin, vielleicht war es ein Vorabdruck aus seinem Buch, hatte über Dylan Thomas geschrieben, und irgendwie hatte sich der Artikel in die Seiten von *Mademoiselle* verirrt. Es gab ein Bild von Dylan Thomas' Frau, von seinen Kindern, die keltische Namen hatten, und sogar einen Schnappschuss seiner Mutter.

Brinnins lyrische Schilderung des schäbigen romantischen Lebens war die Einleitung zu einem Gedicht, das in überwältigenden Sprachsalven Seite um Seite füllte. Es war *Unter dem Milchwald*, spielerisch, stolzierend, mit flammenden Figuren und Zeilen. Die Worte machten mich schwindlig, ihre Grandeur, ihr Witz. Im weichen, rhythmisch ruckenden Behagen des Zuges gab ich mich der Sprache hin. Die Regentropfen wurden zu Streifen, während ich den blendenden Stimmen lauschte, Hausfrauen, Ladenbesitzer, zänkische Weiber, Captain Cat – der blinde, pensionierte Kapitän zur See, der von der Dirne Rosie Probert träumt (»Kommt rauf, Jungs, ich bin tot«).

Es war eine unvergessliche Vorstellung, ein fortwährender Gesang – das längste Gedicht, das ich je gelesen hatte, wenn auch als Stück geschrieben, und von einer Bilderflut, dass ich der unoriginellen Idee verfiel, es mir als Film vorzustellen. Man hätte es verfilmen können, und natürlich *wurde* es schließlich verfilmt, auch wenn ich damals noch nicht verstand, dass selbst ein perfekter Film immer nur eine Facette der ganzen funkelnden Möglichkeiten zeigen konnte. Das Gedicht besaß eine Kraft, die keine Umsetzung je erreichen und die von einer solchen Übertragung nur geschmälert werden konnte.

In dem Bundesbahnwaggon, der, wie ich annehme, noch aus der Vorkriegszeit stammte, war – in mir – ein gewisses Gran an Unzufriedenheit. Ich hatte niemals etwas so Unberührbares und Schönes geschaffen wie das Gedicht, das ich da gelesen hatte, und ich spürte die nie ganz verdrängte Sehnsucht in mir aufsteigen, so etwas zu schreiben. Ich sah aus dem Fenster. Es war 1954, Winter. Konnte ich das?

\* \* \*

Wie sich herausstellte, erfolgte mein Eintritt ins Filmgeschäft über ein unordentliches, mit Papieren übersätes Hinterzimmer im Büro der bekannten Theaterrechtsanwälte Weissburger und Frosch. Das jüngste Mitglied der Kanzlei hieß Howard Rayfiel, auf eigene Art theatralisch, groß, weich und lebhaft, Sohn eines Drehbuchautors und Bruder eines weiteren. Er war für die anfallenden Fleißarbeiten zuständig:

arbeitete Verträge aus, tippte Briefe, säuberte die Ställe der Könige. Nebenher war er Impresario einer Phantomfirma. Wie ein schülerhafter Diaghilev erschien er mit samtbesetztem Mantelkragen und Astrakhan-Hut in der Carnegie Hall, allerdings nicht im Konzertsaal, sondern in den großfenstrigen Studios darüber, die man über einen majestätischen alten Fahrstuhl erreichte. Er hatte keine Ballerina dabei, sondern eine Papiertüte mit Camembert und Äpfeln, das Mittagessen für einen mit seinen Partnern verhandelnden Klienten, einen Theaterregisseur, der nur begrenzten Erfolg hatte, aber von seinem Talent überzeugt war. Sie wollten zusammen Filme machen. Sie fragten mich, ob ich nicht dazustoßen und ein Drehbuch schreiben wollte. Das schmeichelte mir, außerdem glaubte ich zu der Zeit, alles zu können, was ich in die Hand nahm, und so begann, was sich als eine lange Affäre herausstellen sollte.

Der Regisseur hatte bereits einen Erstlingsfilm hinter sich. Ich erinnere mich, dass er fast keinen Dialog enthielt. Er zeigte die endlose, hastende Flucht eines Sträflings oder Überlebenden durch dichte Wälder, einen Mann, der von Dämonen oder vielleicht auch von Hunden gehetzt wird. Nach fast der Hälfte des Films – der Mann beugt sich gerade über einen Strom, um daraus zu trinken – sieht man etwas an seinem Hals funkeln. Es sind ein Paar silberne Fliegerschwingen, und seine Qual – ich habe vergessen, wie das dem Zuschauer nahe gebracht wurde – lag darin, dass er zu der Besatzung gehört hatte, die eine der Atombomben über Japan abgeworfen hatte. Er konnte fliehen, aber der Erinnerung würde er nie entkommen. Ich war mir sicher, etwas weniger Banales schreiben zu können.

Ich arbeitete am Sutton Place in einem ruhigen Haus mit ungerader Nummernzahl; es war eines von zweien, die einer ergebenen Schülerin des Regisseurs gehörten – einer Bekehrten, wäre ein besseres Wort. Sie war reich, steckte aber kein Geld in das Projekt, sondern stellte nur Räume zur Verfügung. Dies war einerseits klug und andererseits töricht. Sie hätte das Geld wahrscheinlich verloren und wäre von ihren Bankern milde kritisiert worden, aber ungefähr ein Jahr später kam sie bei einem Flugzeugunglück ums Leben – es war auf ihrer Hochzeitsreise –, und was hätte es da schon ausgemacht?

Eines Nachmittags begegnete ich im Studio über der Carnegie Hall dem, was ich für das Authentische hielt: einem Mann mit Akzent und einem langen asketischen Gesicht, der unverkennbar in Künstlermanier gekleidet war – die Hose von einem Anzug und ein zweireihiges Jackett von einem anderen. Adolphus Mekas war sein Name. Er war einerseits bekannt für den Film, den er gerade drehte, zum anderen weil er der Bruder von Jonas Mekas war, dem kompromisslosen Kritiker der so genannten Filmkultur, die in Großbuchstaben seiner didaktischen Zeitschrift den Namen gab.

Ich war begierig darauf, Adolphus Mekas' Meinung zu hören, und bereit, sie anzunehmen, vor allem in Bezug auf Drehbücher. Eine damals verbreitete Auffassung war, dass man ohne sie arbeiten sollte, improvisieren, den Schauspielern die Freiheit geben, die Geschichte selbst zu entwickeln. Die feststehende Handlung war der Fluch des ernsten Dramas, wie schon Bernhard Shaw gesagt hatte.

Arbeitete er mit …, fragte ich vorsichtig, … hatte er ein Skript? Ja. Er hatte Drehbücher, aber er hielt sie unter Verschluss, sagte Mekas, nicht, um sie vor möglichen Rivalen zu verstecken, sondern damit die Schauspieler sie nicht lasen – wenn sie das Skript kannten, entstand nur Befangenheit, erklärte er. Immer wenn eine Szene gedreht wurde, gab er ihnen die nötigen Zeilen und nur diese. Er sagte dies alles mit tiefem Selbstvertrauen und europäischer Ruhe. Ich habe keine Ahnung, wie der Film geworden ist.

Mein eigenes Drehbuch war ein sentimentales Bouquet, das ich einem jungen, unwiderstehlich zynischen New Yorker Mädchen zu Füßen legte, einem Prototyp, der Blüte jeder New Yorker Generation, die in diesem besonderen Fall in solch längst vergessenen Gewächshäusern wie El Morocco und dem Stork Club gezogen wurde. Sie wird mit den Augen eines verliebten aber nicht sehr entschlossenen Mannes gesehen, der sich gerade von den Dingen abgestoßen fühlt, von denen sie glaubt, sie müssten ihm gefallen. Er wendet sich ab, und sie trennen sich. Sie verschwindet in den Stromschnellen Manhattans. In seiner Stimme gehalten, war es vielleicht eine Elegie.

Der Film, der *Goodbye, Bear* hieß, hatte keinen wirklichen Stachel. Es war eine bloße Geschichte und wäre als Gedicht besser gewesen; er enthielt ein paar schmerzlich nachhallende Zeilen. Er besaß auch eine Art einsamer Würde, die etwas Unerwartetes hervorbrachte, ähnlich jener chinesischen Geschichte über den Mandarin, der jahrelang am Fluss steht und anstatt mit einem Haken mit einer geraden Nadel angelt. Die Kunde von diesem merkwürdigen Verhalten geht durchs Land und erreicht schließlich den Kaiser, der sich auf den Weg macht, um sich den Mandarin anzusehen. Was hoffte er, mit so einem Haken zu fangen? fragte der Kaiser den Mandarin. Wonach fischte er?

Die Antwort war gleichmütig. »Nach Euch, mein Kaiser«, sagte der Mandarin.

Der Kaiser, damals noch ungekrönt, war ein Schauspieler, der sich gerade auf New Yorks Bühnen einen Namen machte –

Robert Redford. Irgendwie hatte er das Drehbuch in die Hände bekommen, und wir trafen uns zum Lunch, zwei Naive in der sonnenerfüllten Stadt.

Ich habe viele Erinnerungen an ihn, als er noch unbekannt war und ihn eine Aura reinster Jugend umgab. An einem Morgen in London kamen am Eingang des Savoy drei oder vier Frauen auf ihn zu und baten ihn um ein Autogramm. Während er unterschrieb, sah er mich mit leicht verlegenem Lächeln an. »Die hast du doch bestellt«, sagte ich später zu ihm. Er brach in ein wundervolles Lachen aus, nein, nein, hatte er nicht. Das Auto, das uns an dem Tag zum Flughafen brachte, blieb im Tunnel kurz vor Heathrow liegen, wir stiegen aus und liefen mit unseren Koffern los, um das Flugzeug zu kriegen. So einfach und unbewacht war sein Leben damals. Er war liebenswert und direkt.

Wir fuhren 1968 zusammen zur Winterolympiade nach Grenoble, schliefen in Korridoren, da es keine Zimmer mehr gab, und fuhren mit dem Bus. Man hatte mich beauftragt, einen Film über einen Skirennfahrer zu schreiben, in dem er die Hauptrolle spielen sollte, und wir zogen wochenlang mit dem U. S.-Team durchs Land.

Eines Abends sagte ich beiläufig beim Essen, dass ich mir als Vorbild der Hauptfigur mehr oder weniger den Abfahrtsläufer Billy Kidd vorstellte, hart, sehr wahrscheinlich aus einem ärmlichen Stadtteil, geschliffen von den Jahren auf den eisigen Pisten im Osten der Vereinigten Staaten. Kidd war damals der dominierende Abfahrtsläufer des U. S.-Teams, und wie es Champions eigen ist, ein wenig arrogant und distanziert – es mag auch ein Teil Schüchternheit gewesen sein. Redford schüttelte den Kopf, nein. Der Skifahrer, an dem er interessiert sei, sitze an einem anderen Tisch. Da drüben. Ich sah hinüber. Mit goldenem Haar, stoisch, Redford ein wenig ähnlich, was ihn natürlich von Anfang an hätte verdächtig machen müssen, saß da ein wenig bekanntes Teammitglied namens Spider Sabich. Sein ganzer Ruhm schien darin zu bestehen, dass er sich sechs oder sieben Mal das Bein gebrochen hatte. Er kam allerdings aus Kalifornien, so wie Redford, aus Van Nuys, einem dieser unbestimmt attraktiven Orte an der Küste.

»Der?« sagte ich, »Sabich?«

Ja, sagte Redford; in dem Alter sei er genauso gewesen.

Der Film sollte einen Mann zeigen, der das Gegenteil jenes fast ausgestorbenen Athletentyps war, der hoch talentiert, aber bescheiden die Tugenden von Kraft und Entschlossenheit in sich vereinte, ohne die Demut zu vergessen. Der finnische Läufer Paavo Nurmi, ein legendärer Champion – ich habe ihn bereits erwähnt –, war immer eines meiner Idole gewesen. Obwohl ich nichts über seine Person wusste, stellte ich mir einen älteren Nurmi in der Rolle des Trainers vor, der jahrelang darauf hin arbeitete, einen seiner Läufer die Goldmedaille gewinnen zu sehen, und dem schließlich die Chance gegeben wird, aber durch einen Mann, den er nicht mag, sogar verachtet, einen ungehobelten, selbstgefälligen Redford. Solche Sportler gab es, aber vielleicht keine Trainer wie Nurmi.

Ich wollte, dass sich der Film um etwas drehte, was schließlich sogar in einem beiläufigen Satz des Dialogs erhalten blieb, »die Gerechtigkeit des Sports«. Die letzten Momente sollten einen begeisterten Redford im Auslauf der Strecke zeigen, die Arme triumphierend hochgerissen, während ein kaum bekannter Läufer, der Letzte des Endlaufs, herunterkommt, die Zwischenzeiten eine nach der anderen schlägt und schließlich, während die Gesichter der Menge sich in einer letzten großen Bewegung dem Berg zuwenden und die

Anfeuerungsrufe bedrohlich anschwellen, über die Ziellinie schießt, um im letzten Moment zu gewinnen. Dies sollte die größere Gerechtigkeit sein, die im Leben vielleicht unerreichbar war.

So leicht, das Ganze, wie ein Spiel. Mit ihm und seiner Frau in New Yorker Restaurants zu gehen, in der schönen verschmutzten Stadt, draußen die Herbstluft in den Straßen, Gesichter drehen sich nach uns um, während wir den Raum durchqueren. Der Glanz scheint auch einem selbst zu gehören. Es hatte auch etwas Traumhaftes, vielleicht weil Redford immer wie auf der Durchreise wirkte, nicht ganz da. Es ging über ihn hinweg wie eine flüchtige Liebesbeziehung. Selbst lange nachdem er berühmt war, gab es etwas in ihm, das den Starrummel verachtete. Er trug schwarze Seidenhemden und fuhr einen Porsche, mochte es nicht, wenn eifrige Agenten ihn Bobby nannten, und sagte mehr als ein Mal: »Ich hasse es, ein Filmstar zu sein.« Dennoch sollte er einer werden, das Leben führen, das es mit sich brachte, immer ausweichend, immer auf der Hut, immer in dem Versuch, unerkannt zu bleiben, nicht angesprochen zu werden, ein Leben, in dem jeder ein Freund sein wollte, in dem man im Flugzeug ganz vorne saß, als Letzter an Bord, wie ein gesuchter Verbrecher.

Mit vierzig, ein paar Jahre später, sah er besser aus, als zu der Zeit, als wir uns kennen lernten. Der gut aussehende, ein wenig seichte Collegejunge war verschwunden, und ein schlanker, verständiger Mann war an seine Stelle getreten. Seine beiläufige Amüsiertheit und natürliche Vorsicht hatten ihn zu erstaunlichem Erfolg geführt. Seine Tage besaßen eine Form, er leistete etwas in ihnen. Jeder wollte ihn sehen oder sprechen. Als blickte er auf eine Speisekarte, war er in der Lage, auszuwählen, was sein Leben sein sollte.

Eines Abends im Flugzeug, unterwegs von einer Küste zur anderen, zeigte er mir einen Brief, den er bekommen hatte. Er war mit Schreibmaschine geschrieben, kam aus einem kleinen Städtchen in Kansas oder Nebraska – eine junge Frau, die von ihrem Mann getrennt war, hatte sich einen Babysitter besorgt und war vierzig Meilen weit gefahren, um sich einen Film von ihm anzusehen. Ich habe vergessen, welcher es war – *Eine ganz normale Familie*, vielleicht –, aber er hatte sie tief bewegt, sie zum Weinen gebracht und ihr auf ganz neue Weise den Weg gezeigt, den sie im Leben einschlagen musste. Die Stimme der Absenderin, die sich irgendwo in der Dunkelheit unter uns befand, lag in den Zeilen, ehrlich und einsam. Im Gegensatz zu Tausenden von anderen Briefen, ganze Kisten voll, hatte er diesen monatelang mit sich herumgetragen, er wollte antworten, konnte es aber nicht. *Ich bin noch da*, wollte er sagen, *ich habe Ihren Brief noch.*

Die Sehnsucht, dachte ich, ist so unendlich groß, dass man sie nicht einmal zum Teil begriff. Sie war eine unermessliche Summe, wie das Meer.

Unsere Leben trieben auseinander. Ich schrieb noch einen Film für ihn, aber er wurde nie gedreht. »Wenn ich das spiele«, sagte er, vielleicht um sich zu entschuldigen, »kriegt es allein dadurch etwas Künstliches.« Er kannte seine Grenzen.

Das letzte Mal sah ich ihn bei einer Filmpremiere. Vor dem Kino wartete eine Menschentraube, viele mit Kamera, um den Moment einzufangen. Im Saal waren alle Plätze belegt. Dann ging im Halbdunkel ein Murmeln durch die Menge. Leute begannen aufzustehen. Ein wahrer Lichtregen ging nieder, überall Blitzlichter, und inmitten einer kleinen Gruppe, die sich den Gang hinunter bewegte, sah man den blonden Schopf des Stars. Ich war weit entfernt – in Wirklichkeit waren es Jahre –, aber ich spürte etwas im Magen. Es erinnerte mich an die Szene in *Heinrich IV.*, Falstaff nach der Krönung. *Man wird mich insgeheim zu ihm rufen*, sagte ich mir tröstend. *Ich werd heut Abend bald gerufen werden.*

\* \* \*

Wenn ich an die frühen Tage denke, taucht, untrennbar mit ihnen verbunden, die aufregende Stadt vor mir auf – New York –, in der sie begannen. Über allem scheint eine Art athenäischer Glanz zu liegen, der in Wirklichkeit das Licht ist, das durch die hohen Glasarkaden von Lincoln Center fiel, in dem im Herbst die Filmfestspiele stattfanden. Diese zogen die an, die für mich die wahre Elite waren, die großen europäischen Regisseure – Antonioni, Truffaut, Fellini und Godard. Sie verkörperten eine neue Art des Films, fantasievoller und eindringlicher als unsere eigenen.

Das Kino im Lincoln Center war geräumig und elegant, anders als die tristen, gedrängten Säle, in denen die ersten Filme von Buñuel und Brakhage – einer erstaunlichen Randfigur – gezeigt wurden. Die Leinwand war makellos, die darauf erscheinenden Gesichter groß und brillant, von lunarer Intensität, kraftvoll und klar. Die Patina der Kunst lag auf allem, und wir waren Teil davon, fühlten uns erhoben durch sie.

Die Stadt schien von Filmen zu pulsieren, ganze Schulen waren vertreten, Filme aller Art, gewagte Filme, die in etwas Großes, Unbekanntes vorstießen, wie ein Eisbrecher, der sich den Weg zum offenen Meer bahnt. Ich lebte in der Vorstadt und hatte erst kurz zuvor Lane Slate zufällig kennen gelernt, der ein Stück die Straße hinunter wohnte. Er war ehrfurchtslos und belesen, gut aussehend, und öffnete beim

Lächeln nie die Lippen, da er so schlechte Zähne hatte. Wenn er lachte, stopfte er sich die Krawatte in den Mund, um sie zu verbergen. Er war der talentierte Gefährte, nach dem ich mich gesehnt hatte. Im Vorgarten seines kleinen weißen Hauses standen drei alte Autos, darunter ein LaSalle und ein Delage, heruntergekommene Oldtimer. Im Haus gab es neben viel Gerümpel ein oder zwei ins Auge fallende Möbelstücke, eine Ehefrau, einen alten englischen Collie und zwei sehr geliebte kleine Jungen in abgerissenen Kleidern.

Er war von seiner ersten Frau geschieden, einer Italienerin, die er als Schönheit schilderte und die ich nie gesehen habe. Sie hatte sein Gehalt gepfändet. Wenn wir gemeinsam in die Stadt fuhren, hielten wir oft an einer entlegenen New Jersey Bank, auf der er ein geheimes Konto unterhielt, um jedenfalls etwas Geld zu haben. Er arbeitete für einen Fernsehsender in der so genannten Öffentlichkeitsarbeit. Wir versorgten uns da mit Unmengen Notizbüchern und anderem Bürobedarf und planten Filme, die wir gemeinsam produzieren wollten.

Es gibt eine Sprache innerhalb der Sprache, eine Art Code zwischen Menschen, die sich verstehen. Die Freude daran verband uns. Ich mochte seine Art zu reden, seine schnellen Schlussfolgerungen, seinen Spott über alles und jedes, die Präzision seiner Charakterisierungen. Und auch seine Selbstsicherheit. Er war nicht auf dem College gewesen – er hatte sich nach oben gelesen und kannte irgendwie alles. Obwohl ich es mir nicht wirklich vorstellen konnte, hatte er in der Marine gedient. Von dem, was er dort gelernt hatte, war ihm kaum etwas geblieben, außer der Überzeugung, dass man Mädchen, die kleine goldene Kruzifixe trugen, leicht rumkriegen konnte.

Wir gründeten eine Firma und begannen einen Dokumentarfilm über New York, er hieß *Alltagsleben im antiken Rom*, die Geschichte dazu hatten wir von Livius und Sallust. Am frühen Morgen drehen wir auf der Fifth Avenue. Ein Auto hält an der Ecke, und ein Mädchen steigt aus, sie trägt eine Air France-Uniform mit eng geschnittenem Rock. Der Wagen hat Diplomatenkennzeichen, ein blasser, müder Fahrer beugt sich herüber, um sie zu verabschieden und die Tür hinter ihr zu schließen. Behindert durch den Rock, läuft sie trippelnd auf die breite Glasfront von AIR FRANCE zu. Die Nacht ist vorüber.

Auf Schemeln im Dunkeln sitzend, sahen wir uns die Muster an und überlegten uns Schnitte. Am Nachmittag hinaus ins helle Sonnenlicht auf die West Fifty-fifth Street, zum Lunch ins »Brittany«. Der Film wird Gesichter zeigen, heimliche Paare, die aus dem Club »21« kommen, Schwindel erregende Aufnahmen glatter Fassaden, die in den dunklen Himmel ragen, und darunter, in ruhigen Tönen, die prophetische Schilderung des Verfalls, jahrhundertealt.

Es war das New York von Balanchine, Motherwell und Mies van der Rohe, und auch das von Jack Smith, Yoko Ono und George Kleinsinger, Darsteller, denen die Jahre noch nichts von ihrem Glanz genommen hatten. Kleinsinger war Komponist. In seinen Zimmern im Chelsea Hotel hatte er einen tropischen Regenwald, freifliegende Vögel hüpften von Ast zu Ast, Fische in Teichen, Springbrunnen. Ansonsten gab es einen glänzenden schwarzen Flügel, an dem er die Musik zu einer Oper namens *Archy and Mehitabel* schrieb. Seine Tochter stand neben ihm und sang mit voller, leidenschaftlicher Stimme Partien daraus, streckte sich dann auf einem Tagesbett neben einer anderen jungen Frau aus, Kleinsingers Verlobter.

Yoko Ono war mit einem Bekannten von mir verheiratet, der gleichzeitig ihr Manager war und sich ihrer Karriere widmete. Er war in gewisser Weise naiv; sie war es nicht. Sie lebten hier und dort, kämpften immer um Geld und hatten eine kleine, von ihm sehr geliebte Tochter. Ich traf ihn mit dem Baby auf dem Arm im Village, das Fläschchen in einer Umhängetasche über der Schulter. Seine Frau stand über diesen Dingen. Sie war Performancekünstlerin, und sie strahlte vor Ehrgeiz. Sie war entschlossen, ihre Chance zu ergreifen, und schließlich fand sie sie auf sehr unerwartete Weise.

*Alltagsleben im antiken Rom* wurde nie fertig gestellt. Wir machten aber zehn oder zwölf andere Streifen, Dokumentarfilme, das Geld kratzten wir mühsam zusammen, einige davon waren durchaus eloquent. Wir reisten durchs Land, nahmen das Flugzeug, einen Wagen, stiegen in Motels ab, umgeben von der unbekümmerten Lebenslust Amerikas, Bierflaschen liegen am Straßenrand, leere Büchsen rollen leicht wie Papier über den Asphalt. Ich kann sehen, wie sich seine Hände in kleinen einladenden Kreisen bewegen, während er jemandem etwas erklärt und sein Anliegen vorträgt. Er entwarf in groben Zügen und ergänzte einige Details mit leichter Hand. Die Leute mochten ihn auf Anhieb. Es ist sein merkwürdiger Charme, an den ich mich erinnere, die Taschen voll mit zerkrumpelten Geldscheinen, von denen oft welche zu Boden fielen, die Migräneanfälle, die schließlich gebündelt auftraten, die Vertrautheit mit allen denkbaren Namen, die reparaturbedürftigen Autos, die Einsamkeit im Kern seines Wesens.

Sein älterer, nach ihm benannter Sohn wurde auf dem Fahrrad von einem Auto angefahren und starb ein paar Tage später. Das war zu einer Zeit, als wir bereits begonnen hatten, uns auseinander zu leben. Vielleicht hatten wir die Fähigkeit verloren, einander zu unterhalten. Wir machten zusammen einen letzten Film, über amerikanische Maler: Warhol, vor seinem eigentlichen Durchbruch, Rauschenberg, Stuart Davis und ein Dutzend anderer. Er zog aus dem kleinen asbestgedeckten Haus in Piermont nach Sneden's Landing, in eine exklusive Siedlung, in der die Häuser, auch wenn sie durch die Hände vieler Besitzer gingen, eigene Namen besaßen. Es folgten weitere Katastrophen, an erster Stelle der Tod seiner Frau.

Auf den in seiner schönen Handschrift adressierten Briefumschlägen zogen die Poststempel westwärts, nach Kalifornien, wo er, wenn er Glück hatte, endlich als Regisseur arbeiten wollte. Er lebte eine Zeit lang in einem Haus, das früher einmal Greta Garbo gehört hatte, kam für eine dritte, scheiternde Ehe in den Osten zurück und ließ sich schließlich in Arizona auf einer Ranch mit dem unwahrscheinlichen Namen X-9 nieder. Dort endete sein Weg.

\* \* \*

Ich hatte einen Freund, Hurley war sein Name, ein knurriger, ernsthafter Mensch, der auf der Sixty-first Street in einer kleinen, ordentlichen Wohnung wohnte, die eher einer Kapitänskajüte glich, und mich immer wieder fragte: »Aber wie hast du sie nur kennen gelernt?« als wäre es unvorstellbar. Er warf mir vor, mir sofort von jedem, den ich kennen lernte, die Adresse in einem kleinen Buch zu notieren – eine nur langsam heilende Wunde. Gab es wirklich eine Zeit, als ich versuchte, Leute kennen zu lernen? Oh, ja. Ich war geradezu außer mir, als ich Gelegenheit bekam – es war um das Jahr 1963 –, Peter Glenville kennen zu lernen, einen Engländer, einen Regisseur, der *Rashomon* auf der Bühne inszeniert und bei dem Film *Becket* Regie geführt hatte. Er besaß unleugbar Talent und lebte wie ein Fürst.

Wir aßen zu viert, alles Männer, in seinem New Yorker Stadthaus zu Abend. Das Essen wurde von einem livrierten Dienstmädchen aufgetragen. Glenville fragte mich, ob ich daran interessiert wäre, ein Drehbuch zu schreiben, eine italienische Geschichte, die er verfilmen wollte. Allein das Angebot erschien mir als Auszeichnung. Er hatte mich ausgesucht, er glaubte an mich. Es war nicht schwer zu sehen, wie wählerisch er war – das Haus, die schöne Kleidung, der hoch gewachsene Gefährte, der immer für ihn da war: Bill Smith.

Er schickte mir ein Exposé, und ich war enttäuscht. Die Geschichte war furchtbar: Ein junger Mann in Rom, Rechtsanwalt, verliebt sich in ein schönes Mädchen, das merkwürdig ausweichend reagiert, wenn man sie auf ihr Leben anspricht. Entweder ist sie nur unsicher und unschuldig oder – die Hinweise sind dürftig, aber sein Misstrauen wächst – ein Callgirl. Er heiratet sie trotzdem, aber es wiederholen sich beunruhigende Dinge. Ich habe den klischeehaften Höhepunkt vergessen, aber er führt dazu, dass sie versucht, sich das Leben zu nehmen. Sie liegt im weißen Bett des *ospedale*, entweder sie versöhnen sich oder sie stirbt, ich weiß es nicht mehr.

Was man auch daraus machte, erklärte ich Glenville offen, es würde nie den geringsten Wert besitzen. Er verstand meine Bedenken, aber die Eifersucht sei dennoch ein interessantes Motiv, auch das Lokalkolorit …

Der Produzent rief aus Kalifornien an. Sie seien dort alle »Fans« von mir. Er habe ausführlich mit Glenville gesprochen. Sie seien davon überzeugt, dass ich der richtige Mann für das Drehbuch sei. Ich vergaß alles und holte tief Luft.

Man denkt, Regisseure seien von einem abhängig. In Wirklichkeit warten sie nur ab, sehen, was man ihnen bringt, hoffen, dass sie etwas zwischen die Zähne kriegen. Man selbst ist bestenfalls eine Übergangsfigur. Ihr Blick geht über einen hinaus zu Besprechungen, Überredungen, Intrigen. Sie sind es, die wirklich etwas kreieren. Es ist eine so große Bestätigung, von ihrer Energie getragen zu werden, in ihrer Gesellschaft zu sein, die luxuriös erscheint, auf einer höheren Ebene, auf einer Stufe mit den Stars selbst.

In Cannes saß ich einmal mit einem Sieger am Tisch. Er trug eine Hirschlederjacke und einen schwarzen Schlapphut. Alle Anwesenden waren jung. Während er redete, nahm das Mädchen neben ihm seine Hand, verhakte die Finger in seinen, hob sie zu ihren Lippen und begann sie andächtig zu küssen. Er redete weiter, den anderen Arm ausgestreckt wie der Papst.

\* \* \*

Ich fuhr nach Rom, die Stadt war ockerfarben und weiß, desinteressiert an mir. Ich rief einen Grafen Crespi an; Glenville hatte mir seinen Namen gegeben. Er war kühl am Telefon. Ich musste mehrere Tage auf eine Verabredung warten.

Er kam aus seinem Büro, begrüßte mich, gebräunt, gut aussehend, eng anliegende Ohren, ein strahlendes Lächeln. »Ich bin Crespi«, sagte er und führte mich in ein kleines, schlichtes Zimmer, in dem er mir gegenüber Platz nahm.

So gut ich konnte, schilderte ich ihm die Handlung des Films, und er begann sofort Vorschläge zu machen. Das Mädchen könnte anstatt als Model, was irgendwie banal wirke, bei der Zeitschrift *Vogue* arbeiten, wo die frühere Sekretärin seiner Frau, ein sehr kluges Mädchen, das vier oder fünf

Sprachen konnte ..., aber *Vogue* wäre vielleicht schon ein wenig zu übertrieben, entschied er. Eine Verkäuferin in einer Boutique, überlegte er, oder vielleicht, ja, das wäre noch besser, ein Hausmannequin für eines der Couture-Häuser – Fourquet auf der Via Condotti, zum Beispiel. »Sie verdient vielleicht nur 80 000 Lire im Monat, aber es ist interessante Arbeit, sie trifft Menschen, eine gewisse Art von Leuten mit Geld, Geschmack. Wenn sie auf Einladungen geht, leiht ihr Fourquet wahrscheinlich eines seiner teuren Kleider.«

Mit heroischem Charme begann er, den Mann im Film zu beschreiben, den jungen, ehrlichen Rechtsanwalt. Politisch eher linksgerichtet – »Wie alle in Italien, alle, außer mir«, erklärte er. Der Rechtsanwalt fährt ein neues Auto, geht tanzen, zum Strand. Er liebt Sport, wie alle Italiener, ist selbst aber natürlich nicht aktiv, und dann gibt es noch eine traditionelle Seite – er geht immer noch jeden Tag nach Hause, zu seiner Mutter, um mit ihr Mittag zu essen.

Crespis Begeisterung und seine Bereitschaft, mich mit Details zu versorgen, ließen meine Zuversicht wachsen. Vielleicht konnte man eine Stimmung finden, eine Art der Darstellung, die den Film retten würde. Während wir weiter redeten, begann Crespi – als Reaktion auf bestimmte Dinge, die ich gesagt hatte – seine Meinung zu ändern, den Rechtsanwalt weniger mondän zu sehen, nicht als Teil des neuen Italiens, in dem man, wie Fellini gezeigt hatte, schon *alles* gesehen hatte, zumindest in Rom. Vielleicht sollte es besser in einer Stadt in der Provinz spielen. Piacenza oder Verona. Ja, sagte er, er sehe es wirklich als romantische Geschichte. Die Frauen werden alle weinen, prophezeite er.

»Aber ist so etwas in einer Stadt wie Verona möglich?« sagte ich. »Gibt es da Callgirls?«

»Natürlich. Überall«, sagte er. »Man kann sie in jeder

Zeitung finden. Der Skandal Italiens. Sie annoncieren als *manecure*, mit eleganter Adresse, *senza portiere*. Seitenweise. Schauen Sie mal in *Il Messaggero*.«

Es stimmte. Das Gleiche in *Il Tempo*. Ich saß in einem lauten Hotel an der Piazza della Rotonda, das mir ebenfalls Glenville empfohlen hatte, auf meinem Zimmer und las die Zeitung. Die Möbel schienen aus einem alten Waisenhaus zu stammen. Ein blanker Holzfußboden. *Giovanissima* – sehr jung – hieß es in allen Anzeigen. Via Flamina, Via del Babuino, *senza portiere*.

Am Ende fuhr ich weder nach Verona noch nach Piacenza. Ich traf andere Leute und wiederum andere. Ich zog in die Wohnung einer Engländerin – ihr hübscher botanischer Name, Lyndall Birch, stand auf einer kleinen weißen Karte unter der Klingel – auf der Via dei Coronari, einer schmalen, hässlichen Straße im alten Teil der Stadt. Das Apartment, ein *atico* mit drei Zimmern und Terrasse, erreichte man über sechs Stiegen mit ausgetretenen Marmorstufen. Über die heißen und schläfrigen Dächer hinweg konnte man die Terrasse der Crespis sehen, eingefasst von blau gerafften palastartigen Vorhängen. Es war Ende Juni; die Stadt glich einem Feuerofen, die Sonne lag schwer auf der Zimmerdecke. In den darauf folgenden Monaten schrieb ich im Liegen auf dem kühlen Steinfußboden, die brennende Luft über mir war so dicht, dass man kaum atmen konnte.

Eines Abends in einem ländlichen Restaurant versuchte ich der Unterhaltung am Tisch zu folgen, dem abrupten Gelächter. Es war alles anzüglich und auf Italienisch. Ich konnte ein paar derbe Worte ausmachen. Wir saßen im Garten um eine lebhafte Frau namens Laura Betti. Sie war Sängerin und Schauspielerin. Pasolini und Moravia hatten Liedertexte für sie geschrieben, und sie konnte das ganze Brecht-

Weill-Repertoire auf Italienisch. Sie redete an diesem Abend unablässig, zwischen den Fingern eine Zigarette. Ihr Lachen war unwiderstehlich. Rauch floss aus ihrem Mund. Sie war blond, ein wenig kräftig, vielleicht dreißig Jahre alt, die Art von Frau, die stolz eine gewisse Traurigkeit in sich birgt.

Wir befanden uns in einer alten Welt, wie es schien, in der kühlen Luft, der Dunkelheit unter den Weinreben. Die leeren Karaffen Wein wurden durch neue ersetzt, die grünen Flaschen *minerale*. Wir waren zu sechst oder siebt. Sie sprachen über alles und jeden und aßen von des anderen Tellern: über die berühmte Schauspielerin, die es gerne auf zwei Weisen gleichzeitig machte, man konnte solche Frauen daran erkennen, sagte Laura Betti, wie sie einen über die Schulter hinweg mit wissendem Lächeln ansahen; über die Verrückte, die durch die Straßen zog und mit gebrochener Stimme ein konfuses Lied über ihre große Liebe sang, den Mann, der sie in die Arme genommen hatte, von der Schönheit Jesu und wie sie die Taube des kleinen Jungen mit der Zunge berührte. Es ging nur um die Liebe, oder besser gesagt, um das Begehren. Rom war ein Dorf, in dem es für sie keine Geheimnisse gab. Sie wussten alles, die Namen der vier Gräfinnen, die eines Nachts ein elfjähriges Zigeunermädchen auflasen und sie ins Haus eines namhaften Journalisten brachten, um zuzusehen, wie er sich mit ihr vergnügte. Mein Drehbuch, fragten sie, wovon handelte es? Obwohl ich spürte, dass es naiv klang, erzählte ich davon. Vielleicht sollte es nicht in Rom spielen, warf ich ein – jemand habe Piacenza vorgeschlagen.

»Bologna«, sagte Laura Betti. »Da könnte es spielen.«

»Bologna?«

»Es ist wundervoll«, erklärte ihre rauchige Stimme. Es war ihre Heimatstadt.

»Bologna ist für drei Dinge berühmt«, sagte sie. »Erstens für seine Gelehrsamkeit – es besitzt die älteste Universität Italiens, gegründet im elften Jahrhundert. Dann ist es berühmt für sein Essen. Die beste Küche im ganzen Land. In Bologna isst man so gut, wie nirgendwo sonst, das weiß jeder. Und drittens ist es berühmt für Fellatio.« Sie gebrauchte ein anderes Wort.

»Eine Spezialität«, sagte sie. »Die verschiedenen Techniken werden nach Pastasorten benannt. *Rigate* zum Beispiel«, erklärte sie, »das sind dünne geriffelte Röllchen. Dafür benutzen die Mädchen auf sanfte Weise ihre Zähne. In den Bordellen früher gab es immer eine *Signorina Bolognese* – das war dann ihre Spezialität.«

Das Mädchen, das in einem Verlag arbeitete, und ein anderes aus Mailand ließen sich nichts anmerken. An umliegenden Tischen sprachen Paare im Dunkeln. Mich beeindruckten Laura Bettis kühle Offenheit und Souveränität – es war für mich eine Initiation.

Ich fuhr nach Bologna. Als der Zug in den Hauptbahnhof einfuhr, wartete neben den hölzernen Eingangstüren eine Frau. Sie nickte mir zu und lächelte. Ich kannte ihren Namen, Camilla Cagli. Sie stammte aus Bologna; ihr Mann war Rechtsanwalt. Laura Betti hatte sie angerufen und gefragt, ob sie mir die Stadt zeigen könnte, und von dem langen Tag erinnere ich mich an ihr Lächeln, die Entspanntheit ihrer Gegenwart, die natürliche Anmut. Wir gingen unter den Arkaden spazieren, redeten vom Leben in Bologna und sahen uns das riesige Haus an, den *palazzo* – mittlerweile in Apartments unterteilt –, in dem sie geboren wurde. Ein paar Stunden war ich wie gebannt, ja hingerissen von der Vertrautheit mit ihr.

Sie war schon einmal verheiratet gewesen, mit einem Mann

aus guter Familie, aber es war eine leere Ehe – Bridgeabende und Muße vor dem Krieg. Sie hatte Glück gehabt und konnte sich – fast undenkbar in Italien – während der kurzen Zeitspanne, als die Kommunisten an der Macht waren, scheiden lassen.

Am Ende sollte aber nicht Bologna, sondern Rom für mich der Ort sein, an dem sich alles entfaltete.

\* \* \*

In Rom herrschte drückende Hitze. Dunkelhäutige Sizilianer stiegen um zwei Uhr nachmittags aus den Betten. Der Tiber war grün und reglos. Sonntagmorgens stauten sich die Autos auf der Straße zum Meer, aus Hunderten von Radios peitschte Musik durch die blaue erschöpfte Luft.

Drei oder vier Mal in der Woche fuhr ich die Via Flamina hinauf, über die Brücke, zur Wohnung einer Amerikanerin, die mir Italienischunterricht gab. Ihre Kinder schlossen die Tür zum Wohnzimmer und ließen uns allein. Meine Lehrerin hieß Dorothy Brown. Wir saßen auf dem Sofa. Das Vokabular entstammte keinem Lehrbuch. »Die Italiener sind mehr am *culo* als an der *fica* interessiert«, erklärte sie und schrieb die Worte auf. »Es gibt sogar ein Verb dafür, *inculare*. Die Mädchen bevorzugen es, um ihre Jungfräulichkeit zu behalten.« Ihr Freund, sagte sie, habe es so mit seiner Kusine gemacht, seitdem sie beide vierzehn waren. Verschmolzene Bilder: das dunkle, schattige Zimmer, die jungen Körper, das leise, weiche Rascheln der Laken.

Gegen Mittag kommt ihr Freund, er stammt aus einer Aristokratenfamilie aus dem Süden, ist klein, selbstsicher, freundlich zu den Kindern. Wir essen zusammen *en famille*. Ein Mädchen bedient uns. Auf dem Oberarm hat sie eine Impfnarbe von der Größe einer Pflaume. »Marco, *mangia*«, redet der Freund dem jüngsten Kind zu – iss. »*Come fa crescere?*« – Wie willst du sonst groß werden? Die Sonne hat die Mittagsstraßen leer gefegt. Um den Pantheon dösen Katzen unter geparkten Autos.

Wie so viele in Rom schien Dorothy Brown in einer Art Exil zu leben. Ich verbinde sie irgendwie mit Kalifornien. Rom war eine Chance für sie – es gibt immer eine Chance, selbst in Revolutionen und schlechten Zeiten –, obwohl gutes Aussehen allein kaum eine Garantie ist.

Rom schien Frauen anzuziehen, vielleicht wegen seiner Dekadenz und der berühmten Heißblütigkeit der Männer. Man sah sie überall: Teuer gekleidete Frauen im Hassler oder im Hôtel de Ville; Frauen, die mit und ohne Mann reisten; junge Frauen, die sagten, sie seien Schauspielerinnen – wer weiß, was aus ihnen wurde; Frauen zu zweit in Restaurants, die aufmerksam die Karte studierten; Frauen, die, ihrer Illusion beraubt, dennoch nicht Lebewohl sagen konnten; Frauen, die Läden führten und im Sommer nach Circeo fuhren; geschiedene Frauen, die auf ein früheres Leben in Trastevere zurückblicken konnten; englische Mädchen, die sagten, oh, nein, nicht diese Woche, sie fühlten sich nicht ganz wohl – aber der Arzt habe gesagt, es sei nichts; Mädchen, die ungewaschen, wenn nicht sogar schmutzig aussahen und mit knappen Kleidern und jungen weißen Zähnen in Restaurants saßen; in Wien geborene *principessas*, die in der Einsamkeit riesiger Wohnungen lebten; und alternde Moderedakteurinnen, die sich selten aus der Nähe des Hilton entfernten.

Ihnen gegenüber die Unzahl von Männern: die gut aussehende Meute; Männer, deren Ehe nie annulliert wurde; Männer, die nie heiraten würden; Männer in zwielichtigen Geschäften; Männer von der Straße und aus den Bars, die von nichts, von *nullo* lebten; Männer mit gutem Namen und braunen Zähnen; dunkelhäutige Männer aus dem Süden, stilvoll und unveränderlich, der Nagel des kleinen Fingers drei Zentimeter lang.

Inmitten dieser Besetzung gab es ernüchternde Auftritte: die Tochter des englischen Premierministers, eine Schauspielerin, die auf unsicheren Beinen das Restaurant durchquerte und gegen die Tische stieß. Sie hatte schmale Lippen und das immer bereite Lächeln einer Schauspielerin. Sie lebte mit einem Schwarzen auf der Via del Corso in einer kaum möblierten Wohnung mit hohen Decken, in der es nach Räucherstäbchen roch. Die Tür war aus Stahl und hatte Präzisionsschlösser.

Die Wohnung gehörte einem Mafiaboss, vertraute mir der Schwarze an, einem sehr wichtigen Mann. »Sie haben all die Statuen in Rom ohne Kopf gesehen? Also, er hat die Köpfe.«

Aber es würde sehr gemütlich werden, wenn es fertig war, versicherte sie mir. Sie hatte langes rotes Haar und blasse Haut, auf der Wange zeigte sich deutlich ein blauer Fleck, ein weiterer auf ihrem Arm. Churchill, ihr Vater, lebte noch. Sie setzte sich mit einem Drink auf das einsame Sofa.

»Du hast da wirklich einen«, bestätigte der Schwarze.

»Nein, hab ich nicht«, sagte sie.

»Doch, sicher.«

»Wirklich?« sagte sie zärtlich.

Auf der Titelseite eines Magazins auf dem Boden war eine Fotografie von ihr mit ihm im Hintergrund. Sie hob es auf.

»Das ist der beste Artikel über uns, der je gebracht wurde«, sagte sie. »Wirklich, sehr einfühlsam. Kommt der Wahrheit am nächsten. Er ist sehr gut.« Im Licht schien ihr Haar dünn, sie hatte Falten um die Augen.

Sie wollten in Tanger einen Club eröffnen. Er war Musiker und Maler. Afrika sei das einzig Wahre, sagte er. »Die Erde – sowie man den Fuß darauf setzt, geht sie durch einen durch, man bebt förmlich von ihr.« Seine Hände, vom Beben erfasst, vibrierten nach oben. »Stimmt's, Mommy? Vielleicht werd ich ja irgendwo Premierminister.«

Sie antwortete nicht; ihr gefiel die Idee mit Afrika, sie wollte irgendwohin, wo man leicht Geld verdienen konnte, sagte sie. »Wissen Sie, hier ist das jetzt alles vorbei.« Es wäre schön, im Sommer mit ein paar Leuten an einem witzigen Ort zu sein; im Winter könnte Lobo – das war sein Name – dann malen. Es wäre wahrscheinlich falsch, entschied sie vorausschauend, wenn er sich zuerst als Sänger oder Clubbesitzer einen Namen machte, und dann als Maler, denn, wissen Sie, die Leute lösen sich nie wirklich vom ersten Eindruck.

\* \* \*

Es war eine Stadt von unvergleichlicher Verkommenheit: gedämpfte Farben, Brunnen, Bäume auf Häuserdächern, schöne harte Jungen, Müll. Eine südliche Stadt – auf der Piazza di Spagna standen Palmen, die weiß glühende Sonne am Nachmittag. Eine korrupte Stadt, die Zeitalter überlebt hatte – nichts, das so oft verraten worden war, konnte einen Hauch von Illusion bewahren. Am Tage war sie schön. In der Nacht wurde sie gefährlich.

Langsam wurde sie mir vertraut, Straße um Straße, bruchstückweise, wie ein riesiges Puzzlespiel – ein Teil, dann kurz danach ein anderes fällt genau an seinen Platz. Ich erinnere mich, dass ich in der Zeit viel Geld hatte. Zuletzt fuhr ich einen weißen fabrikneuen Fiat Cabriolet, schoss durch die Piazzas, rauschte die antiken weiten Alleen hinauf, streifte auf der einen Seite fast die Hausfassaden, hatte auf der anderen die atemberaubende Sicht.

An einem Juniabend war ich einer Frau vorgestellt worden, deren Apartment ich vielleicht mieten konnte – ich hatte zu der Zeit noch kein eigenes gefunden. Sie war klein, gut gekleidet und misstrauisch, Frankokanadierin, wie ich herausfand. Zwischen ihren Brauen stand eine senkrechte Zornesfalte. Sie hieß Gaby – Gabrielle, nehme ich an. Sie war verführerisch, gleichzeitig verächtlich; das Leben hatte sie harte Lektionen gelehrt, unter anderem, immer ans Geld zu denken und Männer zu hassen.

Sie war in Kanada auf eine Klosterschule gegangen, zu den Ursulines des Trois Rivières. Ich stellte mir düstere Gebäude zwischen legendären dunklen Kiefern vor. Schon ihre Mutter und Großmutter waren dort gewesen. Sie hatte in genau demselben Bett wie sie geschlafen, auf einer schmalen Strohmatratze. Man erwartete das von Mädchen, erklärte sie. Bis zum heutigen Tage schlief sie, als läge sie in einem Sarg, lang gestreckt und reglos. Das Baden wurde in Trois Rivières beaufsichtigt – um die Neugier niederzuhalten und das Schamgefühl zu stärken, wurde ein weißes Laken an einer Art Halsring um die Wanne drapiert. Täglich wusch sie den Leinenkragen ihrer Tracht, und zwischen den Gebeten beschäftigte sie sich mit Religion und Religionsgeschichte. Viele Mädchen heirateten Millionäre, sagte sie, als erhöhte die Strenge ihrer Abgeschiedenheit ihre Sinnlichkeit und den Wunsch nach Materiellem. Ein Mädchen heiratete einen Krösus aus Kanada, ein anderes Georges Simenon.

In ihrem Falle hatte es zu einem leidenschaftlichen Interesse an menschlicher Schwäche geführt. Sie erfreute sich, ein wenig verbittert, an den Schwächen und heimlichen Lastern von Moravia, Italiens berühmtestem Autor; oder

Visconti, der die beiden hübschen Knaben, die in *La Terra Trema* mitspielten, nach den Dreharbeiten mit nach Hause nahm, sie in Uniformen steckte und als Dienstboten posieren ließ; John Cheever (der ein oder zwei Sommer in Rom verbracht hatte); Pietro Germi, der seine Frau wegen einer jungen Schauspielerin verließ und von ihr auf demütigendste Weise betrogen wurde; Thyssen, der reiche Kunstsammler; unzählige andere.

Sie erzählte mir voller Genugtuung die Geschichte von der Sängerin – ein schüchternes, süßes Mädchen –, die es zuerst als Schauspielerin versuchte und dann die Chance bekam, in einer Revue mitzusingen. Natürlich musste sie mit dem Star der Show schlafen und danach mit dem Produzenten, aber dennoch kürzten sie ihre Rolle. Sie ging mit dem Bruder des Stars ins Bett, weil ihr das vielleicht helfen würde, und ganz am Ende war der Bühnentechniker an der Reihe. Er fuhr mit ihr in irgendein Haus, es war ein großes Haus, und ging mit ihr in eins der oberen Zimmer. Es war dunkel. »Zieh dich aus«, sagte er zu ihr. Als sie sich ausgezogen hatte, sagte er: »Zieh die hier an«, und gab ihr ein Paar hochhackige Schuhe. Dann musste sie sich auf Händen und Füßen aufs Bett knien. Plötzlich ging das Licht an. Es waren noch andere Männer im Raum, alle vorherigen, der Star, der Produzent, der Elektriker. Es sollte eine Art Party werden, und sie kamen lachend auf sie zu.

Männer hatten Gaby natürlich nachgestellt – das war eine der Ursachen für ihre Obsession: Die Arbeiter auf der Straße, die sie vorbeigehen sahen, die die Hände hoben, als formten sie ihren Hintern nach, und ausriefen: »*Beato lui …*« – gesegnet der Mann, dem das zuteil werde. Der sizilianische Prinz, der mit ihr auf einem Ball tanzte, ihre Hand nahm und sagte: »Hier. Was halten Sie davon?«, nachdem er sein nacktes Glied hineingelegt hatte. Die lüsternen Journalisten und Rechtsanwälte … es war empörend, und doch wünschte sie einen Moment später, wieder zwanzig zu sein, dann würde sie all die Dinge tun, für die sie früher zu ängstlich gewesen war.

Sie erwähnte Corinne Luchaire, einen französischen Star aus der Vorkriegszeit. »Sie war Görings Geliebte.«

Ich erinnerte mich vage an eine schlanke blonde Schönheit. »Seine Geliebte? Doch nicht wirklich?«

»Natürlich!« zischte sie. »Wissen Sie denn *überhaupt* nichts?«

Corinne Luchaire, sagte sie, war in ihrem Apartment in Paris von der französischen Résistance verhaftet und die Nacht über dort festgehalten worden, während einundvierzig Männer sie vergewaltigten. Sie verbrachte drei Jahre im Gefängnis. Bei ihrem Prozess las ihr der Rechtsanwalt Maupassants Erzählung *Fettklößchen* von Anfang bis Ende vor, sie handelte von Kollaboration, von der Hure und dem Soldaten, der sie besuchte, ob sie nicht gewusst habe, dass er ein Deutscher war? »Nein, er war nackt.« Ich hatte die Geschichte nicht gelesen, die erste, die Maupassant je veröffentlicht hatte, und selbst heute weiß ich nicht, ob ihre Version korrekt war, aber es ist die, an die ich mich erinnere.

Was sie genau war, fand ich nie heraus – Autorin, Publizistin, eine Art Gesellschaftsreporterin, und nebenbei eine Scheherazade, die Rom für mich farbig machte mit ihren Geschichten, die sie mit leichtem Akzent erzählte; sie hatte erst mit sieben Englisch gelernt, und sie konnte das »th« nicht aussprechen. Anstatt »with« sagte sie »wid«. Sie ließ Eindrücke auf mich herabregnen, manche waren so intensiv, dass sie wie Wunden in meinem Fleisch blieben.

Sie stellte mich Fellini vor, mit dem sie irgendwie zusammenarbeitete. Sie brachte ihm Geschichten. »Erzähl mir etwas, erzähl mir etwas« – er wollte nichts Geschriebenes; das Zuhören inspiriere ihn, sagte er. Man hörte oft, dass es zu jener Zeit in ganz Europa nur zwei wirkliche Künstler gab, Picasso und Fellini. Picasso war schon alt und entrückt. Fellini war ein Mann, der einem in Hemdsärmeln gegenübersaß und den Fotografien von sich ähnelte, verknautscht, wie ein liebenswerter Onkel, dem schwarze Haare aus den Ohren wuchsen.

Ich besuchte ihn im Studio, in dem er gerade arbeitete. Die Unterhaltung begann auf Italienisch; er spreche kein Englisch, entschuldigte er sich, aber bald rutschten wir hinein. Ich war kurze Zeit zuvor in New York bei den Vorkapich-Vorträgen im Museum of Modern Art gewesen. Im Wesentlichen waren sie eine Huldigung an Slavko Vorkapich, dem Meister der Art von Bildmontage, die man aus den dreißiger und vierziger Jahren kannte: zu Boden fallende Kalenderblätter, die das Verstreichen der Tage und Monate anzeigen, Räder eines Zuges, dann eines Autos, dann vielleicht der Blick auf einen Ozeandampfer, die auf Reisen über große Entfernungen verweisen. Die ganze Filmwelt der Ostküste war zu den Vorträgen gekommen, sagte ich. Es war schwierig, einen Platz zu kriegen, und von allen Regisseuren, deren Arbeit herangezogen wurde, um Ideen zu erläutern, wurde Fellini, gefolgt von Eisenstein, am häufigsten genannt. Fellini nickte bescheiden. Er schien dankbar – die Ehre. Er hatte nur eine Frage. »Wer ist Vorkapich?« wollte er wissen.

Er schrieb mir seine Telefonnummern auf ein Stück Papier – wenn es irgendetwas gebe, bei dem er mir behilflich sein könne, solle ich ihn anrufen, drängte er mich. Ich war allerdings nicht lange genug in Rom.

Sie stellte mich auch Zavattini vor, dem führenden Drehbuchautor italienischer Nachkriegsfilme – *Schuhputzer, Um-*

*berto D, Fahrraddiebe –*, den ich sehr bewunderte. Er hatte eine Glatze und trug einen weiten blauen Anzug mit Knöpfen am Hosenschlitz. Er war entmutigt. »Das Kino hat versagt«, sagte er.

An einer Person, die mir Gaby vorstellte, war ich besonders interessiert, Nany Columbo, die eine Boutique besaß und in Rom und Genua vor dem Krieg als Mannequin gearbeitet hatte.

»Sprechen Sie Englisch?« sagte ich.

Sie schüttelte den Kopf. Schade.

Das italienische Mädchen, über das ich schrieb und die wie bei der Entwicklung eines Fotos nur langsam Gestalt annahm – eine Zeit lang stellte ich mir eine jüngere Nany Columbo in der Rolle vor. Wodurch Mädchen verdorben werden, erklärte sie auf Italienisch, sei der ganze Luxus, der sie umgab. Sie sagte es mit einer gelassenen Resignation, als hätte sie es selbst erlebt. Alles an ihr schien authentisch, jedes Wort die reine Wahrheit. Als ihr Mann aus dem Krieg heimkehrte, sagte sie, lebte sie mit ihrem Sohn auf dem Land. Er kam die Straße herunter. Sie sah schrecklich aus. Ihr Haar war strähnig, ihr Kleid schäbig. Sie schob ein Bett vor die Haustür, sagte sie, lief nach oben und machte sich hübsch, bevor er sie sehen durfte.

Auf dem Land, ein paar Stunden nördlich von Rom entfernt, lagen Weingärten unterhalb der großen Häuser; ein Mann mit Hund arbeitete auf einem Feld; neben der Eingangstür war Holz gestapelt. Die stillen Landterrassen mit ihrem Blick auf Hügel und Haine hatten sich seit dem zwölften oder dreizehnten Jahrhundert nicht verändert. Wie der Schluss eines Aktes verblassten an den dunklen Wänden alter Kirchen langsam die Piero della Francescas.

Was ich lange Zeit nicht verstand, war die Verbindung zwischen den Weingärten, den großen Häusern, den Klöstern Europas und der Korruption, der Dunkelheit, dem Reichtum. Sie waren immer voneinander abhängig gewesen und konnten ohne einander nicht existieren. Die Natur ist hinreißend, aber die Frauen sind in der Stadt. Eines Abends in Rom, es war eigentlich schon morgens gegen zwei, spazierte in der Nähe der Piazza Navona ein Mann mit zwei Frauen in ein Café, eine von ihnen war blond und trug ein blaugrünes Kleid, die andere war noch schöner. Er war in Abendgarderobe. Sie setzten sich; die Kellner begannen sich zu regen. Er lächelte, dann, nach einem kurzen Moment, sagte er zwei Worte, die aber aus vollem Herzen: »*Wunder*volle Party.«

\* \* \*

Ich blättere durch die Seiten eines kleinen grünen Notizbuchs – es ist halb so groß wie eine Postkarte, auf dem Deckel steht in altmodischer Schrift: *Notizen* –, das ich im Sommer 1964 wahrscheinlich in einem schwach beleuchteten Geschäft in der Nähe der Via Bocca di Leone gekauft habe. Es enthält die Festdaten: Leute, Telefonnummern, Restaurants, Clubs, Tanzlokale, Piazzas, Strände, Weine, Besonderheiten, wie die Tür zum Haus des Kardinals, durch dessen Schlüsselloch man den Petersdom über dem Garten schweben sehen kann, außergewöhnliche Straßen und die Namen von zwei italienischen Huren, die an der Bar eines großen Hotels arbeiteten – eine von ihnen kam aus Südafrika.

Anhand dieser reichhaltigen Hinweise kann ich die damalige Zeit fast wieder aufleben lassen, viele Dialoge, Gesichter.

Es war Nachmittag, ich war im Hassler, und die Frauen redeten über Reisen und Essen. Die Frau eines Regisseurs hatte ihren Mantel über ihre Stuhllehne gelegt. Im Kragen standen in stolzen schwarzen Buchstaben die Worte: GIVENCHY, PARIS. Sie war aber nicht diejenige, die in Sophia Lorens Apartment ein altes Fresko bewunderte und sagte: »Ihr Innendekorateur hat wirklich Wunder vollbracht.« Später sagte der Star zu einer anderen Frau auf Italienisch: »Was kann man schon erwarten?«

An einem Abend saß ich mit Scott Fitzgeralds früherer Geliebten Sheila Graham und zwei Modejournalistinnen zusammen. Sie sprachen nur von Geld, wie viel sie verdienten, wie viel die Dinge kosteten. Ich versuchte mir die junge, offene Frau vorzustellen, die Sheila Graham einmal gewesen war, das unerwartete Geschenk an den gebrochenen Schriftsteller. *Die Liebe ist deine letzte Chance. Es gibt wirklich nichts anderes, warum man leben sollte.* Nichts davon schien geblieben.

Eine der Journalistinnen war Filmkritikerin, die andere eine große Frau Mitte vierzig mit einer Zahnspange. Sie mochte Italien nicht. Was Frankreich angehe, so sei es grauenhaft teuer, sagte sie. Sie hasste Frankreich, seit sie den Abzug der französischen Armee aus Indochina miterlebt hatte: »Ich kann Ihnen sagen, das war vielleicht was.« Frankreich sei nicht einmal ein schönes Land; sie habe dort nie eine Aussicht gesehen, an die sie sich erinnerte.

»Und wo haben Sie eine gesehen?«

»Oh, in Indien, Ceylon. Dort gibt es Aussichten«, sagte sie.

Eines Abends saß ich in einem Restaurant, und zwei Frauen setzten sich an den Nebentisch. Eine war Amerikanerin, sie war älter, mit feingliedrigen Händen, die andere war jung, blond, mit einer auffällig guten Figur. Ihre ersten Worte waren eine Klage, sie sitze »bergab«. Der Kellner beeilte sich, ihr einen neuen Stuhl zu bringen, und lächelte mich viel-sagend an.

Sie waren gerade auf Capri gewesen und unterhielten sich angeregt darüber. Bald kosteten sie das von mir bestellte Ge-richt, und ich probierte ihren Wein. Der Blick der Jüngeren war offen und freundlich. Ich könne Hand lesen, erzählte ich ihnen – ich wollte sie anfassen, ihre Finger halten. »Sagen Sie mir Ihren Namen«, bat ich sie.

»Ilena«, antwortete sie. Im Reichtum dieses Lächelns würde man sich niemals einsam oder verlassen fühlen.

Mit gespielter Autorität musterte ich ihre Handfläche. »Sie werden drei Kinder haben«, sagte ich und zeigte auf ein paar Linien. »Sie sind witzig – das erkennt man hieran. Ich sehe Geld und Ruhm.« Ihre Finger drückten die meinen.

»Sie sind ein Idiot«, sagte sie fröhlich. »Das bedeutet doch nett, nicht wahr?«

Vielleicht hieß sie Ilena, vielleicht war es nur der Name, den sie wie einen seidenen Morgenmantel trug, den man ihr von den Schultern streifen wollte. Sie verströmte Wellen von Wärme. Sie war dreiundzwanzig Jahre alt und wog dreiund-sechzig Kilo, von denen jedes fehlende Gramm ein schwerer Verlust gewesen wäre. Sie war, wie ich erfuhr, die Geliebte von John Huston, der in Rom einen Film drehte. Sie war auch die Freundin Farouks gewesen, des exilierten Königs von Ägypten, und somit eines der letzten einer unendlichen Folge königlicher Besitztümer, die bis in die Zeit der Pha-raonen zurückreichten. Sie hatte ihn beim Zahnarzt kennen gelernt. Er war mit seinem Anwalt dort, sagte sie, eine Ein-zelheit, die sich niemand ausdenken konnte, wie ich fand. Sie stellten fest, dass sie unweit voneinander wohnten und begannen sich zu treffen.

Farouks Tag begann am Abend. Wie ein echter Playboy

stand er sehr spät auf. Sie beschrieb ihn mir. Er war amüsant. Er liebte teure Autos – er besaß einen Rolls-Royce und einen Jaguar. Er aß gerne. Ich dachte an die beleibten Männer, die ich in meinem Leben gekannt hatte, viele von ihnen waren gute Tänzer, graziös, sogar leichtfüßig. Ob er auch so gewesen sei? »Darling, wir haben nie getanzt«, sagte sie.

Es war offensichtlich, dass sie ihn gemocht hatte. Sie waren zusammen nach Monte Carlo gereist, an die *chemin de fer*-Tische, wo man ihn, einen unverbesserlichen Spieler, »die Lokomotive« nannte. An dem Abend, als er in Rom in einem Restaurant auf der Appia Antica zusammenbrach und starb, durfte sie durch die Hintertür verschwinden, bevor die Presse eintraf.

Ob sie Schauspielerin war oder jemals eine wurde, weiß ich nicht. Natürlich wollte sie es gerne – sie habe bereits in großen Rollen gespielt.

Wir gingen zu dritt auf einen Drink in die »Blue Bar«, danach aßen wir auf der Piazza Navona ein *gelato*. Auf der Via Veneto sprach sie kurz mit einer Gruppe älterer italienischer Geschäftsmänner. Es war eine Lust, sie zu beobachten. Ihre Beine, die Seide ihres gemusterten Kleides, die Wangen – alles leuchtete wie Himmelskörper, die unser Schicksal bestimmen.

Wir setzten die Amerikanerin in ihrem Hotel ab, es war das Excelsior. Noch in der Einfahrt wandte ich mich Ilena zu und sagte einfach: »Ich bete dich an. Seit dem ersten Moment.« Als Antwort gab sie mir einen Kuss und sagte: »Nach rechts.« Es war spät, und sie hatte einen frühen Termin bei Elizabeth Arden's; sie wollte nach Hause.

»Bist du verheiratet?« fragte sie mich, während wir fuhren.

»Ja.«

»Ich auch.«

Mit einem Mann, der schon über achtzig war, erklärte sie. Ich erinnerte mich an die Geschichte aus der Zeitung – sie hatte ihn geheiratet, um einen Pass zu bekommen. Er war in einem Pflegeheim, einem *instituto*. Sie ging ihn dort besuchen, sagte sie. Dann fragte sie freundlich: »Willst du mal mitkommen?«

Wir hielten in dieser Nacht in einer Straße bei einer dunklen Piazza, vor einem kleinen Lokal, in dem sie mit Farouk oft um vier oder fünf Uhr morgens Apfelstrudel gegessen hatte. Es sah geschlossen aus, und ich wartete, während sie hinüberlief, um der Frau, die wahrscheinlich die Besitzerin war, Hallo zu sagen. Nach einer Weile kam sie zurück. »Sie hat sich *so* gefreut, mich zu sehen«, sagte sie lebhaft und fügte hinzu: »Sie ist sehr nett.«

Wir fuhren weiter in Richtung Parioli, wo Ilena auf der Via Archimede in einem zwielichtig aussehenden Gebäude wohnte. Das Apartment war klein und eintönig möbliert, an der Wand hing ein großes Bild von John Huston, das im *Life*-Magazin erschienen war. Auf dem Boden lagen Bücher, die ihr Huston zum Lesen gegeben hatte. Er hätte ihr ebenso gut einen Chemiekasten oder ein Mikroskop schenken können. »Man darf *nie* aufhören zu lernen«, habe er ihr erklärt – sie konnte ihn perfekt nachahmen. Ich hörte seine volle, rollende, leicht zynische Stimme, wie er in einem Dokumentarfilm über die Schlacht von San Pietro, einem im Krieg völlig zerstörten Dorf, das dem Unkraut und den Schafen überlassen worden war, »Mount Lungo« sagte. Oben auf dem Berg war ein Friedhof, von dem man zwanzig Meilen weit sehen konnte, auf die kahlen steinigen Hänge, wo die Männer gekämpft hatten.

»Hör nie auf zu lernen«, wiederholte er. »Das ist sehr wichtig. Versprich mir das.«

»Natürlich, John«, antwortete sie.

In einem Album bewahrte sie die vielen Zeitungsausschnitte von sich und ihm auf, Huston mit weißem Patriarchenbart. Er war ein *coccolone* – jemand, der sich gerne bemuttern ließ. Er war auch verrückt, gestand sie, und sehr geizig. »Es ist *so* schwer, tausend Dollar von ihm zu bekommen«, sagte sie.

Das Porträt, das sie nach und nach von ihm zeichnete, war das eines unbezwingbaren Mannes, der dennoch einsam war. Er rief sie an: »Was machst du gerade, Baby?«

»Nichts.«

»Komm rüber. Sofort.«

Er befand sich im Herbst eines tatkräftigen Lebens, eines Lebens, das nicht immer im Einklang mit der Vernunft gelebt worden war. Er hatte keine Freunde, sagte sie, und ging nicht gern aus. Er wohnte in einer Hotelsuite und ernährte sich von Wodka und Kaviar. Sie rief ihn an: »John, hast du Lust auf ein paar Mädchen?«

»Bring sie rüber«, sagte er. »Wir werden ein bisschen Spaß haben.«

Sie kam mit dreien, eine war achtzehn Jahre alt – sie mochte junge, zarte Mädchen, erklärte sie, spätnachmittags sei es am schönsten. »Darling«, sagte sie, nachdem sie eine Szene beschrieben hatte, die sich bei Roissy hätte abspielen können, »du bist Schriftsteller, du solltest solche Dinge wissen.«

Huston hatte bei Cassino gekämpft, erzählte sie mir, als wollte sie ihn rechtfertigen.

»Nein, hat er nicht.«

»Aber *natürlich*. Er hat mir Geschichten darüber erzählt.«

»Er hat Filme gemacht. Er hat nie gekämpft.«

»Aber er *denkt*, dass er es getan hat«, sagte sie. »Das ist dasselbe.«

Ich mochte ihre Großzügigkeit und ihre Amoral – es schien

fast eine ideale Lebensbedingung zu sein – und die Art, wie sie beim Reden ihre Zähne im Spiegel betrachtete. Ich mochte es, wie sie »Kaschmir« aussprach, weich und lang gezogen wie den Staat Kaschmir in Indien. Ihre Kosmetiktasche war vollgestopft mit Rezepten, so wie ihr Schrank von Schuhen überquoll. Einmal überholten wir einen großen Alfa Romeo, den sie als den eines Freundes erkannte, des Polizeichefs von Rom. Sie hatte natürlich mit ihm geschlafen. »Darling«, sagte sie, »anders läuft das nicht. Ich hätte sonst Probleme mit meinem Pass bekommen. Es wär unmöglich gewesen.« Irgendwann erfuhr ich, dass es außer Huston noch einen italienischen Geschäftsmann gab, der sie unterstützte.

Sie hatte etwas gegen Schwarze, Araber und bestimmte Städte, in denen sie meist gar nicht gewesen war. Vor allem hasste sie Bohemiens. »Darling, sie sind so schmutzig.« Ich bewunderte ihre souveräne Haltung. Einmal rief sie jemand an, den sie nicht kannte, aber irgendwie ihre Telefonnummer bekommen hatte. Sie sagte einfach: »Tut mir Leid. Ich muss jetzt gehen.« Ich hörte das bei mehreren Gelegenheiten.

Was sie sagte, schien immer genau auszudrücken, was sie dachte oder fühlte, Sätze von einer Leichtigkeit, als wenn man eine Gabel aufhob. Sie kannte kein Zögern, keine Scham. Sie sagte Dinge, die ich wünschte, gesagt zu haben, unmittelbare Dinge.

Wie ich kaum hinzufügen muss, war sie auch schwierig, besonders, was das Essen betraf. »Ich muss etwas essen«, sagte sie und wurde immer nervöser. »Wenn ich nicht gleich etwas zu essen bekomme, fange ich an zu weinen.« Dann, während sie in einer Art Verzweiflung die Karte las: »Was soll ich bestellen?« Wenn das Essen kam, schickte sie es nicht selten wieder zurück. »Ich kann das nicht essen.« Das Restaurant machte nie Ärger. Die entscheidende Frage war, ob das Gericht Butter enthielt oder darin gebraten worden war. Butter konnte sie absolut nicht essen. Sie müsse sehr aufpassen, sagte sie.

Einmal waren wir in einem Restaurant, und während sie auf die Toilette ging, studierte ich die Karte. Mir wurde klar, dass sich nichts darauf befand, was sie mögen würde, das Lokal schien außerdem fade und war fast leer. Als sie zurückkam, stand ich auf und sagte: »Komm. Es ist nicht gut.« Sie gehorchte wortlos.

In Taormina fand ein Filmfestival statt, zu dem sie fuhr. Sie hatte sich tagelang darauf gefreut. Ich darbte in Rom. Die Woche verging langsam. Ich hörte ihre ferne Stimme – ich wusste nicht genau, wo Taormina war –, sie hatte mich angerufen. »Oh, Darling«, rief sie, »es ist so wundervoll.« Sie würde denselben Agenten wie Monica Vitti haben, sagte sie aufgeregt. Ein Regisseur hatte ihr eine Rolle in einem James Bond-Film angeboten. Sie wohne nicht im San Domenico Palace, sie sei im Excelsior. Ab morgen sei sie im Imperiale – ich verstand sehr gut, was das bedeutete –, und Sonntag würde sie einen Preis bekommen.

»Was für einen Preis?«

»Ich weiß nicht. Darling, ich kann es nicht glauben«, sagte sie.

Endlich kam ein Telegramm – ich hatte schon das Gefühl gehabt, dass ich sie nicht wiedersehen würde – *Komme Montag, Rapido 5. Nachmittag*, unterzeichnet mit ihrem Namen. Es kam aus Ljubljana – Jugoslawien.

Ich holte sie vom Zug ab. Es war erregend, fast wie ein Wunder, sie den Bahnsteig herunterkommen zu sehen, hinter ihr der Gepäckträger mit ihren Koffern. Manche Dinge sind nur beim ersten Mal schön, aber sie zu sehen war wie das erste Mal. Ich wusste, sie würde »Darling« sagen. Ich wusste, sie würde sagen: »Ich *bete* dich an.«

Sie war immer noch erfüllt von den aufregenden Tagen in Sizilien, dem Festival. Auf einem großen Empfang hatte sie zwischen Hunderten von Gesichtern das strahlende Lächeln eines jungen Mannes mit Seidenschal auf sich gerichtet gesehen, ein breites Lächeln »wie das eines Killers«. Sie trug ein weißes perlenbesticktes Kleid. Ihre Arme waren bloß. Fünfzehn oder zwanzig Minuten später sah sie ihn wieder. Die zweite Dosis, wie die Ärzte sagen, war tödlich. Sie sagte nur: »Lass uns gehen.« Wortlos bot er ihr den Arm. Er hatte ein schönes Auto. Das Steuerrad war aus poliertem Holz. Sie fuhren in irgendein Lokal, aber es war geschlossen. Das war zu viel. »Lass uns ins Bett gehen«, sagte sie. Er sagte einfach: »Ja.«

Im Hotel wollte der *portiere* ihn nicht auf ihr Zimmer lassen. »*Non, non, signorina*«, sagte er. Sie begann eine Szene zu machen. Sie würde in ein anderes Hotel ziehen, drohte sie laut. Schließlich fragte der *portiere*: »Wo ist er?« und erlaubte ihnen hinaufzugehen. Dreißig Minuten später rief er im Zimmer an, niemand nahm ab.

Ich hörte ihr mit einiger Trauer zu, aber ohne Ärger. Eigentlich, heißt es, soll man dem anderen solche Dinge nicht erzählen, aber in diesem Fall bedeutete es wenig, Treue war nicht, was ich erwartete.

»Du wirst es ganz nach oben schaffen«, sagte ich fast widerwillig, »aber du solltest nicht …«

»Was?«

»Nichts«, sagte ich. »Ich sag's dir später.«

»Mich nicht zu sehr wie eine Nutte aufführen«, sagte sie.

Wir fuhren nach Paris. Ich erinnere mich an das Hotel und

den ersten Abend. Wir standen am Fenster; ich war dicht hinter ihr. Jenseits des Flusses funkelten die endlosen Lichter der Stadt.

Wir waren durch das Rhônetal gekommen und durch viele kleine Städte. Hinter Dijon fuhren wir auf einer abgelegenen Straße an einem Kanal entlang und kamen an einen breiten Damm, von dem zwölf oder fünfzehn Meter lange Angelschnüre ins klare grüne Wasser hingen. Dunkle Fischkörper – Hechte, wie mir schien – schoben sich faul durchs Wasser. Wir beobachteten, wie sich die größten näherten, den Köder verschmähten, wieder forttrieben und reglos im Wasser lagen. »Wie Sultane«, kommentierte sie. Sie wusste, wovon sie sprach.

\* \* \*

Woran ich mich erinnere, ist eine Art Glamour und Glätte. Reisen, die großen Hotels. James Kennaway, der schottische Schriftsteller, der eines Januarabends in einem weichen schwarzen Ledermantel in einer Suite bei Claridge's auftauchte – er kam nur auf einen kurzen Drink vorbei, bevor er den Nachtzug nach Edinburgh nahm, nicht alleine, wie mir schien. Er hatte eine markante Nase, er lachte. Ich kannte ihn nur oberflächlich, obwohl ich einmal ein Wochenende in seinem Haus in Gloucestershire verbracht hatte. Unter den Gästen war eine lebhafte alte Frau, die frühere Gouvernante seines Schwiegervaters, die – in der entsprechenden Zeit seiner Jugend – auch seine Geliebte gewesen war. Sie stand der Familie noch nahe. »Tradition«, versicherte man mir.

Ich erinnere mich an die kurze Häuserzeile am Strand von Santa Monica, unterhalb der palmenbewachsenen Steilküste, von denen eines – ein großes Landhaus im normannischen Stil – von Roman Polanski und seiner jungen Frau, Sharon Tate, gemietet worden war.

Ich hatte Polanski durch Redford kennen gelernt. Ich erhielt einen Anruf aus London, eine warme Stimme mit leichtem Akzent – es war der Produzent Gene Gutowski – fragte mich, ob ich rüberkommen könnte, sie wollten mit mir über einen Film reden – den Film über den Skifahrer? Irgendwo im Strudel der Londoner Nächte – Restaurants, die so in Mode waren, dass sie nicht einmal im Telefonbuch standen, kopflose Fahrten durch Parks und enge Straßen – fasste Polanski seine Vorstellung des Films in einem Satz zusammen: Er dachte an *High Noon*; der Sheriff ist ermordet – in diesem Fall hat sich der beste Mann des Teams das Bein gebrochen –, und man braucht Ersatz. Seine Prägnanz beeindruckte mich. Polanski war bereits berühmt, Anfang dreißig, obwohl er jünger wirkte. Er besaß ein kleines schnelles Auto mit Telefon – damals etwas ganz Neues –, ein großes Apartment und eine Aura, die von der Langeweile befreit schien, immer und nur man selbst zu sein. Stolz, aber hastig zeigte er mir ein paar Fotos von Sharon, mit der er noch nicht verheiratet war. Er hatte etwas an sich, das einen zugleich anzog und auch vorsichtig machte – seine Augen schienen über so viele Dinge hinwegzugehen. Neben Klugheit und Offenheit hinterließ er den merkwürdigen Eindruck, nicht wirklich um etwas Ernsthaftes zu spielen, als würden die Chips an einem bestimmten Punkt wieder ausbezahlt. Er plauderte selbstbewusst. Eines Abends in einem Restaurant saßen wir mit Nurejew an einem Tisch, der eine Schale prächtiger Erdbeeren mit den Fingern aß. »Siehst du? Ich hab doch gesagt, dass er wie ein Bauer isst«, sagte Polanski. Nurejew machte sich nicht die Mühe zu lächeln.

Als Kind hatte er die Schrecken von Massaker und Krieg

durchlebt. Als eine Kolonne von Männern, darunter sein Vater, zum Tode verurteilt, aus dem Krakauer Ghetto geführt wurde, war er wie ein Kalb nebenher gelaufen und wollte mit. Sein Vater beachtete ihn nicht und brummte schließlich mit drohender Stimme: »Mach, dass du fortkommst.« Der kleine Junge von zehn Jahren blieb stehen, verletzt, zurückgelassen, gerettet, wie sich herausstellte, obwohl sein Vater erstaunlicherweise ebenfalls überlebte. Gab es für ein solch wundersames Entkommen und das reiche Leben, das folgte, einen Preis?

In jenem Sommer in Santa Monica – es war 1967 – war Polanski an der Mori-Fechtschule einer der begabtesten Schüler. Er bereitete außerdem einen wichtigen Film vor, der kurz vor Drehbeginn stand. Im der Halle einer riesigen Tonbühne ließ er die Räume und Flure der Wohnung für *Rosemarys Baby* mit weißem Klebeband markieren. Polanskis Anweisungen an die Schauspieler hatten die gleiche Verve und Präzision, die er mit dem Florett zeigte.

In dem überdimensionierten Strandhaus trug Sharon weiße Hosen und ein langärmliges Polohemd, die Knöpfe offen. Ihre Arme umschlangen mich liebevoll von hinten. Der lange Tag mit den Schauspielern hatte Polanski erschöpft. Wir aßen in der Küche, es gab Steaks, Sharon hatte sie billig im Supermarkt der Army in San Francisco gekauft – ihr Vater war Offizier gewesen. So wie Roman mir Fotos von ihr gezeigt hatte, zeigte sie ihm eins von sich, in einem Filmjournal. Eine Armeegöre, dachte ich, obwohl ich nie eine wie sie gesehen hatte. Die Ruhe und Hingabe, die die beiden teilten, waren offensichtlich.

Aus Gründen, deren Erklärung zu weit führen würde, wurde Polanski als Regisseur des Films, den ich geschrieben hatte, ersetzt, und so verlor ich nie die Bewunderung für seine

Energie und seinen Charme, ein Charme, der nicht erlernt war, sondern, ähnlich seiner Durchsetzungskraft, einen tieferen Ursprung hatte. Ich konnte mir bei ihm nicht vorstellen, dass er auf eine Frage keine Antwort wüsste oder auch nur einmal langsam dachte. Er hatte einen Instinkt für das Wesentliche, das Intensive; in seinen Händen wurde selbst Gewöhnliches zu etwas Faszinierendem.

Was Sharon betrifft, sie bleibt für mich eine Art Hera, ein Sinnbild der Ehe. Sie war vielleicht keine besonders gute Hausfrau, aber sie hatte ein reines Herz, und ihr Körper war ein Gedicht. Man fühlte, dass sie einen Mann in jeder Hinsicht glücklich machen konnte.

Augustmorgen. Sie kommt in einem weißen Nachthemd mit glatten Armen und langem Haar barfuß an den Tisch in ihrer Suite im Essex House. Polanski, ebenfalls barfuß, saß vor dem Fernseher. Wir setzen uns zum Frühstück. Kann ich den Sirup haben? Mhm. Butter? Eine Hand reicht sie herüber. Willst du Toast? Ein Hin und Her von Tellern und Aufmerksamkeiten, begleitet von seinem und ihrem versteckten Lächeln, ein Duett von Noël Coward. Die Suite lag hoch oben auf der Südseite des Gebäudes. Ganz New York breitete sich vor uns aus. Die Nacht zuvor war von Hektik und Exzess geprägt, der Morgen war Frische und Vernunft. Auf dem Gebäude war in großen roten Neonbuchstaben der Name angebracht, nachts war er meilenweit zu sehen, ein Fixpunkt, wie ein Leuchtturm am Rande des Parks, und eine Kindheitserinnerung, als eine Zeit lang die Anfangsbuchstaben »E« und »S« unerklärlicherweise erloschen waren. In der schönen Atmosphäre von Vergnügen und Kunst redeten wir über das Skifahrer-Skript. Er drehte gerade den Film, für den er in Kalifornien geprobt hatte. Unserer sollte der nächste sein.

Ich sah sie ein Jahr später in Cannes ein letztes Mal zusammen. Er gehörte der Jury an. Wir redeten miteinander, er war in Smoking und weißem Rüschenhemd, sie trug ein unvergleichliches Kleid. Wir wollten uns zum Lunch auf dem Land treffen, aber sie erschienen nicht.

Als Sharon Tate, zusammen mit vier anderen, eines Abends in Los Angeles sinnlos ermordet wurde, empfand man nicht nur Entsetzen und Abscheu, sondern vor allem die Schande. Amerika hatte eine seiner Unschuldigen geschlachtet. Es war unvorstellbar, Gott konnte das nicht zulassen. Vielleicht hatte sich Polanski, der sich zu der Zeit in Europa aufhielt, zu weit hinausgewagt, zu viel Glück gehabt, und es war ihm genommen worden. Sein ungeborenes Kind war ebenfalls tot – das Karma, das sein Vater ihm gegeben hatte, sollte nicht weiter gereicht werden. Ich empfand das Bedauern für ihn, das man für Könige empfindet. Seine Macht verbot einfachen Kummer.

Ich dachte an das Schlafzimmer in Santa Monica. Es war im oberen Stock, geräumig, mit Blick aufs Meer. Ich hatte in einer der Ecken gestanden. Die Sonne brannte auf den Boden. Das große Bett, in dem sie geschlafen hatten, war unordentlich, die Laken zerdrückt, die Kissen durcheinander. Die Schubladen des begehbaren Schranks hatten Glasfenster, durch die man die Farbe der Hemden sehen konnte. An den Wänden in dem schönen Badezimmer hingen Zeichnungen von Matisse.

Zwischen Stadtplänen, Postkarten, alten Adressen – die verlorene, nie in Ordnung gebrachte Welt – befindet sich irgendwo ein Foto: der brillante, fast dämonische Regisseur mit dem großen anmutigen Mädchen auf einem Sofa. Es wurde eines Abends aufgenommen, als wir gemeinsam aßen. Ich beneidete ihn um seine Frau. Es ist schwierig, sich vorzustellen, wie sie geworden wäre. Sie bleibt, wie sie war – als hätte es in der Herde dieses eine außergewöhnliche Geschöpf gegeben, ein wenig ungelenk vielleicht und doch makellos. Sie trug in sich das Wesentliche, das wahre Herz des Paradieses, um das er irgendwie gerungen hatte.

\* \* \*

Im warmen Herbst 1967 fuhren wir in Erster-Klasse-Kabinen, die wir von dem Filmgeld bezahlten – tatsächlich einem großen Teil des Geldes –, an Bord der *France* nach Frankreich. Ein sagenhafter Abschied, Menschenmassen auf dem Pier, das Wasser weitete sich, das Schiff erwachte zu Leben. Im blauen ozeanischen Abend brachten Kellner Getränke und Zigaretten an den Tisch.

Wir zogen uns zum Dinner um. Madeleine Carroll und ihre Tochter waren an Bord, Edward Albee, der über Paris nach Leningrad zu den Premieren seines neuen Stücks unterwegs war. Der Barmann begrüßte bekannte Paare beim Eintreten mit Namen. Zum Nachmittagstee spielte ein Orchester, und Mädchen in Miniröcken, die keine Partner hatten, saßen gelangweilt in den Sesseln. Ein Theaterproduzent erzählte Geschichten aus Irland – Männer, die ihm auf der Straße entgegenkamen und ihn großartig »Sir John!« nannten. Er versuchte, sie aufzuklären, aber ohne Erfolg. »Eine kleine Spende für ein gutes Werk«, baten sie.

»Was für ein Werk?«

»Sir John!« jammerten sie.

In der zweiten Nacht wachte ich plötzlich um zwei Uhr morgens auf. Jemand warf Kieselsteine gegen die Bullaugen. Es war heftiger Regen; wir waren in einen Sturm geraten. Das Schiff rollte, hob sich bedrohlich, sank in die Tiefe. Der Stahl bebte und knarrte. Wie hatten drei Kabinen und vier

Kinder, von denen die meisten seekrank waren. Im leeren Speisesaal konnte ich sehen, wie das Gesicht meines Sohnes – er war fünf, sein Spitzname war Fidi – die Farbe wechselte, als das Essen an den schrägen Tisch gebracht wurde. Seine Zwillingsschwester Claude lächelte, sie spürte nichts. In der Windstille des darauf folgenden Nachmittags nahmen wir am Bingo teil. Zwischen den alten Paaren und Kindern saß ein düsterer Edward Albee mit zwei Karten vor sich auf dem Tisch. Den gut aussehenden blonden Jüngling, mit dem er reiste, sahen wir selten.

Wir fuhren für ein Jahr in den Süden Frankreichs, wo wir in einem Dorf in der Nähe von Grasse ein großes, spärlich möbliertes Landhaus gemietet hatten – ein *mas*, wie man es in der Region nannte, massiv gebaut, mit zwei Meter dicken Wänden. Im Jahr zuvor hatten Robert Penn Warren und seine Frau Eleanor Clarke dort gewohnt. Ich schrieb ihnen und fragte, ob sie es empfehlen könnten. Als Antwort erhielt ich einen Brief von ihr. Sie beschrieb ein Paradies, in der Ferne sei das Meer zu sehen. Sie werden dort das wunderbarste Jahr Ihres Lebens verbringen, schloss sie, wenn Sie nicht erfrieren. Das Haus hatte natürlich keine Heizung. Während der härtesten Wintermonate waren die Laken so kalt, dass man nicht wagte, sich im Bett umzudrehen – wir lagen wie Heiligenstatuen, starr, die Arme über der Brust gekreuzt.

Das Haus hieß *La Moutonne*, das weibliche Schaf. Große Eukalyptusbäume, deren Rinde sich in Streifen abschälte, säumten die lange, abfallende Auffahrt. Das Haus stand frei, man blickte in die leere Luft. Es gab einen Hang, unten ein paar Dächer, und weit weg das Meer, still wie eine blaue Folie. Das wunderbarste Jahr Ihres Lebens – die Einfachheit dieses Versprechens.

Es war ein langer, schöner Herbst. An vielen Morgen stand ich vor Morgendämmerung auf und setzte mich auf den Balkon des Schlafzimmers, um zu lesen. Grasse erhob sich blau in der Ferne. Die Häuser wirkten erhaben wie Paläste. In den ersten Monaten kannten wir nur Harvey Swados, den Schriftsteller, und seine Familie, die eine halbe Stunde entfernt in Haut de Cagnes wohnten. Sie waren es auch, die uns überredet hatten, nach Frankreich zu kommen – er verbrachte dort sein Sabbatical.

Haut de Cagnes lag auf einem Hügel mit Blick auf seine damals verschlafene Schwester Cagnes sur Mer, ein weiteres kleines Dorf, in dem Modigliani einmal lebte und in das die Zigeuner kamen, um ihre Pferde im Meer zu baden. Das kleine Haus der Swadoses gehörte einem Bildhauer, oder auch seinen Kindern – er hatte die Familie verlassen, und seine Frau war am Alkohol gestorben, auf der Treppe hatten sich die leeren Flaschen gestapelt. Im Haus gab es Hunderte von Büchern, sie waren stockig und oft mit Widmung berühmter Persönlichkeiten aus den zwanziger Jahren, als ein entmutigter Scott Fitzgerald nicht weit vom Haus entfernt auf dem Dorfplatz gesessen und gestöhnt hatte: »Ernie hat es geschafft« – *Fiesta* war gerade erschienen.

Das Dorf, zu dem *La Moutonne* gehörte, war weniger berühmt und konnte nur auf ein paar Jahre zurückblicken, in denen der Maler Renoir dort gelebt hatte. Es gab eine Stuckkirche und ein, zwei Restaurants, und unter unseren Olivenbäumen mit ihren silbrigen Blättern tänzelte eine Ziege auf den Hinterfüßen – sie versuchte, die untersten Zweige abzunagen. Das war Lily, mit süßlichem Geruch, anmutig und keiner Zärtlichkeit zugänglich. Die Kinder liebten sie, wenn auch mit Vorsicht. Ihr Gesicht zeigte wenig Ausdruck, außer Zufriedenheit beim Fressen, und ihre gelben Augen, die weit oben in ihrem Kopf saßen, waren kalt wie die einer Schlange. Es war unmöglich abzuschätzen, was sie wusste, aber was immer es sein mochte, es war tief in ihr verwurzelt, wie wir feststellen mussten. Nachts wurde sie in einem geräumigen Steinschuppen neben dem Haus untergebracht. Am Tage graste sie, kletterte auf das rote Ziegeldach des Schuppens, stieg von dort aus weiter auf den Balkon, auf dem ich arbeitete, und schritt, wenn sie offen standen, sogar durch die französischen Türen ins Schlafzimmer. Nur zur Melkzeit verschwand sie.

In der Erinnerung presse ich meine Stirn gegen ihren runden Leib und höre den dünnen metallischen Milchstrahl, der in den Eimer schießt, in den sie zu gegebenem Zeitpunkt, scheinbar unaufmerksam, mit ihrem dreckigen Hinterhuf treten wird. Warum ihr das Freude bereitete, lässt sich nur erahnen.

Lange Zeit hofften wir – wir hatten sie im Auto zu ihrer »Hochzeit« gebracht –, dass sie ein Zicklein trug. Schließlich war es offensichtlich. Wir versorgten sie mit einem frischen Bett aus Stroh, das sie gleichgültig ließ, und eines Morgens vor der Schule kamen die Kinder in die Küche gerannt, um uns mitzuteilen, dass noch vier andere Beine im Stall waren!

Ich habe vergessen, wie wir Lilys Kind nannten, aber innerhalb von ein oder zwei Tagen kletterte sie mit ihrer Mutter auf den Steinmauern herum und lernte die Grundregeln der Verachtung.

Ich ließ mich mit Lily fotografieren. Ich drückte sie an mich, während sie in die andere Richtung sah. Man sieht ein Bein, das geschwärzte, alte Knie, und auf ihren Lippen liegt ein leicht triumphales Lächeln.

Wir lebten in Isolation. Außer meiner Frau hatte ich niemanden, mit dem ich reden konnte, niemanden, den ich fragen konnte, was er von dem hielt, was ich schrieb. Eines Nachmittags beendete ich eine Geschichte – es ging um einen Mann, dessen Vorstellungen allmählich seine Identität verschlucken, bis sogar ganz normale Geschehnisse fantastisch erscheinen – und in meiner Panik gab ich sie meiner Frau zu lesen, ich brauchte unbedingt eine Reaktion. War sie gut, war sie schlecht? Ich ging in der Dämmerung spazieren. Der Pfad war jetzt im Winter trostlos, aber das Haus war erleuchtet und voller Leben, als ich zurückkam. Sie war in der Küche, machte das Abendessen. »Und, was meinst du?« fragte ich.

»Wozu?«

»Die Geschichte.«

»Ich hab kein Wort verstanden«, bemerkte sie.

Mit der Zeit lernten wir ein paar Leute kennen, darunter John Collier und seine Frau. Er arbeitete damals vor allem als Drehbuchautor. Er vertrat extrem linke Ansichten, obwohl diese seinen Lebensstil nicht beeinflussten, der fürstlich war, wenn auch auf finanziell schwacher Basis. Er hatte viel überstanden, Ehen, die Ausreise aus England, die schwarze Liste, finanziellen Ruin, und hatte es irgendwie in der Nähe von Grasse zu einem riesigen Landhaus gebracht, von dem man sagte, dass es einst Pauline Bonaparte gehört hatte. Er gestand freimütig seine Fehler ein, sie verfolgten ihn noch immer. Als er in Los Angeles arbeitete, wurde ihm das Drehbuch zu *Der Schatz der Sierra Madre* angeboten, aber er konnte keinen Film darin sehen. *African Queen* brachte ihm mehr Glück, und er bekam Prozente, obwohl sein Drehbuch nicht genommen worden war.

Er war in den Sechzigern, ein Cherubim, nicht sonderlich alt, eigentlich noch ziemlich grün, quasi noch ein Jüngling, sagte er von sich. Einmal kam er zu uns, um zu fragen, ob Harriet, seine Frau, sich ein paar Antibabypillen borgen könnte. Meine Frau entschuldigte sich, es täte ihr Leid, aber sie hätte keine übrig. »Na ja«, sagte er unbekümmert und fast fröhlich, »dann muss ich wohl hierher kommen.«

Die Colliers waren Mitglied in einem kleinen Strandclub westlich von Cannes – es gab viele davon –, in dem Picasso manchmal auftauchte; der Besitzer hatte eine Serviette, auf die er einmal einen Fisch gezeichnet hatte. Wir gingen dort schwimmen, manchmal weiter am Ufer entlang, wo nichts mehr war außer einem Streifen Sand. Das Meer war unser größtes Vergnügen. Wir flohen vor den Wellen, stürzten uns hinein, lagen in den windgeschützten Felsen, mit einem Gefühl, als wären die Zeit und das Leben zum Stillstand gekommen. Am Ende des Tages fuhren wir, von der Sonne erschöpft, zurück zu dem uralten Haus, wo die Ziege uns erwartete, eine Wächterin auf dem Dach.

Briefe wurden vom Postboten auf einen Tisch im Eingangsflur gelegt. Das Telefon, mit seinem schrillen beunruhigenden Klang, klingelte selten. Ich saß an einem abgenutzten Holztisch auf dem Balkon und schrieb. Skiläufer, die sich auf steilen Pisten die Beine brachen, schienen weit entfernt, aber Seite um Seite fügte ich Zeilen aneinander, die ich einer Frau in Grasse zum Abtippen gab. Ich kann mich nicht erinnern, ob man von meinem Tisch das Meer sehen konnte, aber von dem Stock darüber sah man es, nachmittags, blendend und weiß.

Was bleibt, ist das Meer, der schwere Duft auf der Straße bei den Parfumfabriken, die tägliche *Nice-Matin* mit ihren grellen Geschichten von Verbrechen und Autounfällen. Die Venus des letzten Jahrhunderts, Otéro, starb in jenem Jahr in Nizza, alt und bettelarm. Sie wird in Isak Dinesens *Jenseits von Afrika* erwähnt: der alte Mr. Bulpett verkündet, dass er in La Belle Otéros Memoiren auftauche – als der junge Mann, der ihretwegen innerhalb von sechs Monaten hunderttausend Pfund durchbrachte –, und zwar, als das Pfund noch enormen Wert besaß.

»Und finden Sie«, wurde er gefragt, »dass es den Preis wert war?«

Nach kurzer Überlegung antwortete er: »Ja. Ja, das war es.«

Eines Nachts im Mai hatte ich einen Traum von großer Intensität – meine Tochter war krank. Ich konnte nicht glauben, dass es ernst war, es kam so plötzlich. Im Traum starb sie. Ich war betäubt vor Schmerz. Ich sagte es ihren Geschwistern. Ich ging in das Zimmer, in dem sie lag, das wunderschöne Gesicht verschlossen, ihr langes Haar. Plötzlich riss es mich nieder, ich fiel auf die Knie. Tränen liefen mir über die Wangen. Sie war tot.

Man kann nicht an Träume glauben, und doch, auf einer gewissen Ebene, muss man es. Die Pharaonen haben geträumt. Macbeth.

Am nächsten Morgen hatte sie einen Furunkel in ihrem linken Nasenflügel. Wie ein Stigma. Am Abend war sie schwer krank. Der Arzt erklärte, es sei ernst, eine Entzündung. Die eigentliche Gefahr war, dass es das Gehirn befallen konnte. Es gab eine Ader, die hier an der Nase entlanglief, sagte er. Eine Entzündung im Gesicht sei nicht so schlimm, aber dort … Vor allem müsste es energisch behandelt werden.

Am nächsten Tag fing es an zu eitern. Die Krankenschwester, die ihr eine Spritze geben sollte, erschien nicht. Wir fuhren in die Stadt. Meine Tochter war elf, das Alter der Vollkommenheit. Mittlerweile war ihre Lippe dick geschwollen wie mein Daumen.

Im Krankenhaus legten sie ihr einen Bleischutz über die

Augen. Sie lag regungslos auf einem weißen Tisch, zwei kleine Kissen stützten seitlich ihren Kopf. Sie hielt sich an meiner Hand fest, ich wollte sie in diese Welt zurückreißen, in meine verzweifelten Arme. Eine ominöse Maschine bewegte ein Lichtquadrat mit einem schattigen Kreuz auf ihr Gesicht.

»Nicht bewegen«, sagte der Arzt auf Französisch. »Du musst zwei oder drei Minuten ganz still halten.«

Ich konnte hinter dem Bleischutz ihre blauen, offenen Augen sehen. Der Arzt verließ das Zimmer. Ein Ton setzte ein, ein tiefer, anhaltender Ton elektrischer Spannung. Sie war reglos. Die Mündung der Maschine war nur wenige Zentimeter über ihrem Gesicht. Das Lichtquadrat war so groß wie eine Handfläche. Wir waren hilflos. Ich war sicher, sie würde sterben.

Irgendwann hatte ich in einem meiner Notizbücher unter das Datum geschrieben: *Jedes Jahr scheint das Schrecklichste zu sein*, aber das war Selbstmitleid. Das hätte jeder schreiben können. Das Schrecklichste ist der Tod eines Kindes, für das man so viel tun würde, für das man nichts tun kann. Ich hatte vom Tod anderer Kinder gehört, sie hilflos daliegen sehen, aber es war ein Pfeil, der sich nie auf einen selbst richten würde.

Nina, meine Tochter, überlebte, aber zwölf Jahre später starb ihre ältere Schwester Allan auf tragische Weise. Ich war nie fähig, darüber zu schreiben. Ich komme an einen bestimmten Punkt und kann nicht weiter. Den Tod von Königen kann man beschreiben, aber nicht den seines eigenen Kindes. Es war ein elektrischer Unfall. Es passierte im Bad. Ich fand sie nackt auf dem Boden liegend, das Wasser lief. Ich fühlte ihren Puls und trug sie schnell, die Beine über dem einen, den schlaffen Kopf über dem anderen Arm, ins Zimmer. Ich dachte, sie wäre ertrunken, und versuchte verzweifelt, sie künstlich zu beatmen, ich drückte auf ihre Brust, dann atmete ich in ihren Mund, immer und immer wieder. Nichts. Ich machte weiter. Eine Ambulanz kam. Jemand erklärte sie für tot. Ich konnte es nicht glauben.

Ich wusste nicht, was ich tun sollte. Im Haus legte ich die Stirn auf den Bettrand und sagte immer wieder den einzigen Psalm auf, an den ich mich erinnern konnte.

Selbst wenn die anderen Kinder durchkommen, bleibt immer der Gedanke an dieses.

\* \* \*

»In Cape Canaveral hat sich ein Unfall ereignet.« Endlos wurden diese Worte in jener Nacht wiederholt – es war 1967, im selben Jahr –, wie die Nachricht einer schlimmen Katastrophe, wie Krieg. Grissom und White waren ums Leben gekommen. Etwas saß mir in der Brust, ein Gefühl, das ich nicht hinunterschlucken konnte. »... hat sich ein Unfall ereignet.«

Ich war mit ihnen geflogen, mit Grissom in Korea, während des Krieges. Jetzt sah ich, wie sich die beiden über die Brücke bewegten, langsam wie Taucher, in das gleiche Panzertuch gehüllt. Sie schritten über die Schwelle in ihre Grabstätte.

Die Kapsel war zum Reliquienschrein geworden, zum Ofen. Sie hatten Feuer eingeatmet, ihre Lungen waren zu Asche geworden.

Einen Monat, nachdem White gestorben war, ich saß in der Stille des Nachmittags, schrieb ich seiner Witwe einen Brief. *Liebe Pat.*

Ich hätte oft von ihm geträumt, schrieb ich. Er bedeutete mir viel. Ich glaubte an ihn. Ich sah mich selbst in ihm, was ich hätte werden können. Mehr noch, ich empfand den Stolz, den man empfindet, wenn man Größe begegnet. Er hatte sich auf dem Weg dorthin befunden, es mussten nur zwei Dinge zusammenkommen, wie Matthew Arnold in anderem Zusammenhang gesagt hat: die Kraft des Mannes und die Kraft des Moments. Die Drehung der Himmel selbst musste für ihn innehalten, hatte es schon getan. Wir waren überzeugt, dass er in die Geschichte eingehen würde, nicht in die Geschichte seines Landes, sondern in die Geschichte der Menschheit.

Er besaß Größe, schrieb ich. In seinen Fähigkeiten, seiner Kraft, seinem Charakter. In dem, was er erreicht hatte, in seinen Zielen. Aber der Moment war nicht gekommen.

Manchmal – ich wusste nie genau, wann – kehrten die Bilder zurück, die Katastrophe, zu der ich in vager Verbindung stand. Dann schien alles andere trivial. Oft mündeten diese Gedanken in wahre Verzweiflung. Sie hatten sich einen Weg in meine Seele gebahnt.

Ich erinnere mich, wie ich in Paris spätabends im Bett liege. Das Hotel war still. Ich dachte an White. Ich setzte einen Finger an die Schläfe. Ich übte den Selbstmord ein. Es war sehr schwer, abzudrücken. Ich wartete, ich begann zu zählen, eins, zwei, drei … Eine ungeheure Explosion! Dann tiefe Erleichterung. Wie würde ich aussehen, fragte ich mich? Die eine Seite, die dunkle, vollkommen weggesprengt, an Wände und Tür verspritzt. Wen würde es kümmern? Auf drei. Achtung …

Langsam ging die Krankheit vorbei und kam immer seltener zurück. Es war wie ein Unglück aus der Kindheit, die Zeit schloss die Wunde. Die Straße führte mich woandershin, zu einem Gegenleben, wie es schien, vielleicht nicht in seiner Bedeutsamkeit, aber doch in der Entfernung zum Alltäglichen – ein Leben in Freiheit, Stil und Kunst, oder dem Anschein von Kunst.

* * *

Auf eine rätselhafte Weise, die ich ohne Erstaunen akzeptierte, gingen alle Filme, die ich mit wenig mehr als blindem Glauben geschrieben hatte, binnen eines Jahres in Produktion.

Der in Rom – er hieß *Die Verabredung* – war schlecht besetzt und hatte den falschen Regisseur. Auf Grund seines Könnens und seines Rufs besaß er das uneingeschränkte Vertrauen aller Beteiligten, obwohl er mir später erzählte, dass er vor allem in den Film eingewilligt hatte, um die Gelegenheit zu nutzen, von dem erfahrenen italienischen Kameramann etwas über Farbe zu lernen. Aus welchem Grund auch immer, er war der falsche Mann für das Drehbuch, das man wie ein schlecht geschnittenes Kleid an den Nähten hätte auseinander reißen und neu zusammensetzen müssen, damit es passte.

Lotte Lenya, alt und fast unbeachtet, hatte eine kleine Rolle, und ich erinnere mich am besten an sie. Wir saßen beieinander – sie war sehr aufgeschlossen – und unterhielten uns mit der Vertraulichkeit derer, die unwesentlich sind. Ihre körperliche Sinnlichkeit war lange vergangen, aber ihr Gesicht erzählte noch davon. Sie gehörte zu den unverkennbaren Menschen, die sich, aus der Unterschicht aufgestiegen, in beiden Welten wohl fühlen.

Der letzten Endes lächerliche Film, den ich geschrieben hatte, wurde im darauf folgenden Jahr als amerikanischer Beitrag in Cannes gezeigt. Ich saß neben Helen Scott, einer beleibten, gemütlichen Frau, die beim Film arbeitete und der so genannten Neuen Welle nahestand und die ich aus Paris kannte. Der Saal war überfüllt mit gut gekleideten Menschen, die sich in allen denkbaren Sprachen unterhielten.

Die Vorführung war nicht gerade ein Erfolg. An einer Stelle, an der das Publikum hätte mitfühlen sollen, brach es in lautes Gelächter aus. Danach auf der Terrasse des Carlton konnten wir die schneidenden Bemerkungen nicht überhören. Ich empfand die kurze Genugtuung, dass sich meine Zweifel bestätigt hatten, während Helen Scott, eine Veteranin des Filmgeschäfts, still und beschämt dasaß. Sie hatte Angst, ich könnte in Tränen ausbrechen. Der einzige Trost war, bezahlt worden zu sein. Wäre ich vernünftiger gewesen, hätte ich etwas von dem Geld unter die Matratze gesteckt.

Wenn man einen Film sieht, begibt man sich ein paar Stunden in die Hände des Regisseurs, dem man trauen kann oder nicht. *Die vulgären Lügen des Kinos*, wie jemand es ausgedrückt hat. Filme sind wie die Leidenschaft, leuchtend und kompromisslos. Sind sie zu Ende, bleibt eine Leere. Sie betäuben, sie erlauben einem eines – sich etwas vorzustellen und zu vergessen. Zurückblickend glaube ich, dass ich die Vorstellung des Schauspielers als Helden immer abgelehnt habe, und keine Nähe hat das je ändern können. Schauspieler sind Idole. Helden sind diejenigen, die wirklich etwas riskieren.

Während des Krieges gingen wir fast jeden Abend ins Kino. Wir lachten über die Filme, wie die Männer und Frauen in Abendgarderobe in Cannes über meinen gelacht hatten.

Trotzdem führte ich voller Ehrgeiz bald selbst Regie. Es war die Verfilmung von Irwin Shaws Geschichte, und heute ist mir klar, dass ich zu zurückhaltend war – um nur eine Unzulänglichkeit zu nennen –, sowohl in den von mir geschriebenen Szenen, als auch in den Anweisungen an die Schauspieler.

Im Verlauf der Dreharbeiten arbeiteten wir uns von Süd-frankreich nach Rom hinunter, immer mit dem Auto un-terwegs. Es war wie Hannibals Feldzug. Die Tage waren lang und ermüdend. Es gab keine freie Minute, und man war nie allein.

Der Star – und das war sie wirklich – hatte zugesagt, dann ihre Meinung geändert und wurde in letzter Minute doch noch überredet, als wir ihretwegen in der Nacht nach Rom geflogen waren, wo sie gerade einen anderen Film drehte. Visconti, sagte sie – er führte Regie –, sei ein wahres Genie. Ich versuchte mich nicht entmutigen zu lassen. Ich hatte sie ungerecht beurteilt, nach ihren Äußerungen und ihrer Persönlichkeit, doch hier war sie, in Fleisch und Blut, unser möglicher Star. Sie schlug das Abendessen aus – um zu ei-nem Geliebten zurückzukehren, wie ich glaubte – und raste nach zwanzig oder dreißig Minuten in einem Auto davon. Ihre Einwilligung jedoch ermöglichte es uns, das Geld für den Film aufzutreiben.

Ich sollte viele Dinge über sie lernen: dass sie Unmengen an Kaugummi kaute, schmutzige Haare hatte und, der Kostüm-frau zufolge, schlecht riechende Kleider trug. Auch, dass sie häufig zu spät kam, sich nie entschuldigte und schlecht gelaunt und bösartig war. Als sie in Frankreich ankam, brachte sie einen englischen Liebhaber und seine zwei Kin-der mit. Sie mochte keine Hotels, wie sie mir gesagt hatte, und in ihrem Zimmer häufte sich Schmutzwäsche in den Ecken, Keksschachteln, Cornflakespackungen und Joghurt-becher. Der Freund, ein blonder Abenteurer, war Vegetarier. Er bestimmte, was sie aßen. »Fleisch«, murmelte er in dem Restaurant mit Blick auf die Karte, »bringt einen um.« Am Morgen tanzten sie manchmal wild auf der Straße, wie zwei Menschen, die gerade in der Lotterie gewonnen haben. Am

Tage floh sie nach jeder Szene wie ein Kind in seine Arme, und er küsste und tröstete sie.

Nach der Hälfte der Drehzeit – wir waren in der Nähe von Avignon – weigerte sie sich, weiterzuarbeiten, es sei denn, wir verdoppelten ihre Gage; und – was genauso wichtig war – ihr Freund müsse sofort die Regie übernehmen. Sie bekam das Geld, aber der Produzent lehnte es ab, die Meuterei zu unterstützen, und ließ mir weiter freie Hand. Als ich hörte, was passiert war, fiel es mir schwer, meinen Hass zu unterdrücken, obwohl ich mich rückblickend frage, ob es nicht eine gute Idee gewesen wäre. Der Freund hätte ihr vielleicht ungeahnte Qualitäten entlocken und aus dem manierlichen Film etwas Derbes, aber Prägnantes – das heißt Zwingendes – machen können.

In Wahrheit sind das Temperament und unmögliche Verhalten der Filmstars Teil ihrer Anziehungskraft. Ihre Unverschämtheiten werden bewundert. Selbst die Götter hatten Leidenschaften und Schwächen – das ist der Stoff, aus dem die Mythen sind; moderne Gottheiten sollten nicht anders sein. Wenn der Film ein Erfolg wird, und selbst wenn nicht, werden alle Erinnerungen kostbar.

Am Ende wurde *Drei*, der Film, den wir gemacht hatten, zahm und ansprechend. In Cannes wurde er gut aufgenommen, und in Amerika erhielt er einige schmeichelhafte Kritiken. Eine Zeitschrift für junge Frauen wählte ihn zum Besten des Monats, und Kritiker zählten ihn zu den zehn Besten des Jahres, aber damit standen sie allein. Das Publikum dachte anders.

Ich hätte die Gelegenheit gehabt, erneut Regie zu führen, aber ich erinnerte mich, wie ich am Abend eines Tages kurz vor Ende der Dreharbeiten mit einem Paar Battistoni-Schuhen am Steinstrand von Nizza lag und vollkommen am

Ende war. Ich fühlte mich wie ein Alkoholiker, wie Malcolm Lowry. Ich hatte vergessen, dass es eigentlich Céline war, den ich mochte, Kavafis. Es war wie der Morgen danach. Das Fest ist vorbei. Ich blickte an mir herunter und sah die weißen Beine meines Vaters. Das Ganze hatte mir mehr abverlangt, als ich zu geben bereit war.

\* \* \*

Für seine wahren Anhänger hörte dieses Leben niemals auf. Ich mochte die Geschichten von Produzenten, die mit zwei oder drei sorglosen Mädchen in Cabriolets hinunter nach Cap d'Antibes fuhren. Frauen von Hauptdarstellern, die gelangweilt und vernachlässigt waren, hatten mir Zettel in die Hand gedrückt, auf denen auf die eine oder andere Weise zu lesen war: Ruf mich an. Ich hatte Harry Kurnitz' Bentley mit zugehöriger Freundin gesehen und Schauspieler, die in Venedig aus dem Danieli kamen, zum Schutz gegen das Herbstwetter in teure Mäntel gehüllt, innen Pelz, außen Tuch. Der Pelz war der Luxus, in dem sie lebten, das Tuch das Symbol für die einfache Welt, die sie verlassen hatten. Zum Lunch nach Torcello, im ruckelnden Boot über die weite Lagune, der Wind weht das dunkelgrüne Wasser ins Weiß, vorbei an San Michele und seinen Backsteinmauern, die Insel, auf der Strawinski und Diaghilev begraben sind – der wahre und der falsche Ruhm, einer zieht an dem anderen vorbei, obwohl man sie manchmal nicht unterscheiden kann.

Die Produzenten waren mir am liebsten. Vielleicht weil ich mit ihnen mehr zu tun hatte oder weil es ihr Job war, immer Geld zu haben, oder vielleicht war es ihre Widerstandsfähigkeit. Sie waren wie Goldsucher, optimistisch, bereit, Jahre zu schuften, in der Hoffnung, auf eine Ader zu stoßen. Sie mussten weder aufrichtig noch gebildet sein, obwohl der eine, den ich am meisten bewunderte, von beidem behindert war.

Ich traf ihn zum ersten Mal bei einem Lunch hoch über der Fifth Avenue. Ein paar gut betuchte Investoren hatten ihn eingeladen, um sich zu einem Angebot zu äußern, das Lane Slate und ich zur Gründung einer kleinen Firma unterbreitet hatten. Mit Tweedjackett und dem Gebaren eines Mannes, den man von wichtigeren Dingen abhielt, stellte er ruhig ein paar Fragen und ging dann dazu über, uns in aller Ruhe zu demontieren. Es war, als hörte man einem Bankbeamten zu, der einem sämtliche Gründe für die Ablehnung eines Darlehens aufzählte. Für die von uns vorgeschlagene Summe könne man keine Filme machen, nicht einmal Dokumentarfilme; selbst wenn die Filme irgendwie zu Stande kämen, waren keine Vorkehrungen für den Vertrieb oder Verkauf getroffen; und abschließend fand er die von uns gewählten Themen wenig interessant. Uns blieb nichts anderes zu erwidern als: »Sie haben Unrecht.« Es klang hilflos. Ich spürte eine immense Abscheu gegen diesen Mann. Seine Arroganz war unerträglich. An seinen Namen erinnerte ich mich nicht. Niedergeschmettert gingen Lane und ich hinunter auf die Straße.

Ein paar Monate später traf mein Agent einen Produzenten, den ich, wie er sagte, sicher mögen würde, einen Mann von Geschmack, ideenreich, jung. Er würde sich mit ihm an der Bar im Four Seasons treffen, und wir könnten zusammen einen ersten Drink nehmen. Ich war entsetzt, als ich bemerkte, dass ich neben demselben hochmütigen Experten Platz nahm, der uns damals in der Luft zerrissen hatte. Soweit ich weiß, konnte er sich nicht an uns erinnern, wir waren zu unwichtig.

So begann eine der engsten Freundschaften meines Lebens.

Er hieß Robert Emmett Ginna, das »G« hart gesprochen, die letzte Silbe reimte sich auf »hey«, Harvardabsolvent, Exmarineoffizier, einstiger Kurator, Autor, Redakteur. Obwohl der Name auf seiner Geburtsurkunde falsch buchstabiert worden war, wurde er wie sein Vater nach dem berühmten irischen Patrioten Robert Emmet benannt. Wie sich herausstellte, hatte er die Rechte an einem Roman erworben, der zwar schlecht geschrieben war, aber eine zentrale melodramatische Idee besaß. Es war die Zeit der gnadenlosen Diktaturen in Osteuropa. In einem solchen Regime gibt es einen verhassten Justizminister – einen kalten Mann ohne Erbarmen, der, ohne dass es jemand weiß, gleichzeitig der berühmteste und geliebteste Dissident des Landes ist. Ein Mal im Jahr während des Karnevals, wenn die Gesichter maskiert und alle Hemmungen fallen gelassen werden, wird der gefürchtete Mann zu einem legendären Clown. Frauen verlieben sich in seinen Mut, und natürlich kommt er auf diese Weise zu Fall. Ich sollte das Drehbuch schreiben.

Ich stimmte zu und reiste zu Recherchen nach Europa. In der Februardämmerung brachte uns eine Limousine zum Pan Am-Gebäude, wo wir in einem Hubschrauber vom windigen Dach abhoben und über den Fluss und die Vororte schwebten. In meiner Tasche befand sich ein Stapel Reiseschecks, die er mir für »Spesen« gegeben hatte, obwohl ich auf der Reise kaum Gelegenheit hatte, viele einzulösen. In der Dunkelheit rollten wir an Bord einer Lufthansa-Maschine zur Startbahn, und bald nach dem Start bewegten sich Stewardessen langsam den Gang hinunter und boten einem nach Wunsch Scheiben eines großen Bratens an. Wir flogen erster Klasse. In Ginnas Aktenkoffer befanden sich eine

Schlafmaske und ein Paar Hausschuhe. Als das Gespräch nach dem Essen und einem edlen Cognac allmählich verebbte, sagte er mir freundlich gute Nacht, legte seine Ausrüstung an und lehnte sich in seinem Sessel zurück. Wir waren Gefährten.

Er war ein Mann mit festen Gewohnheiten, enormer Loyalität, großem Kunstverstand – sein einzig wirklicher Verstand, wie er sagte – und einem grimmigen Temperament. Sein Mund konnte zu einer so straffen Linie werden, als wäre er in Holz geschnitzt. Wie gesagt, war er selbst Autor, ein erfahrener Journalist. Er kannte unzählige Geschichten und ausgezeichnete Restaurants in einem Dutzend Länder. Er war ein passionierter Angler und hervorragender Koch.

Wir fuhren ins Herz von Europa und zu den Karnevalsfesten nach München, Köln und Prag. Wir kamen auch nach Basel. Im Ballsaal des Bayerischen Hofs verkleidete ich mich als Hahn – die Kostüme standen dort zum Verleih –, und er ging als römischer Senator, mit vergoldetem Lorbeerkranz. *Habe ich es nur geträumt*, schrieb er später, *oder haben wir wirklich halbnackte kniende Mädchen gesehen, die wie Pferde geritten wurden?*

Das Drehbuch, das daraus entstand, gegen Ende der sechziger Jahre geschrieben, wurde selbst zu einer langen Geschichte. Über die Jahre, es waren vielleicht sechs oder sieben, als der Film noch nicht ganz gestorben war – einen schwachen Atem oder manchmal ein blasses, unerwartetes Lächeln zeigte –, tauchten für kurze Zeit die verschiedensten Schauspieler und Regisseure auf. Joseph Losey, der kunstsinnige Exilant, wollte ihn gerne machen. Wir trafen uns in seinem Londoner Stadthaus. Es saß in einem Sessel am Fenster. Er hat Augen wie ein Türspion, sagte Ginna später – wässrig und leicht gewölbt; wie die eines Ponys. Er hatte auch die schwer verdauliche Vorstellung, der Film sollte nicht in Europa, sondern in Südamerika spielen. Dort gebe es auch Diktaturen, und der Hintergrund wäre nicht so verbraucht wie in Osteuropa. »Die Arkaden«, sagte er mehrere Male rätselhaft.

Später willigte zu unserer großen Freude Paul Scofield ein, die Hauptrolle zu übernehmen. Ein Studio entschloss sich einzusteigen, vorausgesetzt, wir könnten eine von drei bestimmten Schauspielerinnen für die weibliche Hauptrolle gewinnen. Es waren bereits drei oder vier Jahre vergangen. Wir flogen noch einmal nach London; alle drei Schauspielerinnen lebten dort. Die schwarze Augenbinde war verschlissen oder verloren gegangen. Ginna band sich ein blau gepunktetes Taschentuch um die Augen und schlief sofort ein.

London war seine Zuflucht, dort war er zu Hause. Er war ursprünglich nur ein oder zwei Jahre vor mir nach Europa gekommen, aber mit anderen Augen und Interessen. Er kannte das literarische, das architektonische und das gesellschaftliche London, Leute wie Jane Portal Welby und Patrick Leigh-Fermor, Airey Neave. Er kannte die Pracht der National Gallery und die Autoren der *Times*. Die Portiers im Claridge's und im Connaught sprachen seinen Namen »Jinnä« aus.

Ich hatte ihn lieben gelernt, seine unbändige Lebenslust und seinen Stil. Er wohnte in schönen Häusern, ein Jahr lang hoch über Salzburg, mit Blick auf weite Wiesenhänge ins Tal. Die erste Kathedrale von Salzburg wurde im Jahr 774 erbaut. Acht Mal war sie von der großen Geißel dieser Bauwerke heimgesucht worden, dem Feuer. Schließlich wurde sie zerstört. Ich erfuhr davon, als ich seiner Frau Margaret zuhörte, die ihren Kindern zu Hause Unterricht gab. Unter uns lag Salzburg, unsichtbar, versunken in silbernem Nebel.

Er hatte mit Margaret in Paris gelebt, im alten Hôtel Alsace, in einem Zimmer mit schaurigen Tapeten, demselben Zimmer, in dem Oscar Wilde gestorben war. Er hatte allein in Rom in der American Academy gewohnt, in Dublin und New York. Sie hatten in Dublin fast geheiratet, wo es, trotz aller Romantik, Schwierigkeiten gab, da er Katholik war und schon einmal verheiratet. Freunde setzten sich für sie ein, darunter Brendan Behan und seine Frau. Die vorgezogene Hochzeitsfeier, die Ginna, Margaret im Schlepptau, mit den Behans begann, endete in einem kolossalen Besäufnis. Gegen Mittag waren alle, ausgenommen Margaret, total betrunken. Ginna schaffte es nach dem Mittagessen irgendwie auf sein Zimmer im Dolphin, um sich, die Hände über der Brust verschränkt, ein paar Minuten auszuruhen. Als Hochzeitsgeschenk hatten Behan und seine Frau Margaret an dem Morgen ein wunderschönes Flakon von Waterford überreicht, das sie irgendwo für ein paar Shilling erstanden hatten, da der Zapfen fehlte. Es stand auf dem Kaminsims. Als Ginna aufwachte, steckte eine Notiz darin. *Bis dann*, stand darauf. Margaret hatte das Trümmerfeld besichtigt – und war nach Amerika zurückgefahren.

Schließlich heirateten sie. Es war bereits zwei Mal abgeblasen worden. Für ihre Familie war die Sache inakzeptabel, weil er Katholik war. Seine Familie betrachtete es als unmöglich, weil sie keine Scheidung anerkannten.

In den Jahren, als wir am engsten befreundet waren, lebte er weit draußen auf Long Island, wo viele Maler wohnten: das flache Land, das unglaubliche Licht. Er besaß ein kleines Haus in Sag Harbor – eigentlich gehörte es ihr; sie hatte es, bevor sie geheiratet hatten, mit selbst verdientem Geld gekauft. Das Haus war einmal ein Bordell gewesen, damals hatten Männer jeglicher Hautfarbe jeden Morgen draußen auf der Straße gelegen.

Von Zeit zu Zeit lebten sie in diesem Haus – von Not zu Not, könnte man sagen –, aber auch in großen Häusern an Buchten oder am Meer, das Schönste unter ihnen besaß einen riesigen Garten, der weiter unten in freies Weideland überging, das unverbaut ins Meer abfiel, ein Haus, das ihnen gehörte und das irgendwann niederbrannte. Es gab keinen Ort auf der Welt, wo ich das Abendessen so genoss wie dort.

Er war damals und bleibt bis heute der erfolgreichste Mann, den ich kannte, erfolgreich in seiner Lebensauffassung und in seinen Werten, er blieb bis zuletzt untadelig, selbst als Rückschläge kamen und er gegen den Strom schwamm, als das Telefon im Büro klingelte und er nicht abzunehmen wagte. Die Sekretärin war entlassen, die Kreditkarten eingezogen. Er ging die Morgenpost durch. Wie ein Spieler, der einen kurzen Blick auf seine Karten wirft, sieht er kurz auf die Absender und wirft die Briefe ungeöffnet in den Papierkorb. Aber es gibt immer noch ein Abendessen für Freunde, das er selbst zubereitet, frische Flunderfilets, ein gekühlter Weißwein. Draußen ist Winter, und es regnet. Das Feuer erlischt, der Brandy ist alle. Wir gehen um zwei ins Bett, die Wände sind eisig, aber das Bett ist weich und warm.

Auf unserer letzten Reise nach Europa sitzen wir im Flugzeug weiter hinten, und als es landet und abbremst, greift er tastend hinunter. Seine Schuhe sind verschwunden. »Wenigstens *die* reisen erster Klasse«, sagt er trocken. Sie waren handgearbeitet, obwohl mittlerweile ein Nagel durch die Sohle kam.

In London wohnten wir eine Zeit lang im Haus einer alten Freundin von ihm, Elizabeth Furse, in der Chapel Street.

Sie war eine strahlende und unberechenbare Frau; wir schliefen wie verarmte Vertreter im Arbeitszimmer, das Bad war drei Stockwerke weiter oben. Elizabeth Furse hatte zwar kein Restaurant mehr – in das man, oberhalb eines kleinen Pubs, ohnehin nur mit Einladung kam –, aber der Impuls, Menschen um sich zu versammeln, war ihr geblieben. Sonntagabends saß ein Kreis von Leuten – Parlamentsmitglieder, Londoner Journalisten und Verlagsleute, Adelstöchter – in der Küche im Souterrain um den großen Tisch, dahinter Borde mit Tassen und Untertassen, Zeitschriftenstapeln und Blumen.

Wohnungen, Visa, Jobs waren der Grundstoff ihrer Unterhaltung. Sie war die strenge, aber großzügige Hüterin vieler Leben, um die Katzen herumschnurrten und vor der schwächere Gemüter Angst hatten. »Robert«, hatte sie Ginna gewarnt. »Ich möchte von jeder Damenbekanntschaft wissen, die du ins Haus bringst.«

Sie hatte sich ihre Unbeugsamkeit spätestens mit ihren Taten während des Krieges verdient, als sie im besetzten Frankreich für den britischen Geheimdienst arbeitete. Ihr Sohn wurde geboren, als sie in Gefangenschaft war, und auf dem Weg zu den Vernichtungslagern sprang sie mit ihm vom Zug. Später kam sie nach England. »Hört mal«, erklärte sie, »ich habe Sprachen gelernt.« Sie wurde in Lettland geboren. Sie unterrichtete uns alle in der Kunst des Überlebens; das Fach war weit gefasst. »Ich hab sie alle gekannt: Gide – er war gutmütig, er war ein guter Mensch. Thomas Mann, Gott. Seine Kinder … das war alles Inzest, die ganze Zeit.«

Sie war wie eine Gestalt aus dem Alten Testament, mit ihrer Strenge, ihren Vorurteilen. Zum Dessert wurde auf einem großen Teller Obst herumgereicht. Sie hatte es vom Markt in Covent Garden. »Lag im Rinnstein«, sagte sie. »Es hatte ein paar schlechte Stellen, aber sonst war es vollkommen in Ordnung. Als ich es aufhob, beschimpften sie mich und warfen mit Obst nach mir. Wisst ihr, was sie am Ende gemacht haben? Sie kamen und fingen an, auf dem Obst herumzutrampeln, zerstampften es einfach. Vollkommen gutes Obst. Was für eine Verschwendung. Das ist es, was an diesem Land faul ist. Ich sage es euch. Deshalb werden die Kommunisten euch wegfegen!«

Zu der Zeit war diese Bedrohung noch real. Sie war fast selbst wie ein Volkskommissar, was immer ihre politische Einstellung war, und ihre Warnung verbreitete Unbehagen: Die Verschwendung wird euch wie ein Fluch verfolgen.

Ginna kannte sie gut und hatte bereits genügend düstere Prophezeiungen überlebt, um sich davon nicht beunruhigen zu lassen. Er hatte seine eigenen Losungen. Am Abend fand er beim Durchforsten des Kühlschranks eine Flasche. Nachdem er das Etikett gelesen hatte, gab er sie mir. *Polmos Żubroŵka*, las ich.

»Wodka«, sagte ich.

»Lies weiter.«

Es stand etwas darauf wie: verfeinert durch Auszüge von Żubroŵka, das aromatische Kraut, sehr geliebt vom europäischen Bison. Ich erinnere mich vor allem an das Wort »geliebt«. »Hast du das schon mal getrunken?« fragte ich.

»Berühmtes Zeug«, versicherte er mir.

Ich wusste nicht, ob ich ihm glauben sollte, aber in solchen Dingen stellte ich sein Wissen selten in Frage. Ich hatte ihn oft gesehen, wenn er spätabends mühsam seinen Namen auf Barrechnungen schrieb, aber am nächsten Morgen war er immer klar und frisch.

Die vielen Nächte und Gläser. Sie waren ein Ritual, vor allem mit alten Freunden; Harry Craig – war er früher einmal Becketts Sekretär? – war von irgendwo zurückgekehrt und winkte nach einer weiteren Flasche Haut Brion – Château O'Brian, nannte er es. Oder sein alter Freund Jules Buck, im »Bibliothèque«, drüben bei den Vereinten Nationen. Es ist spät, das Restaurant ist leer, still, wie der Name nahe legt. Allerdings kennen sie den Barmann, Roger; sie sehen ihn und hämmern an die Glastür. Er schließt auf, er ist höflich, mit rissigen Gesichtszügen, wie ein algerischer Boxer. Sie begrüßen ihn auf Französisch. An der leeren Bar fragt Roger: »*Que désirez-vous, Messieurs?*«

»Cognac, Roger«, sagen sie.

»*Oui, Monsieur.*«

Er legt drei Cognacgläser auf die Seite und füllt sie, bis die bernsteinfarbene Flüssigkeit fast über den Rand läuft. Dann stellt er sie auf und setzt sie vor uns auf die Theke. Eine Viertelstunde vergeht, vielleicht mehr.

»Cognac, Roger.«

Sie hätten die Bar vermisst, erzählen sie ihm. Schön, ihn wiederzusehen – *c'est bon de vous revoir*. Jules Beck trägt einen teuren Trenchcoat, er ist offen, der Gürtel hängt herunter. Sie reden über Peter O'Toole, mit dem Beck Filme gedreht hat und der auch in einem von Ginnas Filmen mitgespielt hat. Der tief aromatische Rauch von Ginnas Zigaretten durchzieht die Luft. Ein letzter Cognac. Sie sind so betrunken, dass sie mit großem Erstaunen Dinge betrachten, als entdeckten sie sie zum ersten Mal. Schließlich ist es Zeit zu gehen. Die Rechnung beträgt fünfunddreißig Dollar. Wir geben fünfzehn Dollar Trinkgeld und danken ihm. An der Tür, zum warmen Abschied, erhobene Hände: »*Au revoir*, Roger.«

Er nickt. »*Bonne nuit. Je m'appelle Gérard*«, fügt er müde hinzu.

An der Ecke verabschieden wir uns von Jules Beck, Ginnas Aussprache ist klar, es sind seine Gedanken, die ins Ungefähre rutschen. »Wie spät ist es?« frage ich ihn.

»Viel«, brummt er, und dann: »Was zur Hölle ist das?«, als er etwas in seiner Tasche findet. Es wird schwierig, ihn zu lenken. Schließlich hält ein Taxi. Wir fahren in den Norden der Stadt. »Dein alter *copain* ist torpediert«, sind seine letzten Worte.

\* \* \*

Sie erinnern sich vielleicht an die drei Schauspielerinnen, die uns das Studio genannt hatte – jede Einzelne von ihnen wäre wie eine Flasche Champagner gegen den Schiffsbug gewesen, und majestätisch und groß würden wir vom Stapel laufen.

Eine von ihnen war Maggie Smith. Ginna hatte ihr eine ihrer ersten Rollen in einem Film namens *Young Cassidy* gegeben, eine Adaption von Sean O'Caseys Autobiografie. Sie würde sich daran erinnern – es würde ihm leicht fallen, seinen eigenen Sinn für Treue auf sie zu übertragen. Wir gingen sie besuchen, und sie erteilte ihm eine Absage. Es gelang ihm, seine Enttäuschung zu verbergen.

Wir waren ins Cadogan Hotel gezogen, das Hotel, in dem Oscar Wilde festgenommen worden war, und an einem Juniabend fuhren wir hinaus nach Chiswick, um Vanessa Redgrave zu besuchen. Das Haus lag an einem kleinen Park. Die hohen klassizistischen Fenster hatten keine Vorhänge. Wir warteten in dem großen Wohnzimmer. Dort stand ein schäbiges Sofa, an der Wand dahinter lehnte ein großer gerahmter Spiegel, Bücher und Schallplatten lagen herum, Seemuscheln, Spielzeug, es gab eine Art Bar, und auf dem Boden neben dem Gartenfenster lagen Kissen. Es war das

Haus einer Vorstadtfrau, deren Leben sich auflöste, so schien es. Hier und dort war ein blanker Nagel in die verputzte Wand geschlagen.

Dann kam sie herein, groß, sehr kurzsichtig, in einem malvenfarbenen Jerseykleid, ärmellos und mit Schlitz. Auf ihrer Schulter blitzte das Weiß eines Büstenhalterträgers. Sie war vollkommen natürlich. Sie konnte kein Eis für unsere Drinks finden. Man mochte sie sofort.

Sie war vierunddreißig und bereits auf dem Höhepunkt einer gefeierten Karriere, sie nahm gerade *Mary, Queen of Scots,* auf, in dem sie die Hauptrolle spielte. Ihr kleiner Sohn kam herein und begann auf ihr herumzuturnen. Glasperlen fielen auf den Boden, ihr Drink schwappte über. Später kamen ihre beiden Töchter herein, sie waren pummelig, mit dreckigen Füßen, und sagten, sie gingen zu Bett, ob sie ihnen etwas vorlesen würde. Sie versprach ihnen zwei Kapitel. Wir hatten uns eine sanfte Verführung vorgestellt, aber die Ablenkungen hielten uns davon ab. Ich fragte sie nach ein paar Filmdosen, die neben dem Sofa gestapelt waren. Es war ein Film, den sie sehr mochte, sagte sie. »Ein italienischer Film. Er heißt *Der Polizist.* Er handelt von einem jungen Mann aus einem Dorf, der Polizist wird – er wird sozusagen rekrutiert – und wie er sich langsam, Stück für Stück, verändert, sich von den Dingen entfernt, die ihn geprägt haben, wie er seine Menschlichkeit verliert, seine Freundlichkeit, und am Ende … na ja, das Ende ist ein wenig kitschig – aber darum geht es nicht.«

Ich spürte in mir diesen vertrauten Moment der Enttäuschung; mir war klar, dass ich den falschen Film geschrieben hatte. Das Einzige, was übrig blieb, war, nicht daran zu denken oder vielleicht ein paar Ähnlichkeiten zwischen dem italienischen Film und unserem anzudeuten.

Sie würde unser Drehbuch lesen, sagte sie, obwohl die Drehbücher, die ihr am besten gefielen, fügte sie kryptisch hinzu, die waren, die ihr vom Regisseur vorgelesen wurden.

Auf der Fahrt zurück in die Stadt bemerkte Ginna, wie tief ihn die Geschichte des von ihr beschriebenen Films beeindruckt hatte. »Ja«, stimmte ich ihm zu.

»*The Interpreter*«, sagte er – so hieß die Originalgeschichte, auf der ein von ihm produzierter Film, *Before Winter Comes*, basierte –, »war die gleiche Art von Geschichte. Aber wir haben es nicht geschafft«, gestand er.

Mittlerweile hatte Maximilian Schell zugesagt, die Regie zu übernehmen. Er mochte es ebenfalls, wenn man ihm Drehbücher vorlas, und umgeben vom Luxus seines Londoner Hauses, das er von einer Maharani gemietet hatte, hörte er uns zu, schlug Änderungen vor, spielte Szenen aus und erzählte Geschichten. Eines seiner Beispiele für die Darstellung des Charakters einer Figur stammte, wie ich mich erinnere, aus *Anna Karenina*. Wir sind im Zugabteil, sagte er, die alte Frau kommt herein, tief in ihren Mantel vermummt, und klagt, dass es kalt sei. »Kalt draußen, nicht?« sagt sie zu einer Person nach der anderen, aber keiner beachtet sie. Zum Schluss wendet sie sich an Anna und sagt: »Es ist kalt.« – »Ja, es ist kalt«, sagt Anna.

Seine Köchin versorgte uns in jener Woche mit wunderbaren Mittagessen, und oft wurden wir von Besuchern unterbrochen, Telefonanrufen, unerklärten Angelegenheiten. Spät eines Nachmittags erschien eine makellos schöne Nofretete in schlichten teuren Kleidern; lange Nase, wunderbare Haut und Haare. »Miss Bode«, stellte Schell sie mit pointierter Kürze und leiser Stimme vor. Die Arbeit an dem Tag war zu Ende.

Morgens schrieb ich nieder, was wir besprochen hatten, änderte Szenen, fügte Seiten hinzu. Schließlich kam Vanessa Redgrave zum Abendessen. Wir erwarteten ihre Entscheidung.

Sie kam in Arbeiteranzug und Eisenbahnermütze, eine Frau mit Überzeugungen. Über der Schulter trug sie eine große Leinentasche mit Büchern über den chinesischen Kommunismus. Sie begann über Politik zu reden und das Übel der Bürokratie. Mit seinem berühmten Charme versuchte Schell, sie von diesen Themen abzulenken. Er hatte nur begrenzten Erfolg.

Am Tisch aß sie sehr wenig – sie habe keinen Hunger, sagte sie – und blieb dann bei ihrer politischen Linie. Was war die politische Bedeutung des Films? wollte sie wissen.

Die Gesichter wandten sich mir zu. Ich kannte jedes Wort und jede Bedeutung des Films, den wir zu machen hofften, aber Politik hatte kein Teil daran. Stockend redete ich von menschlichen Gefühlen und ihrer größeren Bedeutung und berief mich auf Filme wie *Kinder des Olymp,* obwohl ich vom ersten Moment an spürte, dass es nicht die richtige Antwort war.

Ginna und ich saßen lange Zeit in düsterem Schweigen, bis Schell, der die ungesättigte Maoistin in ein Taxi gesetzt hatte, die Treppe heraufkam. Wir wollten unserer Verzweiflung Ausdruck verleihen, aber er verhinderte es wie ein guter Kapitän, vielleicht entsann er sich seiner Rolle in *Die jungen Löwen.* Wie von der Leinwand herab sagte er zuversichtlich mit warm lächelndem Gesicht: »Ich glaube, der letzte Gute-Nacht-Kuss hat sie überzeugt.«

Das tat er nicht.

Es gab noch Ingrid Bergman, die zu der Zeit Theater spielte, aber aus verschiedenen Gründen, darunter, wie ich glaube, die Gesundheit ihres Mannes, sagte auch sie ab.

* * *

Die besten Drehbücher werden nicht immer verwirklicht, so wie die am entschlossensten geführten Schlachten nicht immer siegreich enden. Ich sage das nur aus Beobachtung, jenseits eigener Erfahrungen. Es gibt so viele Faktoren: der richtige Zeitpunkt, der Impuls, die Oberflächlichkeit, der Zufall. Die Filme, die gemacht werden, sind wie Druidensteine, sie stehen zwischen den Trümmern all dessen, was zerstört wurde oder verloren ging – die großen Sätze, die Szenen, die gewaltige Anstrengung, verschwendet wie ins Wasser geworfene Goldmünzen. Die Agenten und Schauspieler stochern lässig darin herum. Vielleicht ist es diese Vergeudung, dieser immense Ruin, der den Ruhm nährt.

Als Produzent mag Ginna Grenzen gehabt haben. Er war absolut ehrlich. Er war ein Mann von Kultur, er wusste viel, und er war eindeutig in allem. Seine Vergangenheit war voller Persönlichkeiten, die auf den Flügeln seiner Erzählungen legendären Status annahmen: natürlich Behan; die Ballerina Pat McBride; Neville Cardus, der alte Kricketjournalist; Carol Reed; Jack Nugent, der Patience legende Besitzer des »Dolphin«; Kennaway; John Ford; und zwei schwedische Schwestern, die als Kellnerinnen im Durgin Park arbeiteten, unerreichbar, wie er sagte – abends wurden sie in großen Wagen abgeholt. Seinen Geschichten haftete etwas von Fitzgerald an, etwas Romantisches und Leichtes.

Wir trennten uns nie. Ich fahre mit ihm mit dem Morgenzug in die Stadt, die Sonne flackert auf unseren Gesichtern, an den Stationen steigen schläfrig Menschen zu, die schöne Küstenlandschaft, Southampton, Westhampton, Hampton Bays, Bay Shore. Ich schloss mich seinem Kunstgeschmack an, zum Beispiel liebte er Jacques Callot, einen der größten Radierer – sogar Rembrandt sammelte ihn –, Goya.

In den späten siebziger Jahren kehrte er zum Journalismus zurück und wurde Herausgeber einer Zeitschrift. Der Kreis schloss sich. Mitternacht. Wir kehren ins Büro zurück. Es gibt einige letzte Dinge durchzusehen. Er sitzt und korrigiert den Text eines Autors, den er mag und dessen Telefon wegen nicht bezahlter Rechnungen stillgelegt worden ist. Die Restaurants werden gefegt, auf der Sixth Avenue unter uns wird der Verkehr dünner. Das Leben von Reportern, Schriftstellern. Die Nacht ist ihr Mittag. Auf dem Sofa schläft, zusammengerollt zwischen Büchern und Papieren, eine Frau in einem weißen Kostüm, mit der wir zu Abend gegessen haben.

Ginna besorgte mir meine erste Arbeit als Journalist, ein Feld, auf dem ich schließlich meinen Lebensunterhalt verdiente. Ich wurde nach Europa geschickt, um Schriftsteller zu interviewen: Graham Greene, Nabokov, Antonia Fraser. Als ich in Paris eintraf, erwartete mich ein Telegramm von Greene, dessen Menschenscheu berühmt war, in dem er mir mitteilte, dass er mich nicht treffen könne. Dann erhielt ich die Nachricht, dass Nabokov auch abgesagt hatte. Es drohte die Katastrophe. Der Gedanke, Ginna zu enttäuschen, der auf mich setzte, war schlimmer, als abgewiesen zu werden. Spätabends ging ich den grabesstillen Boulevard Malesherbes hinauf und schob eine Nachricht unter Greenes Tür hindurch, höflich, aber nicht unterwürfig, und später fand ich den Mut, in Montreux anzurufen und Mme. Nabokov zu beschwören. »Montreux Palace Hotel«, sagte eine Stimme auf Englisch. »Mr. Nabokov, bitte.« – »Einen Moment.« Ich erinnere mich nicht mehr, ob ich das Vermittlungszeichen hörte, aber das nächste Wort war »Hallo«. Es war Véra Nabokov. Als sie mich, nachdem sie ihren Mann konsultiert hatte, einlud, ihn am folgenden Sonntag zu treffen, wiederholte sie, dass er ausgeschriebene Fragen bevorzuge: »Mein Mann spricht nicht gerne frei.« All meine Bemühungen waren schließlich erfolgreich, und Graham Greene, der, wie ich glaube, Mitleid mit mir als Journalisten hatte, bewirkte sogar, dass mein Roman *Lichtjahre* in England veröffentlicht wurde. Er hatte eine höhere Meinung davon als die englische Kritik.

Ginna wurde später Cheflektor bei Little, Brown. Die Verlagsräume blickten auf den Boston Common, und keine Stadt oder Umgebung hätte besser zu ihm gepasst. Unter den vielen Büchern, die er herausbrachte, war eines von mir, *In der Wand*, das ich durch ihn angeregt und ermutigt geschrieben hatte. Obwohl mir das Thema, Bergsteigen, vertraut war, mochte ich den Titel lieber als den Text, vielleicht weil dem Schreiben das Ekstatische der vorangegangenen zwei Romane fehlte.

Vielleicht fand Ginna nie wirklich den Platz in der Welt, für den er geschaffen war, aber die anderen Orte, »Locke-Ober's« in Boston, London, das American Hotel in Sag Harbor, die Forellenströme im Norden Maines, all die Museen, die schottischen Lachsflüsse, machte er zu etwas Legendärem. Er las und sah, schmeckte und trank, und mit ihm zusammen erfuhr man die Freude an denselben Dingen.

Vielleicht habe ich den Eindruck erweckt, dass er sich weniger der Arbeit als dem guten Leben widmete, aber in Wirklichkeit verband sich in ihm beides auf erstaunliche Weise. Es gibt nicht viele Männer wie ihn.

\* \* \*

Sie marschieren ohne dich ab, stellen sich auf. In der Ferne erhebt sich das leise, vertraute Geräusch der Befehle.

Ich empfand das, die Verwirrung und Panik, als ich in einem

schönen Zimmer vor dem Fernseher saß. Es war Juli, aber das Zimmer war kühl, und die Straßen New Yorks wie ausgestorben. Ich beobachtete drei weiß gekleidete Männer, die meine Vernichtung vorbereiteten; sie flogen zum Mond, der erste Flug, der dort landen sollte.

Aldrin ist einer von ihnen, der, den ich kenne. Er winkt. Erinnerungen an die gemeinsame Zeit im Geschwader kehren zurück. Seine Frau interessierte sich für das Theater. Man sagte, sie habe künstlerische Interessen – das war in Armeekreisen kein Kompliment. Seine Hand greift nach einem Geländer, er steigt in den Transporter. Ich möchte wegsehen, aber es gelingt mir nicht. Seine einfachsten Handlungen sind mir eine Qual.

Sie fahren durch einen Schatten und verschwinden unter der komplexen Struktur des riesigen Krans. Sie betreten einen Fahrstuhl. Ein feierlicher Kommentator erklärt jeden Schritt. Die Tür des Fahrstuhls schließt sich. Sie fahren hinauf.

Sie erreichen die obere Plattform. Ich schreie auf, aber es kommt kein Laut, ich habe nicht den Mut zu weinen, das Leben hat mich bereits verlassen. Ich denke an Turgenjew, die lange Beschreibung einer Hinrichtung, es war eine Guillotinierung, das unerträgliche Zeremoniell.

Ein weißer Rauchkranz fließt aus der Rakete. Ich schaffe es, ruhig zu bleiben, kein Wort zu sagen. Ich sitze im St.-Regis, mit allem, was man sich nur wünschen kann. In mir ist eine große Leere, als hätte ich alles verloren.

Zwölf Minuten bis zum Start. Ich fühle mich wie der unbekannte Mann des Bodenpersonals, der sie in die Kapsel bringt, nein, der ist erregt und stolz, der empfindet sich selbst als wichtig. Es ist alles ein Traum und doch auf intensivste Weise real. Ich kann den glatten emaillierten Stahl riechen.

Ich kann die Stimmen des Sprechfunks hören, sicher und knapp. Die Kamera ist jetzt unter den Antriebskörpern, die Öffnungen sind so groß wie Kanonenrohre. Die Fahrstühle im Hotel mit ihrer Fracht gut gekleideter Geschäftsleute fahren hinauf und hinunter, die Zimmermädchen in den teppichbelegten Fluren schieben ihre Wagen.

Fünf Minuten. Wir warten, wir Hunderte von Millionen, starren gebannt auf die leicht geschwärzte Stelle, von der sie abheben werden. Mein Herz schlägt nicht mehr, es scheint stehen geblieben, es bereitet sich auf das Ende vor. *Fünfzehn Tonnen Treibstoff pro Sekunde*, sagt der Sprecher. Fünfzehn Tonnen, dazu das Eigengewicht, sind unvorstellbar. Es ist ein heißer, windstiller Morgen am Cape. Vögel fliegen an der Rakete vorbei, sie wissen nichts von ihrer Potenz. Drei Minuten.

Die Tage als Flieger, die sie hierher geführt haben, die unzähligen, immer gleichen Tage. Das Erstaunliche ist, dass wir in der Lage sind, etwas zu tun, was in die Geschichte eingeht, etwas Unwiderrufliches: Gemälde, Wahlen, Verbrechen. Es ist sogar so, dass diese Dinge nicht zu verhindern sind. Einer der denkwürdigsten Akte der Weltgeschichte steht kurz bevor. Zwei Minuten.

Ich hatte eine italienische Geliebte – oh, sie war schön! –, sie flog überall hin, um mich zu treffen. Sie war schlank, ihr Körper war braun von den Stränden Roms, um ihre Hüften lief ein blasser Streifen, das weiße Reservat. Sie trug eine braune Lederjacke und hatte kurz geschnittenes schwarzes Haar. Ich hatte einen luxuriösen, samtweichen Kordanzug von Palazzi auf der Via Borgognona. Sie hatte ihn mir gekauft. Sie war das Gegengift, unter anderem, für die Stunden um den Start und die unerträglichen Tage danach. Ich hatte ihr einen Katechismus beigebracht, oder besser, wir hatten gemeinsam einen erfunden, den sie in perfektem Englisch aufsagen konnte, flagrante Wörter, sündenfrei aus ihrem Mund, unschuldige Fragen und profane Antworten und die tiefe, einladende Stimme. Eine Minute.

Wir schwiegen an jenem Abend, der Fernseher lief noch immer, Licht bewegte sich an den Wänden des verdunkelten Zimmers. Ich sah darauf, fixiert wie auf den kühlen gelassenen Akt, in dem wir uns befanden. Als Junge hatte ich mir Szenen wie diese vorgestellt. Erwachsene Männer, andächtige Bewegungen, Selbstvergessenheit, Überzeugung. Sie windet sich wie eine sterbende Schlange, wie eine Besessene. Alles und nichts – und zur selben Zeit fliegt die unbesiegbare Rakete, Meilen verschlingend, durch wirkliche Minuten und durch die Träume von Männern.

Ich habe diese Nacht und ihre Qual nie vergessen. Genuss und Oberflächlichkeit auf der einen Seite, unermessliche Taten auf der anderen. Ich lag lange Zeit wach und dachte darüber nach, was aus mir geworden war.

\* \* \*

Ich war zehn, fünfzehn Jahre lang eine *poule*. Ich hätte leicht so weitermachen können. Um mich herum häuften sich die Trümmer, aber wie um den Abfall, der sich hinter den Restaurants stapelt, kümmerte ich mich nicht um sie – vorne verbeugte man sich vor mir und führte mich an den Tisch.

Robert Bolt, der erst als Schullehrer und dann als Bühnenautor arbeitete, gehörte zu den begabtesten Autoren seiner Generation. David Lean, für den er gefeierte Filme schrieb – *Lawrence von Arabien, Doktor Schiwago* –, hatte ihn, wie man wusste, Tausende von Meilen einfliegen lassen, nur um die Änderung einer einzigen Zeile zu besprechen, und er wurde mit Ehrungen überhäuft. Er hatte das beste Drehbuch geschrieben, das ich je gelesen hatte, eine erstaunliche Fassung der Meuterei auf der Bounty und ihrer Folgen, mit kraftvollen Bildern und Szenen. Wie die Dinge lagen, wurde der Film nie gedreht.

Als älterer Mann lebte er etwas verloren in den Tropen, getrennt von seiner Frau und weit weg von seinem Haus in Surrey. Als die kindliche Schauspielerin Mia Farrow einen Film auf einer nahe gelegenen Insel drehte, freundeten sie sich an, und er schrieb einige ihrer Dialoge um. Sie unterbreitete sie dem Drehbuchschreiber dann als ihre eigenen Vorschläge. Schließlich war sie es müde, überreichte ihm den Stapel Seiten und gestand. Der Autor war ein enger Freund von mir, Lorenzo Semple. Weit davon entfernt, verärgert zu sein, fragte er, ob er Bolt, den er sehr bewunderte, kennen lernen könne.

Ein Abendessen fand statt, in einem schäbigen chinesischen Restaurant mit zusammengewürfelten Tellern und einem Lehmboden. Bolt erschien in einem Palmettohut. Er war betrunken. Sie redeten natürlich vom Schreiben, wurden aber immer unzusammenhängender, je später der Abend wurde. Bolt gelang es dennoch, einen wichtigen Punkt klar zu machen. Wenn man einen Film schreibt, sagte er, wenn man einen Film schreibt, ja, dann sollte man eine Sache nie aus den Augen verlieren.

»Und was wäre das?« fragte Lorenzo.

»Das Geld, mein Junge«, sagte Bolt, »das Geld.«

Es gab Autoren, die guten Gebrauch davon machten. In Los Angeles, am Summit Drive, saß ich mit einem eleganten Mann, Mitte vierzig, beim Lunch; ich werde ihn Edoardo nennen. Er kam aus dem Veneto, dem, wie er sagte, zivilisiertesten Teil Italiens, wo selbst die Bauern, wenn auch

Trinker, nach fünfzehnhundert Jahren gehobenen Lebens Kultur besaßen. Venedig, die große Stadt der Region, war Zeitalter hindurch das Licht der Welt gewesen.

Ein großes schwedisches Mädchen mit einem russischen Namen, Natascha, bediente uns – gratinierte Kalbsmedaillons, frische Gartenerbsen, Gurken in einer Saure-Sahne-Sauce. Als sie sich zurückgezogen hatte, fragte ich beiläufig: »Ist sie die Köchin?«

»Ja. Köchin und alles andere«, sagte er und kam auf das Thema zurück. »Als London 250 000 Einwohner hatte, besaß Venedig 350 000. Shakespeare verlegte vier seiner Stücke dorthin, *Der Kaufmann von Venedig, Ein Sommernachtstraum, Wie es euch gefällt* und *Romeo und Julia.*«

Er fügte noch Arden und Athen an, aber mich ließ etwas anderes stutzen. »*Romeo und Julia?*«

»Na ja, es spielt in Verona, aber das liegt ganz in der Nähe.«

Ich war fasziniert, von ihm, dem großartigen Haus, dem Rolls-Royce in der überdachten Einfahrt, der Gartenanlage. Er kam mir wie Onkel Wanja vor, ein gerissener Wanja, hart arbeitend, gebildet.

Ich erwähnte zufällig d'Annunzio. Er wusste alles über ihn, sein Onkel war im Ersten Weltkrieg in d'Annunzios Geschwader geflogen, und er hatte sogar ausgesehen wie der Dichter, klein, hässlich, kahl. D'Annunzio hatte ihn als Doppelgänger benutzt. Wenn er mit einer Frau in ein Hotel gehen wollte, ließ er den Onkel in der Villa am Fenster sitzen und lesen.

Wir tranken weißen Burgunder. Das schwedische Mädchen servierte anmutig und schweigsam ein Sahnedessert aus frischen Himbeeren und Erdbeeren. D'Annunzio, der in den dreißiger Jahren starb, war der gefeiertste Schriftsteller seiner Zeit – Ende des neunzehnten und Anfang des zwanzigsten

Jahrhunderts – und führte ein ausschweifendes Leben, das Berüchtigtste seit Byron. Er war der Liebhaber der Duse und unzähliger anderer gewesen. Er hatte Mussolinis berühmte Reden geschrieben. Im Alter zog er sich oberhalb des Gardasees in einen selbst entworfenen Pantheon zurück, das Vittoriale, in dem sich eine Art Oper abspielte. Er zog sich eine Mönchskutte an und ließ die Bediensteten, alles attraktive Frauen, in Nonnenkleidern herumlaufen. Am nächsten Tag trug er eine Kommodoreuniform und sie waren die Matrosen.

»Es gibt in Italien bestimmt zwanzig Drehbücher über d'Annunzio«, sagte Edoardo. »Sie versuchen seit Jahren einen Film über ihn zu machen. Ich erinner mich an den Tag, als er starb. Ich war in der Schule, und ein Junge kam auf mich zu und sagte: ›Heute haben wir schulfrei!‹

›Schulfrei?‹

›Der Dichter ist tot.‹

›Hurra‹, sagte ich.«

Edoardos Haus war wie Rom, Monte Mario, die Terrassen und Swimmingpools. Manchmal, sagte er, säßen sie abends auf der Terrasse, er und das schwedische Mädchen, und sähen auf die Stadt hinab. Er war der König in diesem Garten Eden, sanft, weise, von einer Art klassischer Ruhe und Zurückhaltung, unter seinem Schutz eine einzige junge Novizin – ein Mann, der den panischen Appetit der Jugend hinter sich hatte, heiter, fähig zu genießen, bedächtig, selbst wenn er, wie alle Männer, von endlosen Sehnsüchten belagert war.

»Edoardo?« sagte einer, der ihn gut kannte, als ich seinen Namen erwähnte. »Er ist der unglücklichste und unzufriedenste Mann, den ich kenne.«

»Unmöglich.«

»Er ist ein *artiste manqué*. Er glaubt, er hat sein Talent an den Film vergeudet, den er hasst. Im Prinzip hat er auch keinen wirklich guten Film geschrieben – alles Schund, bis auf einen, den hat er für Germi gemacht. Oh, er ist ein fantastischer Geschichtenerzähler, vor allem auf Italienisch, aber er verabscheut sein Leben und ist voller Selbstverachtung. Er hält sich für die einzig intelligente Person im ganzen italienischen Kino, und da er der Einzige ist, der liest, konnte er Karriere machen, indem er Maupassant-Geschichten nahm und als seine eigenen verkaufte. Er hat nie geheiratet. Er ist der traurigste Mann, den ich kenne.«

* * *

Dies war die Küste, die legendäre Küste. Mädchen mit wehenden Haaren und sonnengebräunten Gliedern. Im Sommer 1976 fuhr ich hin, aus der Wüste kommend, auf der Straße Richtung Barstow erdrückende Hitze und Leere. Dann, ermüdet und von der Hitze benommen, fahre ich den Küstenhighway, vorbei an Santa Monica, am Meer entlang Richtung Norden.

Das Haus blickte auf die Hügel im Hinterland, Hibiskus und eine allein stehende riesige Palme standen im Garten, deren Blätter man von einem Balkon im zweiten Stock berühren konnte. Von der gleichen Stelle konnte man die kahle, verheißungsvolle Ecke eines Tennisplatzes sehen. Stille. Vögel flattern zwischen den Ästen.

Von den rätselhaften Begebenheiten fällt mir als Erstes ein Lilienstängel ein, der mit merkwürdig abrupten Bewegungen umknickt und im Boden verschwindet. Ein kleines Tier suchte sein Abendessen zusammen.

Kühler Morgennebel und das Geräusch von Wellen, Kinder schreien auf der Straße, die Palmwedel neigen sich von den

hohen Bäumen herab. Malibu. Klammer Sand unter den
Füßen auf dem schmalen Fußweg zum Strand, die Wein-
stöcke am Hang glitzern in der Sonne. Mein Agent, Evarts
Ziegler, hat mir einen Geschenkkorb geschickt; Obst und
Wein in einer Hülle aus aprikosefarbenem Zellophanpapier.
*Willkommen in Kalifornien*, stand auf der Karte. Darunter
einfach: *Ziggy*.

Lorenzo, der einer seiner Lieblingsautoren war, hatte von
mir erzählt und ihn überredet, mich zu vertreten. Als ich das
erste Mal zu ihm ging, erklärte er mir sofort, wie sehr er
meine Arbeit an einem Film schätzte, mit dem ich nichts zu
tun hatte. Ich nickte bescheiden und nahm es als gutes
Omen. Er war schon damals ein Anachronismus. Er hatte
graues Haar; er trug Dreiteiler und war 1929 mit seiner Mutter zum ersten Mal in Frankreich gewesen. Später reiste er
im *Super Chief* kreuz und quer durchs Land, einem so luxuriösen Zug, dass er einen Friseursalon mitführte und die
Kellner zum Dinner fragten, ob man nicht eine schöne frische Forelle haben wolle, sie sei in einem Bergbach gefangen und an der letzten Station an Bord genommen worden.
Im Badezimmer neben seinem Büro hingen signierte Fotos
von Sinclair Lewis und Hemingway, die ihm sein Vater hinterlassen hatte, und in seiner Privatsauna ein Bild von einem nackten, gierig trinkenden Mädchen, dem das Wasser
das Kinn herunterläuft.

Er hatte ein vernarbtes, scharfkantiges Gesicht, das er ständig mit den Fingern bearbeitete, es knetete und zusammenhielt. Er sah aus wie ein Marineleutnant, der bei einer
Schiffsexplosion Verbrennungen erlitten hatte. Über die
Jahrzehnte hatte er sich bestimmte nervöse Ticks ange-
wöhnt – ich erinnere mich, dass er beim Reden oder wenn
er nachdachte mit dem Finger sein rechtes unteres Augenlid

berührte. Er war das zweite Mal verheiratet, mit einer blonden Frau, die bessere Kreise anzudeuten schien, ließ sich aber bald wieder scheiden und heiratete kurz darauf erneut. Man hatte das Gefühl, dass er sich mit dem Gedanken der Ehe abgefunden hatte, dass er sie wie gute Kleidung als eine Notwendigkeit erachtete. Er war Mitte sechzig, schien jedoch frei von Angst vor dem Tod.

Ziegler hatte ein Haus in Pasadena, ein weiteres in der Wüste und ein Strandhaus in der Nähe von Santa Barbara. Die Geschäfte führte er in seinem Büro in Beverley Hills, manchmal auch beim Lunch, wo er diskret auf einzelne enorm reiche Filmmagnaten wies. Für mich erledigte er das Übliche – führte Verhandlungen, arbeitete Verträge aus –, aber in vieler Hinsicht war er mehr ein Freund als ein Agent. Ich konnte immer auf seine wenig begeisterte Meinung zählen, die er mit dem Realismus eines Strafrichters vortrug.

Ich schrieb am Tage. Abends, wenn das Meer versank, fuhren wir die Küste entlang, rauschten an den Canyons vorbei, tiefe Wolken hingen im Dunkeln über dem fernen Santa Monica – darunter ein Streifen gefangenes Licht. Überall rasten Autos herum, ohne zwingenden Grund, ziellos, zur Zerstreuung. Wir fuhren durch die tiefe Dunkelheit, die undeutliche Stadt kam näher.

Das Leben Kaliforniens, das Leben der Statisten, kühle Nachtluft und Meereswind wehen einem aus den dreißiger Jahren entgegen – oder welchem Jahrzehnt auch immer die eigenen Bilder entspringen. Trotz meiner Gleichgültigkeit, ja, sogar Abneigung, war da etwas – die blaue Legende, das unerschöpfliche Meer. Auf der Umschlagseite des Telefonbuchs stand eine kurze Ortsbeschreibung: Bis in die vierziger Jahre – dem Herzstück meines Lebens – gab es in diesem und jenem Teil der Stadt fast ausschließlich kleine Ranches, heute hingegen Läden und Wohnhäuser. Während ich las, überkam mich eine fast süße Melancholie, ein Stich wie beim Gedanken an einen geliebten Menschen, den man nie wiedersehen wird. Ich beneidete jene, die hier aufgewachsen waren oder dem Ort unzählige ihrer Tage geschenkt hatten. Am Eingang der Studios – wie die Tore königlicher Enklaven – wurde man durchgewinkt. In den Fluren von Unided Artists hingen riesige gerahmte Fotos berühmter Filmszenen, obwohl niemand sie sich ansah. Der Glanz der Gegenwart verlangte die Verachtung der Vergangenheit, und der Weg ging zu immer neueren und größeren Dingen. Die Hoffnungssuchenden kamen von überall wie Glücksritter in einem Märchen. Der Reiz war unwiderstehlich. Selbst kultivierte Persönlichkeiten aus dem Osten, die mehr wie Universitätsprofessoren als wie Vertreter wirkten, kamen mit ihren Träumen. Ich traf Peter Gimbel. Er war mit seiner Frau gekommen, Elga Anderson, einer blonden Schauspielerin, und Billy, ihrem Hund. Sie hatten natürlich ein Drehbuch, für das sie einen Produzenten suchten. Und jetzt zum Geschäft, schien er zu sagen, und zog aus der Brusttasche seiner Safarijacke eine goldgerahmte Brille, um eine Liste möglicher Agenten durchzugehen.

Seine Frau nannte ihn Gimbel, mit leicht deutschem Akzent. Ich hatte sie Jahre zuvor in Rom kennen gelernt, damals war sie wie ein Fohlen, stolz und gleichgültig. Sie war immer noch schön, europäisch, mitunter hatte sie einen hochmütigen Zug um den Mund – sie war eine Schauspielerin, an der etwas von der Bedeutung des Wortes zu Zeiten Molières oder Goethes haften geblieben war, eine natürliche Geliebte der Aristokratie mit dem dafür erforderlichen Benehmen.

Sie und Gimbel hatten kein Glück, damals nicht und auch

nicht später. In gewisser Weise lag ihres bereits hinter ihr, und er war wie ein Gentleman, den es an die Regency-Spieltische treibt. Er konnte es sich leisten zu verlieren und hätte sich über einen Gewinn gefreut, obwohl die Chance gering war.

Man kann es nicht erobern. Man kann davon kosten, sogar eine Stunde lang herrschen, aber das ist alles. Man kann den Strand nicht besitzen oder die Mädchen, die darauf liegen, den Dunst der Sommernachmittage oder das brechende grüne Meer, während die nächste Welle der Aspiranten schon vor der Tür wartet, ihr Murmeln, ihr Hunger. Die nächste Flut schöner unwissender Gesichter, perfekter Körper und die überwältigende Sehnsucht, bekannt zu sein.

* * *

Sie waren alle in gewisser Hinsicht wie Schulkameraden, manche waren beliebter, andere mied man lieber, manche waren faul, aber nicht ohne Anziehungskraft. Wie Schulkameraden verstreuten sie sich und folgten unterschiedlichen Schicksalen.

Ich traf Jean-Pierre Rassam zum ersten Mal im »La Coupole« in Paris. Er war jeden Abend da. Er glaubte fest daran, dass man in jeder Stadt nur ein einziges Restaurant haben sollte, so wussten die Leute immer, wo man zu finden war. In Paris war es für ihn das »La Coupole«. Später, in New York, »Elaine's«.

Helen Scott und ich hatten über ihn gesprochen, als ich ihn noch nicht kannte. Er hatte an einer Filmkonferenz teilgenommen, sagte sie, und sich auf dem Podium mit den Worten vorgestellt: »Ich heiße Jean-Pierre Rassam. Ich lebe bei meiner Mutter.« Ich bewunderte seine Bravour und Selbstironie. Er war schwierig und romantisch, der Schwager eines Regisseurs, Claude Berri, sagte sie. Er war Mythomane, nur glücklich in seinen Träumen, attraktiv und selbstzerstörerisch.

Wie durch ihre Beschreibung herbeigerufen, kam er an unseren Tisch. Ich sollte sagen, *jemand* kam an unseren Tisch, und ich erkannte ihn sofort: das todessüchtige Gesicht, feines schwarzes Haar, gebogene Nase, dünne Lippen, ein Gesicht, so vollkommen wie das eines Tiers, so glatt. Er war urban und unlenkbar. Seine Geschichte bestand aus glorreichen Fetzen, aber wenn man ihm zuhörte, musste man an ihn glauben, an die Unendlichkeit der Möglichkeiten, die er verkörperte. Für seinen Abschluss an der Universität hatte er für die mündliche Prüfung das Werk eines Schriftstellers angegeben, den er nicht einmal gelesen hatte, Charles Péguy, ein obskurer Dichter. Er blendete die Prüfer. Sie saßen da und nickten. Am Ende fragte einer von ihnen, aus reinem Interesse, welches von Péguys Büchern ihm am besten gefiele. Er wisse es nicht, sagte Rassam, er habe keines von ihnen gelesen. Zum Lohn für seine Ehrlichkeit ließen sie ihn durchfallen, aber die Geschichte wäre weit weniger interessant gewesen, hätte er gelogen.

Rassam hatte viele Freunde im »La Coupole«. Er ging zwischen den Tischen umher, saß bei einigen längere Zeit, andere begrüßte er nur und wechselte ein, zwei kurze Worte. Er war fast immer allein. Er hatte den Traum, dass er eines Abends die Frau seines Lebens dort treffen würde, und dann wollte er mit niemand anderem zusammen sein. Er machte sich falsche Vorstellungen; man war immer mit jemand anderem zusammen.

Helen Scott war für ihn eine Mutter gewesen – ob die, die er auf der Konferenz erwähnt hatte oder nicht, weiß ich nicht –, als er ein langes Jahr an schweren Depressionen litt.

Er erholte sich schließlich wieder. »In seinem Milieu«, vertraute Helen mir an, »ist er unschlagbar, und er findet immer sein Milieu.«

Sie trank viel in dieser Nacht und redete über die Vergangenheit, über ihren Vater, der Schauspieler gewesen war. Wenn im Radio Militärmusik gespielt wurde, salutierte er und marschierte im Zimmer herum. Er redete nicht mit ihrer Mutter, nur über die Kinder (»Sagt eurer Mutter, dass sie eine mörderische Hure ist«), und erst auf seiner Beerdigung begann Helen, ihn zu verstehen, sagte sie. Seine Beerdigung markierte seine Rückkehr in ihr Leben. Wir tranken weiter. Etwas Kokettes lag, unglaubwürdig wie es schien, unter ihrem schweren Körper und groben Zügen verborgen. Sie kannte Truffaut sehr gut und war einmal in einem Hotel im Negligee in sein Zimmer gegangen, um ihn zu verführen. Er musste sich im Badezimmer einschließen. Bevor sie nach Paris kam, hatte sie in New York für die Vereinten Nationen gearbeitet, für die polnische Delegation. Sie nannten sie Scottka. Sie hatte mit Kropotski gearbeitet.

»Wer war Kropotski?«

»Dr. Kropotski. Er hatte eine schlechte Verdauung«, sagte sie. Sie war dick; sie war einsam. Sie hatte in einer Klinik in der Nähe von Grasse versucht abzunehmen und war mit einer Papiertüte mit ihrem Essen zum Dinner gekommen – eine magere Scheibe Kalbfleisch, kalt –, aber ihre Hauptsorge galt dem Transport, wie sie wohin gelangte: sie konnte nicht fahren.

Als wir an dem Abend das Restaurant verließen, fing sie auf der Straße an zu singen, etwas aus einer noch ferneren Zeit, den verschwundenen Mädchentagen, als ihre Leibesfülle vielleicht noch ein Zeichen von Charakter war. »Speck und Kohl in den Topf«, sang sie, »ich liebe meine Abie …«

Rassam blieb etwas Besonderes, der außergewöhnlichste Mensch, den sie kannten, sagten die Leute. Ein paar Jahre später wohnte er im Plaza Athenée und produzierte Filme, darunter Robert Bressons *Lancelot du Lac* und eine himmelschreiend obszöne Komödie mit dem Titel *Das Große Fressen*. Er heiratete eine Schauspielerin und hatte ein Kind mit ihr, aber er konnte seine Exzesse nicht ablegen, und seine Talente waren untrennbar mit seinen Makeln verbunden. Heroin gehörte auch zu seinen Freuden.

Das Letzte, was ich von ihm hörte, war, dass er auf der Avenue Montaigne in einem wunderschönen alten Apartment wohnte, in dem es kaum ein Möbelstück gab. Das Wohnzimmer war absolut kahl. Im Esszimmer standen ein großer Tisch für sechzehn Personen und zwei Sofas. Nicht lange darauf starb er an einer Überdosis von Barbituraten. Es war ein Versehen, hieß es.

\* \* \*

In der fließenden Welt derer, die ich kannte, war der Mann, der die Widersprüche dieses Lebens für mich am stärksten verkörperte, ein Prinz von Geblüt, Christopher Mankiewicz. Er war nicht nur Sohn eines großen Vaters, sondern Spross einer ganzen Familie, die für ihre Begabung berühmt war. Sein Onkel hatte das Drehbuch zu dem Film geschrieben, der als das größte Werk der amerikanischen Filmgeschichte galt, *Citizen Kane,* und die Erfolge seines Vaters waren nicht weniger gefeiert – Herman und Joseph Mankiewicz. Von der Einwanderungswelle herübergespült, sollten sie zu den reinsten Stimmen Amerikas werden.

Sein Vater war in jeder Hinsicht groß, und Christopher hatte seine Dimensionen geerbt. Er hatte blaue Augen, war hoch gewachsen und arrogant und besaß die Sicherheit, dass er, was auch passieren mochte, einen berühmten Namen trug. Aber ein Scheitern war unwahrscheinlich. Er besaß Charme, Intelligenz, und er war, wie nicht anders zu erwarten, ziemlich verwöhnt. Er litt auf die übliche Weise unter einem langlebigen, machtvollen Vater, einem Mann mit gewaltigem Lebensappetit und großem Witz, der für seine Liebesaffären mit Stars wie Judy Garland, Loretta Young und Joan Crawford bekannt war, die vor ihm auf die Knie fiel und schluchzte, dass das Baby von ihr hätte sein können.

Seine Mutter war eine österreichische Schönheit, Rosa Stradner, eine Schauspielerin, die nach Hollywood gekommen war, um ein Star zu werden, es aber trotz der Heirat mit einem wichtigen Regisseur nicht schaffte. Es gab heftige Streitereien bei Tisch, der Vater stürmte aus dem Haus, die Mutter begann zu trinken. An zahllosen Abenden kam sie ins Zimmer ihres Sohnes, um ihn zu wecken und mit ihm zu reden, manchmal schlief sie betrunken auf dem Fußboden ein. Sie war immer noch schön, als sie sich im Alter von fünfundvierzig Jahren das Leben nahm.

Ihr Sohn wuchs heran und heiratete eine italienische Tänzerin. Sie lernten sich in Rom während der Dreharbeiten zu *Kleopatra* kennen, dem berühmten Misserfolg seines Vaters, und die seltsame Energie, die eine Katastrophe solchen Ausmaßes mit sich brachte, steigerte auf gewisse Weise ihre Leidenschaft. Christopher war in jeder Hinsicht Romantiker. Der klassischen Musik ergeben, empfänglich für Literatur, verrückt nach Frauen, schützte ihn zuletzt nur der Geldmangel. Als junger Geschäftsführer eines Filmstudios in New York, wo ich ihn kennen lernte, trug er mit dem beneidenswerten Aplomb dicker Männer teure Zweireiher, sprach perfekt Italienisch, benutzte eine Zigarettenspitze und hatte nur eine Schwäche, die, für mich nicht erkennbar, seiner

Frau deutlich vor Augen stand: die Millionen, die er haben wollte, bevor er dreißig war, wollten sich nicht einstellen. Vielleicht war er wie Rassam für den gewöhnlichen Erfolg zu brillant.

Dennoch brachten ihn sein Scharfsinn und die Energie seiner frühen Jahre ziemlich weit. Er hatte enge Freunde, die seinen Witz, seinen Geschmack und seine Offenheit schätzten. Seine Urteile waren oft richtig, aber ebenso oft undiplomatisch. Die Unordnung verstreuter Briefe auf großen Schreibtischen; die schnell hinuntergeschlungenen riesigen Mahlzeiten in Restaurants; die Apartments und luxuriösen Suiten – all das begann ihm langsam zu entgleiten. Er arbeitete in Los Angeles, wo er, nach Meinung seines Vaters, unzählige Chancen ruinierte. »Glaubst du nicht, dass es an der Zeit ist, die Stadt zu verlassen?« bemerkte sein Vater schließlich. »Du bist hier erledigt.«

In Rom arbeitete er Anfang der siebziger Jahren für Grimaldi, einen wichtigen italienischen Produzenten. Sein Leben verlagerte sich in die Nacht. Um vier Uhr morgens war das Licht noch an. Er sitzt im Unterhemd an seinem Schreibtisch vor einem riesigen Puzzlespiel. Seine Schwiegermutter, die er sehr mag, liegt im Bett und schläft, ebenso sein Sohn. Dieser Sohn, Jason, ist sechs Jahre alt, hübsch und weinerlich, er redet unaufhörlich mit einem leichten Lispeln. Frühmorgens kommt er ins Zimmer. »Weißt du was das ist?« fragt er. »Das ist mein Lieblingsbuch. Aus dem Buch kann man alles lernen. Über die Sterne und was das tiefste Loch im Meer ist, und über Gewitter und wie man sie anhält. Das ist mein bestes Buch. Und das«, sagt er und zeigt mir etwas, aber gleichzeitig auch sich selbst, »ist ein Film, den ich geschrieben hab. Ganz allein. Und das! Das ist ein Buch – kennst du das Buch? Das ist über Soldaten.« Dann beginnt er, mir mit bemerkenswerter Genauigkeit zu erklären, wie Kinder auf die Welt kommen.

Jetzt aber schläft er noch. Der blaue Dunst des Zigarettenrauchs sammelt sich unter der Decke. Wir hören den dritten Akt von *Aïda*. Christopher fährt mit der Hand über den Tisch. »Ich hab den Teil hier fertig«, zeigt er mit dem Finger. Sein Gesicht ist unschuldig, unermüdlich, ein Gesicht, das unkorrumpierbar ist.

Wir arbeiteten an einem Drehbuch, dessen Odyssee erst begonnen hatte. Dies war der beste Teil, die Frische und Hoffnung am Anfang. Es war sogar ein ermutigender Brief von seinem Vater gekommen, schon deshalb etwas Besonderes, weil es erst der zweite und, wie sich zeigen sollte, der letzte Brief war, den Christopher je von ihm erhalten sollte. Der Brief ging nach anfänglichem Lob dazu über, einen vollkommen anderen Ansatz vorzuschlagen. Jeden Tag redeten wir darüber, bis es dunkel wurde.

Einmal hörten wir spät am Nachmittag jemanden an das Milchglas der Gartentür klopfen. Eine Gestalt presste sich mit ausgestreckten Armen wie ein großer Falter an die Scheibe. »Mein Gott!« rief Christopher. »Bruna!« Seine Frau, von der er so gut wie getrennt lebte. Sie kam aus der Abendluft hereingeflogen, lächelte, ihr Gesicht vor Freude strahlend. Sie arbeitete als Model. Sie hatte Leinenkoffer dabei und trug einen langen eleganten Mantel. Sie ging sofort hinauf, um ihren kleinen Sohn zu überraschen.

Eine festliche Stunde. Lachen, Aufregung, Vertrautheit. Man würde niemals glauben, dass sie kurz vor der Scheidung standen. Sie hatten zu jung geheiratet, das war das Problem, sagte mir Lydia, die Schwiegermutter, im Vertrauen. Was ich dazu meinte? »Bruna war zu jung«, fuhr sie traurig fort, »Christopher war zu jung.«

Wir gingen alle zusammen in eine Trattoria auf der Via Flamina Essen, wir saßen unter hellen Lampen wie auf einer Bühne. Es hätte ein Theaterstück sein können; der Dialog war geschliffen, die Schauspieler hatten viele Male zusammen gespielt. Am Ende des Abends waren sie soweit, einander an die Kehle zu gehen.

Die nächste Szene: London, ein oder zwei Jahre später. Die Grimaldi-Tage waren vorbei. Chris lebte im Souterrain in einem Zimmer eines Freundes und versuchte das von mir geschriebene Drehbuch für sich zu ordnen. Er besaß einen Mercedes und einen schwarzen fleckigen Mantel, aber nicht viel mehr. Er verfolgte das Tagesgeschehen, wie er sagte, indem er die Zeitungen unter dem Katzennapf las.

Ich mag Männer, die beides kennen, das Beste und das Schlimmste, deren Leben alles andere als eine glatte Passage war. Stürme haben sie niedergeworfen, dann wieder trieben sie monatelang in der Flaute. Selbst wenn sie scheitern, bleibt ihnen etwas erhalten. Nicht alles war Geklimper; es gab auch große Akkorde.

Wir aßen mit seinem Kompagnon in billigen griechischen Restaurants. Ned Sherrin, ein Mann mit beträchtlicher Theatererfahrung, hatte sich ihm angeschlossen. Wir würden den Film auf jeden Fall machen; er hieß *Rain Coat*. »Wir haben den Deal so gut wie in der Tasche«, sagten sie.

Sie waren wie Revolutionäre. Für die Sache, selbst wenn sie zweifelhaft war, gab man alles. Ihre Füße waren nicht wirklich auf dem Boden; sie führten eine imaginäre Existenz, das Leben, das kommen würde. Sie sahen sich eines Tages unter ungeheurem Applaus breite Stufen hinaufschreiten. Was ich momentan machte? fragten sie zurückgelehnt. Ich schriebe gerade einen Roman zu Ende, erklärte ich.

»Kann man einen Film daraus machen?«

»Man kann aus nichts, was ich schreibe, einen Film machen, nicht mal aus den Drehbüchern«, sagte ich.

Dinge brauchen allerdings ihre Zeit. Die Schlachtlinie bewegte sich vor und zurück. Sie hatten einen Star, Alan Bates, der einwilligte, die Hauptrolle zu übernehmen, und damit bekamen sie einen Großteil der Finanzierung. Ein paar Monate später war der Star verschwunden, aber das Geld war noch da. Dann tauchte aus dem Nichts ein Studio auf, und jemand wollte, dass das Drehbuch überarbeitet und die Handlung an einen anderen Ort verlegt würde. Das Drama zog nach Los Angeles. Eine Zeit lang gab es reges Interesse, gefolgt von einem Flug nach Rom, um die Zusage eines weiteren Stars, Donald Sutherland, zu erhalten.

Monate vergingen, eine ereignislose Woche reihte sich an die nächste. Es folgten Jahre. An einem unbestimmten Punkt glitt das Ganze in ein namenloses Grab, das übliche Schicksal. Wir redeten immer seltener davon, schließlich gar nicht mehr. Es war einfach auf der Strecke geblieben.

Es ist wahrscheinlich der Sinn für das Einfache, der für Filme entscheidend ist, nicht nur für ihren Erfolg, sondern für ihre bloße Existenz. Wenn man ihn nicht hat, ist man benachteiligt. Ich denke an einen Produzenten, für den Christopher eine Zeit lang arbeitete, ähnlich einem Gangster oder korrupten Politiker war er der Held vieler Anekdoten – Bruna mochte ihn. Irgendwann verriet er Christopher das eigentliche Geheimnis. Er hatte zehn Filme gemacht, und nicht einer davon, nicht ein einziger, habe je einen Pfennig eingespielt. Aber er würde weiter Filme machen, sagte er, und weißt du warum? »Weil ich weiß, wie der Hase läuft.«

\* \* \*

Der letzte Film, zu dem ich das Drehbuch schrieb, wurde unter angenehmen Bedingungen in Toronto gedreht. Er hieß *Threshold*, die Schwelle, ein prophetischer Titel für mich. Obwohl ich noch an anderen Drehbüchern saß, verfolgten mich bereits die heimlichen Gedanken eines Deserteurs.

Der Film handelte von einem Kardiologen und dem ersten künstlichen Herzen. Das Drehbuch, wie man zurückblickend oft erkennt, hatte Schwächen, aber damals wusste ich nicht, wie ich es verbessern sollte. Das Budget war zu klein, und nicht alle Schauspieler waren das, was wir uns gewünscht hätten. Einige der besten Szenen wurden deshalb gestrichen oder schlecht gespielt.

Die ganze Leinwand, schrieb ich, wird von einem zuerst nicht erkennbaren Bild überstrahlt – eine riesige Sonne, groß wie eine Stadt, körnig, flammend, die sich in der Stille oder zu einer ungewöhnlichen, intensiven Musik langsam öffnet und ihren Kern offenbart, *denn das Herz ist die Sonne des Körpers*. Es gab noch eine Reihe anderer, ähnlich entschiedener Metaphern, von denen nur diese eine, eher überraschend, überlebte.

Als ich schließlich den fertigen Film sah, ich fühlte mich wie immer nackt im Publikum, fielen mir vor allem die Fehler auf, viele von ihnen meine eigenen.

Irgendwann um die selbe Zeit, vielleicht ein wenig früher, flog ich ein letztes Mal nach London. Ich war mit einem Produzenten unterwegs, der, wie man sagte, einer von zwei möglichen Erben eines großen Studios gewesen war, der, der es nicht geschafft hatte. Wir hatten einen Nachtflug von Los Angeles genommen, in der Tasche ein von mir umgeschriebenes Drehbuch für einen Regisseur, der kurz vor Drehbeginn stand, eine delikate Angelegenheit. Wir kamen um fünf Uhr morgens an und ließen uns im Dorchester in die Scheinwelt der luxuriösen Zimmer fallen – glänzende Hölzer, satte Stoffe, tiefe Teppiche. Ich wachte nach ein paar Stunden auf, benommen, graues winterliches Licht vor dem Fenster, im Flur gedämpfte Geräusche, ein Zimmermädchen, das halb ins Zimmer trat und sich unter Entschuldigungen zurückzog.

Im Speisesaal des Hotels setzten wir uns mit dem Regisseur Mark Robson an einen Tisch, einem runzligen Mann mit kleinem Hut, Vicuñaschal und Kamelhaarmantel, weit entfernt von seinen hörbar texanischen Wurzeln. Der Produzent schnitt tapfer das Thema an. »Die Jungs finden, das Skript könnte besser sein«, sagte er.

Robson erkundigte sich ruhig: »Was für Jungs?«

»Die Jungs«, wiederholte der Produzent und vermied, den Namen des Studiochefs zu nennen.

Robson nickte. Das war genug; er verstand vollkommen, es gab keinen Grund zur Sorge. »Ich hab heute Morgen eine Stunde mit Robert Shaw telefoniert«, sagte er freundlich. Er war der Star. »Ihm gefällt das Skript. Er will keine Zeile geändert haben.«

»James«, sagte der Produzent zu mir. »Willst du ihm nicht ein paar der Vorschläge erklären?«

Das ursprüngliche Drehbuch war sehr klischeehaft – sicherlich nicht schlechter als viele – und unschwer zu verbessern. Zwanzig Minuten lang, während vor mir ein großer Teller Erbsensuppe kalt wurde und Robson schweigend dasaß, versuchte ich den Grundgedanken der Veränderungen darzulegen. Als ich fertig war, herrschte Schweigen.

»Und?« fragte der Produzent.

Robson lächelte höflich, mit der Sanftmut eines falschen Priesters. »Ich verstehe nicht«, sagte er einfach. »Was meinen Sie?«

»Ich meine, ich verstehe nichts von dem, was Sie gesagt haben.« Ich konnte ihn nur bewundern.

Er hielt an dem ursprünglichen Film fest. Er ging natürlich unter. Er war darauf angelegt, vergessen zu werden. Das Einzige, was ihn auszeichnete, war, dass der Star, Robert Shaw, während der Dreharbeiten starb. Vielleicht hatte Robson Recht gehabt, den Film nicht komplizierter machen zu wollen oder zu versuchen, ihm mehr Gewicht zu geben. Vielleicht wollte er ihn einfach hinter sich bringen, wie eine hässliche Gegend, die man auf dem Weg zu etwas Besserem durchqueren muss. Vielleicht hatte er auch keine Kraft mehr. Das Beste ist der Feind des Guten, wie mich mein früherer Agent Kenneth Littauer oft gewarnt hatte, und wahrscheinlich stehen das Passable und Schund in einem ähnlichen Verhältnis.

Jahre später schrieb ich mein (wie ich glaubte) letztes Drehbuch. Wieder stand nur der Kern einer Geschichte am Anfang: eine zurückgezogen lebende Filmdiva aus der ersten großen Zeit des Kinos, die seit Jahren kein Interview gegeben hat, gewährt einem zurückhaltenden Romanautor, von dem sie zufällig ein Buch gelesen hat, ein Gespräch. Sie hat alles, er hat so gut wie nichts, außer seiner Verbundenheit mit den großen Toten und der Welt, die sie beschrieben. Irgendetwas fesselt sie an ihm, und sie werden – für eine Stunde oder Woche – ein Liebespaar.

Vielleicht stellte ich mir vor, ich wäre der Schriftsteller, und die unwiderstehliche Frau, der man jahrelang nicht den geringsten Wunsch abgeschlagen hatte, ein Symbol für den Film an sich, obwohl der Schriftsteller eher John Berryman ähnelte und seine verführerisch sanfte Sprache sogar eine Eisblume hätte bezirzen können.

Ich bereitete mich vor – warum, kann ich nicht mehr sagen –, indem ich *Mensch und Übermensch* von Bernard Shaw las, und machte mich in einem stickigen Badezimmer im oberen Stock, dann umgeben von Wespenschwärmen im Freien unter den Bäumen und schließlich in dem stickigen Leseraum der Dorfbücherei daran, das Drehbuch zu schreiben. Es hätte etwas daraus werden können, aber es sollte nicht sein.

Ich hatte die Schwäche, an zu unzugänglichen Themen interessiert zu sein. Ich arbeitete monatelang an einem Skript über einen Mann, der ein hochrangiger SS-Offizier und später Reichsprotektor in der besetzten Tschechoslowakei gewesen war. Er war hoch gewachsen und blond, sollte aber, wie es in Gerüchten hieß, Jude gewesen sein, Heydrich war sein Name, und er wurde später ermordet.

Ich fuhr nach Taos, um einen Schauspieler namens Dennis Hopper dafür zu gewinnen. Er war mit Drogen vollgepumpt, und ich fuhr erschrocken davon. Ich hatte dagesessen und zugehört, wie er spät in der Nacht seiner Freundin eine kurze Version der Weltgeschichte erzählte. Auch dass er immer bewaffnet herumlief, weil er um sein Leben fürchtete, ermutigte mich nicht. Sehr wahrscheinlich hätte das Publikum *Heydrich* ignoriert, wenn der Film gemacht worden wäre.

Es gab ein weiteres letztes Drehbuch, das sich sogar zu einer gewissen Höhe aufschwang, bevor es auf Grund unverständlicher Forderungen eines Regisseurs abstürzte, und ich nehme an, dass es ein weiteres und noch ein weiteres hätte geben können, aber es kommt ein Moment, da steht man am Isthmus und kann deutlich den Atlantik und den Pazifik des Lebens sehen. Das Schicksal fordert, den einen oder anderen Weg einzuschlagen, und man muss wählen.

Und so verschwand das Gespenst, das in Wahrheit ich war, aus dem Blickfeld.

* * *

Ich habe die Namen der Concierges im Inghilterra und dem Baur au Lac vergessen, so wie sie den meinen. Die Bilder jedoch bleiben, namenlos und klar. Ich fahre über die Straßen Südfrankreichs – Béziers, Agde –, uraltes, seit Jahrhunderten kultiviertes Land. Die Römer pflanzten Quittenbäume, um die Ecken ihrer Felder zu markieren; noch immer wachsen dort knorrige Nachfahren. Eine Frau, die Haut von der Sonne gegerbt, geht am frühen Morgen die Straße hinunter, sie trägt einen Aal. Oft habe ich über diesen Aal geschrieben, er ist glatt, er stirbt, dunkel von den Geheimnissen schattiger Ufer, und an diesem Tag ist noch ein wenig Kies an seiner Haut. Dieser Aal ist für mich ein Heiliger, selbstvergessen, bereits in einer anderen Welt.

Ein anderes Mal, während einer kurzen Arbeitspause Ende August, im letzten warmen Licht, der Boden war bereits von Blättern bedeckt, auf den Feldern in der Nähe von Annecy. Riesige Pappeln, mächtig wie Eichen. Das Geräusch fallender Birnen. Zwei Pferde mit dichtem Fell, ausgewachsen und stark, stehen neben dem Stall, sie kommen langsam auf den Zaun zu, nehmen den angebotenen Apfel. Ohne böse Absicht schnappt das eine leicht nach meinem Handgelenk.

Und der alte Filmvorführer in New York, den ich mit Namen kannte, ein früherer Champion im Fliegengewicht, der Benny Leonard, Jack Dempsey und K. O. Kaplan gekannt hatte.

Harry Craig – endlich ein Name, an den ich mich erinnere –, ein hünenhafter, bulliger Ire von großer literarischer Bildung, der früher für die BBC Lyrik gelesen hatte. Er sah im Regal ein Buch stehen, und während er danach griff, zitierte er daraus. Er hatte für De Laurentiis Filme geschrieben – *Waterloo* war einer davon – und einen Historienfilm über Mohammed, in dem das Gesicht des Propheten nicht ge-

zeigt werden durfte und der ihm den unvergesslichen Ehren-
titel »Feder des Islam« eintrug. Eine Frau in Rom, viele Kinder, die Hände beim Sprechen erhoben, gestikulierend. Er
mochte und brauchte sogar jeden Mittag eine warme Mahlzeit. Ich kann seine feine, liebenswürdige Stimme hören:
»Haben wir Zeit für einen Drink?«

Er gehörte zu den Verlorenen – Schiffbrüchigen könnte man
sagen –, die sich unversehens und zu ihrem Vergnügen in
der hochfliegenden Filmwelt wiederfinden. Er war wie ein
entehrter Arzt oder Verbrecheranwalt, brillant, aber mit
einem Makel. Er war zu Besserem fähig, aber etwas in ihm –
traurige Weisheit, Resignation – ließ ihn auf dem Ball verweilen und Amüsement daran finden.

Jahre zuvor, in meiner Jugend, hatte mir jemand etwas gesagt, was ich nie ganz abstreifen konnte. Es war in Texas, wir
waren Lieutenants, voller Selbstvertrauen, wild. Auf vielen
Partys gehörte ich zu den Lautesten – wir tranken, sangen,
brüllten Spitznamen. Eines Abends fragte mich ein Jahrgangskamerad, der neben mir stand und den ich nur flüchtig
kannte, mit ruhiger Stimme: »Warum machst du das?«
»Was?«
»Das bist doch nicht wirklich du.«
Ich sah ihn ungläubig an und gab eine ausweichende Antwort, aber ich wusste, dass er die Wahrheit sagte.

Wie er mit mir gesprochen hatte, wollte ich manchmal auch
mit anderen sprechen. Harry Craig war älter als ich und in
vielen Dingen weiser, aber ich wollte ihn am Arm nehmen
und von der Menge wegführen, dem Gelächter und dem Zynismus, dem ganzen Lack und einfach sagen: »Kommen Sie,
Professor, wir müssen gehen.«

\* \* \*

Ich habe dich sehr geliebt. Das könnte ich von Paris sagen; meine Erinnerungen häufen sich dort. Irgendwie kehrte ich ständig zurück – der Zug gleitet durch die endlosen Vororte, das Flugzeug legt sich in die Kurve, blauer Himmel, und ich, das Gesicht an die Scheibe gedrückt, sehe hinab. Weit unten fügt sich die legendäre Stadt zu einem großen Ganzen – ganz anders, als wenn man sich in ihr befindet. Die verworrenen, gewundenen Straßen verwachsen zu einer Art Anatomie. Eine Stadt, die, wie die Dichter sagen, seit dem Mittelalter ständig an Verunstaltung zunahm, aber gleichzeitig mehr Vollkommenheit bewahrte als jede andere ihres Ranges.

Über den Fluss zu dem rechteckigen, bankähnlichen Hotel, dem Palais d'Orsay, neben dem alten Bahnhof. Dort stieg ich häufig ab. Es gab ein Restaurant, vielleicht eine Bar. Das Hotel existiert nicht mehr, aber durch einen glücklichen Zufall ist das Haus, als Teil eines Museums, erhalten geblieben. Die Lobby ist mir entfallen, auch die Flure, aber die großen Fenster der Zimmer sehe ich noch deutlich vor mir und die langen geblähten Vorhänge, als eines Nachmittags ein Gewitter mit Donnern und hell aufleuchtenden Blitzen wie ein Unheil oder ein Kriegsausbruch über die Stadt hereinbrach. Der Himmel wurde dunkel. Die Vorhänge wirbelten ins Zimmer, Regen schlug an die Scheiben, heilig und unvergessen.

Ich habe dich sehr geliebt, das heißt oft und mit ganzer Kraft. Deinen schlanken Rücken, im Bad vornübergebeugt, deine immense Weiblichkeit. Ich habe deine Eltern natürlich nie kennen gelernt – es war egal –, dafür aber die Mutter und Schwester von einem deiner wohlhabenden Verehrer – und den Baron – er war ein weiterer – und schließlich, als er in dein Leben trat, deinen Mann. Das war viel später. Du hast mir eine neue Welt geöffnet, etwas, was man die alte Welt nannte: Stil, Sinnlichkeit und Betrug, die am Ende alle gleich wertvoll waren.

Über jemanden ausführlich zu schreiben heißt, ihn zu zerstören, ihn aufzubrauchen. Ich denke, das gilt auch für die Erfahrung – indem man eine Welt beschreibt, löscht man sie aus –, und in einem Buch der Erinnerung zerfällt vieles zu Staub. Dinge werden eingefangen und zur gleichen Zeit ihres Lebens beraubt, so dass sie nie wieder schimmern oder Licht zurückwerfen.

Es bleibt jedoch im Fall jener Jahre beim Film eine Art seidiger Blütenstaub zurück, er haftet an den Fingerspitzen und bringt einem wieder, was einmal so reizvoll war – zu reizvoll vielleicht –, Lichter, die auf dunklem Wasser tanzen wie auf alten Stichen, das Geräusch von Stimmen, Lachen, Musik, alles leise, verlockend, in großer Ferne.

# DÎNERS EN VILLE

Ich hatte in der unteren rechten Ecke von Manhattan einen Platz gefunden, an dem ich schreiben konnte, ein Zimmer nahe dem Fluss, in Sichtweite der Kathedralenpfeiler der Brooklyn Bridge. Es lag auf der Peck Slip, einer breiten Straße in der Nähe des Fischmarkts. Wenn ich morgens ankam, war sie mit Papier und auseinander gerissenem Kistenholz übersät, aber ruhig, da die Arbeit des Tages bis dahin getan war. In diesem Zimmer, mit seinem kahlen Holzfußboden und zerbröckelnden Fenstersimsen, schrieb ich ein Jahr lang – es war 1958 –, kämpfte mit Seiten, die über Nacht schal wurden.

Ich war dreiunddreißig und kannte keine anderen Schriftsteller. Es gab ein paar Künstler in dem Viertel, die mit ihren Freundinnen oder Frauen in Fabriketagen wohnten. Um die Ecke – man musste ein feuchtes, nach Urin stinkendes Treppenhaus hinauf, vorbei an Absätzen, überhäuft mit Abfällen und zerrissenen Matratzen – lebte ein Bildhauer namens Mark di Suvero. Er hatte eine ganze Etage für sich. Die Fenster wurden nie geputzt, und ein paar nackte Glühbirnen spendeten Licht. Hier und da sah man Skulpturen von ehrgeizigen Dimensionen. In einer Ecke, hoch oben unter der metallenen Zimmerdecke, stand auf vier hohen Säulen ein Bett. Es sei wärmer da oben, erklärte er, und wenn man müde war, konnte man sich nicht einfach ins Bett fallen lassen. Außerdem war der Sex ohne Heimtücke – man musste ihr hinaufhelfen, es passierte mit vollem Einverständnis. Daneben stand der dickbäuchige Ofen, der den Raum beheizte und auf dem wir wie zwei Kameraden abends manchmal Essen machten, meistens Fisch und gebratene Zwiebeln – er putzte den Laden unten und erhielt im Tausch dafür etwas zu essen.

Di Suvero war, darin lag, wie ich fand, ein gewisser Glanz, in Shanghai geboren, Sohn eines Diplomaten, und seine Familie hatte dort bis kurz vor dem Krieg gelebt. Es gab wohl einen aristokratischen Hintergrund, einen Palazzo in Venedig, der sich unglücklicherweise nicht mehr im Familienbesitz befand.

»Ist er verkauft worden?«

»Die Faschisten«, erwiderte er ruhig.

Sein Gesicht war das eines Heiligen, schmal, mit blondem Bart und hellem Haar – »so schön und verständnisvoll«, sagte eine Frau vom Museum. Er lebte wie ein junges Tier. Unberührt von dem Schmutz, der ihn umgab, arbeitete er nur – er war ein guter Schreiner –, um über die Runden zu kommen; den Rest der Zeit hatte er für sich. Nach Einbruch der Dunkelheit gingen wir durch die Straßen und suchten nach ausrangierten Dingen – Tonnen, verkohlte Balken, rostige Ketten, aus denen er seine Skulpturen machte. Die Arbeiten hatten bedeutsame Namen, *Orpheus und Eurydike*, verbogene Nägel und zersplitterte Bretter. Damals war ich nicht in der Lage, die Verwandtschaft zu anderen Werken zu erkennen – wie Picassos *Mandoline et Clarinette* von 1913, unbemalt zusammengesetzte Papierschnipsel, oder *Violin*, explosiv und ursprünglich –, zumal seine Arbeiten viel abstrakter waren. Aber ich unterhielt mich gerne mit di Suvero. Seine Authentizität stand für mich außer Frage, wahrscheinlich, weil ich meinte, keine eigene zu besitzen. Ich kam aus der Vorstadt; ich hatte eine Frau, Kinder, das ganze bürgerliche Leben. Sogar in der Stadt fiel es mir schwer zu glauben, dass ich an irgendetwas von Interesse arbeitete. Di Suvero war das Gegenteil. Unbelastet und inspiriert konnte er machen, was er wollte, niemanden treffen, bis Sonnenaufgang arbeiten. Ich sehe noch sein Gesicht vor mir, das Gesicht von damals, ernergiegeladen und rein.

Ich war über Silvester ein paar Wochen fort gewesen, und als ich zurückkam, war er nicht mehr da. Die Tür war verschlossen. Am Abend waren die Fenster dunkel.

Er hatte einen Unfall gehabt, hörte ich. Er lag schwer verletzt im Roosevelt Hospital. Es war in einem Aufzug passiert, irgendwie war er zerquetscht worden. Er lag mit dem Gesicht nach unten auf einer Liege, die Stirn durch ein Leinenband gestützt, und konnte Besucher über einen kleinen Spiegel sehen, der auf dem Boden lag. Er war von der Taille abwärts gelähmt. Die ganze Jugend, der ganze Stolz. Es war, als besuchte man einen Schwerverletzten im Krieg.

Als ich ins Zimmer trat, bemerkte ich den Spiegel nicht. Dann sah ich seine Augen darin auf mich warten. Man konnte in ihnen die Gewalt seiner Verletzung sehen – das Weiß war verschwunden, sie waren dunkelrot vom Blutsturz. Sein Rückgrat war gebrochen, aber nicht sein Wille. Er hatte sich geschworen, dass er wieder gehen würde, was immer die Ärzte sagten. Er sprach von einem großen Architekturwettbewerb, an dem er teilnehmen wollte, er hatte sogar schon angefangen, ein Modell zu bauen.

Am anderen Ende der Stadt lag in einem anderen Krankenhaus mein Vater im Sterben. Es vergingen Monate, bevor ich di Suvero wiedersah. Die Beine in Stahlhalterungen, unsicher, immer kurz davor zu stürzen, gelang es ihm dennoch, in das Zimmer am Peck Slip zu kommen, das ich aufgeben wollte. Das Buch, an dem ich geschrieben hatte, war fertig. Zwei Frauen in Cocktailkleidern, schnell redende, spröde Frauen, waren gekommen, um mit mir darauf anzustoßen. Ihre Stimmen sprudelten um den stillen di Suvero herum. Ich hatte den Eindruck, als revidierte er seine Meinung über mich.

Ich sah ihn nicht wieder. Ich hörte manchmal von ihm. Seine Arbeiten standen mittlerweile in Museen: er war unberechenbar und zornig geworden. Bei einer Podiumsdiskussion im Guggenheim Museum hatte er plötzlich einen Wutausbruch bekommen, das Publikum beschimpft, geweint, Drohungen ausgestoßen. Vielleicht lag es an den Schmerz- und Beruhigungsmitteln; er brach die Präsentation ab. Ich dachte an den schönen jungen Gott, der er gewesen war. *Es gibt Menschen, die glauben, dass die Welt ihnen nichts schuldet.* Das war es, was er verkörperte. Seine Selbstaufopferung gab mir Mut.

Er hatte mir ein Buch mit Gedichten von Rilke geschenkt, von denen eines, »Archaïscher Torso Apollos«, wie für mich geschrieben schien. Das Gedicht beschreibt eine Statue, einen Torso des Apoll, die vollkommenen Schultern, die Grazie. Es nimmt in der letzten Zeile eine überraschende Wendung, spricht den Leser, mich, an: *Du musst dein Leben ändern.*

\* \* \*

Es war ein schwieriger Prozess, das Sich-Ändern. Nur wenige Menschen ermutigten mich, manchmal ohne es zu wissen. Kenneth Littauer war einer von ihnen. Die Agentur hieß Littauer und Wilkinson, der Name stand auf dem Milchglas der Tür. Auf der Straße unten waren Kleidergeschäfte, Verkehr. Littauer hatte bereits weißes Haar, als ich ihn kennen lernte, wie sein Partner hatte er früher eine

Zeitschrift herausgegeben, und er kannte Frankreich. Er sprach perfekt Französisch, zumindest im »St.-Denis«, einem kleinen, oft besuchten Restaurant auf den East Fifties, wo er sich mit pfeifegeschwärzten Zähnen mit dem Oberkellner in französischem Slang unterhielt. Er wollte *se débarbouiller*, sagte er, sich die Hände waschen. »*Oui, mon colonel.*« Er redete gerne über das Fliegen – seine eigenen Erfahrungen endeten ungefähr 1918. In seinem Haus in Connecticut zeigte er mir ein Glasstück von ungefähr der Größe eines Theaterprogramms, mit einem Durchschuss, fast genau in der Mitte – es war die Windschutzscheibe seines Flugzeugs, als er im Ersten Weltkrieg mit den Franzosen geflogen war. Er war Aufklärungspilot gewesen. Die Kugel hatte ihn nur gestreift. Jahrzehnte später wurde er zusammen mit anderen ehemaligen Piloten eingeladen, altes Filmmaterial zu sichten. Die Filme lösten sich langsam auf, und die Historiker wollten wissen, wer in einzelnen Aufnahmen von verschiedenen Flugfeldern und sich schnell bewegenden Personen wer war und was aufbewahrt werden sollte. »Also, Colonel«, grüßte ihn sein Partner witzelnd, als er ins Büro zurückkehrte, »wie war's?«

»Gut, denke ich«, sagte Littauer. »War schön, die goldenen Jungs für ein, zwei Stunden wieder aufleben zu sehen.« Er meinte die Kampfflieger, die Asse der ersten Stunde.

Dass ich Flieger war, half. Er hörte sich gerne meine Geschichten an. Wenn ich Passagier in einem Linienflugzeug wäre, wollte er wissen, und beide, der Pilot und Copilot, würden auf Grund eines, sagen wir, Vogelschlags außer Gefecht gesetzt – wäre ich in der Lage, das Flugzeug zu landen? Ich stellte mir vor, dass ich ruhig den Tower anrief und um jemanden bat, der mir Schritt für Schritt den Ablauf erklärte, Klappen, Schubkraft, Landegeschwindigkeit. Durch den Wein beim Lunch bestärkt, versicherte ich ihm, dass ich es könnte, keine perfekte Landung vielleicht, aber es würde wohl gehen.

»Wenn das Buch hier nicht angenommen wird …«, sagte er, um mich auf die Möglichkeit vorzubereiten.

»Fang ich ein neues an.«

Ich hatte das Gefühl, dass er diese Antwort von mir erwartet hatte. Er war ein Mann von Integrität, gewissenhaft und pessimistisch. Max Wilkinson war vergleichsweise ein Bonvivant. Während der Unterhaltung strich er sich in typischer Geste ungläubig und nachdenklich mit ausgestrecktem kleinem Finger über die Nase. Er kleidete sich gut, Blazer, perlgraue Hose. Er interessierte sich für Aktien, Reichtum, unkonventionelle Männer, Schurken.

Es umgab ihn etwas Resignatives, der Geist einer früheren besseren Welt. Seine Vorfahren seien 1623 hergekommen, bemerkte er beiläufig. Vergeblicher Heldenmut, leere Hoffnungen, schien er zu sagen. Er erzählte gerne, wie er, noch als Zeitschriftenredakteur, Scott Fitzgerald besuchen ging.

»Ich hatte ein Manuskript von ihm, das ich mit ihm besprechen wollte. Als wir ins Haus kamen, trank er gerade ein Wasserglas voll Gin.«

Wir saßen im »Century Club« oder »Toots Shor's«, die Drinks begannen bereits zu wirken. Fitzgerald, erzählte er weiter, sei in jener Nacht nach oben verschwunden, dann vollkommen nackt heruntergekommen und habe gesagt: »Ich weiß, warum Sie wirklich hier sind. Sie wollen sehen, wie ich mich voll laufen lasse. Na, dann will ich's Ihnen mal zeigen.«

Ich neigte dazu, ihm seine Geschichten zu glauben. Sie wurden selten wiederholt. Sie waren wie zufällig auftauchende Erinnerungen.

»Ich möchte, dass man mich vergisst«, murmelte er. »Mein einziges Bestreben im Leben ist, nicht gelebt zu haben. Sagt einfach … sagt, er hat Blumen geliebt, er ging auf die Third Avenue, um ihre armseligen Blüten zu kaufen.« Seine Stimme versandete.

Am nächsten Tag war er, wie alle Männer mit langer Erfahrung, akkurat gekleidet und sprach nicht mehr davon. Gegen Mittag hatte er den federnden Gang eines Boxers, der weiß, dass er nicht kämpfen muss. »Hier drinnen wird man nie alt«, sagte er und klopfte sich an die Brust. Es ist schwer, sich einen Mann vorzustellen, auf den das mehr zutraf.

Ich wusste wenig von den anderen Leuten, die er vertrat. Manche waren Journalisten, von denen einige ihre besten Tage schon hinter sich hatten, andere schrieben Detektivgeschichten oder Westernstorys. Eines Tages stellte er mich im Büro einem Australier vor, einem Mann mit rundem lebhaftem Gesicht und braunen Rändern an den Zähnen.

»Mein lieber Junge!« begrüßte er mich begeistert.

Sein Name war Lindsay Hardy. Er war ein Lebenskünstler und für Wilkinson wie ein Sohn.

Er war im Krieg gewesen, in Neuguinea und in der Wüste.

»Wie war das?« fragte Max.

»Wir putzten die Gewehre«, verkündete er, »und dann legten wir die Hunnen im Land Gottes um.«

Er war in New York, um eines seiner Bücher, dessen Filmrechte verkauft worden waren, in ein Drehbuch umzuschreiben. Währenddessen führte er ein luxuriöses Leben und verwöhnte seine Frauen. Auch seine Vergangenheit war reich mit ihnen bestückt. »Die Witwe Woods«, erinnerte er sich, »in Brisbane. Ich war ihr Liebhaber. Eines Tages sagte sie zu mir: ›Lindsay, kennst du dich mit dem Beschneiden von Bäumen aus?‹ Hinter dem Haus stand ein großer Aprikosenbaum, ein Riesending, mit Ästen bis in den Himmel. ›Aber natürlich, meine Liebe‹, sagte ich. Ich wollte sie unbedingt beeindrucken. ›Würdest du den Baum für mich beschneiden?‹ – ›Alles, was du willst‹, antwortete ich. Ich ging in die Bibliothek und machte mich erstmal schlau. Dann kehrte ich zurück und schnitt an dem Baum herum.

Es war eine Katastrophe. Er trug das ganze Jahr keine einzige Frucht und verlor sogar die Blätter. Ich war natürlich erledigt«, stöhnte er. »Auf der Straße hat sie mich geschnitten.«

Ich weiß nicht, was aus dem Drehbuch wurde. Wenn er kein Geld mehr hätte, sagte er, würde er beim Kanalschwimmen mitmachen. Schließlich kehrte er nach England zurück. Ein paar Jahre später hörte ich, dass ihn das Glück verlassen hatte. Seine Frau war an Alkoholismus gestorben, und er hatte nicht einmal das Geld, die hohen Strafen für zu schnelles und rücksichtsloses Fahren zu bezahlen. »Er war ein harter Bursche«, erinnerte sich Max Wilkinson, »trank gerne einen. Und er hatte einen alten Rolls-Royce, den er liebte.« Wir hörten nichts mehr von ihm. Er war einfach verschwunden.

Sein Name brachte aber immer noch freudige Erinnerungen hervor, selbst bei den Kindern seiner Freunde. Mit einem dieser Kinder, einem Mädchen, unterhielt ich mich viel später. Sie erzählte mir die Geschichte ihrer Kindheit. Ihre Mutter war eine Anhängerin von Wilhelm Reich gewesen, und sie hatten mehrere Versuche in einem seltsamen Apparat namens Orgonkasten angestellt. Ich wusste nur, dass es etwas mit sexueller Energie zu tun hatte. Sie hatte außerdem, vielleicht als logische Folge, im Alter von sieben Jahren intime Erfahrungen mit einem Mann gehabt, einem Liebhaber ihrer Mutter. Sie hatte ganz offen mit ihm geflirtet, und ihre Mutter hatte schließlich gesagt, sie solle sich zu ihm ins Bett legen.

Ich versuchte, mir diese Mutter vorzustellen, aber es gelang mir nicht: eine Frau mit dicken Handgelenken, die den Freuden des Lebens zugetan war, und im Sterben flüstern könnte: »Verbrennt meine Tagebücher«, oder eine Frau mit schönem Hals und reinem Gesicht, die die Jahre gezeichnet hatten; in jedem Fall eine Frau, die anziehend auf Männer wirkte, obwohl die meisten nichts taugten, wie mir ihre Tochter sagte. Einen hatte es allerdings gegeben – »Ein toller Mann. Er war Schriftsteller«. Ob ich jemals von einem Buch mit dem Titel *The Grand Duke and Mr. Pimm* gehört hätte?

»Lindsay Hardy«, sagte ich.

»Kennen Sie ihn?« rief sie begeistert.

»Ja.«

»Ich kann es nicht glauben! Was ist aus ihm geworden?«

Er ist über den Kanal geschwommen, wollte ich schon sagen, aber ich antwortete nur: »Ich bin mir nicht sicher.«

\* \* \*

Kenneth Littauer blieb mein Agent, solange er lebte, oder sagen wir fast. Er war vierundsiebzig, als ich ihn ein letztes Mal zum Lunch sah. Wir trafen uns im »Century Club«, und ich ahnte irgendwie, dass es das Finale war. Er hatte seine Arbeit aufgeben müssen – er vergaß Dinge, hatte keine Kraft mehr, in einer Woche war er drei Mal hingefallen, hatte mir seine Frau geschrieben. Ich erwartete eine gebrochene Gestalt, aber er schien wie immer, gebeugt, misstrauisch, wachsam. Wir redeten über Reisen und andere Dinge. Wir hatten oft geplant, uns irgendwann in Paris zu treffen und im »Grand Véfour« gemeinsam zu Abend zu essen, das auf seiner Liste der wenigen Restaurants, die ihm nicht missfielen, ganz weit oben stand, aber es war nie dazu gekommen. Ich wollte ihm bestimmte Fragen stellen, an deren Antworten ich mich mit den Jahren nicht mehr erinnern konnte: den Namen seiner Lieblingstochter, den ihres Mannes, den Titel eines Buchs, das er mir empfohlen hatte, gewisse Dinge über seinen Vater.

Nach dem Lunch bestand er darauf, mich zum Ausgang zu begleiten. Wir gingen die fünf Treppen hinunter und verabschiedeten uns in der Eingangshalle. Mit vierundzwanzig war er Oberstleutnant in Frankreich gewesen. Sie wollten ihn in der Armee behalten, aber er entschied sich dagegen. Ich würde den Grund verstehen, sagte er. »Ich konnte mit niemandem reden.«

Auf der Straße notierte ich mir den Buchtitel, *Entzauberung,* von C. E. Montague.

Ein paar Monate später starb er, zufällig am französischen Nationalfeiertag. Ich war gerade in Frankreich, und es traf mich wie ein Schock, als ich es in der Zeitung las. In der Todesanzeige stand etwas, was ich vergessen oder nie gewusst hatte: Er war Träger des *Distinguished Service Cross.*

\* \* \*

John Masters erschien mit schwarzem Hemd und einem Texanerhalstuch, zusammengehalten von einem perlenbesetzten Hirschkopfring. Wir waren auf dem Land in New City, auf der South Mountain Road. Er war groß und ernsthaft, wie man es von einem Exoffizier erwartete. Auf seinen Wangenknochen standen Büschel langen ungeschnittenen Haars, ein Standesabzeichen ehemaliger britischer Offiziere. »*Bugger tufts*«, erklärte er, ohne weiter darauf einzugehen. Er hatte in der Indischen Armee der Briten gedient. Irgendwann stieß ich in einem Geschichtsbuch über den Krieg im Pazifik auf die Schilderung einer Schlacht in Burma, die er geschrieben hatte – sein Bataillon verteidigte im Dschungel einen Hügel gegen einen übermächtigen Angriff der Japaner –, eine Episode, über die ich ihn, wie über viele andere, nie sprechen hörte. Das war vielleicht Teil seiner Autorität. Im Falle großer Gefahr wäre es sein Haus, in das man eilen würde. Er wüsste auf der Stelle, was zu tun wäre.

An einem Abend hatten wir Leute eingeladen, um einen öffentlich nie aufgeführten, aber dennoch legendären Film zu zeigen, Leni Riefenstahls Hymne an den Naziaufmarsch von 1934 in Nürnberg. Sie eröffnete mit Wagner und Aufnahmen von einem Junker-Transportflugzeug durch ätherische Wolken, mit dem der deutsche Führer in die alte Stadt gebracht wurde. Masters und seine Frau kamen zu spät. Sie standen im Türrahmen, als man Hitler tief in Gedanken aus einem der Flugzeugfenster blicken sah. »Ich glaub nicht, dass ich das sehen will«, sagte Masters, drehte sich um und ging mit seiner Frau hinaus.

Seine Bestseller *Knotenpunkt Bhowani* und *Dies ist die Nacht* wurden vorbereitet wie ein militärischer Feldzug. Große Karteikarten enthielten detaillierte Beschreibungen der Gestalten – Geburtsdatum, Schulbildung, Haar- und Augenfarbe. Auf noch größerem Papier wurde die Handlung skizziert. Er hatte das Schreibhandwerk auf sehr methodische Weise gelernt und sich feste Prinzipien erarbeitet. Niemals den Brennpunkt aus den Augen verlieren oder den Scheinwerfer vom eigentlichen Geschehen nehmen, sagte er zu mir. Wenn eine der Hauptfiguren, sagen wir, eine Frau, in einem Aufzug nach oben fährt, fang bloß nicht an, den Fahrstuhlführer zu beschreiben. Das zerstört die Spannung.

Meine eigenen Methoden schienen beliebig, wenn ich mir seine anhörte. Ihr Misserfolg war vorauszusehen. Andererseits versuchte ich nicht, ein *Knotenpunkt Bhowani* zu schreiben. Ich hatte die rauschhaften Träume eines Opiumsüchtigen, intensiv, aber nicht in Worte zu fassen. Ich wollte – jemand in Rom fand später für mich die Worte – das *assoluta*.

Ich dachte noch in dieser unbescheidenen Weise, als ich zufällig einen Schriftsteller kennen lernte – es stellte sich heraus, dass er in dem Apartment neben meinem in der Stadt wohnte –, der, wie mir schien, einen ähnlichen Weg beschritt, wenn auch auf andere Art. Er lebte, zusammen mit einem kleinen Hund, in einem langen verdunkelten Zimmer, gespickt mit weißen Lichtern, Punktstrahlern, die die Bücherborde säumten. Auf dem Tisch türmten sich teure Kunstbände – sowie er etwas Geld hatte, ging er zu Scribner's auf der Fifth Avenue und kaufte sich ein paar –, und oben an der Wand hingen drei oder vier große gerahmte Fotografien, wie man sie von Filmstars kennt, nur dass auf diesen die glänzend schwarze *chose* einer Frau abgebildet war, wie Pepys sie gerne nannte, ihr Glühen, als würde sich der in den Abendkleidern aus Satin und weichen Röcken in der *Vogue* liegende Glanz entblößen.

Sein Name war Davis Grubb. Er hatte ein Buch geschrieben, *Die Nacht des Jägers*. Eines der ersten Dinge, die er mich fragte, war, ob ich einen Artikel gelesen hätte – eine ganze Ausgabe von, ich glaube, *The Nation*, war dem Thema gewidmet –, in dem J. Edgar Hoover und das FBI angeklagt wurden. Ich müsse ihn lesen, sagte er mit leiser Stimme. Das FBI sei an der Ermordung Kennedys beteiligt gewesen. Ich wisse doch sicher, dass es eine Verschwörung gegeben habe. Ob ich Mark Lanes Text kenne, der die Beweise geliefert habe? Nein, aber ich hatte ihn im Fernsehen gesehen.

»Wann?« fragte er.

»Ach, vor ein paar Monaten. Nicht hier. In Toulouse.«

»Toulouse.«

»In Frankreich.«

»Ich weiß. Ich war gestern Abend da«, sagte er. Er hatte den starren Blick eines Mannes, der wollte, dass man ihn für wahnsinnig hielt.

Sein Hund, ein Lhasa Apso, hieß Laddie, glaube ich. Sie gingen oft spätabends zusammen zu »Clarke's«, einer Bar, in der Grubb mit Männern trank, die zweifelsohne Polizisten nach Dienstschluss waren. Woher wusste er das? fragte ich. »Weiße Socken«, sagte er. Ich sah den Hund geduldig zu seinen Füßen sitzen, daneben Grubb, der betrunkene Vater, leichtfertig, aber geliebt.

Man sagte, er sei drogenabhängig. Rückblickend erklärt es vieles, die nächtlichen Gewohnheiten, die surrealen Kommentare, die ständige Geldnot. Eines Morgens bat er mich, ihm beim Tragen eines Koffers zu helfen, in dem sich Remittenden seines Buches befanden. Er wollte versuchen, sie einen oder zwei Blocks weiter an einen Laden zu verkaufen – ob ich glaubte, dass er einen Dollar pro Stück bekäme? Ich sagte nichts dazu. Der Laden war nicht einmal eine Buchhandlung.

Ich glaube, er war einsam. Ich sah niemanden, der ihn besuchen kam. Ich traf ihn im Flur, schlecht gekleidet, als er die Tür zu seinem Apartment abschloss. Er sei in einer verzweifelten Lage, erzählte er mir. Er brauche Geld für die Miete, sonst würde man ihn an die Luft setzen. Ich hatte dreißig Dollar bei mir und gab ihm zwanzig; er bedankte sich leicht verlegen. Wir gingen zusammen hinaus, die Park Avenue hinunter, dann hinüber zum Madison Square. An der Ecke war ein gutes Restaurant.

»Hast du Zeit zum Lunch?« fragte er beiläufig.

»Lunch? Doch nicht etwa hier«, sagte ich.

»Dann ein andermal«, erwiderte er und fügte hinzu, dass er auf einen Happen hineingehen würde. Ich sah ungläubig zu, wie er durch die schimmernden Glastüren trat.

Dies war das Bild, das mir von ihm im Gedächtnis blieb, obwohl ich in England einmal etwas sah, was mich an ihn denken ließ: ein Weg durch weite Felder, dort ging ein Mann, grauhaarig, einsam, in der Hand einen Stock, einen Rucksack auf dem Rücken, hinter ihm trottete ein schmutziger Hund. Die Jahre waren verloren und aller Besitz. Die Dörfer kannten ihn nicht und würden ihn auch nie kennen. Er hatte nur, was verworren und ungebrochen in seinem Innern lag, und es würde ihm gut gehen, solange sein Hund lebte.

* * *

Aus diesen Jahren, den Sechzigern, erinnere ich mich an die Intensität des Familienlebens, seine Grenzenlosigkeit. Es war eine Kunst für sich – Kostümfeste; waghalsige Fahrten in einem alten Segelboot, einem lecken Comet, weit hinaus auf den Fluss; Hunde; Abendessen; Pokerspiele an Heiligabend; Eislaufen. Wir befanden uns in einer Welt von Familien, alle jung und heil: das schöne holländische Mädchen und ihr Mann; der Künstler und seine Frau, die unerwartet ein Restaurant am Highway eröffneten und es nach einem seiner Helden benannten, del Piombo; der Psychiater und seine Frau, die unsere ersten engen Freunde waren. Es war alles ein unschuldiger Rundgesang, eine Gesellschaft von rührender Ursprünglichkeit inmitten von Grundstücksspekulation und einer Landschaft, die langsam, Feld für Feld, den Bauunternehmern ausgeliefert wurde.

Am längsten wohnten wir in einer umgebauten Scheune in

der Nähe von New City, ungefähr dreißig Meilen von New York entfernt. Von allen Häusern ist mir dieses am klarsten in Erinnerung – das gemütliche Zimmer neben dem Eingang, das mein Arbeitsraum wurde, das lange helle Bad mit einer Reihe von Fenstern über dem Waschbecken, von denen man auf Bäume und einen Schuppen sah, der als Garage genutzt wurde, der Steinkamin, die derben Holzfußböden, die riesige Küche. Es gab eine Terrasse aus großen Schieferplatten, die früher einen Gehweg in Nyack gepflastert hatten, und hinter dem Haus floss ein Bach durch den Wald. Ein Stück weiter lag ein langes, leicht abfallendes Feld, auf dem jedes Jahr Tomaten angepflanzt wurden – allein sie zu pflücken war ein Fest. Mit von der Erde geschwärzten Fingernägeln brachten wir jeden Herbst Körbe von ihnen nach Hause.

Nicht weit entfernt, auf der South Mountain Road, lebte die Aristokratie. Seit langem hatten sich dort Künstler niedergelassen. Maxwell Anderson, dem Dramatiker, gehörte einmal ein von Henry Varnum Poor entworfenes Haus. Von Letzterem wusste ich nur, dass sein Name zu bestimmten Gebäuden gehörte, als wären sie ein Teil davon. Das mir Vertrauteste hatte blaue Wände und Zimmer voller geerbter Kunst, Bonnards und Utrillos, Vuillards und Cézannes. »Die Callas ist gerade gegangen«, hätte es heißen können.

Die Jahreszeiten vergingen majestätisch: die unerbittliche Hitze im Sommer, die Stürme im Winter, die Herbstblätter, die in einer einzigen Nacht von den Ulmen entlang der Straße fielen. Ein paar Tage später fuhr ich durch sie hindurch. Eine Welle von gelben Blättern erhob sich in der langen Arkade, sie wurden immer wieder bis weit in die Ferne vom Wind in die Luft gewirbelt. Es war, ohne dass ich es wusste, eine Voraussage dessen, was kommen würde – die

Zeit war noch lang bis dahin, aber die Bilder würden wieder aufsteigen, und ich würde darüber schreiben.

\* \* \*

Die berühmten Gestalten, Schriftsteller, die an Universitäten lehrten und für Preise nominiert wurden, schienen mir noch entrückt und fern des Pfades, den ich, morgens hin und abends zurück, zwischen der Stadt und dem Land zurücklegte, während ich Radio hörte und sich die schwarze, vertraute Straße vor mir ausrollte.

Ich hatte ein drittes Buch geschrieben, teils während eines Sommers in Colorado, teils im Village, einzelne Fragmente hatte ich auf den leeren Beifahrersitz gekritzelt, als ich auf dem Weg irgendwohin war und Sätze vor mich hin sagte, übte. Es war keine neue Idee. Es war das Buch, über das ich ursprünglich in Frankreich in den Jahren 1961 und 1962 nachgedacht hatte. Paula hatte mir in jener Zeit einen Brief geschrieben, in dem sie mich mahnte: *Das Wichtigste ist – und ich denke an das, wovon wir sprachen, als wir einundzwanzig und zweiundzwanzig Jahre alt waren –, die Dinge zu tun, die Du zu können glaubst und die Du tun willst und tun wirst.*

Mein Ehrgeiz war es, eine Geschichte zu schreiben, die *lúbrica y pura* war – ich stolperte einmal über die Worte –, wollüstig und doch rein, ein makelloses Buch, voll von Bildern einer unkeuschen Welt, begehrenswerter als die unsere, ein Buch, das an einem hängen blieb und nicht abgetan werden konnte. Als ich es schrieb, war ich voller Selbstvertrauen. Alles wurde so, wie ich es mir vorgestellt hatte. Der Titel war zum Teil ironisch, *Ein Spiel und ein Zeitvertreib*, ein Satz aus dem Koran, der ausdrückte, was das diesseitige Leben gegen jenes größere Leben danach bedeuten konnte. Ich stand zu der Zeit unter dem Bann von Büchern, die kurz waren, aber auf jeder Seite erhaben, Faulkners *Schall und Wahn* oder *Als ich im Sterben lag*. Bücher dieser Art, Flannery O'Connor, Marguerite Duras, Camus, sind mir die Liebsten. Sie sind wie die Mittelstrecke für einen Läufer. Die Geschwindigkeit ist erbarmungslos und muss bis zum Schluss gehalten werden. Die Finnen waren einmal berühmt für diese Strecken. Sie erforderten *sisu*, Mut und Ausdauer. Für mich beweisen kürzere Romane diese am besten.

Dieses, wie ich glaubte, fast vollkommene Buch wurde von meinem Verlag auf der Stelle abgelehnt. Andere Verlage folgten. Das Buch sei repetitiv. Die Charaktere waren unsympathisch. Vielleicht hatte ich mich geirrt und in der Abgeschiedenheit meinen Weg verloren oder erst gar keinen verfolgt und war wie eine Art Eremit mit verdrehten Ideen wieder aufgetaucht. Am Ende wurde George Plimpton auf das Manuskript aufmerksam, der Herausgeber von *The Paris Review*, zu der ein kleiner Verlag gehörte, und er nahm das Buch sofort an.

Im Herbst des gleichen Jahres eilte ich am Abend zum Zeitungsstand an der Ecke, das Licht flutete auf die ausliegenden Stapel, und holte mir die neue Ausgabe des *New Yorker*, der in vier langen Folgen ein Buch abdruckte, das seinen Autor, Truman Capote, von einer Art Witzfigur der New Yorker Gesellschaft in eine strahlende Berühmtheit verwandelte.

*Kaltblütig* erfüllte mich mit Neid, ich bewunderte seine außergewöhnliche Klarheit und Kraft, und dass ich mich an den ursprünglichen Artikel in der *New York Times* erinnerte, steigerte meine Bewunderung noch. Es ging um eine wohlhabende Farmerfamilie, die im sicheren ländlichen Kansas in ihrem eigenen Haus brutal ermordet worden war. Ich hatte ihn sogar ausgeschnitten, so monströs und prophetisch erschien mir die Geschichte. Capote hatte nach dem Artikel etwas sehr Mutiges gemacht. Mit nichts als seinem Talent und einem Notizbuch hatte er versucht, jedes ihm zugängliche Detail des Verbrechens aufzudecken. Es war ein Vabanquespiel, da der Fall hätte ungelöst bleiben können und seine ganze Zeit und Kraft verschwendet gewesen wären. Tatsächlich wurden die Mörder lange Zeit nicht gefasst.

Blut, Sex, Krieg und große Namen – dasselbe Rezept gilt für die *Ilias* wie für die Titelseite. *Kaltblütig* lag irgendwo dazwischen, es war ein enormer Erfolg. Capote wurde gefeiert. Er war klug und hatte eine scharfe Zunge. Er hatte auch schon vorher im Rampenlicht gestanden, war zu einer unwiderstehlichen Diva geworden, und jetzt kam auch noch das Geld dazu.

In jenem November gab er im Plaza ein großes Fest, einen Maskenball. Die Gäste, es waren Hunderte – die Liste der Geladenen blieb bis zuletzt geheim –, gehörten einer bestimmten Creme an. Viele kamen von Dinnerpartys, die in der ganzen Stadt vorab gegeben wurden, Filmstars, Künstler, Songwriter, Tycoons, Prinzessin Pignatelli, John O'Hara, Averell Harriman, politische Insider, Modeköniginnen, Frauen in weißer Abendrobe, Männer im Smoking. Sie gingen über den Teppich die Stufen zum Hotel hinauf, darüber die schweren hängenden Fahnen, auf der Straße dunkle Reihen von Limousinen. Der Pfad des Ruhms: Satinkleider werden ein paar Zentimeter gehoben, während sie auf silbernen Absätzen hinaufschreiten. Atemberaubende Frauen, bloße Schultern, die begeisterte Menge.

Sie erwachten, diese Leute, am nächsten Morgen weit über dem riesigen, ruhigen Park, das Staubecken gleicht einem Spiegel, die Gebäude im Osten liegen im Schatten, dahinter die Sonne, der glänzende Fluss, die Brücken schwach umrissen. Es gab keine Vorhänge. So weit oben konnte niemand hereinsehen.

Ich fuhr an jenem Abend mit dem kleinen Cabriolet, das ich in Rom gekauft hatte, zufällig daran vorbei und sah es ein paar Sekunden. Ich kannte weder die Gäste noch den Gastgeber. Ich spürte die überlegene Freude, nicht Teil davon zu sein, es zu verachten, wie ein Fuchs auf dem Weg in eine andere Art von Leben zu sein. Ich erinnerte mich an etwas, was mir eine Krankenschwester einmal erzählt hatte. In Pearl Harbor waren Verletzte im Smoking eingeliefert worden, es war Samstagabend in Oahu, es war Sonntag. Die Tänze in den Clubs waren vorbei. Der Krieg war gekommen. Das weiche Summen der Räder im Dunkeln auf der leeren Straße war wie eine kühlende Hand. Die Stadt war nur noch ein Widerschein am Himmel. Mein eigenes Buch war noch nicht erschienen, aber es würde bald herauskommen. Es hatte keine Dimensionen, ihm waren keine Grenzen gesetzt. Es steckte tief in meiner Tasche, wie ein Erbe.

\* \* \*

Gegen Ende des Jahres 1969 erhielt ich den Brief eines Fans, lang, intelligent geschrieben und voller Bewunderung, in den der Autor, obwohl ich es erst später bemerkte, den Titel eines seiner eigenen Bücher in eine Zeile geflochten hatte. *I would like to ply you with questions*, schrieb er. *Mit freundlichen Grüßen, Robert Phelps.*

Das war der Anfang.

Wir trafen uns ein oder zwei Monate später – auf seinen Vorschlag – in dem spanischen Restaurant im Chelsea Hotel. Ich konnte später nie vorbeigehen, ohne mich daran zu erinnern, wie bei einer Liebesaffäre. Er war damals siebenundvierzig Jahre alt, aber noch sehr jugendlich, fast schelmisch, hager, mit sanfter Stimme und einem wunderbaren Lächeln. Vom ersten Moment erkannte ich ihn als den, der er war, ich sah in ihm etwas Engelhaftes und noch etwas anderes, nennen wir es Hingabe, nach dem ich mich selbst sehnte. Ich wollte ihn näher kennen lernen.

Er mochte Bücher; Steak Tartare; Gin, der jeden Nachmittag um fünf aus einer grünen Flasche über schimmernde Eiswürfel gegossen wurde, die knackend Applaus gaben; Katzen; schöne Sätze; Strawinski; und Frankreich. Auch ich mochte Frankreich, das heißt, ich war in seinem Bann, aber ich kannte weder Colette noch Cocteau, nur ihre Gesichter. Ich kannte weder Jouhandeau noch Paul Léautaud, der als alter, vergessener Mann geschrieben hatte: *Écrire! Quelle chose merveilleuse!* Das Frankreich, das Phelps mir eröffnete, war eine kultivierte Welt, in der die Literatur eine nie nachlassende Bedeutung hatte.

Er liebte unter anderem Filmstars, Geld im abstrakten Sinne und Glamour – zumindest dachte er gerne daran. Er hatte mit einem Kollegen die Grove Press gegründet und sie dann verkauft und geschworen, nur noch von seiner Schreibmaschine zu leben. Er erzählte mir, wie er eines der ersten Male nach New York kam, um James Agee zu interviewen, und so nervös war, dass er sich die Fragen mit Tinte auf die Handfläche schrieb, und wie er die langsamen gebrechlichen Schritte von Agee, der Herzprobleme hatte, die Treppe heraufkommen hörte.

Er war begierig auf Klatsch, ohne den die meisten Unterhaltungen langweilig waren, und von großer Bescheidenheit. Ich habe ihn »Engel« genannt, aber er war weder sanft noch zurückhaltend. Eines Tages bekam er einen Anruf von einer Frau aus Kalifornien, die ihre Abschlussarbeit über Cocteau schrieb und ihn um Rat bitten wollte. Sein Verlag hatte ihr seine Telefonnummer gegeben. Ob sie ihm schreiben dürfte? fragte sie. »Ja. Vielleicht bekommen Sie ja meine Adresse über den Verlag«, sagte er.

Aber mehr noch dachte man bei ihm an Satie, schüchtern, fern dem Rampenlicht, ehrlich, wenn nicht zu sich selbst, so doch den Dingen gegenüber, die ihm wichtig waren. Sein Leben ähnelte reinen, behutsam gespielten Noten. Er sprach nur selten über seine eigenen Arbeiten, und wenn, hinterließ er den Eindruck, dass es mehr oder weniger eine Krankheit war, die er loszuwerden versuchte. Er wollte Romane schreiben, aber es gelang ihm nicht. Stattdessen schrieb er Artikel und Kritiken und gab Anthologien heraus. Er liebte Geschichten, kurze Bemerkungen, Ungeheuerlichkeiten – Dinge, die man nicht erfinden konnte – und glaubte an ein moralisches Prinzip, das dem Gesetz der Schwerkraft glich: Dinge hatten Folgen, auch der Ruhm. »*Il faut payer*«, sagte er immer. Um ihn herum toste das große Babylon, die Stadt gebar Reichtum, Berühmtheiten, Verbrechen, Zeitungen vom Tag zuvor wehten durch die Straßen, und mitten darin führte er sein einzigartiges Leben. Er besaß weder ein Auto noch ein Haus. Seine Ausgaben beschränkten sich auf das Wesentliche. Auf dem Schreibtisch seines Verlegers, Roger Straus, sah er einmal eine Liste der Vorschüsse, die man den Schriftstellern gezahlt hatte, und sein Name stand an oberster Stelle, sagte er mit einigem Stolz; sie hatten ihm mehr als allen anderen gegeben. Philip Roth hatte fünftausend Dollar für *Professor der Begierde* erhalten.

»Ist das gut gelaufen?«

»Ach …«

»Was denkst du?« fragte ich. »Zwanzigtausend?«

»Zwanzig oder fünfundzwanzig.«

»Es war auf der Bestsellerliste.«

»Wirklich?« sagte er kühl.

Über seinen Schreibtisch hatte er Fotografien an die Wand geheftet – Glenway Wescott und ein jungenhafter Phelps, die einen Feldweg entlanggehen, die Köpfe gesenkt, so als unterhielten sie sich, die Tennisschuhe im Gleichschritt; ein Bild von Gertrude Stein mit dem Zitat: *Ich glaube langsam, dass nur ein Lebenswerk in Frage kommt* –, außerdem Zeichnungen, Listen, fünf italienische Worte, die er in dieser Woche auswendig lernen wollte, eine sorgfältig gezeichnete astrologische Karte für den Monat und Audens Ausspruch: *Wir sind auf die Erde gesetzt worden, um Dinge zu schaffen.* Im Flur stand ein Stapel Bücher, die er wegwerfen wollte, es waren die, die er beim Durchsehen seiner Regale als uninteressant eingestuft hatte. Sein Leben war vollkommen konzentriert, und er selbst *einer der letzten Fanatiker einer aussterbenden Religion.*

Einmal erwähnte er – nach dem Abendessen, der Tisch war halb abgeräumt, seine Frau schlief auf der Couch – zwei Bücher, an denen er gerade schrieb. Eines hieß *Following* und handelte von Menschen, denen er auf der Straße hinterherging, und von anderen, deren Leben oder Karriere er nachzeichnete, vor allem aber von seinem Voyeurismus. Das andere hieß *1922*, es war sein Geburtsjahr, und der Text bestand aus 365 Teilen, nicht alle mit Eintragungen, erklärte er. Das Buch sollte alles zusammentragen, was in dem Jahr passierte oder sich entwickelte oder zu Ende ging und mit ihm zu tun hatte. Passagen über Walter Benjamin, Proust, Colette, kurz gesagt, die Matrix seiner Welt. Es sollte mit dem Moment seiner Zeugung beginnen und nach seiner Geburt enden.

Schon früh hatte er mir das eine Buch aufgedrängt, das er am meisten liebte. Es war Cyril Connollys *Das Grab ohne*

*Frieden*, und der Autor war wie Phelps ein Kritiker, der lieber Romane geschrieben hätte. In der Widmung stand: *von einem Nicht-Schriftsteller* – so nannte Connolly sich selbst. Phelps hatte es, wie er sagte, zwanzig Mal gelesen.

\* \* \*

Phelps Apartment lag auf der Twelfth Street, Ecke Fifth Avenue. Es war im vierten Stock, dem obersten. Die Tür hatte keinen Öffner; jemand musste herunterkommen und einen hereinlassen oder einen Schlüssel in ein Stück Papier wickeln und ihn aus dem Fenster werfen. Marsha Nardi war diese Treppen hinaufgegangen, die frühere Geliebte von William Carlos Williams und Robert Lowell – ihre Briefe waren berühmt. Sie breitete die Arme aus und sagte auf den Stufen nach oben ein Gedicht von Baudelaire auf. Auch Ned Rorem, ein enger Freund, den Phelps bewunderte und beneidete, war sie hinaufgegangen; Philip Guston, Richard Howard und Louise Bogan und andere Schriftsteller und Maler. Ned Rorem, sagte er, habe einmal Gloria Vanderbilt einen Heiratsantrag gemacht. Ihre Antwort war einer Königin würdig: »Aber dann musst du mich ficken, weißt du.« Phelps erzählte von einem Freund, der kurz nach dem Krieg in Frankreich gewesen war und mit Schokolade und Zigaretten, nicht erhältlichen Kostbarkeiten, an signierte Erstausgaben von Cocteau und Colette gekommen war. »Aber doch nicht Ned Rorem?« sagte ich.

»Mein Gott, nein. Der war nicht im Krieg. Er war damit beschäftigt, neue Lippenstiftsorten auszuprobieren«, sagte Phelps.

Im vorderen und größeren der beiden Zimmer gab es einen offenen Kamin. Phelps' Frau Becki, eine Malerin, benutzte es als Atelier. Es gab eine kleine rechteckige Küche, die wie ein

Häuschen wirkte. Durch sie hindurch kam man ins hintere Zimmer, in dem sie aßen, schliefen und Gäste empfingen. Ein Zimmer mit lauter Büchern und Gesprächen über sie.

Eines Abends beim Essen erwähnte jemand Gewitter und wie angenehm es war, bei Unwettern im Bett zu liegen. »Das Schönste, was es gibt!« rief Phelps. »Bei Hardy gibt es ein wunderbares Unwetter, weißt du was ich meine? In *Am Grünen Rand der Welt.*« Hardy sei der Größte, was Wetter angeht, sagte er. Danach kämen Turgenjew und Colette, und Conrad natürlich. Wo aber gab es noch Gewitter, Stürme?

»*Huckleberry Finn*«, sagte jemand.

»Natürlich. Gibt es eins bei Joyce? Proust? Nein«, antwortete Phelps sich selbst, »Proust spielt nur im Haus.«

»Pavese, in *Der Teufel auf den Hügeln.*«

»*Regen.*«

»*Die Früchte des Zorns*, am Ende, als sie …«

»Am Anfang von *Pnin.*«

»*Wilde Palmen.*«

»*In einem anderen Land.*«

»*Sturmhöhe.*«

Es ging immer weiter, wie ein Federball wurden Titel wahllos hin- und hergeworfen. Mir selbst gingen sie bald aus. Lange Zeit später stieß ich in seiner Ausgabe von Sherlock Holmes auf ein auf die Innenseite des Umschlags geschriebenes Wort, *Wetter*, darunter stand, mit Seitenzahl, der Titel einer Geschichte, »The Five Orange Pips«.

Später an dem Abend machte Becki mein Horoskop. Sie hielt – wie im Übrigen auch er – an dem aristotelischen Glauben fest, das diese Welt an die darüber liegende gebunden ist und durch sie bestimmt wird. Mein Aszendent sei Löwe, sagte sie, »und die Sonne im elften Haus bedeutet mächtige Freunde«. Da wären heimliche Beziehungen und

Unmengen von Liebschaften. »Sag mal«, sagte sie, »haben sich all deine Träume erfüllt?« Ich brach in Lachen aus.

»Aber am Ende steht großer Ruhm«, sagte sie tröstend. »Was wünschst du dir?«

»Unsterblich zu sein«, sagte Phelps ungehalten, so grundlegend schien es ihm.

Obwohl sie die Karten zusammen zeichneten, stimmten sie nie überein. Er war exakt, sie war intuitiv. »Mein Gott«, protestierte er, »das gehört doch nicht *da* hin.« Seine Stirn war glatt, bis auf eine tiefe Furche zwischen den Augenbrauen, vielleicht das Zeichen für ein gespaltenes Leben, und ich bemerkte ein leichtes Zittern in seiner langen, intelligenten Hand.

\* \* \*

»Die hier musst du lesen«, instruierte er mich eines Tages. Wir waren in dem vollgestopften Vorderzimmer, das ihm im zweiten Stock des Hauses als Arbeitsraum diente. Das Buch, das er mir gab, enthielt die gesammelten Erzählungen von Isaak Babel. Er hatte drei angekreuzt, »Guy de Maupassant«, »Dante Straße« und »Meine erste Gans«. Ich hatte noch nie etwas von Babel gelesen. Sein Name war einer von denen, die vage im Raum schwebten. Der erste Absatz von »Meine erste Gans« war überwältigend. Ich sah mir immer wieder jedes einzelne Wort an. Sie waren einfach und direkt, aber gleichzeitig unvorstellbar und setzten einen Maßstab, dem der Rest der Erzählung, so schien mir, nicht standhalten konnte. Er tat es aber.

Von Zeit zu Zeit, wenn er es nicht benutzte, arbeitete ich selbst in dem Zimmer und las die Bücher, die dort standen. Maugham zum Beispiel.

»Welches Buch?« fragte Phelps, als ich ihn erwähnte.

»*Rückblick auf mein Leben.*«

»Natürlich. Das ist sein bestes.«

Seine Meinungen waren, durch Jahre des Rezensierens ge-schliffen, selbstbewusst und direkt. Die Romane von Elizabeth Hardwick waren »wie alte Korbstühle«. Faulkner konnte nicht schreiben: »Er mag ein Genie sein, aber sein Stil ist eine Schande.« Über einen namhaften Lektor sagte er ein-fach: »Er ist ein Säufer.« Sein englischer Lieblingsautor war Rayner Heppenstall – ich hatte nie von ihm gehört – und, natürlich, Henry Green. Ich las sofort *Lieben*.

»Der Roman des neunzehnten Jahrhunderts ist tot«, erklärte er mir. »Er starb 1922 mit *Ulysses* – der Autor, der so tut, als sei er nicht Teil der Geschichte, unsichtbar, darüber stehend. Aber wer spricht dann? *Das Parfum von Umarmungen schlug ihm entgegen. Mit ausgehungertem Fleisch, dunkel, sehnte er sich stumm nach Liebe.* Bloom«, erklärte er, »der sich Damen-unterwäsche ansieht, aber es ist natürlich Joyces Stimme, die wir hören, nur gibt er es nicht zu.«

»Dann gibt es den Roman«, fuhr er fort, »in dem der Autor durch jemanden spricht, als lebte er in der Figur, wie Henry James oder Fitzgerald im *Gatsby*.«

»Berrymans *Henry*.«

»Genau. Das könnte durchaus ein großes Werk der zweiten Hälfte des Jahrhunderts sein. Ob Prosa oder Lyrik«, fügte er hinzu, »das ist egal.«

»Und als Drittes gibt es den Roman als Bekenntnis, in der ersten Person, der Autor, der direkt vor einem steht, Henry Miller im *Wendekreis*, Genet in *Notre-Dame-des-Fleurs*. Co-lette schrieb eine unglaubliche Schilderung von der Hin-richtung von … wer war das noch? Bei Genet, der allererste Satz …«

»Weidman.«

»Richtig! Und jetzt ist er unsterblich. Gertrude Stein hat einmal gesagt, ein Leben, das nicht beschrieben ist, ist nicht gelebt, und hier haben wir es.«

Es war die Stimme des Autors, betonte er, die an erster Stelle stand, die das Werk definierte. Ich hatte um dieselbe Zeit eine van Gogh-Ausstellung gesehen, mit Gemälden von ihm und seinen Zeitgenossen und mit seinen eigenen Aussagen versehen, von denen mir ein Satz, in einem Brief an seinen Bruder, ins Auge sprang: *Was an der Kunst lebendig ist und immer sein wird, ist zuerst der Künstler und dann das Bild.* Phelps hätte zugestimmt.

»Die ursprüngliche Form des Erzählens«, sagte er, »ist einer, der sagt: ich war dort und dies ist es, was ich sah. Wie bei Shakespeare, wenn – wer war das noch gleich – etwas Ähnliches sagt, wie: Ich sah sie auf der Straße, vierzehn Schritt vor mir, oder so.« Er dachte an Enobarbus in *Antonius und Kleopatra.* »Dahin kehren wir momentan wieder zurück.«

»Denk darüber nach, was ich gesagt habe«, riet er.

Ich hatte ähnliche Gedanken von einem Londoner Schriftsteller gehört, Andrew Sinclair, der glaubte, dass der Roman, der psychologische Roman, der mit Richardson begann und Motive, Gefühle und Empfindungen erklärte, mit Proust sein Ende gefunden habe. Sinclair konnte Proust nicht lesen. Er wollte nicht wissen, was ein Schriftsteller über die Gedanken und Handlungen seiner Figuren zu sagen hatte, er zog es vor, die Leute zu sehen und zu hören und selbst zu entscheiden. Der Proust'sche Roman fiel zeitlich mit dem Aufstieg der Mittelschicht zusammen, seiner Blüte, und endete mit dem Niedergang der Klasse – etwas, was für ihn offensichtlich war. Auf jeden Fall war es ein Nebenfluss und nicht die Hauptströmung. Die Hauptströmung waren Erzählungen, wie die Bibel, wie Homer.

Sinclair hatte eine tiefe Stimme und war für mich unauslotbar. Ich sah ihn hin und wieder, manchmal war er verheiratet, manchmal nicht. Seine erste Frau, halb oder ganz Französin, war sehr schön gewesen. Sie war nach Kuba gegangen und hatte sich Castro verschrieben. »Sie hat mir viel beigebracht«, grübelte er. »Sie hat mir beigebracht, dass alles, was ich in England gelernt habe, unwichtig ist.«

Sinclair hatte einige ungewöhnliche Ansichten, unter anderem, dass Anekdoten die wahre Geschichte seien. In diesem Hang zum Fragmentarischen war er Robert Phelps nicht unähnlich, der aufstörende Einblicke, einzelne Zeilen und unerwartete Details mochte. »Ist dir klar«, fragte er mich einmal, »dass Freud nach vierzig keinen Geschlechtsverkehr mehr hatte?«

»Woher hast du das?«

»Aus dem Radio«, sagte er ungeniert.

An seinem neunundvierzigsten Geburtstag hatten wir ein denkwürdiges Mittagessen. Wir tranken mehrere Martinis, und durch sie angeregt, konnte ich im mittäglichen Licht sein gutmütiges Landgesicht erkennen, die lange Nase und der sensible Mund. Seine Hand zitterte. »*Mia zampa*«, murmelte er entschuldigend – meine Pfote. Er erzählte eine Geschichte von Glenway Wescott, der sich mit dem Duke of Windsor auf einer Party betrunken hatte. Er habe die Duchess geheiratet, bemerkte der Duke, weil sie die beste *Fellatrix* in Europa sei.

Wir saßen in einem Restaurant umgeben von Blumen, frischem Leinen, den Gesichtern von Frauen. »Sein Problem«, sagte Phelps über den Duke, »war allgemein bekannt. Der arme Mann litt unter frühzeitigem Samenerguss. Sie besorgten ihm Frauen von überall. Er war unglücklich. Er hatte nie das glorreiche Gefühl gekannt, einer Frau Lust zu bereiten.

Dann kam Gloria Vanderbilts Tante aus Europa zurück –
damit fing es an – und traf Wallis Warfield in New York.
›Neddie ist so ein unglücklicher Junge‹, sagte sie, ›kümmer
dich mal um ihn.‹ – ›Mach ich‹, sagte Wallis. Sie wusste,
wie man sich in der Gesellschaft zu benehmen hatte: Man
machte alles, aber man sprach nicht darüber.«

»Der Duke of Windsor hat das doch nicht wirklich gesagt,
oder?«

»Glenway zufolge schon«, sagte Robert.

\* \* \*

Er packte im Schlafzimmer seine Koffer. Er fuhr in der Woche nach Frankreich und auch nach Italien. Auf dem Stadt-
plan von Rom zeigte ich ihm Hotels und wo man am besten
Geld wechseln konnte. Im Koffer lagen Samthosen, Pullover und Hemden, Bücher. Zum Schluss legte er noch eine
Flasche Scotch dazu.

Auf dem Schreibtisch lag ein in schwarzer Tinte geschrie-
bener Brief von Colette Jouvenel, der Tochter von Colette,
mit der er nach Italien fahren würde. *Cher Robert*, las ich. In
Hollywood überlegte man, einen Film über ihre Mutter zu
machen, und sie brauchten jemanden, um die Interessen der
Tochter bei den Verhandlungen zu vertreten. Das war der
Inhalt des Briefes. »Sie ist eine *baronne*«, bemerkte Phelps
nebenbei. »Aber nichts Besonderes – von Napoleon III. in
den Adelsstand erhoben, von der wahren Aristokratie be-
lächelt.«

Er freute sich darauf, mit Janet Flanners Aal zu essen und
den vierundachtzigjährigen Marcel Jouhandeau auf einem
seiner regelmäßigen Besuche, immer am Donnerstagnach-
mittag, in ein Männerbordell in der Nähe des Place Pigalle
zu begleiten. Kurz darauf erhielt ich einen Brief von ihm,

aus Paris; er hatte in dem Bistro von Jouhandeaus Exgeliebten gegessen, über den Jouhandeau ein Meisterwerk, *Eine reine Liebe*, geschrieben hatte. In diesem oder einem anderen Brief erzählte er mir, wie schön er es fand, dass er den ganzen Weg von seinem Hotel, in einer Ecke der Place St.-Sulpice, zur Seine hinunter durch Straßen mit Namen von Schriftstellern gehen konnte. Er mag etwas übertrieben haben – mir ist es nie gelungen, das Kunststück zu wiederholen.

*Cher cadet*, nannte er mich oft in seinen Briefen. Er war älter, das stimmt, aber es war nicht Weisheit, die mich zu ihm zog, sondern seine Gesellschaft, die alles bekräftigte, was ich empfand. Die Bücher, die er mir zu lesen gab, die langen Gespräche, die Zeilen von Joyce, Connolly, Virginia Woolf, die ihm quasi aus den Taschen quollen – all das machte ihn zu einem der wichtigsten Einflüsse in meinem Leben und in allem, was ich danach schrieb. Würde ihn das interessieren, fragte ich mich oft? Würde er es lohnend finden?

»Nimmst du Wermut?« fragte er mich eines Abends freundlich, während er den Gin herausholte. Seine rechte Hand zitterte, als hätte sie ein Eigenleben. »Katherine Hepburn hat es auch«, bemerkte er. »Sie musste sich während eines Fernsehinterviews draufsetzen.«

»Warum ist es nur die eine Hand?« fragte ich. »Warum nicht mehr?«

»Mein Gott!« rief seine Frau. »Bitte!«

Phelps selbst stöhnte.

\* \* \*

Er hatte schon immer Bücher geliebt. Sein Vater war enttäuscht von ihm gewesen, wünschte sich einen richtigen Jungen, mit dem er jagen gehen und Ball spielen konnte, aber er wollte nur lesen. Die Pflanze, nannte ihn sein Vater, die Hauspflanze.

Er war das einzige Kind, die Ehe seiner Eltern war unglücklich. Sein Vater hatte seine Mutter geheiratet, weil sie schwanger war, widerwillig, er war zu der Zeit noch in zwei andere Frauen verliebt. Als Phelps acht oder neun war, erschoss sich sein Großvater, den er liebte. Es war während der Depression. Der alte Mann hatte alles verloren, am Ende sogar sein Haus, das Phelps Vater kaufte und in dem sie alle zusammen wohnten. Aus Verachtung zerfraß die scharfzüngige Großmutter seine Seele. Es gab einen lange währenden Streit, der mit ein paar kleinen Fenstern begann. Der Großvater, ein Kunsttischler, hatte zwei kleine Türfenster entworfen – in jenen Tagen wurden Hausfrauen ständig von umherstreifenden arbeitslosen Männern überfallen, die an die Tür kamen, um zu betteln. Es fand sich allerdings niemand, der die Fenster herstellen wollte, und so blieben sie in der Werkstatt. Robert liebte sie natürlich. An seinem Geburtstag setzte sein Großvater eines der Fenster in dem Zimmer ein, in dem Robert schlief, eine kleine Kammer unter dem Dach. Die Großmutter bemerkte es beim Laubharken und wurde wütend. Jetzt, da das Haus wieder verkauft werden musste, hatte er nichts Besseres im Sinn, als es mit seinem blödsinnigen Fenster zu verunstalten.

An jenem Abend gab es am Esstisch einen heftigen Streit. Sein Großvater ging hinaus, und kurz darauf hörte Robert, dass sein Name gerufen wurde. Er ging zu der Garage, in der die Werkstatt war, und als er fast davor stand, fiel ein Schuss. Der alte Mann hatte sich ein Gewehr an die Brust gesetzt.

Roberts Vater kam angelaufen. Er begann seinen am Boden liegenden Schwiegervater anzubrüllen. Ein paar Stunden später starb der Großvater im Krankenhaus. Das war noch nicht alles. In dem Büro, in dem sein Vater arbeitete, gab es einen Mann mit sieben oder acht Kindern, den die schlechten Zeiten in eine aussichtslose Lage gebracht hatten. Die Mitarbeiter schlossen sich zusammen, um jeder ein Kind zu finanzieren. Phelps' Vater unterstützte eine der Töchter, ein Mädchen von ungefähr zwölf Jahren.

Er gab ihr Geld. Er kaufte ihr Kleider. Und irgendwann wurde sie seine Geliebte. Da sie alle im Haus kannten, ließ er sie schließlich dort wohnen. Warum, wollte seine Frau wissen? Er fand irgendeine Erklärung. Die Situation wurde jedoch unangenehm, die unterschwelligen Spannungen, die Instinkte. Sie zog wieder aus. Der Vater brauchte einen Vermittler und gestand schließlich alles seinem Sohn. Zwei Jahre lang war Robert den beiden behilflich, verbarg es vor seiner Mutter, versuchte sie zu schützen.

Am Ende fand sie es heraus. Sie hatte sie zusammen gesehen, oder jemand hatte es ihr erzählt. Robert ging mit ihr hinter dem Haus spazieren, als sie auf dem Pfad plötzlich auf die Knie fiel und weinte. In jener Nacht gab es einen schrecklichen Streit, und sein Vater gestand alles. Seine Mutter versuchte, sich die Pulsadern aufzuschneiden. Zwei Jahre später starb sie. Sie hatte Brustkrebs, die Metastasen waren überall. Phelps' Vater heiratete das Mädchen.

Nach dem College kehrte Robert nie wieder nach Hause zurück. Er hatte seine Mutter verehrt und hing sehr an ihr. Er zog den Vorhang. Ich fragte ihn einmal nach seiner Zeit in Cleveland. Er erinnere sich kaum daran, sagte er.

»Aber du hast doch dort gelebt. Und für die Zeitung geschrieben.«

»Nachrufe für die *Cleveland Press*. In den Sommerferien«, sagte er.

»Dann kennst du es doch.«

»Ich kannte bestimmte Leute, die in den vierziger Jahren gestorben sind.« Das war alles, was er sagte.

Er hatte es aus seinem Leben herausgeschnitten. Er sah seinen Vater nie wieder. Eines Tages kam ein Anruf; seine Stiefmutter war am Apparat. Daddy sei sehr krank – sie hatte ihn immer Daddy genannt –, ob er kommen könne? »Nein«, sagte er.

Stattdessen schrieb er seinem Vater einen langen Brief, in dem er ihm mitteilte, dass die Trennung endgültig sei; es gebe nichts mehr zu sagen. Ein Freund rief ihn am nächsten Tag an, erzählte ihm von der furchtbaren Wirkung des Briefes und bat ihn inständig, nach Hause zu kommen; sein Vater liege im Sterben. Er fuhr nicht. Er ging auch nicht zur Beerdigung. Es gab eine Halbschwester, die er nie gesehen hatte.

Man fühlt sich zu Menschen gezogen, die solche Qualen überlebt haben. Seine schönen Notizbücher und Briefe. *Die Erde, mein Paradies*, ein Buch, in dem er versuchte, durch eine Zusammenstellung von Colettes Texten eine Art Autobiografie der Autorin zu schaffen, ihre eigenen intimen Beschreibungen verbunden mit seinen klugen Ergänzungen. Er schrieb noch ein weiteres Buch über Colette, *Belles Saisons*, Fotografien mit umfangreichen Texten, eine Form, die ihm gefiel und viele seiner längeren Werke übertraf. Das Buch hatte ein besonderes Format, ein wenig breiter als gewöhnlich, mit blauen Vorsatzblättern in der Farbe von Colettes Briefpapier. Als das erste Exemplar eintraf, blieb seine Frau die ganze Nacht wach, um es zu lesen.

»So ein schönes Buch«, sagte sie am nächsten Morgen begeistert zu mir. Ich schlug es auf und begann zu lesen. Ich war so überwältigt, dass ich ihn küsste.

Colette sollte sein Hauptthema bleiben. Er gab ihre gesammelten Erzählungen heraus und übersetzte ihre Briefe. Ich hatte eine Ausgabe von *Die Erde, mein Paradies* mit einer Widmung von ihm – es war das Lieblingsbuch meiner Tochter und wurde mit ihr beerdigt.

Die feine, zittrige Hand, deren Hilflosigkeit mit den Jahren zunahm, war bald nicht mehr fähig zu schreiben. Es war die Parkinsonsche Krankheit, psychosomatisch, wie er meinte oder zumindest sagte, die Folge von Wut, Selbstvorwürfen und Selbstbetrug und schließlich tödlich. Ich konnte seine Stimme kaum hören, ein von Krankheit ausgezehrtes Flüstern.

Als ich ihn das letzte Mal sah, lag er in der Julihitze unter einem einfachen weißen Laken. Er war so krank, dass er nicht mehr sprechen konnte. Lange Zeit hielt er meine Hand und sah mich manchmal – ich kann es nur verschmitzt nennen – von der Seite an. Es war ein unerträglich heißer Nachmittag. Sein Oberkörper und die Beine waren bloß. Der magere Körper und die schönen Füße. Ich hätte mich hinunter gebeugt und sie geküsst, wenn nicht die schwarze Krankenschwester im Zimmer gesessen hätte, schweigend und wachsam.

\* \* \*

Wenn ich an ihn denke, denke ich an Frankreich, unsere gemeinsame Leidenschaft. Er kannte die Welt der Schriftsteller. Ich kannte die Provinzen, die schönen leeren Straßen, die verblichenen Zimmer. Die französische Gestalt, die ich am besten kannte, war natürlich Napoleon. Ich erinnerte mich, dass er Josephine heiratete, als sie zweiunddreißig war. Sie hatte sich für den Anlass fünf Jahre jünger gemacht, während er seinen Jahren galant eines hinzufügte. Robert schlug im Larousse nach, um zu sehen, ob das stimmte, aber bei Napoleon war ich mir sicher, ich war der Beste in Militärgeschichte gewesen, ich kannte sein Leben.

In Phelps' Buch über Cocteau, *Berufsgeheimnisse*, steht das Bekenntnis von Cocteau: *Jeden Morgen sage ich mir, du kannst nichts dagegen tun: füge dich.* In einem Koffer auf Fire Island lag sein unvollendeter Roman, monatelang blieb er dort; die vergeblichen Versuche – ich schreibe und schreibe, sagte er, aber es bleibt Fiktion, ich glaube nicht, was ich sage –, Kurzgeschichten, die er zehn Jahre zuvor begonnen hatte, bis ihn *ein erstickendes Gefühl von Vergeudung* überkam, *wertvolle Tage meines Lebens, die ohne Bedeutung dahingehen, ohne Nutzen* ... Unglücklich fügte er sich jedes Jahr ein wenig mehr. Mir schien es romantisch, wie ein verfeinerter Alkoholismus. Ungeachtet seines Scheiterns glaubte ich an ihn und die Dinge, an die er glaubte. Für mich ist er für immer mit der Literatur verwoben, dem literarischen Leben.

Auf einer Gedenkfeier ein paar Jahre später – junge Fotografinnen huschten vor der vorderen Reihe herum, um bekannte Gesichter einzufangen – erhob sich während der Reden ein Mann leicht von seinem Sitz und drehte sich um, ein junger Mann, intelligent, unsicher, mit dunkler Brille und Kamelhaarmantel. Ich erkannte ihn sofort, es war wie ein Schock: Robert Phelps mit vierundzwanzig, unversehrt, nicht ahnend, was er eines Tages so gut wissen würde: *il faut payer.*

\* \* \*

Im Januar 1972, am Jahresanfang, begann ich in Stunden ungestörter Ruhe, glatte leere Seiten unter meiner Hand, einen Entwurf. Nein, das ist nicht ganz richtig. Den Entwurf, fünfundsechzig Seiten lang, hatte ich auf die Rückseiten der

Blätter eines alten Schreibtischkalenders geschrieben. Die glatten leeren Seiten kamen drei Tage später während eines immensen Schneesturms. Die Temperaturen waren rapide gefallen, der Schnee fein wie Salz. Die Straßen waren gesperrt, Denver Airport, Loveland Pass.

Ich war nervös und glücklich. Ich wusste, was ich wollte: bestimmte Lebenshaltungen zusammenfassen, eine davon war, dass die Ehe zu lange dauert. Ich dachte vielleicht an meine eigene. Ich hatte einen Rückblick vor Augen, sozusagen ein letztes großes Geständnis. Es gab eine Zeile von Jean Renoir, die mich fasziniert hatte: *Die einzig wichtigen Dinge im Leben sind die, an die man sich erinnert.* Das war der Schlüssel. Es sollte ein Buch der reinen Erinnerung werden. Alles in der Stimme des Autors, in seiner Erzählweise. Ich hatte eine Liste mit einigermaßen inspirierenden Titeln, *Nyala, Mohenjodaro, Mündungsleben.* Ich schrieb, um ihnen gerecht zu werden, aber am Ende überlebte keiner von ihnen.

Das war in Colorado, in Aspen, als es noch eine abgelegene Kleinstadt war. Hinter dem alten Holzhaus mit seinen Linoleumböden stand ein Gebäude, früher eine Garage, jetzt ein Arbeitsraum, mit einer hohen bemalten blauen Holzdecke, einem Kamin und an der Wand einem langen Arbeitstisch. Schreiben ist voller Unsicherheit, und vieles, was man macht, stellt sich als schlecht heraus, aber diesmal war da etwas, was sich früh zeigte, wie ein Körper unter Wasser, blass, Furcht erregend, etwas das sagte: es ist da.

Zuversichtlich schickte ich im Frühling die ersten fünfundsiebzig Seiten an Verlage. Müssen wir unbedingt haben, malte ich mir die Antworten aus. Sie waren allerdings bestenfalls zwiespältig. Farrar Straus lehnte ab. Scribner's auch. Als die Absagen kamen, eine nach der anderen, war ich tief getroffen. Ich lag nachts im Bett, eingehüllt in Bitterkeit, wie ein Häftling, dessen Berufung zurückgewiesen worden ist. Ich versuchte an all die Bücher zu denken, aus denen erst etwas geworden war, nachdem sie an vielen Türen gebettelt hatten.

Schließlich erklärte sich ein bekannter Lektor, dem ich ein oder zwei Mal begegnet war, bereit, das Buch zu nehmen. Es war Joe Fox.

Er war damals Ende vierzig – Harvard (Kapitän der Schwimmmannschaft), geschieden (Lebemann), Backgammon-Spieler, auch Squash, und ein Mann, der fast jeden kannte. Er stammte aus Philadelphia, obwohl er seit Jahren in New York lebte, umgeben von, unter anderem, unersetzlichen Möbelstücken, die seit der Kolonialzeit im Besitz der Familie waren. Aus der Schulzeit behielt er bei, sich beim Nachnamen zu nennen. »Fox hier«, meldete er sich laut am Telefon, wenn er anrief. Ich will damit aber nicht sagen, dass er ein gesellschaftlicher Snob war. Er hatte seine Werte und Regeln und wäre in jedem Club aufgenommen worden, aber er war auch in hohem Maße demokratisch und loyal, ein Mann, der seine Arbeit in Schlips und Kragen machte, die Arbeit, die Gott und Gesellschaft, und nicht zuletzt der Verlag, von ihm erwartete. Er reiste gerne, schätzte das Ballett und ging, obwohl er immer schlechte Laune vorschützte, gerne auf Partys. Argumenten gegenüber war er in gewisser Weise taub.

Das Buch wurde schließlich *Lichtjahre* genannt. Ich erinnere mich an seinen Kommentar, als das Lektorat beendet war – auf dem einen Rand des Manuskripts waren blaue Bleistiftnotizen, seine, auf dem anderen Rand rote, die des Korrektors: »In jeder Hinsicht ein absolut großartiges Buch«, sagte er und fügte hinzu: »Wahrscheinlich.« Ich erlaubte mir das Glücksgefühl, ihm zu glauben. Ich wollte natürlich Lob, weit

reichendes Lob, und es schien, als könnte Fox es mir beschaffen – er war Lektor von vielen bewunderten Schriftstellern, Paul Bowles, Capote, Ralph Ellison, Roth. Ich
wollte Ruhm. Ich hatte in der Met Nurejew und Fonteyn in
ihrer Abschiedsvorstellung von *Schwanensee* gesehen – einer
von vielen –, glanzvoll, inspiriert, das ganze Publikum war
auf den Beinen, applaudierte wie wild eine Dreiviertelstunde
lang, während die Gottheiten erschienen, zuerst zusammen,
dann einzeln, dann wieder zusammen, immer weiter, Verbeugung nach Verbeugung, in müdem Glück, während Arme
voll Blumen zur Bühne gebracht wurden.

Solch gewaltige Wellen brandeten Schriftstellern nicht entgegen. Vielleicht Victor Hugo oder Neruda – es fiel mir niemand anderes ein –, nicht Joyce oder Puschkin oder Dante
oder Kawabata. Für sie gab es ein Bankett oder einen Preis
oder etwas in der Größenordnung, wenn der Star um Mitternacht im Restaurant sich zum Gehen fertig macht und
neben der Bar vor dem Spiegel stehen bleibt, um sich, von
den gebannten Kellnern beobachtet, den Gürtel seines
Trenchcoats festzuziehen.

Wann war ich am glücklichsten, am glücklichsten in meinem Leben? Schwer zu sagen. Vom Offensichtlichen einmal
abgesehen, vielleicht, wenn ich auf Reisen ging oder von
einer zurückkehrte. In meinen Dreißigern wahrscheinlich
und zu bestimmten anderen Zeiten, etwa den schwerelosen
Tagen vor der Veröffentlichung eines Buches und manchmal,
wenn ich daran schrieb. Nur in Büchern findet man Vollkommenheit, nur in Büchern kann sie nie verdorben werden.
Die Kunst ist gewissermaßen das zum Stillstand gebrachte
Leben, der Zeit entrissen. Das Geheimnis des Schreibens ist
einfach: Man muss alles wegwerfen, was gut genug ist.

\* \* \*

*Ich liebe Interviews mit Nabokov*, schrieb Ben Sonnenberg. *Dürfte ich es lesen, bevor es veröffentlicht wird?*

Ich kannte ihn nur aus Briefen. Ich war gerade aus Montreux zurückgekehrt, wo ich Nabokov getroffen hatte. *Ich habe kürzlich vor dem Einschlafen zweiundzwanzig von ihnen gelesen*, fuhr Sonnenberg fort. *Sie stehen alle in* Strong Opinions. *In der Nacht träumte ich, dass er mich verfolgte, weil ich seine hohe Meinung von* Ulysses *nicht teile. Er höhnte über meine Liebe zu Cervantes und Genet. Glücklicherweise fanden wir, bevor ich aufwachte, eine gemeinsame Vorliebe für die Filme von Max Linder.*

Er hatte, wie er sagte, in dem Jahr zehn Bücher von Nabokov gelesen, einschließlich *Lolita*, zum zweiten Mal, das immer noch sein Lieblingsbuch war. Der Brief war dandyhaft, aber die Bestimmtheit seiner Wahl beruhigte mich.

Wir waren durch das Theater in Berührung gekommen. Er arbeitete am Lincoln Center, für das er Stücke las, und hatte mir zu einer von mir eingesandten Arbeit geschrieben, für die er sich erfolglos stark gemacht hatte. Wir trafen uns schließlich zum Abendessen in einem Restaurant auf der Division Street in Chinatown. Ich kam ein wenig zu spät. Er wartete in einem kleinen Raum mit kahlen Tischen, vier Flaschen japanisches Bier vor sich aufgereiht. Seine Fliege war gelockert, und sein Hut, Mantel, Schal und Stock – ich hatte seit Jahren keinen mehr gesehen – hingen neben der Tür.

»Kennen Sie die Fukianesische Küche?« fragte er. Seine Stimme war klar und sanft, mit einer Spur von England darin. »Gestatten Sie, dass ich für Sie bestelle. Es ist weniger scharf als Szechuanisch, aber feiner als Kantonesisch.«

Nachdem er sich kurz mit dem Kellner besprochen hatte, den er mit Namen ansprach, bestellte er Suppe, Schweinekotelett und Zackenbarsch. Ich mochte seine epikureische Nonchalance und die Intelligenz in seiner Stimme. Seine Augen schielten leicht, so dass er einen nie wirklich anzusehen schien. Es waren dunkle, besitzergreifende Augen. Es stellte sich heraus, dass seine Schulbildung schon vor dem Eintritt ins College abgebrochen worden war. Das Leben danach widmete er den Frauen und der Kunst. Wir sprachen von seinen Ehen; er redete über sie, wie man über Schiffe reden könnte. Seinen Geschichten zuzuhören gab mir irgendwie Kraft. Ich dachte an Ford Madox Ford, den runden Ford, den immer gut genährten Ford, der sich sein ganzes Leben an die Worte eines Onkels erinnerte, die er ihm auf einem Spaziergang über Land gesagt hatte: Einem lahmen Hund soll man immer übers Gatter helfen.

Sonnenbergs Vater war ein bekannter Mann. Er war einer der ersten großen Werbungsleute und Imagemacher, dazu ein Kunstsammler und ein Mann, dessen ganze Erscheinung, einschließlich seines gewaltigen Schnurrbarts, Erfolg ausdrückte. Die Familie lebte in einem Stadthaus an der Südseite von Gramercy Park, in dem extravagante Dinners gegeben wurden und die Gästeliste von berühmten Namen strotzte.

Geprägt durch diese Dinge, die er gleichzeitig verachtete, machte der Sohn Rebellion zu seinem Leitprinzip. Wie ein Dandy aus der Regency-Zeit erfüllte es ihn mit Stolz, seiner Familie Kummer zu bereiten, besonders seinem Vater. Was für ihn sprach, war das hohe Niveau seiner Ausschweifungen. Die schlechte Gesellschaft bestand aus Büchern.

An diesem ersten Abend drückte er mir auf der Straße einen Stapel davon in die Hand, als er auf die Toilette ging. Ich sah sie mir an. Ein paar Dramen, ein Buch über das elisabethanische Theater, ein Roman von Naipaul, der *Observer* vom Sonntag. Während ich wartete, las ich vier oder fünf Seiten des Romans, mein erster Eindruck von Naipaul.

Sonnenberg war ein leidenschaftlicher Leser und besaß eine enorme Erinnerungsgabe. Diese Eigenschaften sollten ihm später als Redakteur dienlich sein, als er mit dem geerbten Geld seines Vaters *Grand Street*, eine vierteljährliche literarische Zeitschrift, gründete, die er zehn Jahre lang leitete, bis Krankheit und Geldmangel ihn zum Verkauf zwangen. Sie war sein Lebenswerk.

Neben gutem Geschmack war seine auffälligste Eigenschaft höfliche, aber unerbittliche Offenheit. Man konnte darauf zählen, dass er in knappen Worten seine Meinung sagte. Ich erinnere mich unter anderem an die Verhandlungen, die er mit Harold Brodkey führte, einem intriganten und schwierigen Autor. Für die erste Ausgabe von *Grand Street* hatte Brodkey eine sehr lange Geschichte eingereicht, die Sonnenberg nicht mochte, so dass er ihm taktvoll vorschlug, vielleicht zehn Seiten davon abzudrucken. Brodkey lehnte empört ab und gab ihm stattdessen ein Gedicht, das Sonnenberg mit einer Notiz abwies, die er später bereute: das Gedicht gefiele ihm sogar noch weniger.

Über die Jahre, als die Zeitschrift florierte, standen die beiden unregelmäßig in brieflichem Kontakt und begegneten sich manchmal auf Partys. Schließlich kam ein Brief von Brodkey, in dem er, aus welchen Gründen auch immer, vorschlug, ihre alte Freundschaft wieder aufzunehmen. Sonnenberg schrieb höflich zurück, er würde es vorziehen, die Dinge zu belassen, wie sie waren, er wolle sich nicht ständig in einem Zustand wachsamer Herzlichkeit befinden, sagte er.

Mein Stück, das uns ursprünglich zusammengebracht hatte, wurde in einem Avantgardetheater aufgeführt, einer umgebauten Kirche. Der Regisseur war ein winziger Mann mit rohem keltischem Charme. John Beary war sein Name. Sein Vater war Pferdetrainer bei Ali Khan gewesen, der wiederum Bearys Patenonkel war. In Erinnerung sah er ihn an sonnigen Morgen neben der Rennstrecke in legerer Kleidung spazieren gehen, der Art von Kleidung, mit der man Brennholz stapelt, Jeans und eine alte Sportjacke.

Beary war leidenschaftlich, präzise und irgendwie einsam, obwohl er verheiratet war. Das häusliche Leben nannte er »das andere Leben – Kind, Heim und all das«. Er begriff es als Gegensatz zum Leben im Theater, der Kunst. Ich erinnere mich an seine Geschichten, sie waren der eigentliche Lohn seines Lebens, seine große Liebesaffäre mit einer bekannten Schauspielerin. Der Abend, an dem sie im Abbey spielte. Die Affäre hatte ihren Höhepunkt überschritten, auf dem Empfang sah er sie mit einem anderen Mann, einer lächerlichen Person, jemand, den man nur verachten konnte, sagte Beary. Sie stritten sich, und plötzlich seiner überdrüssig, ließ sie ihn stehen.

Er folgte ihr auf ihr Zimmer. In der Dunkelheit sagte sie nur: »Da bist du ja«, und ermutigt legte er sich neben sie. Mitten im Geschehen flog die Tür auf, und der Rivale kam herein, die Arme voller Flaschen von dem Empfang. Er war betrunken.

»Warum trinken wir nicht einen?« rief er, mitten im Zimmer stehend.

»Warum schmeißt du das Zeug nicht einfach aus dem Fenster?« knurrte Beary, während er sich aufsetzte.

Es folgte eine Pause, dann ging der Mann zum Fenster, drückte es auf, und die Flaschen zerschellten auf der Straße. Innerhalb von Minuten erschien der Pförtner und hämmerte gegen die Tür. Er warf sie alle raus.

Das Theater ist sich selbst genug, es ist künstlich und gran-
dios, es zieht seinen hohen Anspruch wie eine Schleppe
hinter sich her, Extravaganz und Prätention, kleine beißende
Existenzen. Die Tyrannei ist allgegenwärtig. Auch Beary
handelte in vielen Dingen willkürlich, wahrscheinlich, weil
er selten die Chance dazu bekam. Einmal entschied er sich
nach nur einer Minute Vorsprechen für eine Schauspielerin.
»Sie haben die Rolle«, sagte er mit großer Geste. Ich hatte
den Verdacht, dass es nur mit ihrem guten Aussehen zu tun
hatte. Er war sich sicher, dass sie spielen konnte.

Das Stück, »das Beste, was du je geschrieben hast«, wie mir
gesagt wurde, war zu ehrgeizig. Es enthielt ein paar gute
Momente, besaß aber keine wirkliche Struktur. Es hieß *The
Deathstar*, handelte vom Tod einer legendären militärischen
Gestalt – eines reumütigen Helden – und dem vergeblichen
Glauben, sein Tod könnte die menschliche Kriegslust dämp-
fen. Diese Tage werden wiederkommen, mahnte es, dieses
Chaos.

Es gab mehr als dreißig Rollen, gespielt von zwanzig, mitunter talentierten Schauspielern, die Beary, angespannt und
nervös, während der Proben abwechselnd lobte und be-
schimpfte. Die Spielleiterin, ein hilfsbereites Mädchen, brach
regelmäßig in Tränen aus. Es schien ihr gut zu tun. Er wusste
offensichtlich mehr als ich.

Dann kam der Abend der Premiere. Von der Beleuchtung
aus sah ich bekannte Gesichter im Parkett. Im gedrängten
Umkleideraum herrschte Aufregung. Einer der Schauspieler,
der mir auffiel, ein merkwürdiger Mann mit Doppelnamen,
war fast betrunken. Ich trank nichts. Es war keine Zeit mehr,
außer für Resignation. Ich hatte Angst und versuchte ruhig
zu bleiben.

Von den ersten Momenten an, als der Vorhang aufging,

spürte ich, dass es falsch war. Die Stimmung im Theater ist etwas, was man fühlt wie Hitze oder Kälte. Alles, was vorhergegangen war, die Vorbereitungen, der Glaube, war plötzlich bedeutungslos – das Stück war wie ein zu Wasser gelassenes Schiff; was vorher wichtig war, zählte nicht mehr. Vor der Gleichgültigkeit des Publikums, den vielen Leuten, die schweigend auf ihren Plätzen saßen, war das ganze Unternehmen durchschaubar wie ein Röntgenbild. Mir drehte sich der Magen um. Ich hatte geradezu Schmerzen. Dann endlich erwachte das Stück zu Leben, die Aufmerksamkeit stieg, getragen wie von einer Welle. Es war ein kraftvoller Monolog, gesprochen von Kevin McCarthy, am Ende des ersten Aktes.

Ich lag fünfzehn Minuten in einem der oberen kleinen Zimmer auf dem Fußboden, allein im Dunkeln.

Der zweite Akt war besser. McCarthys letzte Zeilen waren packend, ein kurzes Aufblitzen dessen, was hätte sein können. Das Stück schloss mit einem Epilog. Als er verlesen wurde, tauchte hinter dem Sprecher eine einsame traurige Gestalt auf, den Kopf gesenkt, schamerfüllt. Es war der betrunkene Schauspieler.

Es war mir zu peinlich, mich danach blicken zu lassen. Schließlich ging ich die Hintertreppe hinunter. Ich wurde von Enthusiasmus und strahlenden Gesichtern empfangen. Sie fanden es großartig, welche Kraft, »ich würde jederzeit wieder reingehen«. Ich glaubte ihnen nicht. Ich hielt mich an den Kommentar eines Freundes, der meinte, ihm habe es beim Lesen besser gefallen. Die beiden Agenten vom Public Theater waren in der Pause gegangen, so wie die beiden schwarzen Huren, die, wohl um sich aufzuwärmen, von der Straße hereingekommen waren, und gelangweilt dasaßen. Sie waren das hartherzige Publikum, das ich begehrte.

Am nächsten Morgen rief mich Sonnenberg an. »Und wie fühlt man sich so als berühmter Mann?« fragte er. »Rufen die Schauspielerinnen schon an?«

»Nicht wirklich.«

»Wie fandst du das Stück?«

Ich sagte, es ginge so. Wie es ihm gefallen habe.

»Ich mochte es nicht«, sagte er einfach, »überhaupt nicht. Die ganze Regie war daneben, Besetzung, Bühnenbild, einfach alles. Es war viel zu langsam, und einige der Schauspieler« – er nannte das Mädchen, das Beary sofort genommen hatte – »waren hoffnungslos.«

\* \* \*

Sonnenbergs Krankheit, die sich als unvorstellbar schrecklich erwies, zeigte sich zuerst auf fast unerhebliche Weise: er blieb mit der Zehenspitze an einer Spalte im Gehweg hängen. Ich hatte es nicht bemerkt, aber ich sah, wie der Stock langsam zu mehr als nur einem Teil seiner Kleidung wurde, und schließlich zu zwei Stöcken, auf denen sich ihr Besitzer mühsam aus einem Taxi quälte, um sich dann langsam zum Eingang eines Restaurants zu schieben. Drinnen fiel er über einen der Tische. Ein Kellner und Leute an umliegenden Tischen versuchten, ihm wieder auf die Beine zu helfen, aber er wehrte sie grimmig ab.

»Hat es mit dem Gleichgewicht zu tun?« fragte ich, als wir uns setzten.

»Ja. Hauptsächlich.«

»Fühlst du etwas da unten?«

»Ja. Die Nerven können die Bewegung nur nicht mehr kontrollieren«, sagte er ruhig.

Es war multiple Sklerose, eine Erkrankung des zentralen Nervensystems. Sie schritt unerbittlich fort. Irgendwann konnte er die Hände nicht mehr bewegen. Unter den getippten Briefen war nur ein Gekrakel – er konnte kaum mehr seinen Namen schreiben. Er verlor die Lust am Essen, so viel von dem Genuss daran hatte mit dem Schneiden, dem Halten des Bestecks und so weiter zu tun, und das konnte er nicht mehr. Er erwähnte es während eines Abendessens in seinem Apartment – er ging immer seltener aus – und schüttete wie zum Beweis ein Glas Wasser über sich, als er versuchte zu trinken. Essensstücke lagen um seinen Teller, den toten Fingern entglitten.

Es schien, als bemerkte er es nicht. Seine Ruhe, das Fehlen jeglicher Klage, war eine Art Verachtung. Er war stolz auf sein Leid, als wäre es der Preis für die teure Kleidung, all die Mädchen, die exotischen Namen. Dummheit und Tod dürfen einen nicht schrecken, schien er zu sagen. Die Krankheit war ein Zeichen von Überlegenheit wie sein leichtes nachsichtiges Lächeln. Die nutzlosen Finger, die nicht gehorchenden Glieder waren Zeichen von Aristokratie. Wir, die wir sie nicht teilten, waren nicht auf seiner Ebene.

Jahr für Jahr wurde es schlimmer. Die Neujahrspartys fielen aus. Die Zeitschrift, in der ich ein paar Mal veröffentlicht hatte, gab es nicht mehr. Er war auf das Unerschöpfliche reduziert, das Leben des Geistes, aber auch das brachte keine Erleichterung mehr. Er hatte Erinnerungen, ja, aber dem Rest war er entzogen, außer wenn Leute kamen, um ihm davon zu erzählen. Die Stadt um ihn, die Morgendämmerung und Dunkelheit, nachts, der auf der Straße vorbeitreibende Verkehr, die Menschenmengen, die Avenues und Geschäfte, Frauen in Kaufhäusern mit ihren Töchtern, lange grazile Nasen, fallendes Haar, die Etage mit den Kosmetikständen, den vielen Verkäuferinnen, ihre vom Make-up geglätteten Wangen, weißen Kleider, strahlenden Münder, die warben, berieten, lächelten. All das hatte er zu einer Zeit gekannt, als, wie jemand es ausdrückte, das geistige Leben allein nicht ausreichte. Jetzt besaß er Stoizismus, der notwendig, wenn auch unnütz war. Ich denke an die Bitte seines Vaters, als dieser krank im Sterben lag, in der etwas widerhallte, was mein eigener Vater kurz vor seinem Tod gesagt hatte. »Wenn du einen Sohn hast«, sagte der alte Mann, »bring ihm das Schießen bei.«

\* \* \*

Es sind die Abende, an die man sich erinnert, das Ende des Tages, Dinners auf den Fifties, Dinners in der Stadt.

Unzählige Essen mit Fox. Er wohnte auf der Südseite des Parks in einem luxuriösen Gebäude, in dem sich ursprünglich Künstlerateliers befunden hatten. Sein Apartment war hoch mit einer weißen Galerie, die sich um das größte Zimmer zog. Überall waren Bücherwände. Er war der New Yorker schlechthin. In der Stadt trug er immer einen Anzug. Er hatte am Anfang seiner Karriere für Alfred Knopf gearbeitet, den legendären Verleger, und war mit den Canfields und Burdens verwandt. Seine besten Freunde waren Frauen, zu denen er mühelos Kontakt fand.

Wir gingen ins »Caravelle«, »Remi«, »Petite Marmite«, geräucherter Lachs in schmalen korallenfarbenen Streifen, Gurken in Sahne, Lamm, teurer Pauillac. Dinner in einem Hotel auf dem Land, ein Tisch in der Bar. Winterabend, schwarz wie Eis. Die Wärme des Zimmers, Kaminfeuer. Die japanische Hostess, der Barmann in Weste und weißem Hemd. Muscheln *à la barque*. Bacala. Frauen, die am Eingang ihre Mäntel ablegten und mit ihrer Begleitung an Tische geführt wurden.

Duftender Rauch stieg nach dem Essen von seiner Zigarette

auf. Er erzählte von berühmten Partys, der von George Weidenfeld in London. Auf der Einladung stand in schöner Handschrift: *Exotische Kleidung.* Weidenfeld selbst kam als Pascha. Es gab drei Orchester, eines davon auf der Treppe, und die schönsten Frauen, die Fox je gesehen hatte. Paare verschwanden in den Garten oder in die oberen Stockwerke und kehrten erst nach längerer Zeit wieder zurück. Es gab jenes englische Phänomen, ein Upperclass-Flittchen, das von der Gästeliste gestrichen worden war, aber trotzdem kam. Als Zeichen ihrer Verachtung gab sie sich in einem Schlafzimmer hintereinander neun von den Gästen hin. Marie Antoinettes und japanische Samurais lagen bei Sonnenaufgang ermattet auf den Sofas.

Durch ihn lernte man viele Schriftsteller kennen. Er war wie ein alter, verständnisvoller Höfling, der fast alles arrangieren konnte. Er hatte große Nasenflügel, manchmal mit Haaren darin. Zu dem fünfundzwanzigjährigen Jubiläum von Harvard sei er nicht gefahren, erzählte er mir. Er habe sich sorgfältig die Liste durchgesehen. Es standen fünfzehnhundert Gäste darauf, von denen er nur vierzig kannte. Fünfundzwanzig wollte er nicht wieder sehen, zehn für ein paar Minuten, und nur fünf davon mochte er. Die Zahlen stimmten wahrscheinlich nicht, wurden aber mit Selbstsicherheit vorgetragen. Seine Familie ging auf die Zeit vor Benjamin Franklin zurück. Einer von ihnen schüttelte Andrew Jackson verächtlich die Hand, indem er die eigene in seine Rockschöße wickelte. Bei Random House hatte er eine sichere Stellung. Seine Fähigkeiten und sein schwach ausgeprägter beruflicher Ehrgeiz schützten ihn.

Dinners auf der Park Avenue, das behagliche und heitere Apartment der Schwartzes. Ihre zwei Kinder, beides Söhne, kommen immer wieder ins Zimmer, der Jüngere in verschie-

denen Kostümen. Er ist hübsch. Man kann ihn nur beneiden, seine Intelligenz und Zukunft. Sein Vater, Alan, ist
Anwalt, und seine Mutter war das schönste Mädchen des
Colleges Bryn Mawr; die Leute sprachen noch Jahre später
von der Hochzeit.

In der Küche ist alles vorbereitet, dicke Rinderkoteletts, frisches Brot. Kochbücher stehen im Regal, Stapel mit Ge-
schirr. An einer Pinnwand aus Kork hängen Notizen, Postkarten, Adressen, die Ordnung und Komplexität dieses
Lebens. Eine einladende Umgebung, das gehäufte Grün des
Salats, die dunklen Flaschen guten Bordeaux, der Überfluss,
die Vorbereitung. Halberstam kommt, sagt Alan zu mir,
Hope Lange, Helen Frankenthaler. Drinks im Wohnzimmer.
Die Frauen sind gut gekleidet, entspannt. Sie sind gereist,
wurden bewundert; man sehnt sich danach, ihre Geständnisse zu hören. Ich wusste nicht, dass Hope Lange, blond
und mit klarem Gesicht, bei einer Lesung den Blick des
Mannes auf der Bühne auf sich gezogen hatte – es war John
Cheever, ein schicksalhafter Blick – oder dass sie etwas mit
Sinatra gehabt hatte; sie besaß, wie ich sehen konnte, eine
große Anziehungskraft. Ich sitze im von Büchern überlade-
nen Esszimmer neben ihr; Halberstam sitzt uns gegenüber.
Der Krieg in Vietnam – sein Name ist untrennbar mit ihm
verbunden – ist vorbei.

»Kannten Sie John Vann?« frage ich.

»Woher kennen Sie ihn?« antwortet Halberstam.

»Gar nicht.«

»Der außergewöhnlichste Mann dieses Krieges.«

Halberstam schildert ihn. John Vann war der militärische
Berater der ersten Tage, Lieutenant Colonel, ein Idealist,
gebildet, sprach Vietnamesisch. Die Bücher über ihn waren
noch nicht erschienen, ich hatte nur seinen Namen gehört

und ein paar vielsagende Sätze. Ich war wie eine Frau, die auf ein Pferd setzt, weil ihr der Name gefällt.

Am Anfang, sagte Halberstam, hörten ihm die Korrespondenten der großen Zeitungen zu, mit ihm konnte man reden, er war offen und ehrlich. »Er wusste mehr über Vietnam als alle anderen. Man kann den Krieg nicht mit Waffen gewinnen, sagte er immer.« Er hatte unglaubliche Energie und großen Instinkt. Kurz vor der Tet-Offensive merkte er, dass etwas in der Luft lag, und veranlasste, dass bestimmte Einheiten zurückgezogen wurden, bevor der Feind zuschlug, wodurch er eine totale Katastrophe verhinderte. »Er hatte nie etwas mit vietnamesischen Frauen.« Ich empfinde eine merkwürdige Mischung aus Bewunderung und Enttäuschung. »Es war unter seiner Würde, entsprach nicht seinen Überzeugungen, er hatte das Gefühl, dass sie ausgenutzt wurden.« Halberstam selbst hatte in Saigon eine schöne Freundin gehabt. »Jeder hatte das.«

Die einsame und vielleicht törichte Person, die dazu bestimmt war, mit ihrem ganzen Sein an etwas zu glauben – sie berührt etwas in mir, während ich zuhöre, etwas Verstaubtes und Vergessenes, das an die Oberfläche will. Halberstam wirkt männlich, er hat große Hände und eine kräftige tiefe Stimme. Ich habe das Gefühl, ihn zu kennen, ihn und Vann.

»Aber er kam ums Leben, nicht wahr?« sage ich.

»Er starb bei einem Hubschrauberabsturz.«

Wir verlassen den Tisch. Cognac und Kaffee im Wohnzimmer. Im Kamin brennt ein kleines Feuer, ein Stadtfeuer. Die Gastgeberin und Helen Frankenthaler liegen zusammen unter einer Decke auf dem Sofa, katzenhaft und zufrieden. Meine Gedanken kreisen noch immer um das Gespräch beim Essen, das mich irgendwie der Gegenwart entzogen hat. Eine Spalte hat sich aufgetan, wie der schmale Streifen

Wasser zwischen Schiff und Pier beim Auslaufen, der Streifen, der zwei Welten trennt. Die Uniform des toten Lieutenant Colonel scheint vor mir auf dem Boden zu liegen, wie ein Gespenst, sie hat meine Größe.

Essen bei Max Wilkinson auf Shelter Island, anfangs in seinem Haus und später, als es verkauft wurde, in dem kleinen Haus seiner neuen Frau. Sie wiederholte sich immer, schimpfte. »Max, bitte«, sagte sie am Tisch. »Du bist unerträglich! Du redest und redest und redest.«

Es folgte Schweigen. Er hatte von der Frau seines alten Partners gesprochen, als er sie in den dreißiger Jahren in Arizona das erste Mal sah, Helen Doughty, in einem weißen Leinenkleid. Sie war so schön, sagte er.

Schließlich antwortet er seiner Frau. »Ja«, sagt er ruhig. »Wahrscheinlich hast du Recht.«

Essen in Europa. Ein kleines Restaurant, perfekt, gut beleuchtet. Aufmerksame Bedienung, weiße Tischtücher. Mir gegenüber das buddhahafte breite Gesicht einer älteren Frau. Sie ist die Witwe eines noch älteren Mannes. Es war ihr zweiter Mann, sie war Ende dreißig, als sie ihn kennen lernte, er war bereits von seiner Frau getrennt. »Ich hab ihn ihr nicht weggenommen, aber sie hat mich gehasst.«

Er hatte zwei Kinder. »Ich hatte nicht vor, ihre Mutter zu sein. Sie waren immer willkommen, aber sie war die Mutter. ›Hört mal‹, sagte ich. ›Wenn wir Freunde sind, gut. Wenn nicht, dann nicht.‹«

Die europäische Klarheit, das Verständnis. »Es ist schwieriger für eine Frau«, sagte sie. Die Weinflasche ist leer und wird unauffällig durch eine neue ersetzt. »Ein Mann kann immer ein neues Leben beginnen, mit fünfzig oder sechzig, aber eine Frau ist verbraucht. Es ist zwar nicht fair, aber so ist das Leben.«

Sie hat etwas sehr Anziehendes, der Mangel an Sentimentalität, die Gelassenheit. Sie war schon einmal verheiratet gewesen und hatte ein Kind, erzählt sie mir. Er starb, sagte sie einfach. An einem Gehirntumor. Er war zwei. Ich rechne schnell, es muss kurz nach dem Krieg gewesen sein. »Er war nur zwei Jahre alt«, sagt sie wieder. Weiter geht ihr Selbstmitleid nicht. »Er war ganz normal, und dann fing es an. Wenn er zum Beispiel hinfiel und sich den Ellbogen aufschlug, weinte er und hielt sich den Kopf – da tue es weh.«

Man kann nicht sagen, dass sie deshalb eine stärkere Frau wurde, sie war immer schon so. Sie hat das Schlimmste von allem durchlebt. Sie spricht drei Sprachen, vielleicht vier, und falls sie davon träumt, noch einmal zu heiraten, redet sie nicht darüber. Es überrascht mich nicht, dass die frühere Frau und die Stiefkinder ihr jetzt sehr nahe stehen. Die frühere Frau lebt in Lugano. »Sie kommt mich oft besuchen. Sie hat mich eingeladen.«

Ich denke an sie und an Jonathan Swifts Geliebte, Stella, ein Symbol Europas, zu Recht bewundert für viele Tugenden sowie für große natürliche und erlernte Vollkommenheit, wie es auf ihrer Grabplatte steht. Eines sticht hervor: Ich habe nie eine Klage aus ihrem Mund gehört.

Betrunkene Dinners, eigentlich waren es Partys, auf denen das Essen ignoriert wird und alle an der Bar stehen. Um Mitternacht dröhnend laute Musik; dünner Schneeregen treibt herab auf die winterliche Straße. Irgendwie denke ich ans Village, wo Pat Kenny lebte, als wir fünfzehn waren. Ihre Eltern waren über das Wochenende verreist, oder zumindest über Nacht. Ich wusste nicht, wie ich es anfangen sollte. Wir saßen auf dem Sofa. Sie war sehr nett. Im Bücherschrank stand eine Ausgabe von Robert Briffaults *Europa*, ein dicker

Roman aus den dreißiger Jahren. »Hast du den gelesen?« fragte ich.

»Nein«, sagte sie.

Sie wusste nichts von den für mich elektrisierenden Zeilen, der sinnlichen Frau, der man das Kleid vom Leib riss, als sie beim Kartenspiel betrog, und die man daraufhin mit den Händen an einen Ring über ihrem Kopf fesselte. Ich wusste nicht, wie ich es mit uns in Verbindung bringen sollte; es war nichts, was uns betraf, und doch war da etwas Gemeinsames. Ich wollte sie aus der vagen, zermürbenden Unterhaltung reißen. Ich sah nur das Opfer unter ihren Kleidern, ich wollte es sehen.

\* \* \*

Jedes Jahr hat sein Ende. Viele der Menschen, denen ich einzelne Kapitel gewidmet habe, verschwanden aus meinem Blickfeld. Es war nur zum Teil Zufall. Sie waren aufgebraucht, mein Interesse war erschöpft. Es gab Ausnahmen. Das Mädchen aus *Ein Spiel und ein Zeitvertreib* wollte ich immer wieder sehen, wollte wissen, was aus ihr geworden war, wollte die Einzelheiten ihres Lebens kennen, den Schrank, in dem ihre Kleider hingen, die Schublade mit ihren zusammengefalteten Sachen, die Parfumflakons, Schuhe. Ich wollte wieder daliegen und ihr zusehen, wie sie sich fertig machte, als wäre sie allein im Zimmer, sich schminkte, in hochhackige Schuhe schlüpfte. Sie wäre jetzt achtundzwanzig, dreißig, vollkommen verändert. Tatsächlich war sie verheiratet und lebte in Los Angeles. Sie hatte Kinder. Es kam dem Buch sehr nahe.

Ich hatte sie am Kennedy Airport abgeholt, als sie in Amerika eintraf. Sie kam durch die Menge, unschuldig in ihrer Schönheit, freudestrahlend. Sie war achtzehn. Grafen hatten sie begehrt. Ich begegnete ihr auch in Träumen. Ich ging durch ein fremdes leeres Zimmer und klopfte an ihre Tür. »Komm rein«, sagte sie, ohne zu fragen, wer es war; ich spürte, dass sie jemand anderen erwartete. Sie sah auf. Wie schön sie war. In einem Zug hob ich ihr Kleid. Die unglaubliche Nacktheit. Lachend zog sie es wieder nach unten. Im Traum hatte ich das Foto von ihr verloren, ich hatte keine Adresse. »Du sagst, du betest mich an, aber ich glaube, es ist etwas anderes, was du willst«, sagte sie. Sie lag zusammengerollt, nackt da. Am Ende einer belebten Straße, unter grauen Wolken, bereitete sich mein Schiff auf die Abfahrt vor. Es herrschte Verkehr, die bevorstehende Reise lag in der Luft. Mein Herz war krank.

Nedra, die elegante Frau aus *Lichtjahre*, sah ich manchmal wieder, gewöhnlich in der Stadt, das letzte Mal in dem Haus, in dem sie jetzt allein wohnte – wie in dem Buch hatten sich ihr Mann und sie schließlich scheiden lassen. Ich liebte sie, ihre Offenheit und ihren Charme, die Extravaganz und die Hingabe für ihre Kinder. Ich wurde nie müde, sie zu sehen und ihr zuzuhören. Sie rauchte, trank, lachte heiser. Es gab keine Berechnung in ihr, keine Vorsicht.

Ihr alter Liebhaber, einer von ihnen, saß an diesem letzten Abend bei uns. Nedra war älter geworden. Die Jahre hatten sie gepackt und geschüttelt, wie eine Katze eine Maus schüttelt. Die Kontur ihres Kinns war nicht mehr rein, unter den Augen waren kleine Tränensäcke. Ihre Nase war größer geworden. Ihr noch immer langes Haar war leicht ergraut. In ihrem Gesicht, das ich liebte, stand meine eigene Sterblichkeit. Die Falten in meinen Mundwinkeln, die schrecklicher waren als eine Krankheit – ich sprang jeden Morgen auf, um nachzusehen; sie waren da.

Sie würde ihm die alte Krawattennadel ihres Vaters schenken, sagte sie plötzlich, sie sei das einzig Schöne, was er besessen hatte. »Hast du immer noch die Manschettenknöpfe?« fragte sie und schob den Ärmel seines Jacketts hoch. »Nein. Die sind an dem anderen Hemd«, vermutete sie. Er lebte in einem kleinen Haus hinter ihrem. Ich hatte keine Ahnung, ob sie noch miteinander schliefen – sie war vollkommen fähig, den Anschein zu erwecken, auch wenn es nicht stimmte.

Ihr Leben war einzigartig. Es war ein Kunstwerk. Es verkündete, auf eigene Weise, dass es Dinge gibt, die wichtig sind, und dass es diese Dinge sind, die man tun muss. Leben ist Energie, proklamierte es, Leben ist Leidenschaft. Man muss nicht alles verstehen, aber man muss leben und bestimmte Dinge tun. Trotz allem, was ich über sie geschrieben hatte, war da noch mehr, und die intimen Szenen, nur ein geringfügiges Detail, dachte ich mir vollständig aus. Ich hätte zu gern gewusst, ob sie ihr entsprachen. Über manche Dinge jedoch sprach sie nicht.

Sie ist fort und die anderen Ehefrauen auch, so scheint es, die Frauen der Männer; sie sind verwitwet oder geschieden, durch Intimität weise geworden, mit starker Stimme. Die Familien sind wie alte Tempelsäulen zerbrochen, für immer zerstört. Als die Welt jung war, schien das unmöglich. Die Verbindungen waren zu fest, die Wärme eines offenen liebenden Herzens zu verlockend. Ich stand eines Wintermorgens, es war auf der Rückreise von Europa, kurz vorm Andocken an Deck des Schiffes, die noch schlafende Stadt lag in grauem Licht. Eine Familie stellte sich neben mich an die Reling. Sie waren deutsch; reisten erster Klasse. Das Gesicht der Frau war schön, von der Klarheit, Haltung und Feinheit, die einem die Sehnsucht eingibt, noch einmal leben zu können. Ich empfand eine brennende Scham. Alles, woran ich geglaubt hatte, war plötzlich entwertet, ich war vollkommen verwirrt, versuchte mir auszumalen, was diese wunderbare Frau sagte, wie sie redete, sich an den Tisch setzte, schlief, sich anzog. Ich konnte mir kein einziges Detail ihres Lebens vorstellen. Ich war wie ein verzweifelter kleiner Junge, der nicht in ihre Nähe durfte. Ich wusste nicht einmal, ob sie für ihren Mann eine ganz andere Frau war als für mich.

»Moritz!« rief sie ihr Kind. Er war hübsch, trug einen weißen Hut aus grob genähtem Leder und viereckige Ohrenschützer. Er war sieben oder acht und wohlerzogen. Er kam und stellte sich dicht neben sie. Plötzlich wurde die Vorstellung von Tugend als einer Kraft real.

Ich begegnete oft ihrem Gegenteil, der Heldin aus all unseren Büchern und Filmen, noch jung, geschieden. Sie saß in einer Bar und trug eine Art Turban aus einem bunten Schal, enge Jeans, ein Hemd mit rundem Ausschnitt. Wie es ihr ergangen sei, fragte ich.

»Hallo! Mir geht's gut. Ich komm langsam zur Ruhe.«

Obwohl sie noch immer pleite war, wie sie sagte. Sie war die Tochter eines mir bekannten Schriftstellers, der die normale Reihenfolge umgedreht hatte – zuerst veröffentlichte er ein paar Romane und dann folgte die Liste der anderen Rollen: Restaurantbesitzer, Bandleader, Polizist. Seine Tochter hatte als Kellnerin gearbeitet; sie besaß die unorthodoxe Geisteshaltung des Vaters. Sie würde sich einen neuen Job suchen, wenn sie ein wenig besser aussehe, sagte sie. »Es ist hart, allein zu sein. Lädst du mich auf einen Drink ein?«

Eigentlich war sie nicht allein gewesen. Sie hatte einen Monat lang einen Freund, sehr normal, sagte sie, aber nett, er hatte das College Notre Dame besucht. Er verließ sie. »Er hat gesagt, ich koste ihn zu viel Zeit. Ich wollte, dass er bei mir einzieht, aber er mochte meine Kinder nicht genug. Er sagte, doch, er möge sie, aber es stimmte nicht. Weißt du, es ist schwierig. Ich sollte mir wahrscheinlich die Zeit nehmen, jeden Tag zwanzig Zeilen zu schreiben, oder?« fragte sie.

Ja, wie Pfennige in einem Glas würden sie sich mehren, eines Tages wertvoll sein und vielleicht ihr Leben retten.

Das war vor ein paar Jahren. Ich weiß nicht, was aus ihr geworden ist.

Es gibt gewisse Häuser mit bräunlich verwitterten Holzzäunen in entlegenen Kleinstädten, in der Nähe des Flusses. Im Sonnenlicht neben der Tür macht eine weiße Katze mit steifen Beinen einen Buckel. Auf einer halb versteckten Leine wehen Kleider im Licht. Hier stelle ich mir die Frauen vor, ihre Kinder sind erwachsen, ihr Leben ist friedlich, nähert sich dem eigentlichen Sinn, der weiche Regen ebnet das Wasser, die dicht belaubten Bäume biegen sich im Wind, unter dem Küchenfenster stehen Blumen. Männer sind nicht mehr wichtig, sie sind zu solchem Frieden nicht fähig, dem vollkommenen Exil – wenn man es haben kann – in der Natur, der Welt, wie sie uns gegeben wurde.

* * *

Im Spätsommer 1980 fuhren wir in den Osten. Ich hatte in Colorado gelebt und nach dem Tod meiner Tochter beschlossen, mehr oder weniger heimzukehren. Ich zog einen Strich unter zehn Jahre. Es war Ende August. Am Morgen war das Gras kalt, und die höchsten Blätter der Bäume begannen sich zu färben. Ich ging ein letztes Mal am Fluss entlang, auf dem sich das Licht sammelte. Ich hatte einen Hund, einen Welsh Corgi namens Sumo, schlau und mit weißen Pfoten. Ich lobte ihn wegen seines guten Benehmens und seiner Ohren. Er sah weg und gähnte. Nebel stieg von der Uferböschung auf, ein ernster, erhabener Nebel. Sonst war niemand dort.

Wir kamen durch Denver, wo ich früher oft gewesen war –
die Stadt schien am Äquator zu liegen, dampfend, reglos,
wir starben vor Hitze –, und fuhren weiter nach Red Cloud,
in die Stadt in Nebraska, in der Willa Cather als Kind lebte.
Der Republic River, in dem sie geschwommen war, lag
dumpf und dunkel da. Die Sonne war mörderisch. Moskitos
trieben auf unsere Haut, leicht wie Asche.

In Ohio besuchten wir einen weniger bedeutsamen Schrein,
Louis Bromfields Malabar Farm. Bromfield hatte in den
Jahren vor dem Krieg einen Bestseller geschrieben. In dem
schönen alten Haus waren wir die einzigen Besucher, und
das Wissen des Führers beschränkte sich auf die Namen von
Filmstars, die Jahrzehnte zuvor bei Bromfield zu Gast gewesen waren.

Die lange Fahrt endete weit draußen auf Long Island. Wir
mieteten ein Haus am Meer. Es war das Ende der Ferienzeit,
die warmen Herbsttage begannen. Wir konnten die Straße
hinunter zum Strand gehen; hinter zerklüfteten Dünen lag
der Atlantik, eine sich überschlagende Brandungslinie. Die
Badenden waren in einer Gruppe, Männer, Kinder und einige
junge Mädchen, die glänzten wie Robben. Die schweren
Wellen stiegen auf, trieben sie unter Kreischen auseinander.
Es war die Saison gebleichter Telefonmasten, und Horden
schwarzer Spatzen saßen auf den Drähten. Im Nachmittags-
dunst schäumte das Wasser, wo Blaufischschwärme jagten.
Landeinwärts lagen Roggenfelder. Es war das Land, in dem
ich Teile von Büchern geschrieben hatte, in dem es Legen-
den gab wie in Tahiti und Key West – der blinde Verwalter,
der mit seiner Frau dort lebte und alle Häuser und einige der
Bewohner gefühlsmäßig erkannte. Er ging herum und kümmerte sich um alles, auch im tiefsten Winter. Er war einmal
von einem Dach gefallen. »So was kommt vor«, sagte er.

Ich lernte Long Island zum ersten Mal kennen, als ich 1950 in Westhampton stationiert war. Der Flugplatz hätte auch in Nordafrika liegen können, so verlassen war er unter dem weiten Himmel. Wir schliefen auf Abruf in den metallenen Flugzeughallen am Ende der Startbahn, in Fliegeranzügen und mit geschnürten Stiefeln, immer bereit zu den Maschinen zu laufen, wenn das Signalhorn die Stille der Nacht durchbrach. Wir flogen über das schwarze Wasser durch einen sternenlosen Himmel, sprachen in Pilotensteno mit der Radarstation.

Meine Frau und ich wohnten damals in einem Apartment nahe der Bucht. Die Stadt war ruhig wie ein schlecht gehender Country Club. Wir waren mit dem Bürgermeister, einem Arzt, und seiner gut aussehenden Frau befreundet. Ihr Freundeskreis war kultiviert und ein wenig gelangweilt. Man hatte das Gefühl, dass dies Leben waren, die kurz vor dem Kentern standen, ein vages Gefühl unsichtbarer Risse. Es war aufregend.

Ich sah meine ersten Stanford White-Häuser und jeden Tag das Meer: schäumend, mit gewaltigen Wogen in der Ferne; grün und geädert wie Marmor; ruhig, die Brandung weit draußen, mit langsamem majestätischem Klang. Im Herbst flogen die Gänse in langen unregelmäßigen Bahnen vorüber, trieben auseinander, bildeten Keile, an der Spitze Führer mit großen Herzen.

Wenn ich zurückblicke und versuche, das Zentrum meines Lebens zu finden, waren es wohl jene Tage, ich sollte wahrscheinlich sagen, jenes Jahrzehnt. Die frühen Stürme waren vorüber. Ich hatte eine junge Frau. Mein Idealismus war an seinem höchsten Punkt. Ich erinnere mich, dass ich versuchte zu schreiben und es nicht konnte – die Atmosphäre war falsch, die Nähe der anderen, die fehlende Einsamkeit.

Auch gab es hier niemanden, der las. Wir befanden uns am entgegengesetzten Pol zur Literatur. Selbst in West Point gab es Abtrünnige, aber nicht hier. Der Same war bereits in mir, aber es war noch nicht soweit.

Oberflächlich gesehen, könnte man sagen, dass ich gescheitert war, und vielleicht stimmt das auch. Trotzdem war ich damals glücklich. Ich kann es nur mit dem Gefühl, geliebt zu werden, vergleichen.

*  *  *

Jetzt ist Herbst, viele Jahre später. Die Gänse landen auf den Teichen. Die Wogen sind riesig, ein Sturm zieht auf. Wir waren schwimmen, sind belebt. Danach Drinks bei den Foxes, in dem neuen Haus. Gloria Jones ist dort, mit ihren goldenen Kronen im Mund und der vollen vulgären Stimme, »*Jamais de ma vie!*« ruft sie, nie im Leben. »Wie habt ihr beiden euch kennen gelernt?« fragt sie, es ist ihre grundlegende Frage. »Wie? Einfach so, wie man sagt?«

Das Damals und das Heute sind verflochten, die dämmrige Vergangenheit und die Gegenwart. Wie eine anhaltende Krankheit bleiben die Träume. Ich fliege mit jemandem, Höchstgeschwindigkeit, dicht über der Erdoberfläche. Der Himmel ist bewölkt, die Flak Furcht erregend. Wir schießen über Lagerhallen hinweg, einen Fluss entlang auf dem Weg zum Einsatzziel. Plötzlich im Nebel vor mir, Stahlbrücken! Zu spät, um die Maschine hochzureißen! Wir rasen hinein! Eine große Hitzewelle fegt über mich hinweg. Ich bin auf der anderen Seite – es ist vollkommen real – im Tod.

Ich wache auf und liege im Dunkeln. Es gibt keinen bitteren Nachgeschmack. Ich weiß, so wie im Traum, dass ich wie alles andere Leben sterben werde, vieles davon edler und bedeutsamer, Bäume, Seen, riesige Fische, die hundert Jahre gelebt haben. Wir leben im Bewusstsein eines einzigen Selbst, aber in der Natur scheint es noch etwas anderes zu geben, das Bewusstsein der vielen, von allen, der Herden und Schulen, der Kolonien und Schwärme mit Myriaden von Lebewesen, die das, was wir Ego nennen, nicht kennen, aber in sich vollkommen sind, die nur auf den Instinkt reagieren. Unserem eigenen Leben fehlt diese Harmonie. Jeder von uns ist letztlich eine Tragödie. Vielleicht lebe ich deshalb auf dem Land, um den letzten Begleitern näher zu sein. Vielleicht ist es auch nur der bevorstehende Winter.

Eines Abends draußen im Dunkeln lauschen wir der fernen krachenden Brandung. »Ist es nicht merkwürdig«, sage ich, »dass man zu verschiedenen Zeiten verschiedene Dinge will? Jetzt will ich nichts weiter als ein Haus am Meer. Hawaii war so, als es noch leer und schön war. Wir haben uns in den Zuckerrohrfeldern geliebt.«

»Mit wem? Mit wem hast du das gemacht?«

»Die Frau eines Marineoffiziers. Sie hieß Sis Chandler.«

»Uuh! Was für ein heißer Name. Die muss ja was gewesen sein. War sie blond?«

»Nein.«

In Wahrheit wusste ich nicht mehr, wie sie aussah, aber ich erinnerte mich an sie und an ein oder zwei Dinge, die sie sagte. Es war ihr Name, der wichtig war, besonders nach so langer Zeit. Als ich ihn aussprach, empfand ich eine längst verlorene Wärme für sie.

*Ich habe die Tage nicht vergessen, ich habe nur*
*vergessen, wie einfach sie zu verlaufen schienen …*

Das Schreiben war schwierig. Der Mut dafür war zu schwach. Es war sinnlos zu versuchen, wie in Tschechows erdrückender Geschichte, jemandem vom Tod meines Kindes zu erzählen. Ich schaffte kaum, es zu erwähnen. Man muss sich erinnern, aber genau das war das Schreckliche. In Wirklichkeit versuchte ich, sie und das, was passiert war, zu vergessen.

In einer Seitenstraße der Bond Street hatte ich im Schaufenster eines Juweliers einmal ein antikes Goldkästchen gesehen, von der Größe einer Streichholzschachtel. Es hatte eine kleine Schublade, in der ein halbes Dutzend Elfenbeinstreifen lag, auf denen in schwarzer Emailleschrift Rätsel oder Fragen standen. Steckte man sie in einen Schlitz, erschien in einem schmalen Sichtfenster oben auf dem Kästchen eine Antwort. *Qui nous console* – wer tröstet uns – war eines der Rätsel. Die Antwort war *Le temps*, ein Wort, das entweder Wetter oder Zeit bedeuten kann.

Auf dem Land gab es beides.

\* \* \*

Es war zwei oder drei Jahre später, ich wachte am Weihnachtsmorgen auf. Mein Vater wurde an diesem Tag geboren. Acht Jahrzehnte zuvor. Mit einem langen Pelzmantel, den ich in Southampton gebraucht gekauft hatte, ging ich durch den Wald, wir gingen zusammen, der Hund lief voraus. Vor der Schleuse war der Bach an den Ufern gefroren. Im leichten Pulverschnee waren die Spuren einer Wildente.

Wir aßen bei den Lords zu Mittag, Sherry und Pam – er war Maler, ein guter Freund von Fox; ihre Ehe war eine Seltenheit, sie war perfekt, seine dritte, ihre zweite. Sein Einkommen war mager, aber er besaß ein Haus. Manchmal stritten sie. »Du bist nie in deinem Leben arm gewesen!« rief er wütend.

»Darling, ich hatte keine Zeit dafür«, sagte sie

Das klare Winterlicht strömte über die Felder. Aus jedem Fenster im Haus hatte man einen schönen Blick. Sherrys dreiundachtzigjährige Mutter war auch dort. Sie war Witwe. Ich kannte die Geschichte vom Tod ihres Mannes. Sein Herz war schwach. Die Familie war zusammengekommen, um ihn zu sehen, und hatte sich am Ende des Nachmittags für den Tag zurückgezogen. Er war allein mit der Krankenschwester. Dort drüben stehe eine Flasche Scotch, sagte er zu ihr, ob sie mit ihm einen trinken wolle? Sie saßen zusammen und nippten an ihren Gläsern, während die Sonne unterging und der Abend kam. Er trank das Glas leer und hielt es ihr hin. »Wie wär's mit noch einem für den Weg?« fragte er, dann legte er sich zurück. Ich glaube, es waren seine letzten Worte.

In der Woche vor Neujahr machte ich ein paar Listen, verschiedenste Dinge: Freuden, die mir geblieben waren; meine zehn besten Freunde; gelesene Bücher. Ich dachte an verschiedene Leute, wie man es am Jahresende tut. Wer die Reise nicht gemacht hatte: Die kleine Schwester meiner Mutter, die namenlos starb, glaube ich; George Cortada; Kelly; Joe Byron; Thomas Maynard, acht Jahre alt; Kays Fehlgeburt; Sumos Welpen …

Später am Tage gingen wir am verlassenen Strand spazieren. Danach badete ich, zog mich an, einen weißen Rollkragenpullover, und kämmte mich vor dem Spiegel. Ich hatte schon schlechtere Tage gesehen. Gesundheit, gut. Hoffnung, leidlich.

Karyl Roosevelt und Dana, ihr Sohn, kamen auf einen Drink vorbei. Sie war einmal eine Schönheit. Vielleicht war ihr Leben deswegen ganz den Männern gewidmet gewesen. Auch lange danach sprach sie noch mit Zuneigung von ihnen.

Sie war mit einem sehr reichen Mann verheiratet gewesen. Als sie das erste Mal Europa bereisten, flogen sie direkt nach Jugoslawien, als Gäste auf Marschall Titos Yacht. Sie wurde eigenhändig von Tito, die Ärmel hochgekrempelt, in einer Bucht bei Dubrovnik herumgerudert.

Wir fuhren zum Abendessen zu »Billy's«. Sehr wenige Gäste. Dann vor Mitternacht zurück nach Hause, wo wir ein Feuer machten, Trinksprüche ausbrachten und uns aus unseren Lieblingsbüchern vorlasen. Ich las die letzte Rede aus Noël Cowards *Kavalkade* vor, die, in der die Ehefrau einen Toast auf ihren Mann ausbringt. Sie haben ihre beiden Söhne im Krieg verloren (1914–1918), und sie trinkt auf sie, auf das, was hätte sein können, und auf England. Kay las aus *Ebenezer Le Page*. Karyl den letzten Teil aus Joyces »Die Toten«, in dem der Schnee ganz Irland bedeckt, sowie aus *Anna Karenina, Humboldts Vermächtnis* und *Die Wapshots*. Dana las Robert Service, Stephen King und etwas Langes und Unverständliches von Poe. Vielleicht lag es an den Drinks. »*Comment?* wie die Franzosen sagen«, bemerkte Kay.

Das Feuer war bis auf die Glut niedergebrannt, die Gäste waren fort. Wir gingen in der eisigen Dunkelheit mit dem alten lahmen Hund noch einmal hinaus. Auf der Straße Leere, kein Auto, kein Geräusch, keine Lichter. Das Jahr vorüber, kalte Sterne am Himmel. Den Arm um sie gelegt. Ein Gefühl von Mut. Großes Verlangen, weiterzuleben.

Bestimmte Namen in diesem Buch wurden geändert, um einzelnen Personen, ob lebend oder tot, mögliche Verlegenheiten zu ersparen. Die geänderten Namen sind: (Kapitel Eins) Faith; (Kapitel Drei) Anita; (Kapitel Vier) Miss Cole, Demont, Neal, Paula, Leland, O'Mara; (Kapitel Fünf) Brax, Miles; (Kapitel Sechs) Garland; (Kapitel Neun) Ilena, Miss Bode, Edoardo; (Kapitel Zehn) die Witwe Woods, Sis Chandler.

J. S.

Die im Text erwähnten Bücher sind, sofern eine Übersetzung existiert, mit ihrem deutschen Titel aufgeführt; ansonsten bleibt dieser in der englischsprachigen Originalfassung.

A. d. Ü.

# NAMENSVERZEICHNIS

# »Dieser Roman ist wie ein Wellengang. Und er beginnt mit einem Brecher.«

Süddeutsche Zeitung

*Cover- und Preisänderungen vorbehalten

James Salter

## Alles, was ist

Roman

Aus dem Englischen von
Beatrice Howeg
Berlin Verlag Taschenbuch,
368 Seiten
€ 10,99 [D], € 11,30 [A]*
ISBN 978-3-8333-0982-3

Ein Leben wie von Blitzlichtern ausgeleuchtet: ein Krieg. New York. Die einst so glamouröse Welt der Bücher und der Literatur, das freie, ungezügelte Leben. Philip Bowman scheint die Welt zu Füßen zu liegen, es ist ein Leben, wie er es sich vollkommener nicht hätte erträumen können – und doch droht ihm alles zu entgleiten.

»Lesen Sie *Alles, was ist*! Es geht um nicht mehr und nicht weniger als um eben alles, was ist in unserem Leben – die Träume, die Wünsche, die Liebe, das Scheitern.« Elke Heidenreich, *Stern*

Leseproben, E-Books und mehr unter www.berlinverlag.de

# »Brillant. Satz für Satz ist Salter der Meister!«   Richard Ford

*Cover- und Preisänderungen vorbehalten

James Salter

**Lichtjahre**

Roman

Aus dem Englischen von
Beatrice Howeg
Berlin Verlag Taschenbuch,
400 Seiten
Mit einem Vorwort von Richard
Ford
€ 9,99 [D], € 10,30 [A]*
ISBN 978-3-8333-0969-4

Auf den ersten Blick ist es paradiesisch: Das privilegierte Leben von Viri und Nedra kreist um Dinnerpartys und Freunde, um einen sonnendurchfluteten Garten, um endlose Ferien am Atlantik mit den Kindern. Doch langsam entblättert sich das Trügerische dieser Idylle: Viri beginnt eine Affäre mit einer jungen Mitarbeiterin, Nedra trifft sich mit einem langjährigen Freund der Familie. In poetischen Bildern führt James Salter uns vor Augen, dass nichts unerbittlicher ist als die Zeit und nichts vergänglicher als das Glück.

»James Salter erfindet die verführerischsten Bilder.« Die Zeit

Leseproben, E-Books und mehr unter www.berlinverlag.de

# »James Salter ist ein Meister subtiler Beobachtung.«

James Salter

## Ein Spiel und ein Zeitvertreib

Roman

Aus dem Englischen von
Beatrice Howeg
Berlin Verlag Taschenbuch,
224 Seiten
€ 9,99 [D], € 10,30 [A]*
ISBN 978-3-8333-0950-2

*Cover- und Preisänderungen vorbehalten

Der Erzähler, ein junger Fotograf, unternimmt eine Autofahrt durch Frankreich in Begleitung seines amerikanischen Freundes Phillip Dean, der sich in Dijon in die 18-jährige Anne-Marie verliebt. In einer Mischung aus Voyeurismus, Eifersucht und schriftstellerischer Neugier versetzt sich der Erzähler ganz in Phillip hinein, rekonstruiert die verzweifelte Affäre zweier ungleicher Menschen, schildert ihre unvergleichliche erotische Intensität.

# »Zum Niederknien!«

*Cover- und Preisänderungen vorbehalten

## Jäger

Roman

Aus dem Englischen von
Beatrice Howeg
Berlin Verlag, 304 Seiten
€ 19,99 [D], € 20,60 [A]*
ISBN 978-3-8270-1235-7

Ein Roman über das Fliegen? Über den Krieg? Über Helden? Salters literarischer Erstling, nach dessen Veröffentlichung er den Dienst als Kampfpilot quittierte und sich ganz dem Schreiben widmete, ist all das und noch mehr. In »Jäger« ist schon alles da, was den großen Salter ausmacht. Bereits hier geht es ihm um den Menschen an sich, was ihn in seiner Glorie und seiner Erbärmlichkeit antreibt, siegen und scheitern lässt – das alles knapp und brillant formuliert.

»Ein Buch über die Kunst des Fliegens, das zugleich ein Buch über die Kunst des Schreibens ist.« Süddeutsche Zeitung

Leseproben, E-Books und mehr unter www.berlinverlag.de